FOM-Edition

FOM Hochschule für Oekonomie & Management

Reihe herausgegeben von
FOM Hochschule für Oekonomie & Management, Essen, Deutschland

Bücher, die relevante Themen aus wissenschaftlicher Perspektive beleuchten, sowie Lehrbücher schärfen das Profil einer Hochschule. Im Zuge des Aufbaus der FOM gründete die Hochschule mit der *FOM-Edition* eine wissenschaftliche Schriftenreihe, die allen Hochschullehrenden der FOM offensteht. Sie gliedert sich in die Bereiche Lehrbuch, Fachbuch, Sachbuch, International Series sowie Dissertationen. Die Besonderheit der Titel in der Rubrik Lehrbuch liegt darin, dass den Studierenden die Lehrinhalte in Form von Modulen in einer speziell für das berufsbegleitende Studium aufbereiteten Didaktik angeboten werden. Die FOM ergreift mit der Herausgabe eigener Lehrbücher die Initiative, der Zielgruppe der studierenden Berufstätigen sowie den Dozierenden bislang in dieser Ausprägung nicht erhältliche, passgenaue Lehr- und Lernmittel zur Verfügung zu stellen, die eine ideale und didaktisch abgestimmte Ergänzung des Präsenzunterrichtes der Hochschule darstellen. Die Sachbücher hingegen fokussieren in Abgrenzung zu den wissenschaftlich-theoretischen Fachbüchern den Praxistransfer der FOM und transportieren konkrete Handlungsimplikationen. Fallstudienbücher, die zielgerichtet für Bachelor- und Master-Studierende eine Bereicherung bieten, sowie die englischsprachige *International Series*, mit der die Internationalisierungsstrategie der Hochschule flankiert wird, ergänzen das Portfolio. Darüber hinaus wurden in der FOM-Edition jüngst die Voraussetzungen zur Veröffentlichung von Dissertationen aus kooperativen Promotionsprogrammen der FOM geschaffen.

Tim Jesgarzewski

Wirtschaftsprivatrecht

Grundlagen und Praxis des Bürgerlichen Rechts

6., aktualisierte Auflage

Tim Jesgarzewski
Osterholz-Scharmbeck, Deutschland

ISSN 2625-7114　　　　　　　ISSN 2625-7122 (electronic)
FOM-Edition
ISBN 978-3-658-46589-6　　　ISBN 978-3-658-46590-2 (eBook)
https://doi.org/10.1007/978-3-658-46590-2

Die Deutsche Nationalbibliothek verzeichnet diese Publikation in der Deutschen Nationalbibliografie; detaillierte bibliografische Daten sind im Internet über https://portal.dnb.de abrufbar.

© Springer Fachmedien Wiesbaden GmbH, ein Teil von Springer Nature 2012, 2014, 2016, 2019, 2022, 2025

Das Werk einschließlich aller seiner Teile ist urheberrechtlich geschützt. Jede Verwertung, die nicht ausdrücklich vom Urheberrechtsgesetz zugelassen ist, bedarf der vorherigen Zustimmung des Verlags. Das gilt insbesondere für Vervielfältigungen, Bearbeitungen, Übersetzungen, Mikroverfilmungen und die Einspeicherung und Verarbeitung in elektronischen Systemen.
Die Wiedergabe von allgemein beschreibenden Bezeichnungen, Marken, Unternehmensnamen etc. in diesem Werk bedeutet nicht, dass diese frei durch jede Person benutzt werden dürfen. Die Berechtigung zur Benutzung unterliegt, auch ohne gesonderten Hinweis hierzu, den Regeln des Markenrechts. Die Rechte des/der jeweiligen Zeicheninhaber*in sind zu beachten.
Der Verlag, die Autor*innen und die Herausgeber*innen gehen davon aus, dass die Angaben und Informationen in diesem Werk zum Zeitpunkt der Veröffentlichung vollständig und korrekt sind. Weder der Verlag noch die Autor*innen oder die Herausgeber*innen übernehmen, ausdrücklich oder implizit, Gewähr für den Inhalt des Werkes, etwaige Fehler oder Äußerungen. Der Verlag bleibt im Hinblick auf geografische Zuordnungen und Gebietsbezeichnungen in veröffentlichten Karten und Institutionsadressen neutral.

Springer Gabler ist ein Imprint der eingetragenen Gesellschaft Springer Fachmedien Wiesbaden GmbH und ist ein Teil von Springer Nature.
Die Anschrift der Gesellschaft ist: Abraham-Lincoln-Str. 46, 65189 Wiesbaden, Germany

Wenn Sie dieses Produkt entsorgen, geben Sie das Papier bitte zum Recycling.

Vorwort zur 6. Auflage

Umfassende Kenntnisse des Wirtschaftsprivatrechts schaffen die Grundlage für eine erfolgreiche unternehmerische Tätigkeit. Das Führen von rechtlichen oder gar gerichtlichen Auseinandersetzungen bindet Ressourcen und ist mit finanziellem Aufwand und Zeitverlust verbunden. Führungskräfte in der Wirtschaft müssen daher stets präsentes Wissen insbesondere um das Vertragsrecht haben. Ohne den permanenten rechtssicheren Abschluss von Verträgen kann sich kein unternehmerischer Erfolg einstellen.

Das vorliegende Lehrbuch vermittelt daher genau diese Grundkenntnisse. Wer wirtschaftliche Verantwortung im Unternehmen übernehmen möchte, bekommt in einer kompakten Darstellung die wichtigsten Bereiche des Wirtschaftsprivatrechts vermittelt. Die unverändert große Nachfrage nach diesem Lehrbuch und den dazugehörigen und gleichfalls in der FOM-Edition erscheinenden Fallstudien zum Wirtschaftsprivatrecht lassen erkennen, wie stark und ungebrochen das Interesse von Studierenden und Führungskräften ist. Eine 6. Auflage des Lehrbuchs war daher zwingende Folge und bestätigt den Erfolg des sehr hohen Praxisbezugs.

Auch die 6. Auflage lässt das didaktische Konzept unverändert. Neben der für ein Wirtschaftsrechtslehrbuch selbstverständlichen Berücksichtigung der aktuellen Gesetzeslage sowie der in der Zwischenzeit ergangenen Rechtsprechung wurden insbesondere die zahlreichen Veränderungen im Verbraucherschutzrecht umfassend eingearbeitet. Hinzu kommen die gesetzlichen Neuerungen im Personengesellschaftsrecht.

Großer Dank gilt auch für die 6. Auflage der FOM Hochschule für Oekonomie & Management für die Fortführung des Werkes in der FOM-Edition. Ebenfalls möchte ich mich bei Rechtsfachwirtin Dalin Denise Külske für die administrative Unterstützung bei der Erstellung der neuesten Auflage bedanken.

Osterholz-Scharmbeck, Deutschland Tim Jesgarzewski
Frühling 2025

Vorwort zur 1. Auflage

Im Wirtschaftsleben sehen sich Entscheidungsträger zunehmend der Tatsache ausgesetzt, dass selbst einfache unternehmerische Sachverhalte zunehmend einer rechtlichen Überprüfung bedürfen. Nicht in jeder Situation ist eine hinreichende Rechtsberatung zur Hand, die betriebswirtschaftliche Entscheidungen umfänglich absichert. Deshalb ist es notwendig, Führungskräfte und deren Nachwuchs angemessen juristisch zu schulen.

Das vorliegende Lehrbuch richtet sich daher an Entscheider im Wirtschaftsleben genauso wie an Studenten der Betriebswirtschaft und vergleichbarer Studiengänge. In einem umfassenden Überblick werden die wesentlichen Grundzüge des Zivilrechts dargestellt. Der Blickwinkel des Lehrbuches ist dabei stets auf Praxisnähe gerichtet. Dem Leser wird die Möglichkeit eröffnet, sich schnell einen Einstieg in die aus Sicht der Wirtschaft wesentlichen Anwendungsfälle des Rechts zu verschaffen. Ziel ist es, dem Entscheider im Wirtschaftsleben ein Basiswissen zu vermitteln, dass ihm die schnelle Erfassung und Problematisierung rechtlicher Fragestellungen ermöglicht.

Um eine größtmögliche Praktikabilität zu erreichen, wird auf die Ausbreitung rechtswissenschaftlicher Theorien weitestgehend verzichtet. Durch eine fallbezogene Aufbereitung des Stoffes erschließt sich dem Leser unmittelbar, weshalb ein Grundwissen im Wirtschaftsrecht unerlässlich für eine erfolgreiche Unternehmensführung ist.

Gegenstand dieses Lehrbuchs ist aus Praktikabilitätsgründen ausschließlich das Bürgerliche Recht. Die Darstellung relevanter Teile des Verwaltungsrechts und des Wirtschaftsstrafrechtes muss unterbleiben. Schwerpunktmäßig wird der Allgemeine Teil des BGB sowie das Sonderrecht für die wichtigsten Vertragsarten erläutert. Darüber hinaus ist die Befassung mit Grundzügen des Arbeits-, Handels- und Gesellschaftsrechts unverzichtbar, um ein umfassendes Grundwissen zu vermitteln. Schließlich darf auch der Bereich des Insolvenzrechts nicht ausgespart werden, da gerade in diesem Bereich eine Vielzahl von unternehmerischen, aber auch haftungsrechtlichen Fallstricken für Entscheidungsträger vorhanden ist.

Um das vorliegende Werk nicht zu überfrachten, wird nur an ausgesuchter Stelle ein vertiefender Quellenhinweis gegeben und dem Leser der Weg zum ausführlichen Schwerpunktstudium eröffnet.

Das Lehrbuch erscheint in der Schriftenreihe FOM-Edition der FOM Hochschule für Ökonomie und Management und transportiert die bewährten didaktischen Methoden der Hochschule nun auch in Buchform. Es ergänzt konsequent die praxisorientierte Lehre an der FOM, durch die Verbindungen zwischen der Berufswelt der Studierenden und dem wissenschaftlichen Hochschulstudium hergestellt und so Kompetenzen besonders nachhaltig gebildet und entwickelt werden. Das Werk ist daher insbesondere für ausbildungs- und berufsbegleitend Studierende aber auch für Praktika in hohem Maße geeignet.

Bei der Erstellung dieses Buches durfte ich vielfach Unterstützung erfahren. Mein Dank gilt dabei insbesondere Herr Prof. Dr. Jens Schmittmann, Frau Prof. Dr. Sabine Fichtner-Rosada und Herrn Dipl.-jur. Kai Enno Stumpp für die fachliche, didaktische und operative Begleitung sowie der FOM für die Aufnahme des Werkes in der FOM-Edition.

Inhaltsverzeichnis

1	**Einleitung**..	1
1.1	Begriffsbestimmung...	2
1.2	Juristische Arbeitsweise..	3
1.3	Klausurhinweise...	4
1.4	Trennungs- und Abstraktionsprinzip............................	5
1.5	Verpflichtungsgeschäft...	6
1.6	Verfügungsgeschäft...	6
1.7	Privatautonomie...	7
1.8	Ausübung und Durchsetzung von Rechten....................	8
2	**Rechtsgeschäfte Allgemeiner Teil**................................	9
2.1	Rechtsverhältnisse..	9
	2.1.1 Begründung vertraglicher Rechtsverhältnisse.............	10
	2.1.2 Vertragsschluss..	12
	2.1.3 Geschäftsfähigkeit..	15
	2.1.4 Anfechtung von Rechtsgeschäften.......................	18
	2.1.5 Beschränkungen der Willensbetätigung................	23
	2.1.6 Stellvertretung...	27
	2.1.7 Formfragen...	29
	2.1.8 Leistungspflichten..	31
	2.1.9 Leistungsmodalitäten......................................	33
	2.1.10 Beendigung des Vertrages................................	37
	2.1.11 Treu und Glauben..	45
	2.1.12 Störung der Geschäftsgrundlage........................	46
	2.1.13 Pflichtverletzungen..	47
	2.1.14 Zurechnung Dritter..	50
	2.1.15 Vertragsanbahnung (culpa in contrahendo)...........	51
	2.1.16 Verzug..	52
	2.1.17 Unmöglichkeit..	60
	2.1.18 Schadensersatz..	63

	2.1.19	Mehrpersonenverhältnisse im Vertragsrecht	69
	2.1.20	Abtretung	74
	2.1.21	Schuldübernahme und Schuldbeitritt	76
	2.1.22	Verjährung	76
2.2	Besondere Vertriebsformen und Verbraucherschutz		78
	2.2.1	Außerhalb von Geschäftsräumen geschlossene Verträge und Fernabsatzverträge	80
	2.2.2	E-Commerce	82
	2.2.3	Allgemeine Geschäftsbedingungen	83
	2.2.4	Verbraucherverträge über digitale Produkte	90

3 Besonderes Vertragsrecht 93

3.1	Kaufvertrag		93
	3.1.1	Sach- und Rechtsmangel	94
	3.1.2	Rechtsmangel	94
	3.1.3	Sachmangel	95
	3.1.4	Gewährleistungsrechte	97
	3.1.5	Garantie	99
	3.1.6	Verjährung	100
	3.1.7	Sonderformen des Kaufvertrages	100
	3.1.8	Eigentumsvorbehalt	105
3.2	Schenkung und Tausch		106
3.3	Werkvertrag		107
	3.3.1	Abnahme und Vergütung	107
	3.3.2	Sachmangelgewährleistung	109
	3.3.3	Verjährung	110
	3.3.4	Kündigung	110
	3.3.5	Bau-, Architekten- und Ingenieurvertrag	111
	3.3.6	Sicherheitsrechte	112
3.4	Werklieferungsvertrag		114
3.5	Zivilmaklervertrag		114
	3.5.1	Gegenstand des Maklervertrages	114
	3.5.2	Verwirkung des Lohnanspruches	115
	3.5.3	Zahlungsgläubiger	115
	3.5.4	Textform	116
3.6	Dienstvertrag		116
	3.6.1	Dienstvertrag für selbstständige Leistungspflichten	117
	3.6.2	Arbeitsvertrag	119
	3.6.3	Beendigung des Arbeitsvertrages	122
3.7	Auftrag und Geschäftsbesorgung		124
	3.7.1	Auftrag	124
	3.7.2	Vertragspflichten	124

	3.7.3	Geschäftsbesorgungsvertrag	125
	3.7.4	Vertragsbeendigung	126
3.8	Darlehen		126
	3.8.1	Vertragspflichten	126
	3.8.2	Beendigung des Darlehensvertrages	127
	3.8.3	Verbraucherdarlehensvertrag	129
3.9	Factoring		131
3.10	Gebrauchsüberlassungsverträge über Sachen		131
	3.10.1	Mietvertrag	132
	3.10.2	Pachtvertrag und Leihe	140
	3.10.3	Leasingvertrag	140
3.11	Franchisevertrag		143

4 Gesetzliche Schuldverhältnisse — 145

4.1	Geschäftsführung ohne Auftrag		145
	4.1.1	Echte Geschäftsführung ohne Auftrag	146
	4.1.2	Berechtigte Geschäftsführung ohne Auftrag	147
	4.1.3	Unberechtigte Geschäftsführung ohne Auftrag	147
	4.1.4	Unechte Geschäftsführung ohne Auftrag	148
4.2	Bereicherungsrecht		149
	4.2.1	Leistungskondiktion	150
	4.2.2	Nichtleistungskondiktion	151
	4.2.3	Verfügung durch Nichtberechtigten	151
	4.2.4	Inhalt des Bereicherungsanspruchs	153
4.3	Deliktsrecht		153
	4.3.1	Generalklausel des § 823 I BGB	153
	4.3.2	Verletzung von Schutzgesetzen	156
	4.3.3	Vorsätzliche sittenwidrige Schädigung	157
	4.3.4	Haftung für Verrichtungsgehilfen	158
	4.3.5	Gefährdungshaftung	159
4.4	Produkthaftung		160
4.5	Produzentenhaftung		160
4.6	Haftung nach dem ProdHaftG		161

5 Sachenrecht — 163

5.1	Eigentum und Besitz		164
	5.1.1	Eigentum	164
	5.1.2	Besitz	169
	5.1.3	Eigentümer-Besitzer-Verhältnis	171
5.2	Sicherungsrechte		174
	5.2.1	Bürgschaft	174
	5.2.2	Pfandrecht an beweglichen Sachen	177
	5.2.3	Sicherungsübereignung	178

		5.2.4	Pfandrecht an Rechten	179
		5.2.5	Sicherungsabtretung	180
		5.2.6	Hypothek	180
		5.2.7	Grundschuld	181
	5.3	Nutzungsrechte		182
		5.3.1	Nießbrauch	183
		5.3.2	Dienstbarkeit	183
		5.3.3	Reallast	183
6	**Handelsrecht**			185
	6.1	Begriff des Kaufmanns		186
		6.1.1	Ist-Kaufmann	187
		6.1.2	Kann-Kaufmann	188
		6.1.3	Kleingewerbetreibender	188
		6.1.4	Land- und Forstwirt	188
		6.1.5	Fiktiv- und Scheinkaufmann	189
		6.1.6	Formkaufmann	190
	6.2	Handelsregister		191
		6.2.1	Form und Inhalt des Handelsregisters	191
		6.2.2	Publizitätswirkung	191
	6.3	Firma		194
	6.4	Firmenfortführung und Haftung		196
		6.4.1	Firmenfortführung	196
		6.4.2	Haftung	197
	6.5	Hilfspersonen des Kaufmanns		199
		6.5.1	Prokura	199
		6.5.2	Handlungsvollmacht	200
		6.5.3	Ladenangestellter	201
		6.5.4	Selbstständige Hilfspersonen des Kaufmanns	202
	6.6	Handelsgeschäfte		205
		6.6.1	Allgemeines Handelsrecht	206
		6.6.2	Kaufmännisches Bestätigungsschreiben	206
		6.6.3	Schweigen des Kaufmanns	207
		6.6.4	Handelsklauseln	208
		6.6.5	Form- und Vertragsdurchführungsvorschriften	208
		6.6.6	Handelskauf	208
7	**Gesellschaftsrecht**			211
	7.1	Personengesellschaften		211
		7.1.1	Gesellschaft bürgerlichen Rechts	212
		7.1.2	Personenhandelsgesellschaften	214
		7.1.3	Partnerschaftsgesellschaft	217
		7.1.4	Europäische wirtschaftliche Interessenvereinigung (EWIV)	218

	7.2	Kapitalgesellschaften	219
		7.2.1 Eingetragener Verein	219
		7.2.2 Gesellschaft mit beschränkter Haftung	220
		7.2.3 Aktiengesellschaft	222
		7.2.4 Europäische Aktiengesellschaft	224
		7.2.5 Kommanditgesellschaft auf Aktien	224
		7.2.6 Eingetragene Genossenschaft	225
8	**Insolvenzrecht**		**227**
	8.1	Die Beteiligten des Insolvenzverfahrens	227
		8.1.1 Der Schuldner	227
		8.1.2 Der Insolvenzgläubiger	228
		8.1.3 Das Insolvenzgericht	228
		8.1.4 Der Insolvenzverwalter	228
	8.2	Der Gang des Insolvenzverfahrens	229
		8.2.1 Das Insolvenzeröffnungsverfahren	229
		8.2.2 Das eröffnete Verfahren	232
		8.2.3 Die Nachhaftungsphase	233
	8.3	Die Instrumente des Insolvenzverwalters nach Eröffnung des Insolvenzverfahrens	234
		8.3.1 Das Insolvenzverwalterwahlrecht	234
		8.3.2 Die Insolvenzanfechtung	235

Literatur 241

Stichwortverzeichnis 245

Einleitung 1

Nirgends auf der Welt ist das Wirtschaftsleben so verrechtlicht wie in Deutschland. Dies schafft ein Höchstmaß an Rechtssicherheit für Unternehmen. Das ist für eine gedeihliche wirtschaftliche Entwicklung auch unerlässlich. Gleichzeitig stellt es aber auch hohe Anforderungen an eine erfolgreiche Unternehmensführung. Um sich am Markt durchzusetzen, bedarf es nicht nur betriebswissenschaftlichen Wissens, sondern auch der Kenntnis rechtlicher Erfordernisse und Voraussetzungen. Die Zeiten, in denen Verträge per Handschlag geschlossen wurden und der redliche hanseatische Kaufmann sich auf die Verjährungseinrede nicht beruft, sind lange vorbei.

Nicht jede Führungsperson im Unternehmen muss Jurist sein. Aber eine juristische Grundschulung erleichtert den Zugang zur problemlösungsorientierten Entscheidungsfindung und bewahrt vor dem Stolpern über unbekannte Fallstricke.

Mit dem Studium dieses Buches erwirbt der Leser das erforderliche Basiswissen, um sich mit Vertragspartnern auseinanderzusetzen oder in Zweifelsfällen beizuziehenden Rechtsanwälten ein sorgfältig aufbereitetes Problem zur Lösung vorzulegen. Solche Grundlagen im Vertragsrecht sind unumgänglich, um am Wirtschaftsleben erfolgreich teilnehmen zu können.

Der Aufbau des Lehrbuches folgt der gesetzlichen Systematik. Zunächst wird der Allgemeine Teil des Bürgerlichen Gesetzbuches (BGB) dargestellt, um die Grundregeln wirtschaftlicher Betätigung zu erarbeiten. Es folgt ein Überblick über die vielfältigen Sonderregeln für einzelne Vertragstypen. Die handelsrechtlichen Besonderheiten werden an den jeweils passenden Stellen eingeflochten, um den direkten Bezug zu einzelnen Vertragstypen herzustellen.

Abschließend wird vertiefend auf spezielle Rechtsgebiete eingegangen, die im Wirtschaftsleben von wesentlicher Bedeutung sind. Dies gilt namentlich für das Handels- und Gesellschaftsrecht, um handelsrechtliche Besonderheiten im Geschäftsverkehr und die rechtliche Struktur von Gesellschaften erkennen zu können.

© Springer Fachmedien Wiesbaden GmbH, ein Teil von Springer Nature 2025
T. Jesgarzewski, *Wirtschaftsprivatrecht*, FOM-Edition,
https://doi.org/10.1007/978-3-658-46590-2_1

Bei allen Themenfeldern wird die Fragestellung stets aus Sicht des Unternehmers beleuchtet. Dadurch wird dem Leser seine rechtliche Stellung im Wirtschaftsleben verdeutlicht. Um eine praxisnahe Aufbereitung des Stoffes zu erreichen, werden alle Rechtsgebiete ausführlich mit Fallbeispielen unterfüttert.

1.1 Begriffsbestimmung

Wirtschaftsrecht ist kein gesetzlich definierter Begriff. Es gibt weder ein Wirtschaftsgesetzbuch noch ein spezielles Gesetz, das das wirtschaftliche Handeln gesondert vom sonstigen Recht regelt. Eine strenge Abgrenzung von Wirtschaftsrecht und sonstigem Recht ist daher ausgeschlossen. Dies ist jedoch auch nicht notwendig, da das Wirtschaftsrecht vorliegend als der Rechtsbereich verstanden wird, der für Entscheidungsträger in der Wirtschaft von besonderer Bedeutung in ihrer betriebswirtschaftlichen Arbeit ist. Wirtschaftsrecht soll hier als der Teil des Rechts definiert werden, der als besonderen Anwendungsbereich unternehmensbezogene Sachverhalte zum Gegenstand hat. Außerdem wird ausschließlich auf das Wirtschaftsprivatrecht abgestellt, sodass Strafrecht und Öffentliches Recht anderen Abhandlungen vorbehalten bleiben. Öffentliches Recht ist das Recht, das für öffentliche Institutionen untereinander und im Verhältnis zum Bürger gilt. Strafrecht beinhaltet den Schutz bestimmter Rechtsgüter und regelt die Verfolgung von Rechtsverletzungen durch die dafür vorgesehenen Behörden.

Trotz immenser Bedeutung für das nationale Recht[1] wird auch das Europarecht hier nicht eigenständig dargelegt werden können. Europarecht ist das von der Europäischen Union (die europäischen Gemeinschaften sind mit Ausnahme von Euratom in der EU aufgegangen) gesetzte Recht, das vom EUV und AEUV (früher EG Vertrag) über Verordnungen (direkt) und Richtlinien (indirekt) in Deutschland Wirkung entfaltet.

Da das Recht nicht trennscharf zwischen unternehmensbezogenem und privatem Handeln differenziert, wird auch vorliegend das Bürgerliche Recht zur Grundlage der Ausarbeitung gemacht. Hiervon ausgehend werden spezielle wirtschaftsbezogene Normen betrachtet.

Deshalb ist es für Wirtschaftsrechtler notwendig, zunächst die Grundzüge der Zivilrechtsordnung zu erlernen. Erst darauf fußend erschließen sich die speziellen wirtschaftsrechtlichen Besonderheiten. Der Rechtsanwender muss sich einer Fragestellung daher unter Anwendung der grundsätzlich einschlägigen Rechtsnormen nähern, um anschließend zu fragen, ob es in diesem Kontext noch spezielle wirtschaftsbezogene Normen gibt, die das Ergebnis verschieben.

---

[1] Eine vertiefte Einführung bietet etwa Streinz (2023) m. w. N.

> **Fallbeispiel**
>
> A gibt der B telefonisch eine Bürgschaft nach § 765 BGB zur Sicherung von Forderungen gegen C. Als C zahlungsunfähig wird, verlangt der B Zahlung der Forderung von A. Zu Recht? Ändert sich etwas, wenn A eine GmbH ist?
>
> B kann keine Zahlung verlangen, weil der Bürgschaftsvertrag nicht nach § 766 BGB schriftlich geschlossen wurde und damit nichtig ist. Wenn die A eine GmbH ist, wäre die Bürgschaft nach § 350 HGB gültig,[2] weil die Schriftform für Kaufleute bei Bürgschaften nicht erforderlich ist.[3] ◄

Ein identischer Lebenssachverhalt kann folglich rechtlich unterschiedlich bewertet werden, wenn unterschiedliche Akteure beteiligt sind. Diese Tatsache zwingt den Wirtschaftsrechtsanwender dazu, sich über das bürgerliche Recht hinaus einen umfassenden Überblick über Sonderrechtsnormen für wirtschaftsbezogene Sachverhalte oder Akteure zu verschaffen.

Neben dem Bürgerlichen Gesetzbuch (BGB) ist daher die Kenntnis einer Vielzahl von Spezialgesetzen für den Wirtschaftsrechtler erforderlich. Neben dem Handelsgesetzbuch (HGB) sind dies insbesondere die gesellschaftsrechtlichen Gesetze GmbH-Gesetz (GmbHG) und Aktiengesetz (AktG).

1.2 Juristische Arbeitsweise

Die Lösung eines juristischen Falles erfordert eine systematische Arbeitsweise.[4] Um eine Fragestellung zu einem konkreten Ergebnis zu führen, bedarf es einer stets wiederkehrenden Herangehensweise an die jeweilige Fragestellung. Regelmäßig hat der Rechtsanwender zu prüfen, ob ein Wirtschaftsakteur von einem anderen eine bestimmte Leistung (Zahlung, Herausgabe, Schadensersatz etc.) verlangen kann oder nicht.

Um dieser Fragestellung gerecht zu werden, bedient der Jurist sich des Anspruchsaufbaus. Beim Anspruchsaufbau wird direkt an die Fragestellung angeknüpft. Die Frage wird nach folgender abstrakter Prüffolge zerlegt beantwortet: „Wer will was von wem woraus?"

Nach dieser Frage ist zunächst zu klären, was der Gegenstand der Fallfrage ist. Wird gefragt, ob die Bezahlung eines Kaufpreises verlangt werden kann, ist eine Anspruchsgrundlage zu finden, die die Kaufpreiszahlung als Rechtsfolge vorsieht.

Eine Anspruchsgrundlage ist demzufolge eine gesetzliche Norm, die für einen abstrakten Sachverhalt eine bestimmte Rechtsfolge vorsieht.[5] Eine solche Anspruchsgrundlage ist stets der Ausgangspunkt der Fallbearbeitung.

---

[2] Ausführlich BGH, Urt. v. 24.09.1998 – IX ZR 425/97 = NJW 1998, 3709.
[3] Zur Kaufmannseigenschaft einer GmbH später unter Abschn. 6.1.
[4] Zur Vertiefung s. etwa bei Medicus und Petersen (2023); Musielak und Hau (2023).
[5] Der Begriff Anspruchsgrundlage ist gesetzlich nicht definiert, vgl. aber § 194 BGB.

> **Fallbeispiel**
>
> Die Rohr-AG kauft bei der Stahl-AG eine Tranche Edelstahl. Die Rohr-AG bezahlt nicht. Kann die Stahl-AG Bezahlung verlangen?
> § 433 II BGB besagt, dass ein Käufer die Kaufsache bezahlen muss. § 433 II BGB ist folglich die Anspruchsgrundlage für die Kaufpreiszahlung. ◄

Nach dieser Systematik erschließt sich jede Anspruchsprüfung. Der Schwierigkeitsgrad einer Fallgestaltung erhöht sich beträchtlich, wenn mehr als zwei Beteiligte Ansprüche geltend machen wollen. Für solche Fallkonstellationen ist darauf zu achten, dass die richtigen Anspruchsteller und Anspruchsgegner gegenübergestellt werden. Außerdem ist nicht immer auf den ersten Blick klar, wer sich hinter einer bestimmten Firmierung verbirgt. Komplizierte gesellschaftsrechtliche Verflechtungen führen auch in der Praxis zu Schwierigkeiten bei der Bestimmung der Beteiligten.

Darüber hinaus ist zu beachten, dass nicht immer nur eine einzige Anspruchsgrundlage in Betracht kommt. In vielen Fallgestaltungen führen mehrere Rechtsnormen zur gewünschten Rechtsfolge. Exemplarisch seien hier die §§ 812, 985 BGB genannt, die beide die Herausgabe zum Gegenstand haben. In solchen Fällen müssen für die Falllösung auch alle in Betracht kommenden Normen geprüft werden. Ferner sind oftmals gleich mehrere Ansprüche zu prüfen. Ein Beteiligter verlangt etwa neben der Zahlung eines vertraglichen Entgeltes auch Schadensersatz. Auch in solchen Fällen müssen mehrere Anspruchsgrundlagen geprüft werden, die die jeweilige Rechtsfolge vorsehen. Gegebenenfalls kommen auch unterschiedliche Verjährungsfristen zur Anwendung.

Die Lösung eines Falles hängt davon ab, dass auch die Tatbestandsseite der jeweiligen Anspruchsgrundlagen erfüllt ist und keine Einwendungen aus anderen Normen bestehen. Der Tatbestand einer Anspruchsgrundlage beschreibt die Voraussetzungen, die zur Anwendbarkeit der Norm führen. Für das Fallbeispiel wäre also zu prüfen, ob der Tatbestand des § 433 BGB erfüllt ist. Nach § 433 BGB ist ein Kaufvertrag erforderlich.[6] Tatbestand der Norm ist also das Vorliegen eines Kaufvertrages.[7]

1.3 Klausurhinweise

Für den Studenten sind die genannten Grundsätze in klausurtaktische Erwägungen einzubeziehen. Die Erfahrung zeigt, dass viele Studenten zwar eine Vielzahl juristischer Inhalte aufnehmen, die Inhalte jedoch nur schwer auf konkrete Fallfragen anwenden können. Deshalb werden nachstehend einige grundsätzliche Hinweise zur Klausurbearbeitung ge-

---

[6] Zu den Mindestanforderungen an einen Kaufvertrag vgl. BGH, Urt. v. 02.02.1964 – VIII ZR 59/59 = NJW 1960, 674.
[7] Siehe dazu später unter Abschn. 4.1.

geben. Diese sind in ihrer Grundsätzlichkeit stets zu berücksichtigen. Die Bearbeitung eines Falles erfordert jedoch die Modifikation der Arbeitsweise abhängig von der konkreten Fallfrage. Lösen Sie sich deshalb von den erlernten Wissensbeständen und lassen Sie sich auf die Frage ein. Ihre Antwort muss sich stets als eine präzise Antwort auf die Fallfrage lesen. Andernfalls kann es passieren, dass Sie zwar viel Richtiges geschrieben haben, das sich jedoch als irrelevant und damit falsch erweist.

Deshalb ist es unerlässlich, zunächst den Sachverhalt vollständig zu erfassen. Sie müssen den Sachverhalt inhaltlich verstehen und die Fallfrage als logischen Abschluss der Sachverhaltsschilderung begreifen. Anschließend sind sämtliche im Sachverhalt gegebenen Informationen auf ihre Relevanz für Ihre Lösung zu überprüfen. Ein guter Klausursteller wird im Sachverhalt nur solche Angaben machen, die relevant sind. Wenn Sie feststellen, dass mehrere Informationen für Sie ohne Wert sind, sollten Sie Ihre Lösung hinterfragen. Das Gleiche gilt, wenn Sie in Ihrer Lösung Fragen aufwerfen müssen, die sich aus dem Sachverhalt nicht beantworten lassen. Ein guter Sachverhalt beinhaltet alle notwendigen Informationen – nicht mehr, aber auch nicht weniger.

Arbeiten Sie Ihre Lösung nach einer klaren Struktur aus. Alle Schritte Ihrer Antwort müssen logisch aufeinander folgen. Die Prüfung beginnt stets mit der Nennung der Anspruchsgrundlage. Sodann folgen alle Tatbestandsmerkmale der Anspruchslage, wobei oftmals auf weitere Normen zurückgegriffen werden muss. Deren Voraussetzungen müssen gleichfalls dargelegt werden. Je komplizierter Ihre Antwort ist, desto wichtiger ist die nachvollziehbare Prüfungsreihenfolge der einschlägigen Normen. Wenn Sie das Gefühl haben, einer Vielzahl von Paragrafen ausgesetzt zu sein, fertigen Sie sich eine Prüfungsskizze. Hierin legen Sie die Prüfungsreihenfolge und deren Inhalt fest.

Erst nach Vollzug der genannten gedanklichen Schritte schreiben Sie Ihre Lösung nieder. Sie werden feststellen, dass Ihnen die Lösung geradezu aus der Feder fließt. Der Korrektor Ihrer Arbeit wird beim Lesen durch Ihre Arbeit so geführt, dass ihm die gesamte Antwort als schlüssig und aus einem Guss geschrieben erscheint.

1.4 Trennungs- und Abstraktionsprinzip

Für das Verständnis der deutschen Zivilrechtsordnung ist das sog. Trennungs- und Abstraktionsprinzip von zentraler Bedeutung. Nach diesem Prinzip werden zwei rechtsgeschäftliche Ebenen streng voneinander unterschieden.

Die Verpflichtung, eine bestimmte Leistung vorzunehmen, wird als Verpflichtungsgeschäft bezeichnet. Die tatsächliche Vornahme der Leistung, etwa die Zahlung oder Eigentumsübergabe beim Kauf, ist dagegen ein Verfügungsgeschäft. Diese Unterscheidung hat ihren Grund darin, dass die bloße Verpflichtung, etwas zu tun, in Widerspruch zum tatsächlichen Handeln stehen kann, weshalb die dingliche Ordnung (Eigentum und Besitz) von der schuldrechtlichen Ordnung (vertragliche Verpflichtung) gesondert zu betrachten ist.

1.5 Verpflichtungsgeschäft

Ein Verpflichtungsgeschäft ist jede vertragliche Begründung einer bestimmten Leistungspflicht. Das Verpflichtungsgeschäft begründet folglich die rechtlichen Leistungspflichten, die erst noch durchgeführt und damit erfüllt werden müssen.

> **Fallbeispiel**
>
> Beim Kaufvertrag wird der Käufer zur Zahlung, der Verkäufer zur Übergabe der Kaufsache verpflichtet.
> Beim Zustandekommen von Verpflichtungsgeschäften kann es zu Mängeln kommen, deren jeweilige gesetzliche Regelung vielschichtige Rechtsfolgen nach sich ziehen kann. Ein Rechtsgeschäft kann unwirksam sein, weil es mit einem Kind abgeschlossen wurde. Es kann genehmigungsbedürftig sein, weil die Zustimmung weiterer Beteiligter (noch) nicht vorliegt etc. In manchen Fällen haben die Parteien Kenntnis von diesen Mängeln, in anderen nicht. Das Trennungs- und Abstraktionsprinzip regelt, dass diese Mängel keinen Einfluss auf die Wirksamkeit tatsächlicher Verfügungen haben. ◄

1.6 Verfügungsgeschäft

Unabhängig von einer schuldrechtlichen Verpflichtung sind tatsächliche Verfügungen zu betrachten. Die Wirksamkeit eines Verfügungsgeschäftes wird durch Mängel beim Verpflichtungsgeschäft nicht berührt und umgekehrt. Die Verfügung bleibt wirksam.

Ein Verfügungsgeschäft ist jede tatsächliche Veränderung einer wirtschaftlichen Zuordnung einer Sache oder eines Rechts zu einer Person. Um ein Verpflichtungsgeschäft zu erfüllen, bedarf es also regelmäßig einer oder mehrerer Verfügungen, die ihrerseits jeweils ein eigenes Verfügungsgeschäft begründen. Diese Verfügungen bestehen in den meisten Fällen aus der Übereignung von Sachen, Geld oder Rechten nach den §§ 925, 873, 398 BGB, können jedoch auch jede andere Form von Belastung, Aufhebung etc. der Zuordnung eines Rechtsgutes beinhalten.

> **Fallbeispiel**
>
> Ein Kaufvertrag über eine Computeranlage wird vereinbart und durchgeführt, indem die Anlage übergeben und der Kaufpreis gezahlt wird. Später stellt sich heraus, dass der Vertrag unwirksam war. Diese Unwirksamkeit ändert nichts daran, dass das Eigentum am Geld und an der Anlage gewechselt hat. ◄

Die Rechtsordnung gestattet es nicht, dass der einzelne Teilnehmer am Wirtschaftsleben sich „seine" Sachen oder Gelder zurückholt, sondern stellt spezifische Regelungen[8] zur

---

[8] Zu den §§ 812 ff. BGB s. unter Abschn. 4.2.

Umkehrung von Verfügungsgeschäften bereit, die ggf. unter Zuhilfenahme der Gerichtsbarkeit durchzusetzen sind. Auf diesem Wege wird ein hohes Maß an Rechtssicherheit erreicht, das wiederum für die Existenz eines sicheren Wirtschaftslebens unerlässlich ist.

Nachfolgend wird zunächst das Vertragsrecht als Gegenstand von Verpflichtungsgeschäften dargestellt. Anschließend wird auf die tatsächliche Zuordnung von Rechtsgütern sowie deren Veränderung eingegangen.[9]

1.7 Privatautonomie

Die wirtschaftliche Betätigung in Deutschland ist grundsätzlich frei gestaltbar. Dies gilt auch für die Wahl von Vertragspartnern[10] und die konkrete Ausgestaltung von Vertragsverhältnissen. Die Rechtsordnung stellt dem Einzelnen frei, sich wirtschaftlich zu betätigen, und bietet durch gesellschaftsrechtliche Regelungen die Möglichkeit, sich temporär oder dauerhaft mit anderen zusammenzuschließen. Diese grundsätzliche Freiheit wird als Privatautonomie bezeichnet und ist historisch betrachtet keine Selbstverständlichkeit. Trotzdem wurde sie weder im Grundgesetz (GG) noch im BGB ausdrücklich festgeschrieben. Gleichwohl wird die Privatautonomie aus der allgemeinen Handlungsfreiheit nach Art. 2 I GG abgeleitet.

Die Rechtsordnung setzt danach voraus, dass es jedem freisteht, Verträge zu schließen oder nicht. Gemäß § 311 BGB wird lediglich statuiert, dass Schuldverhältnisse durch Vertrag begründet werden.[11] Das Gesetz impliziert damit den Grundsatz der Vertragsfreiheit.[12]

Nichtsdestoweniger sind diesem Grundsatz rechtliche Grenzen gesetzt.[13] Verträge können zwar regelmäßig eine Seite besonders bevorteilen. Das Gesetz kennt jedoch zahlreiche Schutzvorschriften, die eine vermutete strukturelle Unterlegenheit eines Vertragspartners korrigieren sollen. Vor diesem Hintergrund sind auch die Generalklauseln der Sittenwidrigkeit nach § 138 BGB[14] und Treu und Glauben nach § 242 BGB[15] zu verstehen.

---

[9] Siehe unter Abschn. 5.1.

[10] Abschlusszwang besteht nur ganz ausnahmsweise durch einzelne gesetzgeberische Entscheidungen, etwa bei öffentlichen Verkehrsmitteln, im Gesundheitswesen oder in Bereichen der Daseinsvorsorge; dies gilt auch für Abschlussverbote wie etwa die Abgabe rezeptpflichtiger Arzneimittel nach den §§ 43 ff. AMG.

[11] Zur Möglichkeit der stillschweigenden Vertragsbegründung BGH, Urt. v. 13.07.2005, VIII ZR 255/04 = NJW 2005, 2620.

[12] Dies gilt neben der Vertragsfreiheit auch für die hier nicht näher zu beleuchtende Testierfreiheit nach § 1937 BGB.

[13] Siehe dazu ausführlich unter Abschn. 2.2.

[14] Vgl. etwa den Schutz von Bürgen im Familienkreis, dazu grundlegend BVerfG, Beschl. v. 19.10.1993 – 1 BvR 567/89 = BVerfGE 89, 214; oder die Rechtsprechung zu Eheverträgen zum Nachteil der Ehefrau BVerfG, Urt. v. 06.02.2001 – 1 BvR 12/92 = NJW 2001, 957.

[15] Etwa die Bedeutung von Treu und Glauben i. V. m. den §§ 133, 157 BGB bei der ergänzenden Vertragsauslegung. Für Details muss wegen der Fülle von Anwendungsfällen auf die einschlägige Kommentarliteratur verwiesen werden.

Ein Meilenstein in der Gesetzgebung war das Gesetz zur Kontrolle Allgemeiner Geschäftsbedingungen (AGBG a. F., jetzt §§ 305 ff. BGB), das erstmalig eine systematische gesetzliche Inhaltskontrolle vorformulierter Vertragsbedingungen ermöglichte.[16] In jüngster Vergangenheit hat zudem insbesondere der Europarechtsgeber verschiedentlich Verbraucherschutzrecht gesetzt, das inzwischen Eingang in die deutsche Rechtsordnung gefunden hat.[17] Aus diesen gesetzgeberischen Wertentscheidungen entspringt zudem eine grundsätzliche und letzte Grenze der Vertragsfreiheit, die bei einem Eingriff in das Selbstbestimmungsrecht des Vertragspartners jedenfalls überschritten ist.[18]

1.8 Ausübung und Durchsetzung von Rechten

Ganz ausnahmsweise geht das Gesetz davon aus, dass Eingriffe in Rechtsgüter einer anderen Person rechtmäßig und ggf. sogar ausdrücklich zu dulden sind. Die §§ 226 ff. BGB durchbrechen insoweit das ansonsten geltende Gewaltmonopol des Staates und lassen in engen Grenzen den Eingriff in Rechtsgüter anderer zu. Diese auf Ausnahmefälle beschränkten Tatbestände bestätigen die Regel, dass die Rechtsverfolgung und vor allem deren zwangsweise Durchsetzung nur unter Zuhilfenahme staatlicher Organe erfolgen darf (Gericht, Gerichtsvollzieher etc.).

Die wichtigsten Anwendungsfälle in Bezug auf den rechtmäßigen Eingriff in fremde Rechtsgüter bilden das Notwehrrecht nach § 227 BGB und der Notstand nach § 228 BGB.

Eine Notwehrlage ist nach § 227 II BGB gegeben, wenn ein rechtswidriger und gegenwärtiger Angriff auf ein Rechtsgut vorliegt. Der Kreis der geschützten Rechtsgüter geht über Körper und Leben einer Person hinaus und umfasst z. B. auch Eigentumsrechte.[19] Gerechtfertigt sind in einer solchen Lage alle erforderlichen Verteidigungshandlungen. Erforderlich ist wiederum jede objektiv zur Angriffsabwehr geeignete Handlung. Bei mehreren in Betracht kommenden Handlungen ist jedoch stets die am wenigsten schwerwiegende zu wählen.[20]

Das Notstandsrecht nach § 228 BGB ergänzt den Schutz gegen Angriffe um einen Schutz vor Gefahren, die von Sachen ausgehen. Während nach § 227 BGB ein Schutz vor menschlichen Angriffen gewährleistet wird, erlaubt § 228 BGB den Eingriff in ein fremdes Rechtsgut, um die von einer Sache ausgehende Gefahr zu unterbinden. Auch hier sind nur erforderliche Eingriffe gerechtfertigt. Zudem ist für § 228 BGB eine Abwägung zwischen dem gefährdeten Rechtsgut und dem Rechtsgut vorzunehmen, in welches eingegriffen wird.

Diese Regelungen erfahren noch eine weitergehende Konkretisierung nach den §§ 229 ff. BGB. Danach ist unter ganz besonders engen Voraussetzungen auch eine sog. Selbsthilfe zulässig, wenn eine staatliche Durchsetzung nicht rechtzeitig möglich ist und der Anspruch in seiner Durchsetzung deswegen erheblich gefährdet würde.

---

[16] Dazu unter Abschn. 2.2.4.
[17] Vgl. etwa unter Abschn. 2.2.
[18] BVerfG, Beschl. v. 19.10.1993 – 1 BvR 567/89 = BVerfGE 89, 214.
[19] Eine Aufzählung findet sich in Grüneberg und Ellenberger, BGB, § 227, Rn. 3.
[20] BGH, Urt. v. 14.06.1972 – 2 StR 679/71 = NJW 1972, 1822.

Rechtsgeschäfte Allgemeiner Teil 2

Als Allgemeiner Teil des Zivilrechts werden hier neben dem Allgemeinen Teil des BGB (§§ 1–240 BGB) auch die §§ 241–442 BGB zum Recht der Schuldverhältnisse behandelt.[1] Diese Normen bilden das Gerüst der Zivilrechtsordnung und regeln grundsätzlich für alle Beteiligten im Rechtsleben, wie die meisten Rechtsverhältnisse begründet, durchgeführt und beendet werden.

Besonderes Augenmerk liegt vorliegend auf dem Schuldverhältnis. Ein Schuldverhältnis begründet gemäß § 241 I BGB die Leistungsverpflichtung der Beteiligten. Jeder Vertrag begründet daher mindestens ein Schuldverhältnis. Wegen der überragenden Bedeutung des Vertrages im Wirtschaftsrecht wird nachfolgend das Vertragsrecht als Grundlage der meisten Schuldverhältnisse dargestellt.[2] Da der Abschluss von Verträgen die gängigste Form des Leistungsversprechens für ein funktionierendes Wirtschaftsleben ist, muss zunächst herausgearbeitet werden, wie Verträge zustande kommen. Darauf fußend ist zu fragen, wie Verträge durchgeführt und beendet werden und welche Konsequenzen sich aus einer Nicht- oder Schlechterfüllung von Verträgen ergeben.

2.1 Rechtsverhältnisse

Rechtsverhältnisse sind alle Formen rechtlich relevanten Handelns, die eine Rechtsfolge nach sich ziehen. Voraussetzung dafür ist, dass mindestens ein Rechtssubjekt[3] eine mit einer Rechtsfolge belegte Handlung tätigt.

---

[1] Zur Vertiefung: Metzler-Müller und Mörlen (2023); Looschelders (2023); Brox und Walker (2024a, b); Tonner (2021); Joussen (2023).
[2] Ein Schuldverhältnis kann auch durch einseitige Rechtsgeschäfte oder durch Gesetz entstehen, s. ausführlich dazu etwa Grüneberg (2025), BGB, vor § 241, Rn. 3.
[3] Siehe unter Abschn. 2.1.1.2.2.

Rechtsverhältnisse können durch Gesetz oder durch schuldrechtliche Verpflichtung (Vertrag) begründet werden. Vertragliche Rechtsverhältnisse werden Rechtsgeschäft genannt. Durch Rechtsgeschäft wird das Erreichen einer Rechtsfolge beabsichtigt. Rechtsgeschäfte werden daher nicht durch reine Gefälligkeiten im sozialen Miteinander unter Freunden, Arbeitskollegen etc. gegründet (z. B. Mitnahme eines Kollegen zur Arbeit mit dem eigenen KFZ, Einladung zur Grillparty etc.). In der Beurteilung, ob eine Handlung rechtsverbindlich sein soll oder als reine Gefälligkeit erfolgt, ist nach den §§ 133, 157 BGB unter Berücksichtigung der Handlungsumstände auf den objektivierten Willen des Handelnden abzustellen, wie ihn ein verständiger Beobachter verstehen würde.[4] Nur wenn ein Rechtsbindungswille vorliegt, kann auch ein Rechtsverhältnis begründet werden.

Im Wirtschaftsrecht ist der Vertrag als Rechtsgeschäft von überragender Bedeutung. Verträge können dabei auf den einmaligen Austausch bestimmter Leistungen oder auf eine dauerhafte oder regelmäßige Austauschbeziehung gerichtet sein. Über einen längeren Zeitraum gerichtete Austauschverhältnisse sind sog. Dauerschuldverhältnisse. Die Unterscheidung zwischen Dauerschuldverhältnissen und anderen Vertragsverhältnissen ist stets vorzunehmen, um die einschlägigen Rechtsbehelfe wie etwa den bei Dauerschuldverhältnissen anwendbaren § 314 BGB[5] herauszufinden.

2.1.1 Begründung vertraglicher Rechtsverhältnisse

Rechtsverhältnisse können freiwillig und unfreiwillig begründet werden. Der wesentlichste Fall der Freiwilligkeit ist der Vertrag. Mehrere Beteiligte einigen sich auf den Austausch bestimmter Leistungen. Der wesentlichste Fall der unfreiwilligen Begründung eines Rechtsverhältnisses ist die unerlaubte Handlung, d. h. die rechtswidrige Verletzung fremder Rechtsgüter.

Im Folgenden wird zunächst ausführlich das Vertragsrecht dargestellt. Das Recht der unerlaubten Handlungen (Deliktsrecht) kann hier wie auch das Bereicherungs- und Sachenrecht (Eigentum und Besitz) nur angerissen werden.[6]

2.1.1.1 Rechtsgeschäfte – Gegenseitige Verträge
Rechtsgeschäfte sind alle Formen willentlichen Handels, die eine bestimmte Rechtsfolge nach sich ziehen. Zu unterscheiden ist zwischen einseitigen und mehrseitigen Rechtsgeschäften. Gibt nur eine Partei eine rechtsgestaltende Erklärung etwa durch eine Kündigung oder ein Testament ab, liegt ein einseitiges Rechtsgeschäft vor. Sind mehrere Personen beteiligt, wie bei einem Vertrag, handelt es sich um ein mehrseitiges Rechtsgeschäft.

---

[4] Dies erfolgt vom Ausgangspunkt des Wortlauts, dazu BGH, Urt. v. 03.11.1993 – VIII ZR 106/93 = BGHZ 124, 39, 44.
[5] Zur außerordentlichen Kündigung s. unter Abschn. 3.5.3.
[6] Unter Abschn. 5.1.

Wirtschaftsrecht ist zu wesentlichen Teilen Vertragsrecht. Der Austausch von Leistungen wird vertraglich geregelt und nach vorher festgelegten Parametern durchgeführt. Ein Vertrag ist folglich eine Einigung zwischen verschiedenen Parteien, jeweils bestimmte Leistungen und Gegenleistungen zu erbringen. Diese Einigung bewirkt das Entstehen eines Schuldverhältnisses nach § 241 I BGB. Wird dagegen keine Rechtsbindung gewünscht, sondern nur eine außerrechtliche Verpflichtung eingegangen (Freundschaftsdienst etc.), wird nur ein Gefälligkeitsverhältnis begründet.[7]

Solange beide Vertragsparteien ihre Pflichten anerkennen und ordnungsgemäß erfüllen, stellen sich keine rechtlichen Fragen. Sobald aber an irgendeiner Stelle Unklarheiten auftauchen, ist der Vertrag genauer zu untersuchen. Im Folgenden wird daher dargestellt, welche Voraussetzungen zum Abschluss eines Vertrages vorliegen müssen und wie der einzelne Vertragspartner seine Rechte durchsetzen kann.

Der gesetzliche Regelfall und der für das Wirtschaftsleben wesentlichste Fall eines Vertrages ist der des gegenseitigen Vertrages.[8] Mindestens zwei Beteiligte vereinbaren den Austausch bestimmter Leistungen und Gegenleistungen. Nachfolgend wird daher dieser Regelfall für die weitere Bearbeitung zugrunde gelegt. Zunächst ist zu klären, wie ein Vertrag begründet wird.

2.1.1.2 Rechtsobjekte und Rechtssubjekte

Wer sich am Wirtschaftsleben beteiligen will, muss rechtlich in der Lage sein, Träger von Rechten und Pflichten zu sein. Dies ist keine Selbstverständlichkeit, da ein sich ständig wandelndes Gesellschaftsrecht die wirtschaftlichen Akteure fortwährend vor die Frage stellt, ob die von ihnen angestrebte Vereinigung zur Teilnahme am Rechtsleben überhaupt geeignet ist. So wurde z. B. erst in jüngerer Vergangenheit geklärt, dass Arbeitsgemeinschaften (ARGE) im Bauwesen oder Wohnungseigentumsgemeinschaften rechtsfähig sind.[9] Verträge können nur durch Rechtssubjekte geschlossen werden. Rechtsobjekte können zum Gegenstand von Leistungspflichten im Vertrag gemacht werden.

2.1.1.2.1 Rechtssubjekte

Rechtssubjekte sind also alle zur Eingehung von Rechtsverhältnissen befähigten Personen. Dies sind alle natürlichen und juristischen Personen sowie weitere rechtsfähige Vereinigungen.

Natürliche Personen sind alle Menschen von der Geburt bis zum Tode, denen grundsätzlich gemäß § 1 BGB die volle Rechtsfähigkeit zugesprochen wird.[10] Rechtsfähigkeit ist danach die Fähigkeit, Rechtsverhältnisse zu begründen. Nicht zu verwechseln ist die Rechtsfähigkeit mit der Geschäftsfähigkeit nach den §§ 104 ff. BGB,[11] die die Möglichkeit zum Abschluss von Rechtsgeschäften eröffnet.

---

[7] BGH, Urt. v. 02.07.1968 – VI ZR 135/67 = NJW 1968, 1874.
[8] Vorliegend wird einzig die Schenkung als einseitiger Vertrag nach § 516 BGB näher beleuchtet, s. dazu unter Abschn. 3.2.
[9] ARGEN sind BGB-Gesellschaften, hierzu BGH, Urt. v. 29.01.2001 – II ZR 331/00 = BGHZ 146, 341; zur Wohnungseigentümergemeinschaft BGH v. 2.6.2005 – V ZB 32/05 = MDR 2005, 1156.
[10] Der ungeborene Embryo ist jedoch bereits erbfähig, vgl. § 1923 II BGB.
[11] Dazu unter Abschn. 2.1.3.

Rechtssubjekte und damit rechtsfähig nach § 1 BGB sind zudem alle juristischen Personen und andere rechtsfähige Vereinigungen. Juristische Personen sind alle Kapitalgesellschaften[12] wie etwa Aktiengesellschaften (AG) und Gesellschaften mit beschränkter Haftung (GmbH), aber auch der eingetragene Verein (e. V.) oder die Stiftung. Gleichfalls große Bedeutung haben die Personengesellschaften Offene Handelsgesellschaft (OHG), Kommanditgesellschaft (KG) oder die BGB-Gesellschaft nach den §§ 705 ff. BGB. Auch diese können Trägerinnen von Rechten und Pflichten sein und sind damit rechtsfähig.[13] Hierauf wird noch vertiefend im Gesellschaftsrecht einzugehen sein.[14]

2.1.1.2.2 Rechtsobjekte

Zum Rechtsobjekt kann grundsätzlich jedes Wirtschaftsgut gemacht werden. Wirtschaftsgüter sind nicht nur Sachen nach § 90 BGB und ihnen rechtlich gleichgestellte Tiere nach § 90a BGB, sondern etwa auch Forderungen und Rechte. Es ist jedoch stets darauf zu achten, dass für bestimmte Wirtschaftsgüter gesetzliche Verbote oder Beschränkungen vorliegen. So durchzieht das gesamte Arbeitsrecht der Gedanke eines Arbeitnehmerschutzes, der die Nutzung der Arbeitskraft in bestimmte rechtliche Grenzen fasst. Zudem bestehen für einige Wirtschaftsgüter (etwa Arzneimittel, Rüstungsgüter, chemische Stoffe) Herstellungs- und Handelsbeschränkungen. Aus Platzgründen kann hier jedoch nur der der Privatautonomie immanente Grundsatz festgehalten werden, dass jedes Wirtschaftsgut zum Rechtsobjekt gemacht werden kann.

2.1.2 Vertragsschluss

Verträge kommen durch zwei übereinstimmende Willenserklärungen zustande (Angebot und Annahme). Eine Partei unterbreitet ein Angebot, d. h., sie erklärt rechtsverbindlich, eine bestimmte Leistung gegen eine andere Leistung austauschen zu wollen. Die andere Partei erklärt die Annahme dieses Angebots. Wenn auf diesem Wege Einigkeit über die wesentlichen Vertragsmodalitäten wie Vertragsgegenstand, Entgelt, Erbringungszeitpunkte etc. erzielt wird, kommt ein Vertrag zustande. Angebote können zudem nur so lange angenommen werden, wie sie noch wirksam sind. Wirksam ist ein Angebot nur so lange, wie es nicht abgelehnt wurde oder eine Annahmefrist nach § 148 BGB nicht verstrichen ist. Angebote ohne Fristsetzung können nach § 147 BGB unter Anwesenden nur unverzüglich (sofort) angenommen werden. Für Angebote unter Abwesenden gilt eine angemessene Überlegungsfrist, innerhalb derer die Annahme erklärt werden kann. Die Angemessenheit ist dabei nach den Umständen des Einzelfalls zu bestimmen und kann bei einfachen Sachen wenige Tage, bei komplizierten Sachverhalten auch einige Wochen betragen.

---

[12] Zu den Kapitalgesellschaften s. ausführlich unter Abschn. 7.2.
[13] Vgl. § 124 HGB für die OHG und die KG; grundlegend für die BGB-Gesellschaft BGH, Urt. v. 29.01.2001 – II ZR 331/00 = BGHZ 146, 341.
[14] Unter Abschn. 7.1.

Sollte auf ein Angebot eine Antwort erfolgen, die einen abweichenden Inhalt hat, kommt wegen Dissens kein Vertrag zustande. Die abweichende Antwort ist in diesem Fall nicht als Annahme, sondern als neues Angebot zu werten.[15]

2.1.2.1 Willenserklärungen

Willenserklärungen sind alle Formen des Ausdrucks eines Rechtsbindungswillens. Dies beinhaltet, dass Willenserklärungen auch formlos abgegeben werden können. Dafür ist nicht einmal eine mündliche Erklärung erforderlich, wenn ersichtlich wird, dass eine bestimmte Rechtsfolge angestrebt wird.[16] Insoweit wird auch durch konkludentes Handeln ein Rechtsbindungswille dokumentiert.

> **Fallbeispiel**
>
> A kommt wie fast jeden Morgen in die Bäckerei. Die Fachverkäuferin begrüßt ihn freundlich und fragt, wie es ihm geht. Gleichzeitig überreicht sie eine Tüte Brötchen und nennt den Preis. A bezahlt. ◄

Willenserklärungen sind gekennzeichnet durch einen Handlungswillen und ein geschäftsbezogenes Erklärungsbewusstsein. Wenn eines dieser beiden Elemente nicht vorliegt, kommt auch keine Willenserklärung zustande, sodass ein vermeintlich geschlossener Vertrag nicht wirksam wird.

Handlungswille liegt vor, wenn die betroffene Person tatsächlich handeln möchte. Der Handlungswille fehlt etwa, wenn der Betroffene geschubst wird und im Fallen die Sache eines anderen beschädigt. Darüber hinaus muss etwas rechtlich Erhebliches gewollt werden (Erklärungsbewusstsein). Dabei kommt es nicht darauf an, ob der konkrete Rechtserfolg gewollt wird, die abgegebene Erklärung aber abweichende Rechtsfolgen nach sich zieht (Rechtsfolgenirrtum).

Unter Kaufleuten[17] liegt auch dann eine Willenserklärung vor, wenn dem Kaufmann im Rahmen seines regelmäßigen Geschäftsbetriebes ein Angebot unterbreitet wird. Dies folgt aus der Annahmefiktion des § 362 I HGB. Hier wird also durch das Schweigen des Kaufmanns eine Erklärung im Rechtssinne abgegeben.

> **Fallbeispiel**
>
> Wer bei der Röhren-AG eine Tranche handelsüblicher Rohre zur Lieferung in drei Monaten bestellt und keine Antwort erhält, hat einen Vertrag geschlossen. Das Schweigen der Röhren-AG gilt als Zustimmung. ◄

---

[15] Anders bei kaufmännischen Bestätigungsschreiben, s. dazu unter Abschn. 6.6.2.
[16] BGH, Urt. v. 24.05.1993 – II ZR 73/92 = NJW 1993, 2100.
[17] Definition unter Abschn. 6.1.

Schickt die Röhren-AG wie in der Praxis verbreitet ein Bestätigungsschreiben unter Kaufleuten zu, das inhaltlich von der Bestellung abweicht, kommt trotz der Abweichung ein Vertrag zustande, wenn der Besteller auf das Schreiben schweigt. Im Falle eines sog. Kaufmännischen Bestätigungsschreibens wird also dem Schweigen ausnahmsweise ein Erklärungsinhalt beigemessen. Dieser Grundsatz gilt jedoch wiederum nicht bei erheblichen Abweichungen im Bestätigungsschreiben, da dann der Verfasser des Schreibens vernünftigerweise nicht mit einer Zustimmung des Bestellers rechnen durfte.

2.1.2.2 Einseitige empfangsbedürftige Willenserklärungen

Einseitige empfangsbedürftige Willenserklärungen liegen vor, wenn der Erklärende kein Angebot oder eine Annahme abgibt, sondern alleine durch seine Erklärung einen rechtsgestaltenden Erfolg herbeiführt.[18] Der wichtigste Anwendungsfall hierfür ist die Kündigung. Erforderlich für die Wirksamkeit eines Kündigungsausspruches ist nicht, dass der zu Kündigende diesen annimmt, sondern lediglich, dass er ihn erhalten hat.

2.1.2.3 Zugang von empfangsbedürftigen Willenserklärungen

Willenserklärungen im Wirtschaftsleben sind regelmäßig empfangsbedürftig, d. h. die Erklärung muss dem Empfänger auch zugehen. Wenn zwei Vertragspartner sich gegenübersitzen oder miteinander telefonieren, ist das kein Problem. In diesen Fällen gilt eine Willenserklärung als zugegangen, wenn sie vernehmbar ausgesprochen wurde.

Komplizierter liegen die Dinge im Falle der Abwesenheit des Erklärungsempfängers. Da die Rechtsfolge des Vertragsschlusses oder einer Kündigung regelmäßig ganz erhebliche wirtschaftliche Auswirkungen hat, ist der Zugang von Willenserklärungen sehr sorgfältig zu handhaben. Der Zugang wird unter Abwesenden jedoch nicht erst durch eine Kenntnis des Empfängers bewirkt. Gemäß § 130 I BGB erfolgt ein Zugang bereits dann, wenn die Erklärung dergestalt in den Machtbereich des Empfängers eingetreten ist, dass dieser unter normalen Umständen die Möglichkeit der Kenntnisnahme hat.[19]

Für die Praxis ist daher in den folgenden Regelfällen von besonderer Bedeutung, wann eine empfangsbedürftige Willenserklärung zugeht:

Briefe gelten mit dem Einwerfen in den Briefkasten als zugegangen. Insoweit ist jedoch Vorsicht geboten, da der Empfänger behaupten kann, der Brief sei nie eingeworfen worden. Im Zweifel können Sie das Gegenteil nur beweisen, wenn Sie entsprechende Einschreibebelege haben. Auch kann der Empfänger behaupten, nur einen leeren Umschlag erhalten zu haben.

> ▶ **Praxistipp** Wichtige Erklärungen nur per Einschreiben/Rückschein oder noch besser per Bote versenden und Zugangsvermerk aushändigen lassen. Dies ist zwar ein wenig teurer. Die erhöhten Kosten stehen jedoch in keinem Verhältnis zu den Aufwendungen, die ein fehlender Zugang nach sich ziehen kann (etwa bei der Kündigung eines Arbeitsverhältnisses). Ferner sollte das Schreiben in Gegenwart des Boten oder eines sonstigen Zeugen in den Umschlag gesteckt werden.

---

[18] Nicht empfangsbedürftig ist etwa das Testament.
[19] BGH, Urt. v. 03.11.1976 – VIII ZR 140/75 = BGHZ 67, 271.

Faxschreiben gehen zu, wenn sie vollständig übermittelt wurden, d. h. im Speicher des Empfangsgerätes gesichert sind.[20] Ein Ausdruck des Schreibens ist nicht erforderlich, da es im Verantwortungsbereich des Empfängers liegt, das Gerät betriebs- und damit auch druckbereit zu halten.

Für E-Mails oder SMS gilt, dass ein Zugang mit Speicherung auf dem dafür vorgesehen Medium (Server) erfolgt. Auch hier ist ein Ausdrucken, Download oder sonstige weitere Verarbeitung nicht erforderlich. Teilnehmer im Wirtschaftsleben müssen folglich ihre in den Geschäftsverkehr eingeführten Mailadressen regelmäßig abrufen und bearbeiten.

Für alle vorgenannten Fallgestaltungen kann die Erklärung sowohl gegenüber dem eigentlichen Erklärungsempfänger als auch gegenüber dafür bevollmächtigten Empfangsvertretern oder Boten erfolgen.

Ist eine Erklärung wirksam abgegeben worden, kann sie gemäß § 130 I S. 2 BGB nur noch durch gleichzeitigen oder vorherigen Widerruf beseitigt werden. Gelingt dies nicht, ist der Erklärende an den Inhalt gebunden und muss diesen gegen sich gelten lassen.

2.1.2.4 Bedingte und befristete Willenserklärungen

Eine Willenserklärung kann vorbehaltlich weiterer Umstände abgegeben werden. Willenserklärungen können unter Bedingungen oder Befristungen abgegeben werden. Eine bedingte Willenserklärung entfaltet erst dann die beabsichtigte Rechtsbindungswirkung, wenn nach § 158 BGB die Bedingung eingetreten ist. Umgekehrt kann gleichfalls erklärt werden, dass eine Willenserklärung nur bis zum Eintritt einer Bedingung wirksam ist (auflösende Bedingung nach § 158 II BGB).

Eine befristete Willenserklärung ist nur so lange rechtwirksam, bis die Frist abgelaufen ist. Die Länge der Frist wird allein vom Erklärenden bestimmt und kann im Einzelfall sehr kurz bemessen sein. Dies spielt in der Praxis gerade bei Vertragsangeboten eine große Rolle.

Fallbeispiel

Die Strom-AG ist ein überregionaler Energieversorger und veräußert größere Strommengen an kleinere Regionalversorger. Weil der Strompreis starken und kurzfristigen Schwankungen unterliegt, unterbreitet die Strom-AG ihre Verkaufsofferten per Fax an verschiedene Regionalversorger. Alle Angebote werden mit dem Zusatz versehen, dass die Strom-AG sich für längstens 15 min ab Faxzugang an die angebotenen Preise gebunden hält. ◄

2.1.3 Geschäftsfähigkeit

Soll ein Vertrag wirksam zustande kommen, müssen die Vertragsparteien bei der Abgabe ihrer Willenserklärungen geschäftsfähig sein. Geschäftsfähigkeit ist die Fähigkeit, Rechtsgeschäfte selbstständig vollwirksam wahrzunehmen, also insbesondere Verträge selbst-

---

[20] BGH, Beschl. v. 25.04.2006 – IV ZB 20/05 = BGHZ 167, 214.

ständig zu schließen. Die Geschäftsfähigkeit geht daher weiter als die Rechtsfähigkeit, die lediglich die Möglichkeit zur Trägerschaft von Rechten und Pflichten zum Gegenstand hat.[21]

Das Gesetz geht grundsätzlich davon aus, dass jeder Mensch geschäftsfähig ist. Die Geschäftsfähigkeit wird daher so lange vorausgesetzt, bis ihr Fehlen nach § 104 BGB festgestellt wird. Zudem kann die Geschäftsfähigkeit beschränkt sein, sodass nur bestimmte Geschäfte getätigt werden dürfen.

2.1.3.1 Geschäftsunfähigkeit

Nach § 104 BGB sind alle Kinder unter sieben Jahre geschäftsunfähig. Sie können am Rechtsverkehr nur durch Erklärungen ihrer sorgeberechtigten Eltern nach § 1626 BGB teilnehmen. Geschäftsunfähig ist nach § 104 II BGB ferner ein Mensch, der sich in einem dauerhaften, eine freie Willensbetätigung ausschließenden Zustand geistiger Störung befindet. Diese scharfe Formulierung des Gesetzes zeigt, dass die Annahme von Geschäftsunfähigkeit nicht bei bloß eingeschränkter Urteilsfähigkeit oder irrationalen und unsachlichen Entscheidungen anzunehmen ist. Um Geschäftsunfähigkeit festzustellen, darf der Betroffene schlechterdings nicht in der Lage sein, seine Willenserklärungen als solche zu begreifen.[22] Die Hürde hierfür ist erst dann überschritten, wenn der Betroffene seine Entscheidungen nicht mehr von vernünftigen Erwägungen abhängig machen kann.[23] In diesen Fällen kann der Geschäftsunfähige nur durch Erklärungen seines Vertreters wie etwa eines rechtsgeschäftlich Bevollmächtigten oder eines gerichtlich bestellten Betreuers nach den §§ 1896 ff. BGB am Rechtsverkehr teilnehmen.

Geschäftsunfähigkeit kann auch partiell vorliegen. Ist die Störung der Willensbetätigungsfreiheit nur vorübergehend wie etwa bei kurzfristigen, heilbaren Krankheiten, so liegt die Geschäftsunfähigkeit nur für den Zeitraum der Störung vor. Die zeitlich begrenzte Störung muss jedoch den gleichen Schweregrad haben wie die dauerhafte. Ein kurzweiliger Einfluss von Alkohol oder Betäubungsmitteln reicht hierfür regelmäßig nicht aus.

Eine von einem Geschäftsunfähigen abgegebene Willenserklärung ist nach § 105 BGB nichtig.[24] Nur ausnahmsweise bei Kleinstgeschäften (Brötchenkauf o. Ä.) geht das Gesetz nach § 105a BGB von der Wirksamkeit der Willenserklärung und damit des Rechtsgeschäftes aus.

Wird gegenüber einem Geschäftsunfähigen eine Willenserklärung abgegeben, wird diese nach § 131 I BGB erst mit dem Zugang gegenüber dem gesetzlichen Vertreter wirksam. Die Erklärung ist daher an den gesetzlichen Vertreter zu richten. Eine bloß zufällige Kenntnisnahme des Vertreters von Erklärungen an den Geschäftsunfähigen reicht dagegen nicht aus.

---

[21] Vgl. bereits unter Abschn. 2.1.1.

[22] Das Unvermögen, die Tragweite seiner Entscheidungen zu erfassen, reicht noch nicht aus, vgl. BGH, Urt. v. 19.10.1962 – V ZR 103/59 = NJW 1961, 261.

[23] BGH, Urt. V. 14.04.1965 – Ib ZR 80/63 = WM 1965, 895.

[24] Dies gilt auch für Willenserklärungen für einen anderen, etwa eine Gesellschaft, vgl. BGH, Urt. v. 01.07.1991 – II ZR 292/90 = BGHZ 115, 78.

Für das Eintreten der genannten Rechtsfolgen ist es unerheblich, ob der Vertragspartner die Geschäftsunfähigkeit kannte oder erkennen konnte. Einen Vertrauens- oder Gutglaubensschutz gibt es in diesem Bereich nicht.

Weit verbreitet in der Wirtschaftspraxis ist der Irrtum, dass ein Betreuter kraft Gesetzes geschäftsunfähig ist. Dem ist jedoch nicht so. Die Einrichtung einer gesetzlichen Betreuung nach den §§ 1896 ff. BGB beschränkt die Geschäftsfähigkeit des Betreuten nicht. Ist dieser zur eigenen Willensbildung nach den genannten Grundsätzen fähig, kann er eigene Rechtshandlungen vornehmen und damit auch wirksam Verträge schließen. Das Gericht kann jedoch zusätzlich zur Betreuung einen Einwilligungsvorbehalt anordnen. Nur in diesem Fall bedarf ein Vertragsschluss der Zustimmung des Betreuers.

▶ **Praxistipp** Wenn ein potenzieller Vertragspartner unter Betreuung steht, können Sie trotzdem Verträge mit ihm abschließen, wenn Leistungsfähigkeit besteht. Um für die Vertragsdurchführung Sicherheit zu erlangen, fragen Sie den Betreuer, ob ein Einwilligungsvorbehalt vorliegt.

2.1.3.2 Beschränkte Geschäftsfähigkeit

Zu unterscheiden von der Geschäftsunfähigkeit ist die beschränkte Geschäftsfähigkeit nach den §§ 106 ff. BGB. Diese setzt Jugendliche zwischen sieben und siebzehn Jahren (Minderjährige) in den Stand, begrenzt am Wirtschaftsleben teilzunehmen. Zu ihrem Schutz wird die Geschäftsfähigkeit jedoch dahingehend eingeschränkt, dass viele Rechtsgeschäfte der Zustimmung der Eltern bedürfen.

Nach § 107 BGB kann der Minderjährige nur solche Rechtsgeschäfte selbstständig vollwirksam vornehmen, die lediglich rechtlich vorteilhaft sind. Alle anderen Geschäfte bedürfen nach § 108 BGB der Zustimmung der sorgeberechtigten Eltern. Die Zustimmung kann vorher durch eine Einwilligung oder nachher durch Genehmigungserklärung erteilt werden.

Die rechtliche Vorteilhaftigkeit bestimmt sich dabei nur nach den rechtlichen, nicht jedoch nach den wirtschaftlichen Folgen. Rechtlich vorteilhaft ist ein Geschäft nur dann, wenn keine rechtliche Verpflichtung eingegangen wird. Dies führt dazu, dass auch wirtschaftlich sehr gute Geschäfte nicht ohne die Zustimmung der Eltern durchgeführt werden können. Im Ergebnis sind daher nur Schenkungen an Minderjährige nicht zustimmungspflichtig, sofern mit der Schenkung keine rechtlichen Verpflichtungen (etwa wesentliche Rechte an Grundstücken) verbunden sind.[25]

Fallbeispiel

Die siebzehnjährige Anne kauft sich einen gebrauchten Motorroller für 500 €, dessen Wert bei mindestens 1500 € liegt. Der Kauf ist folglich wirtschaftlich betrachtet sehr vorteilhaft. Mit dem Kauf trifft sie jedoch die rechtliche Verpflichtung der Kaufpreiszahlung, sodass das Geschäft von ihr allein nicht geschlossen werden darf und daher zunächst unwirksam ist. ◀

---

[25] Instruktiv dazu BGH, Beschluss vom 18.04.2024 – V ZB 51/23.

Eine Willenserklärung beschränkt Geschäftsfähiger wie im Fallbeispiel ist schwebend unwirksam. Schwebend unwirksam bedeutet, dass die Erklärung nicht nichtig ist, sondern durch die nachträgliche Genehmigung der Eltern wirksam wird.[26] Der Schwebezustand wird aufgehoben, das Geschäft kommt zustande.

Minderjährigen wird zudem gestattet, über die ihnen zur freien Verfügung überlassenen Mittel zustimmungsfrei zu verfügen. Nach dem sog. Taschengeldparagrafen § 110 BGB können Minderjährigen Gelder zur freien oder zur zweckgebundenen Verwendung überlassen werden. Im Rahmen dieser Verfügung verzichten die Eltern somit auf ihr Zustimmungsrecht. Die Eltern können jedoch ihr Zustimmungsrecht auch auf eine bestimmte Art von Geschäften oder einen bestimmten Lebenssachverhalt erstrecken. Im Rahmen eines Urlaubsaufenthaltes kann den Minderjährigen daher etwa gestattet werden, alle vorhandenen Mittel nach freier Wahl auszugeben (Generaleinwilligung).

Auch im Anwendungsbereich der beschränkten Geschäftsfähigkeit existiert kein Vertrauensschutz des Vertragspartners. Erfährt er nachträglich von der beschränkten Geschäftsfähigkeit, kann er nach § 108 II BGB die Eltern zur Zustimmung auffordern. Wird diese binnen zwei Wochen nicht erteilt, gilt sie als verweigert.

2.1.4 Anfechtung von Rechtsgeschäften

Ist nach den genannten Grundsätzen ein Vertrag geschlossen worden, können sich im Nachhinein immer noch Mängel bei der Willensbildung oder deren Formulierung herausstellen. Die Willensbildung der Vertragsparteien kann fehlerhaft gewesen sein. Gleiches gilt bei der Willensbildung zu einseitigen Rechtsgeschäften.

Für solche Fälle sieht das Gesetz unter bestimmten Voraussetzungen die Nichtigkeit des Rechtsgeschäfts vor.

Für das Wirtschaftsleben sind zwei verschiedene Regelungen von besonderer Bedeutung: Das Scheingeschäft nach § 117 BGB und die Anfechtbarkeit von Rechtsgeschäften nach den §§ 119 ff. BGB.

2.1.4.1 Scheingeschäft

Ein Scheingeschäft liegt nach § 117 BGB vor, wenn eine Willenserklärung mit Einverständnis des Empfängers nur zum Schein abgegeben wird. Es muss also ein kollusives Zusammenwirken zwischen Erklärendem und Erklärungsempfänger vorliegen.[27] Weiß der Erklärungsempfänger nicht und kann er auch nicht leicht erkennen, dass eine Scheinerklärung abgeben wird, ist die Erklärung nach § 116 BGB wirksam.

Ein Scheingeschäft führt nach § 117 II BGB zur Wirksamkeit von durch Scheingeschäfte verdeckten Rechtsgeschäften. In der Wirtschaftspraxis kommen durch Scheingeschäfte ver-

---

[26] Zur Systematik ausführlich Musielak und Hau (2023), Rn. 278.
[27] BGH, Urt. v. 18.11.1976 – VII ZR 150/75 = BGHZ 67, 334.

deckte Rechtsgeschäfte insbesondere im Immobilienbereich und zur Verzerrung von Bilanzen vor. Bei Immobiliengeschäften wird, anders als notariell beurkundet, ein höherer Kaufpreis gezahlt, um Grunderwerbssteuer und Übertragungskosten zu sparen. Im Bereich der Unternehmensbilanz ist es durch den Abschluss von Scheingeschäften möglich, zusätzliche Forderungen oder Rechte in die Bilanz zu stellen, um sich gegenüber Geschäftspartnern oder Banken eine bessere Bonität zu geben, was jedoch vor dem Hintergrund möglicher steuerlicher und strafrechtlicher Konsequenzen nicht anzuraten ist.

Das Risiko solcher Scheingeschäfte liegt darin, dass die Beweisbarkeit des Scheins schwierig wird, wenn eine Seite im Nachhinein auf Vertragserfüllung besteht. Hier muss die andere Seite das Vorliegen eines Scheingeschäftes beweisen. Wurden hierfür keine aussagekräftigen Dokumente gefertigt, was aufgrund der steuerlichen und strafrechtlichen Konsequenzen der Regelfall sein dürfte, ist die Beweislage schlecht.

2.1.4.2 Anfechtung

Weit bedeutsamer als das Scheingeschäft ist die Anfechtbarkeit von Rechtsgeschäften nach den §§ 119 ff. BGB. Wird ein Rechtsgeschäft wirksam angefochten, ist es nach § 142 I BGB nichtig von Anfang an.[28] Die Vertragsparteien werden so gestellt, als sei der Vertrag nicht geschlossen worden. Eine Anfechtungserklärung nach § 143 BGB muss nach § 121 I BGB unverzüglich, also unmittelbar nach Kenntnisnahme des Anfechtungsgrundes erfolgen. Dies ermöglicht jedoch eine kurze Überlegungsfrist und ggf. die Einholung von Rechtsrat.[29] Bei Anfechtungen nach § 123 BGB gilt die Jahresfrist nach § 124 I BGB, die mit dem Ende der Bedrohung oder dem Erkennen des Irrtums zu laufen beginnt.[30]

Die Anfechtung bedarf stets eines Anfechtungsgrundes. Hier sind drei Fallkonstellationen zu unterscheiden. Gemäß § 119 BGB liegt im Falle einer fehlerhaften Erklärung oder eines Irrtums über eine verkehrswesentliche Eigenschaft des Vertragsgegenstandes ein Anfechtungsgrund vor. Hinzu kommen die Fälle nach § 123 BGB, wonach eine Willenserklärung durch Drohung oder arglistige Täuschung herbeigeführt wurde.

2.1.4.2.1 Erklärungsirrtum

Der einfachste Fall eines Anfechtungsgrundes ist der Erklärungsirrtum. Eine Willenserklärung hat objektiv etwas anderes zum Gegenstand, als der Erklärende tatsächlich zum Ausdruck bringen wollte. Erklärungsirrtümer sind alle Fallkonstellationen eines Verschreibens oder Versprechens.

Fallbeispiel

Geschäftsführer G will 500 Verkaufseinheiten eines Produktes bestellen, schreibt jedoch irrtümlich 5000 in das Bestellformular. Der Geschäftsführer kann seine Bestellung anfechten, da er sich irrtümlich verschrieben hat. ◄

---

[28] BGH, Urt. v. 06.08.2008 – XII ZR 67/06 = NJW 2009, 1266, 1268.
[29] Regelmäßig dürfte dies einige Tage bis zu zwei Wochen beinhalten, vgl. OLG Hamm, Urt. v. 09.01.1990 – 26 U 21/89 = NJW-RR 1990, 523.
[30] Beachte aber die Verjährung und die absolute Grenze von 10 Jahren nach § 124 II, III BGB.

Nach § 120 BGB gilt das Gleiche, wenn ein Bote etwas anderes übermittelt, als er sollte. Hier liegt der Irrtum zwar beim Überbringer, der eine fremde Erklärung abgibt. Im Ergebnis wird der Irrtum so behandelt, als habe der Erklärende sich selbst geirrt.

Fallbeispiel

Wie im vorangegangenen Fallbeispiel, nur dass das Verschreiben der Sekretärin des Geschäftsführers unterläuft. G kann auch hier anfechten, da der Irrtum seiner Sekretärin nach § 120 BGB wie sein eigener behandelt wird. ◄

Praxisrelevant ist vor allem der Kalkulationsirrtum. Der Erklärende verrechnet sich bei der Erstellung eines Angebotes und gibt daher einen falschen Preis ab. Hier ist zu unterscheiden: Wird nur das Endergebnis im Angebot angegeben, ist der Irrtum als interne Berechnung des Erklärenden unbeachtlich und gibt folglich keinen Anfechtungsgrund.[31] Anders, wenn die Kalkulation ausdrücklich im Angebot angegeben wird. Dann ist wiederum nach dem konkreten Einzelfall zu unterscheiden. Kommt es nur auf den Endpreis an, liegt kein Anfechtungsgrund vor. Ist die konkrete Berechnungsmethode ausdrücklich Vertragsgegenstand, wird der Kalkulationsirrtum beachtlich, sodass jedenfalls Anfechtbarkeit vorliegt.[32]

2.1.4.2.2 Inhaltsirrtum

Komplizierter liegen die Dinge beim Inhaltsirrtum. Ein Inhaltsirrtum ist nach § 119 II BGB der Irrtum des Erklärenden über eine verkehrswesentliche Eigenschaft. Eigenschaften sind zunächst alle Beschaffenheiten einer Sache oder Person, die in ihrer Beziehung zur Umwelt eine Bedeutung für Wertschätzung oder Verwendbarkeit besitzen.[33] Grundsätzlich ist dies nach der Verkehrsanschauung, also objektiv, zu bewerten. Als Merksatz kann gelten, dass alle wertbildenden Faktoren verkehrswesentliche Eigenschaften sind.

Fallbeispiel

Sie kaufen eine gebrauchte Maschine, um diese in Ihre Fertigung zu integrieren. Dabei gehen Sie davon aus, dass die Maschine ein Baujahr nach 2010 aufweist und damit bestimmte Vorprodukte weiterverarbeiten kann. Dies bleibt gegenüber dem Vertragspartner unausgesprochen, weil Sie dies für unproblematisch halten. Später stellt sich heraus, dass die Maschine Baujahr 2008 und damit völlig ungeeignet für die Fertigstellung Ihrer Vorprodukte ist. Hier liegt ein beachtlicher Eigenschaftsirrtum vor, der zur Anfechtung berechtigt.[34] ◄

---

[31] Dies ist ein Unterfall des Motivirrtums, s. dazu sogleich.
[32] Bei ganz offensichtlichen Rechenfehlern gilt sogar der richtige Preis als vereinbart, so zu Recht OLG Frankfurt, Urt. v. 25.05.2000 – 16 U 182/99 = WM 2001, 565.
[33] BGH, Urt. v. 14.12.1960 – V ZR 40/60 = BGHZ 34, 32, 41.
[34] Grundsätzlich zum Baujahr als verkehrswesentlicher Eigenschaft BGH, Urt. v. 26.10.1978 – VII ZR 202/76 = NJW 1979, 160, 161.

Der Preis einer Ware als solcher ist dagegen keine Eigenschaft. Das Gleiche gilt bei Spekulationsgeschäften, wenn die Erwartungen nicht erfüllt werden. Zu unterscheiden vom Inhaltsirrtum ist der sog. Motivirrtum.[35] Ein Motivirrtum ist der Irrtum über die Beweggründe, die zur Abgabe der Willenserklärung geführt haben.

> **Fallbeispiel**
>
> A kauft Textilien, weil er davon ausgeht, diese in Übersee gut weiterverkaufen zu können. Anschließend stellt sich heraus, dass er keine Abnehmer findet. Dieser Irrtum ist unbeachtlich, da A nicht über die Beschaffenheit der Textilien, sondern über die Verwirklichbarkeit seiner Absichten geirrt hat. ◄

Für die Praxis ist es wichtig, eine Anfechtung wegen Inhaltsirrtums von der Geltendmachung von kaufrechtlichen Mangelgewährleistungsrechten[36] zu unterscheiden. Liegen vertragsrechtliche Gewährleistungsrechte vor, ist eine Anfechtbarkeit von Gesetzes wegen ausgeschlossen.[37]

2.1.4.2.3 Arglistige Täuschung

Nach § 123 BGB liegt im Falle einer arglistigen Täuschung ein Anfechtungsgrund vor. Eine arglistige Täuschung ist das wissentliche Hervorrufen oder Unterstützen eines Irrtums beim Vertragspartner. Die Täuschung kann sich auf alle Umstände des Vertragsschlusses beziehen. Sie kann durch Tun oder Unterlassen begangen werden. Beim Unterlassen ist jedoch zu unterscheiden: Auf Nachfrage muss vor dem Vertragsschluss stets Auskunft gegeben werden. Es muss jedoch nicht ungefragt auf alle negativen Umstände hingewiesen werden. Nur beim Vorliegen eines besonderen Vertrauensverhältnisses[38] oder erkennbar besonders wichtigen Umständen[39] besteht die Pflicht zum ungefragten Hinweis. Entscheidend sind hier stets die Umstände des Einzelfalls.

> **Fallbeispiel**
>
> Sie kaufen von der S-Spedition einige LKW. Haben die LKW bereits Unfälle gehabt, müssen Sie ungefragt darauf hingewiesen werden. Dies folgt aus dem Umstand, dass die Unfallfreiheit eines LKW ein ganz erheblich wertbildender Faktor ist. ◄

2.1.4.2.4 Drohung

Auch wer widerrechtlich durch Drohung zur Abgabe seiner Willenserklärung bestimmt worden ist, kann diese nach § 123 BGB anfechten. Drohung ist das Inaussichtstellen eines

---

[35] Ausnahmen nur im Erbrecht, vgl. die §§ 2078 II, 2079, 2308 BGB.
[36] Ausführlich unter Abschn. 3.1.4.
[37] BGH, Urt. v. 08.06.1988 – VIII ZR 135/87 = NJW 1988, 2597, 2598.
[38] BGH, Urt. v. 07.10.1991 – II ZR 194/90 = NJW 1992, 300.
[39] BGH, Urt. v. 28.04.1971 – VIII ZR 258/69 = NJW 1971, 1799.

künftigen Übels.[40] Übel ist jeder Nachteil. Der Nachteil muss jedoch von einigem Gewicht sein und den Erklärenden in eine Zwangslage versetzen. Die Drohung muss folglich für die Abgabe der Erklärung kausal sein. Beim Bedrohten muss zudem der Eindruck entstehen, dass der Drohende Einfluss auf das Bewirken des Übels hat.

Die Widerrechtlichkeit der Drohung kann sich aus der Widerrechtlichkeit des Drohungsmittels, des zu erreichenden Zwecks sowie schließlich aus der Zweck-Mittel-Relation ergeben.

Dies führt dazu, dass auch die Drohung mit einem rechtskonformen Mittel wie einer Klage oder Strafanzeige unter § 123 BGB fällt, wenn sie in einem verwerflichen Verhältnis zum Zweck steht.

Fallbeispiel

A droht B mit einer Strafanzeige gegen ihren Bruder K, falls B nicht den durch K verursachten Schaden ersetzt.[41] B willigt ein und zahlt. Da B als Unbeteiligte mit einem Übel gegen ihren Bruder bedroht wird, liegt eine verwerfliche Zweck-Mittel-Relation vor, sodass nach § 123 BGB ein Anfechtungsgrund vorliegt. ◀

Der Drohende muss in Kenntnis der Tatumstände handeln und die Bestimmung des Bedrohten zur Abgabe der Willenserklärung auch wollen (einfacher Tatvorsatz).

2.1.4.2.5 Rechtsfolge

Wird ein Rechtsgeschäft wirksam angefochten, ist es von Anfang an nichtig. Bereits erbrachte Leistungen sind nach den §§ 812 ff. BGB rückabzuwickeln.[42]

Je nach Anfechtungsgrund treffen den Anfechtenden jedoch Schadensersatzpflichten nach § 122 BGB. Danach ist der Vertrauensschaden zu ersetzen, wenn nach den §§ 119, 120 BGB angefochten wurde. Der Vertragspartner ist in diesen Fällen besonders schutzwürdig, da er auf die ordnungsgemäße Willensbildung und Erklärung des Anfechtenden vertrauen durfte. Der Anfechtende muss folglich seinen Irrtum dahingehend vertreten, dass die entstandenen Aufwendungen des Vertragspartners ersetzt werden (negatives Interesse). Anderes gilt nur dann, wenn der Vertragspartner den Irrtum kannte oder leicht erkennen musste.

Fallbeispiel

Die A-AG erwirbt von B mehrere Betriebsgrundstücke. Nach erfolgtem Eigentumsübergang wird von B wirksam angefochten. Hier hat der B der A-AG deren unnütz aufgewandte Notar- und Grundbuchkosten zu ersetzen. ◀

---

[40] Grundlegend BGH, Urt. v. 14.06.1951 – IV ZR 42/50 = BGHZ 2, 287.
[41] Dazu OLG Karlsruhe, Urt. v. 11.01.1991 – 14 U 251/89 = VersR 1992, 703.
[42] Dazu ausführlich unter Abschn. 4.2.

2.1 Rechtsverhältnisse

Wie sich aus dem Umkehrschluss aus § 122 BGB ergibt, ist der Vertrauensschaden bei Anfechtungen nach § 123 BGB nicht zu ersetzen. In diesen Fällen liegt keine Schutzwürdigkeit vor, da der Vertragspartner den Vertrag mit unlauteren Mitteln herbeigeführt hat und folglich nicht auf dessen Wirksamkeit vertrauen durfte.

Unabhängig von Schadensersatzverpflichtungen muss der Anfechtende sich am tatsächlich Gewollten festhalten lassen. Aus dem Grundsatz von Treu und Glauben nach § 242 BGB folgt, dass der Anfechtende einem Vertragsschluss über das tatsächlich Gewollte zustimmen muss.

Fallbeispiel

Hat A wirksam angefochten, weil er versehentlich 10.000 statt 1000 Stück einer Ware bestellt hat, kann er einen erneuten Vertragsschluss über 1000 Stück nicht verweigern. ◀

2.1.5 Beschränkungen der Willensbetätigung

Der Gesetzgeber hat die Privatautonomie wie bereits ausgeführt[43] nicht grenzenlos gewährleistet. Verschiedene gesetzliche Regelungen schützen den Vertragspartner vor einer Übervorteilung durch Vertragsabschlüsse.

Nachfolgend sind die wichtigsten grundsätzlichen[44] Normen dargestellt, aus denen sich eine Beschränkung für das Vertragsrecht ergibt. Rechtsfolge bei Verstoß gegen die nachfolgenden Normen ist Nichtigkeit nach § 125 BGB. Willenserklärungen werden folglich als nicht abgegeben, Verträge als nicht geschlossen behandelt.[45]

2.1.5.1 Gesetzliche Verbote

Nach den §§ 134 ff. BGB sind Rechtsgeschäfte, die gegen ein gesetzliches Verbot verstoßen, grundsätzlich nichtig. Für die Anwendbarkeit der §§ 134 ff. BGB ist folglich entscheidend, welche Gesetze Verbotsgesetze sind. Verbotsgesetze sind solche Normen, die gezielt bestimmte Regelungsinhalte wegen ihres Vertragsgegenstandes oder der Vertragsumstände verbieten. Dies ist im Einzelfall durch Auslegung der entsprechenden Norm zu ermitteln.[46] Die Abgrenzung zwischen Verbotsnorm und sonstiger gesetzlicher Regelung erfolgt dadurch, dass eine Verbotsnorm gerade den wirtschaftlichen Zweck bestimmter Geschäfte unterbinden will. Hierauf ist zu schließen, wenn der Gesetzeswortlaut von „darf

---

[43] Siehe unter Abschn. 1.7.
[44] Daneben gibt es noch eine Vielzahl vertragstypischer Regelungen etwa zum Verbrauchsgüterkauf, Verbraucherdarlehen oder bestimmten Vertriebsformen, die im Einzelfall Beachtung finden müssen.
[45] Siehe hierzu die Rechtsfolgen der ungerechtfertigten Bereicherung unter Abschn. 4.2 für den Fall, dass Verträge bereit (teilweise) durchgeführt worden sind.
[46] BGH, Urt. v. 22.01.1986 – VIII ZR 10/85 = NJW 1986, 2360.

nicht" oder „kann nicht" spricht. Beispielsweise sei die Veräußerung von Diebesgut (§ 259 StGB) oder Drogen (§§ 29 ff. BtmG) genannt, was durch besonderes Strafrecht untersagt ist und damit auch die zivilrechtlichen Folgen verhindern will.

2.1.5.2 Sittenwidrigkeit

Die Willensbetätigungsfreiheit findet eine weitere Grenze in den guten Sitten nach § 138 BGB. Die guten Sitten sind das Anstandsgefühl aller billig und gerecht Denkenden.[47] Dieses sog. Anstandsgefühl ist objektiv zu ermitteln und unterliegt naturgemäß dem gesellschaftlichen Wandel der Zeit. Entscheidend ist der Zeitpunkt des Vertragsschlusses. Ob ein Rechtsgeschäft sittenwidrig ist, ist nach allen Umständen des Vertragsschlusses in Verbindung mit dem konkreten Vertragsinhalt im Einzelfall zu bemessen. Als Maßstab ist das Wertesystem des Grundgesetzes zugrunde zu legen. Die moralische Verwerflichkeit muss der sittenwidrig Handelnde dabei zwar nicht selbst teilen, er muss aber die Tatsachen kennen, aus denen die Sittenwidrigkeit folgt.

Gemäß § 138 II BGB werden besondere Beispielfälle genannt, die dem Rechtsanwender einen Anhaltspunkt für mögliche Sittenwidrigkeit geben. Auf dieser Basis des wucherischen Rechtsgeschäfts erkennt die Rechtsprechung auf eine Sittenwidrigkeit, wenn ein Vermögensaustausch stattfindet, bei welchem Leistung und Gegenleistung in einem auffälligen Missverhältnis zueinander stehen.[48] Hinzu kommen muss subjektiv das Ausnutzen einer Zwangslage, Mangel an Urteilsvermögen oder erhebliche Willensschwäche. Dies ist etwa bei einer auf Erzielung eines übermäßigen Gewinns gerichteten Ausbeutung,[49] geschäftlicher Unerfahrenheit[50] oder einer krankheitsbedingten erheblichen Beeinträchtigung der Entschluss- und Widerstandskraft der Fall.[51]

2.1.5.3 Allgemeines Gleichstellungsgesetz

Durch das Allgemeine Gleichstellungsgesetz (AGG) wird nach der Zweckbestimmung des § 1 AGG eine Benachteiligung aus Gründen der Rasse, der ethischen Herkunft, des Geschlechts, der Religion oder Weltanschauung, einer Behinderung, des Alters oder der sexuellen Identität untersagt. Benachteiligung bedeutet jede Form von Ablehnung eines Vertragsschlusses oder der Vereinbarung schlechterer Vertragskonditionen, als üblicherweise für diese Verträge vorgesehen wird.

2.1.5.3.1 Anwendungsbereich

Gemäß § 19 AGG wird ein zivilrechtliches Benachteiligungsverbot statuiert. Von diesem Benachteiligungsverbot ist nur der Grund der Weltanschauung ausgenommen (vgl. § 19 I AGG). Inhaltlich ist das zivilrechtliche Benachteiligungsverbot auf alle Schuldverhältnisse anwendbar,

---

[47] Ständige Rechtsprechung seit Reichsgericht, Urt. v. 15.10.1912 – VII 231/12 = RGZ 80, 221.
[48] BGH, Urt. v. 08.07.1982 – III ZR 1/81 = NJW 1982, 2767.
[49] BGH, Urt. v. 08.07.1982 – III ZR 1/81 = NJW 1982, 2767, 2768.
[50] BGH. Urt. v. 13.12.1965 – III ZR 62/64 = WM 1982, 849.
[51] BGH, Urt. v. 03.02.1988 – I ZR 183/85 = NJW-RR 1988, 764.

die unter das AGG fallen. Der Gesetzgeber geht hier von sog. Massengeschäften aus. Massengeschäfte sind alle Geschäfte, die üblicherweise zu gleichen Bedingungen mit allen Personen ohne deren konkretes Ansehen zustande kommen.[52] Ein Massengeschäft (das Gesetz spricht von einer Vielzahl von Fällen) liegt deshalb nur dann vor, wenn der Anbieter Unternehmer nach § 14 BGB ist, sodass das private Rechtsgeschäft nicht unter das AGG fällt.[53] Ob es sich bei einem zivilrechtlichen Schuldverhältnis um ein Massengeschäft handelt, das typischerweise ohne Ansehen der Person zu vergleichbaren Bedingungen in einer Vielzahl von Fällen zustande kommt, bestimmt sich nach einer allgemeinen, typisierenden Betrachtungsweise. Abzustellen ist nicht auf den einzelnen Anbieter, sondern auf die Verkehrssitte. Für das Vorliegen einer solchen Verkehrssitte trifft denjenigen, der sich auf die Benachteiligung beruft, die volle Beweislast.

> **Fallbeispiel**
>
> Unternehmerin U veranstaltet eine kommerzielle Party mit vielen DJs. Zielgruppe sind Menschen zwischen 18 und 28. Der 44-jährige K wird an der Tür abgewiesen. Er verlangt nun eine Entschädigung, weil er sich wegen seines Alters diskriminiert fühlt. Seine darauf gerichtete Klage geht verloren, weil die Party ein Massengeschäft und die Konzeption auf wirtschaftlichen Erfolg ausgerichtet war. Die einzelne Person hat gerade keine Rolle gespielt. ◄

Anwendung findet das AGG auch bei zivilrechtlichen Versicherungsverträgen. Hinzu kommt ein besonderer Anwendungsbereich für Arbeitsverhältnisse.[54] Eine besondere Regelung ist für gewerbliche Vermieter[55] vorgesehen. Danach fallen Mietverträge zwar grundsätzlich unter das AGG, eine Anwendung ist jedoch für besondere Näheverhältnisse zwischen Mieter und Vermieter ausgeschlossen.[56] Bei Mietverhältnissen geht das Gesetz ferner davon aus, dass das Ziel einer Herstellung oder Schaffung einer sozial ausgewogenen Wohnstruktur eine Differenzierung bei der Mieterwahl von vornherein zulässt. Keine Anwendung findet das AGG im Erb- und Familienrecht oder bei sonstigen Näheverhältnissen der Parteien.

Bei Benachteiligungen wegen der Rasse oder der ethnischen Herkunft wird der Anwendungsbereich schließlich umfassend auf jede Begründung, Durchführung oder Beendigung eines Schuldrechtsverhältnisses gemäß § 2 AGG ausgedehnt. Dies beinhaltet etwa das Verbot eines Angebots zum Besuch einer Gaststätte oder eine Zeitungsanzeige für ein Verkaufsangebot etc., wenn diese „nur an Weiße" oder „nicht an Ausländer" gerichtet ist.

---

[52] BGH, Urteil vom 05. 05. 2021 – VII ZR 78/20.
[53] BGH, aaO.
[54] Auf eine ausführliche Darstellung muss hier aus Platzgründen verzichtet werden. Insoweit wird auf die einschlägige Kommentierungen verwiesen. Siehe auch unter Abschn. 3.5.2.
[55] Nach § 19 V S. 3 AGG müssen i. d. R. mindestens 50 Mieteinheiten vermietet werden, um das AGG zur Anwendung zu bringen.
[56] Dies ist etwa bei der Vermietung von Wohneinheiten auf dem selbst oder durch Angehörige bewohnten Grundstück der Fall, vgl. § 19 V S. 1 und 2 AGG.

2.1.5.3.2 Rechtfertigung

Grundsätzlich sind Benachteiligungen im Anwendungsbereich des AGG verboten.[57] Das Gesetz sieht jedoch Rechtfertigungsgründe vor, die eine Benachteiligung gestatten, soweit keine Benachteiligung wegen der Rasse oder der Herkunft erfolgt.

Gemäß § 20 I S. 1 AGG ist ein sachlicher Grund für die Benachteiligung erforderlich. Ein sachlicher Grund liegt zum einen vor, wenn die Benachteiligung nicht selbst entscheidungsbegründend ist, sondern andere nachvollziehbare Motive die Benachteiligung überwiegen. Zum zweiten liegt ein sachlicher Grund vor, wenn die Benachteiligung zwar beabsichtigt, jedoch durch andere Motive als gesellschaftlich erforderlich anzusehen ist. So liegt zwar eine Benachteiligung wegen des Alters vor, wenn Senioren eine Ermäßigung für Theaterkarten erhalten. Dies steht jedoch unter dem anerkennenswerten Ziel der kulturellen Förderung einer bestimmten Altersgruppe und ist daher sozial wünschenswert.

Wann ein rechtfertigender sachlicher Grund vorliegt, ist stets nach den Umständen des Einzelfalls zu entscheiden. Das Gesetz gibt Regelbeispiele eines sachlichen Grundes. Ein sachlicher Grund liegt nach § 20 I S. 2 AGG insbesondere vor,

- wenn die Benachteiligung dazu dient, um Gefahren oder Schäden zu meiden oder
- um die Intimsphäre oder die persönliche Sicherheit zu schützen,
- wenn ausnahmsweise besondere Vorteile gewährt werden, die eine Gleichbehandlung ausschließen oder
- das religiöse Selbstverständnis einer Gleichbehandlung entgegensteht.

2.1.5.3.3 Rechtsfolgen

Liegt eine Benachteiligung nach dem AGG vor, die nicht durch einen sachlichen Grund gemäß § 20 AGG gerechtfertigt ist, können Beseitigungs- und Unterlassungsansprüche sowie Schadensersatz[58] geltend gemacht werden.

Fallbeispiel

Sie suchen eine neue Assistentin der Geschäftsleitung. In Ihrer Stellenanzeige schreiben Sie ausdrücklich „Assistentin". Ein männlicher Bewerber mit ausgezeichneten Referenzen und Zeugnissen wird ohne Begründung abgelehnt. Da der abgelehnte Bewerber nachweisen kann, dass er nur aufgrund seines Geschlechts nicht eingestellt wurde, kann er Schadensersatz geltend machen. ◄

Nach § 21 I AGG kann die Beseitigung einer anhaltenden Benachteiligung verlangt werden. Der Beseitigungsanspruch ist folglich auf eine Veränderung des rechtswidrigen Status quo gerichtet. Dagegen ist der Unterlassungsanspruch nur gegeben, wenn die Benachteiligung zwar schon beendet, jedoch eine Wiederholungsgefahr zu besorgen ist.

---

[57] BAG, Urt. v. 19.08.2010 – 8 AZR530/09 = NZA 2010, 1412.
[58] Zur Schadensberechnung nach den §§ 249 ff. BGB s. unter Abschn. 2.1.18.5.

Um gerade für das Massengeschäft keine unnötige Rechtsunsicherheit zu schaffen, hat der Gesetzgeber gemäß § 21 V AGG eine kurze Ausschlussfrist von zwei Monaten für die genannten Ansprüche kodifiziert. Nach Ablauf dieser Frist sind die Ansprüche grundsätzlich ausgeschlossen. Anderes gilt nur, wenn der Benachteiligte nachweisen kann, dass er schuldlos an der Geltendmachung seiner Ansprüche gehindert war.

Nach § 22 AGG findet bei Darlegung von Indizien eine Beweislastumkehr zugunsten des Benachteiligten statt.

2.1.6 Stellvertretung

In einer arbeitsteiligen Wirtschaft ist es schlechthin ausgeschlossen, dass jeder alle seine Rechtsgeschäfte höchstpersönlich abschließt. Dies gilt ganz besonders im Gesellschaftsrecht. So kann der Geschäftsführer einer GmbH nicht jeden Kaufvertrag persönlich abschließen, sondern überlässt regelmäßig wiederkehrende Abschlüsse einzelnen Arbeitnehmern der GmbH. Im unternehmerischen Rechtsverkehr ist es daher unumgänglich, dass Verträge stellvertretend für andere geschlossen werden können. Hierfür stellt das Gesetz die Regeln zur Stellvertretung nach den §§ 164 ff. BGB bereit.

Nach § 164 BGB liegt eine wirksame Stellvertretung vor, wenn der Vertreter eine eigene Willenserklärung mit Vertretungsmacht im Namen des Vertretenen abgibt. Zunächst muss die Willenserklärung die eigene des Vertreters sein. Anders als der Bote überbringt der Vertreter nicht nur eine fremde Erklärung, sondern gibt eine eigene ab. Nach dem Offenheitsgrundsatz muss nach außen erkennbar sein, dass für den Vertretenen gehandelt wird, wobei der Vertretene nicht konkret benannt werden muss.[59] Gemäß § 164 II BGB wird dies nochmals ausdrücklich klargestellt.

Erforderlich für eine wirksame Vertretung des Vertretenen ist ferner das Vorliegen von Vertretungsmacht. Vertretungsmacht ist die gesetzliche oder nach § 167 BGB (Vollmacht) rechtsgeschäftlich erteilte Befugnis zur Vertretung. Dabei kommt es auf das Innenverhältnis zwischen Vertreter und Vertretenem an, wobei dieser Grundsatz durch Rechtsscheinstatbestände durchbrochen wird.[60] Bei der Frage der Vertretungsmacht ist daher entscheidend, ob eine entsprechende Befugnis (z. B. Handlungsvollmacht oder Prokura) beim Vertreter vorliegt.

Fallbeispiel

A ist Einkäufer der B-GmbH. Er will bei C Waren im Wert von 100.000 € erwerben. C weiß aus langjähriger Geschäftsbeziehung, dass A nur bis zu einem Betrag von 20.000 € bestellen darf. In Ermangelung wirksamer Vertretungsmacht würde die B-GmbH nicht Vertragspartnerin, falls C dem Verkauf zustimmen würde. C ist also gut beraten, vom Abschluss des Kaufvertrages Abstand zu nehmen. ◂

---

[59] BGH, Urt. v. 23.06.1988 – III ZR 84/87 = NJW 1989, 164.
[60] Grundsätzlich zur Risikoverteilung BGH, Urt. v. 29.06.1999 – XI ZR 277/98 = NJW 1999, 2883.

Wird ein Vertrag von einem Vertreter ohne Vertretungsmacht geschlossen, liegt es nach § 177 BGB zunächst beim Vertretenen, ob er den Vertrag dennoch genehmigt. Wird eine Genehmigung erteilt, kommt der Vertrag mit dem Vertretenen zustande, sodass eine wirksame Stellvertretung erfolgt ist. Wird der Vertrag nicht genehmigt, richtet sich die Rechtsfolge nach § 179 BGB. Danach erhält der Vertragspartner ein Wahlrecht. Er kann nun entweder die Erfüllung des Vertrages oder Schadensersatz vom Vertreter verlangen. Handelt der Vertreter ohne Vertretungsmacht, trifft ihn folglich ein erhebliches Haftungsrisiko.

Gerade im unternehmerischen Rechtsverkehr ist jedoch die Vertretungsmacht nicht immer als solche für den Vertragspartner erkennbar. Tritt der Mitarbeiter eines Unternehmens als solcher im Rechtsverkehr auf, kann der potenzielle Vertragspartner nicht ersehen, ob und in welchem Umfang der Arbeitnehmer tatsächlich Vertretungsmacht besitzt. Er müsste daher bei jedem Vertragsschluss den Nachweis der Vertretungsmacht fordern, um nach § 179 BGB nicht bei deren Fehlen auf die wirtschaftliche Leistungsfähigkeit des Arbeitnehmers angewiesen zu sein. Diese Nachfragen wären jedoch gänzlich unüblich und gerade für den Handelsverkehr ein erhebliches Hemmnis. Vor diesem Hintergrund hat die Rechtsprechung bestimmte Rechtsscheinstatbestände entwickelt, nach denen der Vertretene trotz fehlender Vertretungsmacht wirksam vertreten wird. Diese Rechtsscheinstatbestände sind namentlich die Anscheins-[61] und Duldungsvollmacht.

2.1.6.1 Anscheinsvollmacht

Eine Anscheinsvollmacht liegt in der folgenden Konstellation vor: Der Vertreter hat keine Vertretungsmacht und der Vertretene hat vom Vertragsschluss keine Kenntnis. Ferner weiß der Vertretene nicht, dass in seinem Namen gehandelt wird. Aus den Umständen des Vertragsschlusses ergibt sich jedoch nach Treu und Glauben für den Vertragspartner, dass Vertretungsmacht vorliegt.[62] Diese Umstände hätte der Vertretene bei pflichtgemäßer Sorgfalt erkennen und verhindern können müssen. Dies ist insbesondere dann der Fall, wenn der Vertreter als Arbeitnehmer seine Willenserklärung auf Geschäftspapier des Vertretenen oder über dessen Telefonanschluss abgibt, dabei jedoch seine Vertretungsmacht überschreitet. Eine solche Anscheinsvollmacht liegt jedenfalls bei mehrfachem Handeln vor.[63]

Fallbeispiel

A ist Arbeitnehmer der B-GmbH und darf Geschäfte mit einem Volumen bis zu 10.000 € allein abschließen. Nun bestellt er durch Schreiben per Fax auf dem Briefbogen der B-GmbH Rohstoffe für 20.000 € bei C. Als C die Kaufpreiszahlung verlangt, ist der Geschäftsführer der B-GmbH erbost und verweigert die Zahlung wegen fehlender Ver-

---

[61] BGH, Urt. v. 05.03.1998 – III ZR 183/96 = NJW 1998, 1854, 1855. BGH, Urt. v. 21.06.2005 – XI ZR 88/04 = NJW 2005, 2985, 2987 m. w. N.

[62] BGH, Urt. v. 10.01.2007 – VIII ZR 380/04 = NJW 2007, 987.

[63] BGH a. a. O.

tretungsmacht. Zu Unrecht, denn C kann sich auf eine Anscheinsvollmacht berufen. Aus seiner Sicht war die fehlende Vertretungsmacht, insbesondere die Summenbeschränkung nicht erkennbar. Den insoweit vorliegenden Rechtsschein hat die B-GmbH gesetzt, indem sie dem Arbeitnehmer das Briefpapier zur Verfügung gestellt hat. Daher muss die B-GmbH den Vertrag erfüllen. ◄

2.1.6.2 Duldungsvollmacht

Bei der Duldungsvollmacht handelt der Vertreter wiederum ohne Vertretungsmacht, jedoch weiß der Vertragspartner um deren Fehlen. Zudem weiß der Vertretene, dass der Vertreter ohne Vertretungsmacht handelt, und duldet dies.[64] Aus dieser Duldung muss der Vertragspartner nach Treu und Glauben werten können, dass eine Vollmacht erteilt worden ist.

Fallbeispiel

A ist Arbeitnehmer bei der B-GmbH und darf nur bis zur Höhe von 10.000 € Verträge selbst abschließen. Er bestellt Waren bei C im Wert von 20.000 €. C weiß, dass A damit seine Vertretungsmacht überschreitet. Er liefert trotzdem und verlangt Bezahlung. Der Geschäftsführer der B-GmbH nimmt die Überschreitung zur Kenntnis, unternimmt jedoch nichts. Durch diese Duldung muss C vom Vorliegen einer Vollmacht ausgehen, welche so lange Wirkung entfaltet, bis der Geschäftsführer für zukünftige Geschäfte die Einhaltung der Vertretungsmacht des A gegenüber C einfordert. ◄

2.1.7 Formfragen

Grundsätzlich können alle Verträge formfrei geschlossen werden. Der Rechtsverkehr soll insbesondere im Wirtschaftsleben nicht durch Formerfordernisse beschränkt oder auch nur verlangsamt werden.

Von diesem Grundsatz werden jedoch gewichtige Ausnahmen gemacht. Um übereilte Vertragsschlüsse mit regelmäßig gravierenden rechtlichen Folgen zu vermeiden, wurden bestimmte Vertragsarten einem gesetzlichen Formzwang unterworfen. Dadurch sollen die potenziellen Vertragspartner gezwungen werden, sich über die Tragweite ihres Handels vertiefte Gedanken zu machen (Warnfunktion). Auch wird die Beweisbarkeit des Vertragsinhaltes durch vorgeschriebene Formen verstärkt (Beweis- und Kontrollfunktion). Wird die gesetzlich vorgeschriebene oder die nach § 127 BGB vertraglich vereinbarte Form nicht eingehalten, ist das Rechtsgeschäft gemäß § 125 BGB nichtig.

Je nach Art des Rechtsgeschäfts können unterschiedliche Formvorschriften bestehen. Zu unterscheiden sind im Wesentlichen die Schriftform, die Textform sowie die notarielle Beurkundung.

---

[64] BGH, Urt. v. 21.06.2005 – XI ZR 88/04 = NJW 2005, 2985, 2987.

2.1.7.1 Schriftform und elektronische Form

Die häufigste gesetzlich vorgeschriebene Form ist die Schriftform. Das Einhalten der Schriftform verlangt nach § 126 BGB die eigenhändige Unterschrift unter eine Urkunde. Es ist daher zunächst ein Schriftstück erforderlich, das den wesentlichen Vertragsinhalt zum Gegenstand hat.[65] Das Schriftstück selbst kann per PC, als Kopie oder anderweitig hergestellt sein. Die Unterschrift muss jedoch eigenhändig, d. h. mit eigenem Namenszug auf die Urkunde geschrieben werden. Bei Verträgen muss jede Partei nach § 126 II BGB die Urkunde des Vertragspartners unterschreiben. Beispiele für die gesetzliche Erforderlichkeit der Schriftform finden sich etwa in den §§ 550, 492, 766 BGB.

Das Unterschriftserfordernis ist auch bei einseitigen empfangsbedürftigen Willenserklärungen (insbesondere Kündigungen) zu beachten. Die Kündigung eines Arbeitsverhältnisses nach § 623 BGB ist daher stets eigenhändig zu unterschreiben.

Soweit das Gesetz nicht im Einzelfall etwas anderes bestimmt (so z. B. § 766 BGB), kann die Schriftform auch durch die elektronische Form ersetzt werden. Diese sind nach § 126a BGB solche Signaturen, die als sog. qualifizierte Signaturen nach den Signaturgesetz (SigG) ausgestellt werden und elektronische Dokumente (insb. E-Mails) unterschriftsgleich abschließen. Durch die erforderliche qualifizierte Signatur soll der Aussteller des elektronischen Dokuments zweifelsfrei identifiziert werden können. Die Rechtspraxis macht von dieser Möglichkeit jedoch bisher nur zögerlich Gebrauch.

2.1.7.2 Textform

Eine Abschwächung der Schriftform ist die Textform. Sie erfordert nach § 126b BGB zwar eine Wiedergabe in Schriftzeichen und die Erkennbarkeit der Person des Erklärenden, nicht jedoch eine eigenhändige Unterschrift. Die Schriftzeichen müssen auf einem zur dauerhaften Wiedergabe geeigneten Datenträger gespeichert sein. Dies kann jedes geeignete Medium sein.

Es kann daher sowohl eine Urkunde als auch ein dauerhaftes elektronisches Dokument (E-Mail oder Computerfax) vorliegen. Die Lesbarkeit auf dem Bildschirm ist insoweit ausreichend.[66]

Da die Textform in Ermangelung einer eigenhändigen Unterschrift kaum fälschungssicher ist, kommt ihr nur eine geringe Beweisfunktion zu. Die Textform erfüllt daher in erster Linie eine Dokumentationsfunktion (vgl. etwa die §§ 355, 554 BGB oder § 410 HGB sowie modifiziert je nach Vertragsschluss § 312f BGB).

2.1.7.3 Notarielle Beglaubigung

Die strengste Form ist die notarielle Beurkundung nach § 128 BGB. Hiernach müssen Annahme und Antrag beurkundet werden. Dies führt in der Praxis zu einigem Aufwand, da die Vertragsparteien nicht immer räumlich und zeitlich zusammenkommen können. Daher ist auch eine sukzessive Beurkundung der Unterschriften der Parteien an unterschiedlichen

---

[65] RG, Urt. 21.06.1932 – VII 467/31 = RGZ 136, 424.
[66] Grüneberg (2022), BGB, § 126b, Rn. 3.

Orten und zu unterschiedlichen Zeiten möglich, was auch durch verschiedene Notare erfolgen kann (vgl. etwa die §§ 311b, 1491 II, 2033 I BGB, §§ 2, 15 GmbHG). In manchen Fällen ist jedoch gesetzlich die gleichzeitige Anwesenheit der Parteien erforderlich, etwa beim Ehevertrag nach § 1410 BGB oder Erbvertrag nach § 2276 BGB.

Alle Vertragsparteien müssen hierfür eigenhändig die Urkunde unterschreiben, nachdem diese zuvor im Beisein des Notars verhandelt wurde. Hierfür ist in den Fällen der Beurkundung ein Verlesen der Urkunde erforderlich, bei einer bloßen Beglaubigung jedoch nicht (bei einer Beglaubigung wird nur die Unterschrift als echt festgestellt, bei einer Beurkundung auch der rechtliche Inhalt des Vertrages). Der Notar muss die unterschriebene Urkunde dann seinerseits durch seine Unterschrift vervollständigen.[67]

Der notariellen Beglaubigung kommt durch die Beteiligung des Notars größtmögliche Beweiskraft zu. Durch die Erforderlichkeit des Verhandelns der Urkunde in Anwesenheit des Notars (insbesondere durch das Verlesen bei Beurkundungen) kommt noch eine Beratungs- und Belehrungsfunktion hinzu. Der Notar hat bei Beurkundungen von Amts wegen über die Rechtsfolgen des Vertragsinhaltes aufzuklären.

Wegen der Umständlichkeit der notariellen Form ist jedoch nur bei rechtlich ganz wesentlichen Rechtsgeschäften die notarielle Form erforderlich. Gesetzlich vorgeschrieben ist die notarielle Beurkundung deshalb vor allem bei Grundstücksgeschäften, Erbverträgen und Eheverträgen, vgl. §§ 311b, 2276, 1410 BGB.

2.1.8 Leistungspflichten

Nach § 241 I BGB kann der Gläubiger vom Schuldner eine Leistung fordern. Diese Leistungsforderung begründet einen Anspruch nach § 194 BGB.[68] Im Umkehrschluss ergibt sich daher für den Schuldner stets die Pflicht zur Leistung. Die Leistung kann sowohl in einem Tun als auch in einem Unterlassen bestehen und beinhaltet gemäß § 241 II BGB auch die Neben- und Schutzpflichten. Nebenpflichten sind etwa bei einem Kauf die ordnungsgemäße Verpackung der Kaufsache, um Transportbeschädigungen zu vermeiden. Schutzpflichten beinhalten vor allem die Pflicht, Verletzungen des Vertragspartners oder anderer Personen sowie weiterer Rechtsgüter zu vermeiden.

Beim Regelfall des gegenseitigen Vertrages stehen sich die Vertragsparteien als Gläubiger und Schuldner wechselseitig gegenüber, sodass die Begrifflichkeiten Gläubiger und Schuldner stets präzise Anwendung finden müssen.

Fallbeispiel

Beim Kaufvertrag schuldet der Käufer die Zahlung, der Verkäufer die Übergabe der Kaufsache. ◄

---

[67] Zum Zustandekommen von Verträgen BGH, Urt. v. 16.09.1988 – V ZR 77/87 = NJW-RR 1989, 198, 199.

[68] Zur Anspruchsgrundlage s. bereits unter Abschn. 1.2.

2.1.8.1 Gegenrechte

Gegenüber einer Leistungspflicht können Gegenrechte des Schuldners bestehen. Solche Gegenrechte können den Schuldner dazu berechtigen, die Leistung dauerhaft oder zeitweilig zu verweigern. Gegenrechte werden in Einwendungen und Einreden unterteilt. Hinzu kommt das gesetzliche Zurückbehaltungsrecht nach § 273 BGB.

2.1.8.2 Einwendungen und Einreden

Einwendungen haben zum Inhalt, dass der Anspruch des Gläubigers gar nicht entstanden (rechtshindernde Einwendung) oder nachträglich wieder untergegangen ist (rechtsvernichtende Einwendung). Eine rechtshindernde Einwendung liegt etwa vor, wenn ein Bürgschaftsvertrag wegen Verstoßes gegen die guten Sitten von Anfang an nichtig war.[69] Eine rechtvernichtende Einwendung ist z. B. dann gegeben, wenn eine Leistung (teilweise) erbracht worden ist (Erfüllung nach § 362 BGB).[70] Einwendungen sind im Streitfalle von Gerichts wegen zu berücksichtigen. Der Schuldner kann also nicht wählen, ob er sie geltend macht oder nicht.

Anders verhält es sich bei Einreden. Diese können einer Leistungspflicht nur dann entgegengehalten werden, wenn der Schuldner sie in den Prozess einführt.

▶ Merksatz „Über Einreden muss man reden."

Einreden sind Gegenrechte, die nicht den Anspruchsgrund, sondern die Anspruchsdurchsetzung betreffen. Sie hindern zeitweilig oder dauerhaft die Geltendmachung der Leistungspflicht. Der wichtigste Fall der Einrede ist die Verjährung, die nach § 214 BGB einen Anspruch dauerhaft undurchsetzbar werden lässt.[71]

Fallbeispiel

A schuldet dem B 100.000 € mit Fälligkeit zum 15.09.2021. A fordert den B mehrfach zur Zahlung des fälligen Betrages auf. B erhebt die Einrede der Stundung und behauptet, ihm sei ein neues Zahlungsziel zum 15.09.2023 gesetzt worden. Wurde die Stundung wirksam vereinbart, kann B zeitweilig bis zum 15.09.2023 die Zahlung verweigern. ◀

2.1.8.3 Zurückbehaltungsrecht

Eine hohe Praxisrelevanz hat die Einrede des gesetzlichen Zurückbehaltungsrechts nach § 273 BGB. Das Zurückbehaltungsrecht berechtigt den Schuldner, die geschuldete Leistung zeitweilig nicht zu bewirken. Voraussetzung ist, dass der Schuldner seinerseits einen fälligen Anspruch aus demselben rechtlichen Verhältnis gegen den Gläubiger hat.[72] Der Anspruch

---

[69] Krasse finanzielle Überforderung des Ehegatten als Bürge, dazu grundlegend BGH, Vorlagebeschl. v. 29.06.1999 – XI ZR 10/98 = NJW 1999, 2584.
[70] Dazu unter Abschn. 2.1.10.
[71] Siehe ausführlich unter Abschn. 2.1.22.
[72] Für Herausgabepflichten konkretisiert § 273 II BGB die Formulierung „aus demselben Rechtsverhältnis".

muss sich also gegen denselben Gläubiger beziehen, vollwirksam und fällig sein.[73] Dasselbe rechtliche Verhältnis liegt vor, wenn ein innerer und wirtschaftlicher Zusammenhang zwischen den verschiedenen Ansprüchen besteht.[74]

Zur Abwendung der Geltendmachung des Zurückbehaltungsrechts kann wiederum nach § 273 III BGB eine Sicherheit gestellt werden.

Wie sich aus der Formulierung des § 273 I BGB ergibt, ist das Zurückbehaltungsrecht disponibel. Es kann folglich vertraglich ausgeschlossen oder modifiziert werden. Gegenüber Nichtkaufleuten[75] steht bei Allgemeinen Geschäftsbedingungen jedoch § 309 Nr. 2b BGB entgegen.[76] Wichtigster Anwendungsfall des Ausschlusses eines Zurückbehaltungsrechtes ist die Vereinbarung von Vorleistungspflichten (Vorkasse).

Fallbeispiel

Im Wirtschaftsrecht ist zu beachten, dass für Kaufleute ein besonderes Zurückbehaltungsrecht nach § 369 HGB besteht. Zur Anwendung des kaufmännischen Zurückbehaltungsrechts ist nicht erforderlich, dass die gegenseitigen Leistungspflichten auf demselben rechtlichen Verhältnis beruhen. ◄

Wird ein Zurückbehaltungsrecht erfolgreich geltend gemacht, ist der Schuldner nach § 274 BGB nur noch zur Leistung „Zug-um-Zug" verpflichtet. Er braucht nur noch zu leisten, wenn auch der Gläubiger seine Schuld erbringt.

2.1.9 Leistungsmodalitäten

Das Gesetz sieht für die Durchführung von Verträgen bestimmte Standardregeln vor, aus denen sich die Konkretisierung der Leistungspflichten ergibt. Diese Regeln sind disponibel, können im besten Fall also vertraglich geregelt sein. Für den Wirtschaftsrechtler ist es daher unumgänglich, den gesetzlichen Regelfall zu beherrschen, um darauf fußend die für seine Interessen bestmögliche Vertragsgestaltung herbeiführen zu können.

2.1.9.1 Gattungs- und Stückschuld

Zunächst ist der Gegenstand der Leistungspflicht zu bestimmen. Das Gesetz unterscheidet gemäß § 243 BGB zwischen der Gattungs- und der Stückschuld. Diese Unterscheidung ist wesentlich, um den konkreten Leistungsinhalt zu bestimmen.

Eine Gattungsschuld liegt vor, wenn eine nach der Gattung bestimmte Sache oder eine Menge einer Sache geschuldet wird. Gattung bezeichnet alle Gegenstände, die durch ge-

---

[73] BGH, Urt. v. 14.02.1979 – VIII ZR 284/78 = BGHZ 73, 317, 319.
[74] BGH, Urt. v. 27.09.1984 – IX ZR 53/83 = BGHZ 92, 194, 196.
[75] Zum Handelsrecht s. unter Kap. 6.
[76] Zur Prüfung Allgemeiner Geschäftsbedingungen s. unter Abschn. 2.2.4.

meinschaftliche Merkmale gekennzeichnet sind und sich dadurch von anderen Gegenständen abheben.[77] Der Kauf einer bestimmten Menge Stahlrohre oder eines Rohstoffs begründet daher eine Gattungsschuld. Dies umfasst regelmäßig, aber nicht zwingend vertretbare Sachen nach § 91 BGB. Der Schuldner ist verpflichtet, aus der Gattung zu liefern. Verfügt er selbst über den Liefergegenstand nicht oder nicht in ausreichender Menge, ist er auch zur Beschaffung verpflichtet. Liegt eine Gattungsschuld vor, sind Sachen mittlerer Art und Güte geschuldet.[78] Insoweit wird folglich ein gesetzlicher Mindeststandard definiert. Wird dieser nicht erfüllt, ist der Liefergegenstand mangelhaft.

Eine Stückschuld liegt vor, wenn die Sache hinreichend spezifiziert ist, es also genau auf diese Sache und keine andere vergleichbare ankommen soll. Nur durch die Leistung dieser Sache kann der Schuldner sich von seiner Schuld befreien.

Die Spezifikation kann auch durch die Aussonderung und Bereitstellung aus einer bestimmten Gattung erfolgen. In diesem Fall wird aus einer Gattungs- eine Stückschuld gemäß § 243 II BGB. Hierfür muss der Schuldner alles seinerseits zur Leistung Erforderliche getan haben.

> **Fallbeispiel**
>
> Die A-AG ist ein mittelständisches Speditionsunternehmen. Für ihren Fuhrpark werden mit Kaufvertrag vom 20.09.2024 15 neue LKW eines bestimmten Typs bestellt. Zu diesem Zeitpunkt wird eine Gattungsschuld begründet. Am 30.11.2024 werden die konkreten LKW beim Händler vom Werk angeliefert und dort für die A-AG zur Abholung bereitgestellt. In diesem Moment ist die Gattungs- zur Stückschuld geworden, da nur noch die konkreten LKW geschuldet werden. ◄

Das Vorliegen von Gattungs- und Stückschuld zieht unterschiedliche Rechtsfolgen nach sich. Praxisrelevant ist insbesondere der Übergang der Leistungsgefahr nach § 275 BGB, sodass der Gläubiger im Annahmeverzug einer verschärften Haftung für den Untergang der Sache unterliegt.[79]

2.1.9.2 Leistungszeit

Zweiter wesentlicher Regelungsgegenstand im Vertragsrecht ist die Leistungszeit. Nach § 271 BGB ist eine Leistung stets als sofort fällig zu betrachten, wenn sich vertraglich oder nach den Vertragsumständen nichts anderes ergibt.[80] Regelmäßig werden die Parteien jedoch besonderen Wert auf eine bestimmte Leistungszeit legen. Diese kann kalendarisch, ereignisbezogen oder anderweitig konkretisiert festgelegt werden. Wird eine bestimmte

---

[77] BGH, Urt. v. 18.09.1985 – VIII ZR 244/84 = NJW 1986, 659.
[78] Vgl. auch § 360 HGB, dazu unter Abschn. 6.6.6.
[79] Zum Gläubigerverzug ausführlich unter Abschn. 2.1.16.
[80] BGH, Urt. v. 21.03.1974 – VII ZR 139/71 = BGH NJW 1974, 1080.

Zeit ausdrücklich und ausschließlich vereinbart, liegt ein sog. Fixgeschäft vor. Bei einem Fixgeschäft ist eine spätere Leistungserbringung schlechthin ausgeschlossen. Das Geschäft steht und fällt mit der Leistungszeit.

> **Praxisbeispiel**
>
> Die Parteien vereinbaren die Lieferung einer Hochzeitstorte für den 24.05.2024. Wegen eines Produktionsversagens kann die Torte erst am 26.05.2024 geliefert werden. Der Gläubiger kann in diesem Fall die Annahme der Torte zu Recht verweigern. Zwar ist die Torte auch am Tag nach der Hochzeit nicht schlechter als vorher, sie erfüllt jedoch nicht mehr ihre Verwendungsbestimmung, die ersichtlich Vertragsgegenstand ist. ◀

Die Bestimmung der Leistungszeit hat hohe Praxisrelevanz bei der Bestimmung des Verzugszeitpunktes. Insbesondere der Schuldnerverzug mit der Verpflichtung zur Zinszahlung und der Ersatzpflicht für weitere verzögerungsbedingte Schäden ist von erheblicher Bedeutung.[81]

2.1.9.3 Leistungsort

Für den Leistungsort trifft das Gesetz gleichfalls eine grundsätzliche Regelung. Nach § 269 BGB ist die Leistung am Wohnsitz, bei Gewerbetreibenden den am Niederlassungsort des Schuldners zu erbringen. Zu unterscheiden vom Leistungsort ist der Erfüllungsort. Der Leistungsort ist der Ort, an dem die Leistung erbracht werden muss. Der Erfüllungsort ist der Ort, an dem der Leistungserfolg eintritt. Beide Orte können zusammenfallen, müssen es aber nicht.

Weicht der Erfüllungsort vom Leistungsort ab, ergeben sich unterschiedliche Rechtsfolgen für den Fall, dass die Leistung nach ihrem Bewirken untergeht oder beschädigt wird, bevor sie den Gläubiger erreicht. Die Bestimmung des Erfüllungsortes wird regelmäßig vertraglich vereinbart, sodass hierauf besonderes Augenmerk zu richten ist.

Die wichtigsten Anwendungsfälle sind die Holschuld, die Bringschuld und die Schickschuld. Bei einer Holschuld wird die Leistung beim Schuldner erbracht, dort tritt auch der Erfolg ein. Leistungs- und Erfüllungsort fallen also zusammen. Der Gläubiger muss zum Schuldner kommen und dort den Vertragsgegenstand „abholen".

Bei der Bringschuld ist die Leistung beim Gläubiger zu bewirken, wo auch der Leistungserfolg eintritt. Der Schuldner muss den Vertragsgegenstand zum Gläubiger „bringen".

Bei der Schickschuld fallen Leistungs- und Erfüllungsort nicht zusammen. Der Schuldner ist verpflichtet, den Vertragsgegenstand ordnungsgemäß zu versenden. Der Leistungserfolg tritt erst mit dem Eintreffen beim Gläubiger ein.

---

[81] Siehe dazu ausführlich unter Abschn. 2.1.16.

Diese Unterscheidung ist wesentlich dafür, um die Rechtsfolgen bei einem Untergang oder einer Beschädigung der Sache zu einem bestimmten Zeitpunkt zu bestimmen. Diese sog. Gefahrtragung bestimmt, dass der Schuldner die Ordnungsgemäßheit der Leistung so lange zu vertreten hat, bis er alles vertraglich Vereinbarte zur Leistungsbewirkung getan hat. Ist dies nicht der Fall, wird er von der Leistungspflicht nicht befreit.[82]

Im kaufmännischen Handelsverkehr werden zur Vereinfachung vielfältige Kürzel im Vertrag verwendet, die bestimmte Leistungsmodalitäten international üblich konkret bezeichnen (Incoterms). So bedeutet etwa fob (free on board), dass der Leistungsort das genutzte Schiff ist. Das Kürzel cif (cost, insurance, freight) bestimmt den Abladehafen zum Leistungsort und weist die Verladungs-, Transport- und Versicherungskosten dem Verkäufer zu.[83]

Fallbeispiel

A bestellt bei der C-GmbH & Co. KG eine Charge Textilien. Die C-GmbH & Co. KG bestätigt die Bestellung und bestimmt die eigene Niederlassung in Hamburg als Leistungs- und Erfüllungsort und legt sämtliche Transportkosten etc. dem A auf. Nach ordnungsgemäßer Versendung der Ware kommt diese nur unvollständig bei A an. A kann die Ware nicht reklamieren, weil die Gefahrtragung einer Beschädigung auf dem Transportwege vertraglich seinem Risikobereich zugeordnet wurde. ◀

2.1.9.4 Geldschuld

Für eine Geldschuld trifft das Gesetz in § 270 BGB eine gesonderte Regelung. Geldschulden sind danach immer auf Kosten und Gefahr des Schuldners am Wohnsitz des Gläubigers (Leistungs- und Erfüllungsort) zu leisten.[84] Damit ist einerseits die Gefahrtragung, andererseits der Maßstab für die Rechtzeitigkeit von Geldleistungen geregelt. Kommt etwa ein per Post versendeter Geldbetrag unterwegs abhanden, muss der Schuldner noch einmal leisten, weil er die Gefahr zu tragen hat.

Die Rechtzeitigkeit der Zahlung liegt vor, wenn das Geld vor Fristablauf dem Gläubiger tatsächlich zur Verfügung gestellt wurde. Der Schuldner muss alles getan haben, damit das Geld den Gläubiger erreicht. Für die Rechtzeitigkeit bei einer Überweisung gilt, dass diese vor Fristablauf für ein gedecktes Konto aufgegeben werden muss. Bei einer zuvor erteilten Einzugsermächtigung obliegt es dem Gläubiger, die Abbuchung rechtzeitig vorzunehmen. Lässt der Schuldner den Abbuchungsbetrag jedoch zurückbuchen, liegt auch keine rechtzeitige Zahlung mehr vor.

---

[82] Ausführlich zu den Rechtsfolgen s. unter Abschn. 3.1.4 zum Kaufrecht.
[83] Zur Vertiefung muss auf die einschlägige Kommentarliteratur verwiesen werden, s. etwa bei Baumbach und Hopt (2022), HGB, § 346, Rn. 40.
[84] Der Zahlende trägt folglich die Gefahr des Verlustes des Geldes auf dem Transport- oder Transferwege, BGH, Urt. v. 27.05.1957 – II ZR 132/56 = BGHZ 24, 308.

2.1.10 Beendigung des Vertrages

Wurde ein Vertragsverhältnis wirksam begründet, gibt es verschiedene rechtliche Möglichkeiten zur Vertragsbeendigung. Das Schuldrecht sieht unterschiedliche Wege vor, die einseitig oder einvernehmlich herbeigeführt werden. Anknüpfungspunkt ist regelmäßig der Umstand, ob die dem Vertrag zugrunde liegenden Leistungspflichten ordnungsgemäß durchgeführt worden sind oder nicht.

Wird ein Vertrag ordnungsgemäß durchgeführt, ist die Rechtsfolge regelmäßig die Erfüllung der einzelnen Leistungspflichten.

Komplizierter liegen die Dinge, wenn eine Leistungspflicht nicht, nur teilweise oder mangelhaft erbracht worden ist. Auch für diese Fälle sieht das Gesetz Möglichkeiten zur Vertragsbeendigung wie etwa den Rücktritt oder die Kündigung vor.

Schließlich können vertraglich oder gesetzlich auch einseitige Lösungsgründe für den Vertrag festgelegt sein, ohne dass es einer vorherigen Schlechtleistung bedarf. Insoweit liegt eine ausdrückliche Abkehr vom Prinzip des pacta sunt servanda (Verträge sind einzuhalten) vor. Bei einer grundlosen einseitigen Beendigung eines Vertrages ist daher besonderes Augenmerk auf das Vorliegen der Rechtsgrundlage zu richten.

Zu unterscheiden ist zwischen dem Erlöschen einer einzelnen Leistungspflicht und des Gesamtvertrages. Der Vertrag als Ganzer ist erst dann beendet, wenn alle vereinbarten Leistungspflichten erloschen sind. Ein einzelner Vertrag kann daher zu seiner Beendigung ganz unterschiedliche Erlöschensgründe für die ihm immanenten Leistungspflichten nach sich ziehen.

2.1.10.1 Erfüllung

Der einfachste Fall einer Vertragsbeendigung ist die Erfüllung nach § 362 BGB. Erfüllung tritt ein, wenn die geschuldete Leistung bewirkt wird. Die Erfüllung ist folglich der optimale Weg, eine Leistungspflicht zu erbringen. Die Leistungspflicht wird genau so erbracht, wie sie vertraglich vereinbart war oder in Ermangelung einer vertraglichen Regelung gesetzlich festgelegt ist.

Bewirken der Leistung bedeutet das tatsächliche Erbringen, also die reale Leistung. Dies muss jedoch den Leistungsmodalitäten wie bereits[85] geschildert entsprechen. Die vereinbarte Leistung muss zur vereinbarten Zeit am vereinbarten Ort vom Schuldner an den Gläubiger erbracht werden. Hieran zeigt sich nochmals in aller Deutlichkeit, wie wichtig eine präzise vertragliche Vereinbarung ist: Je klarer ein Vertrag formuliert ist, desto enger sind die Grenzen, innerhalb derer der Schuldner seine Pflichten erfüllen kann.

Wird eine andere als die vereinbarte Leistung erbracht, kann ausnahmsweise trotzdem Erfüllung eintreten. Erforderlich dafür ist, dass der Gläubiger die Leistung nach § 364 BGB an Erfüllungs statt annimmt. Dies wird etwa dann der Fall sein, wenn eine gleichwertige oder sogar bessere Ersatzleistung bewirkt wird. In solchen Fällen hat der Gläubiger vielfach kein Interesse an einer Auseinandersetzung mit dem Schuldner und akzeptiert die Leistung als vertragsgemäß.

---

[85] Ausführlich unter Abschn. 2.1.9.

Bei Geldschulden gilt, dass Barzahlungen und Überweisungen die Leistungspflichten erfüllen. Gleiches gilt für Kreditkartenzahlungen, sobald die Gutschrift auf dem Gläubigerkonto erfolgt. Die Zahlung per Scheck hat jedoch erst dann die Zahlungserfüllung zur Folge, wenn der Scheck eingelöst und der Betrag gutgeschrieben ist.[86] Für den Schuldner ist also bei Scheckzahlungen Vorsicht geboten. Durch die Hingabe des Schecks hat es der Gläubiger in der Hand, die Erfüllung herbeizuführen oder auch nicht.

2.1.10.2 Aufrechnung

Eine weitere Möglichkeit des Erlöschens einer Leistungspflicht ist die Aufrechnung. Eine Aufrechnung kann nach § 387 BGB erfolgen, wenn sich die Parteien wechselseitig als Gläubiger und Schuldner mit gleichartigen, fälligen und durchsetzbaren Leistungsverpflichtungen gegenüberstehen.

2.1.10.2.1 Voraussetzungen der Aufrechnung

Wechselseitigkeit der Forderungen liegt vor, wenn die beteiligten Parteien einander sowohl als Schuldner als auch als Gläubiger gegenüberstehen. Es muss vollständige Identität bestehen.

Fallbeispiel

Die A-GmbH & Co. KG schuldet der B-AG 100.000 €. Die B-AG will mit Forderungen aufrechnen, die ihr gegenüber der C-GmbH zustehen, weil die C-GmbH zu 100 % im Eigentum der A-GmbH & Co. KG steht und folglich eine Tochterfirma ist. Dies ist unzulässig, da die A-GmbH & Co. KG eine andere juristische Person als die C-GmbH ist. Es fehlt also an der Personenidentität. ◄

Die sich gegenüberstehenden Leistungsverpflichtungen müssen gleichartig sein. Dies ist insbesondere bei Geldschulden, kann jedoch auch bei gleichartigen Sachen (Stahlrohre gegen Stahlrohre gleicher Art und Güte) der Fall sein.

Die Aufrechnung muss nach § 388 BGB ausdrücklich, also durch einseitige empfangsbedürftige Willenserklärung, erklärt werden. Da eine Aufrechnung rechtsgestaltende Wirkung hat, darf sie nicht unter einer Bedingung oder Befristung erklärt werden.

Zu beachten ist auch, dass mit vorsätzlich deliktisch[87] begründeten Forderungen nach § 393 BGB nicht aufgerechnet werden kann. Wer die Rechtsgüter eines anderen bewusst widerrechtlich verletzt hat, kann daher nicht auf das Instrument der Aufrechnung zurückgreifen.

Schließlich ist auch das Aufrechnungsverbot gegen unpfändbare Forderungen nach § 394 BGB zu beachten. Dies ist insbesondere bei Gehaltspfändungen zu berücksichtigen, die nach den §§ 850a ff. ZPO nur bis zur Grenze bestimmter Freibeträge erfolgen dürfen, um den laufenden Lebensunterhalt des Schuldners nicht zu gefährden.

---

[86] BGH, Urt. v. 11.10.1995 – VIII ZR 325/94 = NJW 1995, 3386, 3387.
[87] Dazu unter Abschn. 4.3.

Für die Praxis bedeutsam ist die vertragliche Vereinbarung von Aufrechnungsverboten. Hierbei ist zu beachten, dass nach § 309 Nr. 3 BGB in Allgemeinen Geschäftsbedingungen kein Aufrechnungsverbot für rechtskräftig festgestellte oder unstreitige Forderungen vereinbart werden darf.[88]

2.1.10.2.2 Rechtsfolge

Durch die Aufrechnung erlischt die Leistungspflicht, sodass in der Aufrechnung eine Erfüllungsvariante zu sehen ist. Der Erfüllungstatbestand tritt bei der Aufrechnung jedoch gemäß § 389 BGB rückwirkend bis zu dem Zeitpunkt ein, an welchem sich die Forderungen erstmalig aufrechenbar gegenüberstanden.

Gerade bei Geldforderungen stehen sich oftmals unterschiedliche Forderungshöhen gegenüber. Durch die Aufrechnung werden in diesem Fällen natürlich auch nur die Forderungen in jeweils gleicher Höhe erfüllt.

> **Fallbeispiel**
>
> A steht mit B in langjähriger Geschäftsverbindung und schuldet ihm 400.000 € seit dem 04.07.2021, hat die Leistung aber bisher nicht erbringen können. Zum 01.09.2022 wird eine Gegenforderung über 200.000 € fällig, mit der A die Aufrechnung erklärt. Die Forderung des B erlischt hierdurch nicht vollständig, sondern nur in Höhe von 200.000 €. ◄

2.1.10.3 Rücktritt

Bei einem wirksam erklärten Rücktritt ist in der Rechtsfolge zu unterscheiden: Wurde auf eine Leistungspflicht noch nicht geleistet, erlischt die Verpflichtung. Wurde bereits geleistet, sieht das Gesetz in den §§ 346 ff. BGB eine Umwandlung des ursprünglichen Schuldverhältnisses in ein sog. Rückgewährschuldverhältnis vor. Ein Rücktritt beendet daher das Schuldverhältnis in seiner ursprünglichen Form, begründet jedoch möglicherweise gleichzeitig ein neues. Deshalb ist der Rücktritt kein Erlöschenstatbestand im eigentlichen Sinne.[89] Wegen seiner vergleichbaren Wirkung wird er aus didaktischen Gründen gleichwohl an dieser Stelle dargelegt.

2.1.10.3.1 Rücktrittsgrund

Um einen Rücktritt wirksam zu erklären, bedarf es stets eines Rücktrittsgrundes. Der Rücktrittsgrund kann vertraglicher oder gesetzlicher Natur sein.

Ein vertraglicher Rücktrittsgrund liegt nur vor, wenn die Parteien dies ausdrücklich so vereinbart haben. Dies kann im Vertrag selbst oder auch in den Allgemeinen Geschäftsbedingungen erfolgen. Für Allgemeine Geschäftsbedingungen ist jedoch § 308 Nr. 3 BGB zu beachten, der für die einseitige Formulierung eines Rücktrittsrechts eine sachliche Rechtfertigung verlangt.[90]

---

[88] Dieses Gestaltungsverbot gilt auch im unternehmerischen Rechtsverkehr, vgl. BGH, Urt. v. 16.10.1984 – X ZR 97/83 = BGHZ 92, 312, 316.
[89] Grundlegend BGH, Urt. v. 24.06.1983 – V ZR 113/82 = NJW 1984, 42.
[90] § 308 Nr. 3 BGB findet auch im kaufmännischen Geschäftsverkehr Anwendung, insoweit ist jedoch der Begriff des sachlichen Grundes weit auszulegen, vgl. BGH, Urt. v. 14.11.1984 – VIII ZR 283/83 = BGHZ 92, 396, 398.

Besonders zu betrachten sind die Dinge jedoch, wenn eine Partei ein Vertragsangebot nur unter Vorbehalt eines Rücktrittsrechts „angenommen" hat. Nach den genannten Grundsätzen liegt darin gar keine Annahme, sondern die Ablehnung des alten und Unterbreitung eines neuen Vertragsangebotes.[91] Nur, wenn der Vertragspartner sich mit dem Rücktrittsrecht einverstanden erklärt, ist es auch wirksam vereinbart worden.

Rücktrittsrechte werden für die meisten gängigen Vertragstypen auch gesetzlich normiert. So finden sich gesetzliche Rücktrittsrechte vor allem im Kauf- und Werkvertragsrecht in den §§ 437, 634 BGB.[92]

2.1.10.3.2 Rücktrittserklärung

Der Rücktritt muss nach § 349 BGB gegenüber dem Vertragspartner erklärt werden. Die Rücktrittserklärung ist eine einseitige empfangsbedürftige Willenserklärung. Sie kann jedoch formlos und auch konkludent (etwa durch Rückgabe der Kaufsache) erklärt werden. Da dem Rücktritt rechtgestaltende Wirkung zukommt, ist er wie auch die Aufrechnung bedingungs- und befristungsfeindlich.

2.1.10.3.3 Rechtsfolge

Durch den Rücktritt wird das ursprüngliche Schuldverhältnis in ein Rückgewährschuldverhältnis umgestaltet. Rückgewährschuldverhältnis bedeutet, dass alle noch nicht erbrachten Leistungen wegfallen und bisher erbrachte Leistungen zurückzugewähren sind. Dies beinhaltet auch die Verpflichtung zur Wertersatzleistung für später untergegangene oder verschlechterte Leistungen.

Fallbeispiel

Wurde ein Auto verkauft und übergeben und wird nachträglich der Rücktritt vom Vertrag erklärt, ist das Auto zurückzugeben. Wenn inzwischen ein Unfall das Auto beschädigt hat, ist für den Schaden Wertersatz zu leisten. Auf der anderen Seite ist der Kaufpreis herauszugeben. ◄

Darüber hinaus sind nach § 347 BGB auch Nutzungen und Verwendungen herauszugeben. Nach den §§ 99, 100 BGB sind Nutzungen alle erlangten Gebrauchsvorteile und Erzeugnisse, die aus der Vertragssache heraus erwachsen. Dies sind etwa die Ernteerträge bei Grundstücken oder die Nutzung des KFZ beim Autokauf. Verwendungen sind auf der anderen Seite alle Aufwendungen, die zum Erhalt oder zur Verbesserung einer Sache getätigt werden wie etwa die Wartungskosten für Maschinen.

In der Praxis bereitet diese Regelung erhebliche rechtliche und tatsächliche Schwierigkeiten. Rechtlich liegen die Dinge kompliziert, weil es der Intervention des EuGH unter Anwendung europarechtlicher Richtlinien[93] bedurfte, um die Forderung nach Nutzung bei Ver-

---

[91] Siehe unter Abschn. 2.1.1.
[92] Ausführlich dazu unter Abschn. 3.1.4 und 3.3.2.
[93] Art. 6 der Richtlinie 97/7.

brauchergeschäften einzuschränken.⁹⁴ Danach dürfen Nutzungen jedenfalls für mangelhafte Leistungen nicht herausverlangt werden, obwohl konkrete Gebrauchsvorteile vorgelegen haben könnten. Dieser Grundsatz ist für Verbrauchsgüterkäufe umfassend zu verstehen, sodass Nutzungsvorteile in diesen Fällen entgegen dem Wortlaut des Gesetzes nicht begründet sind.⁹⁵ Tatsächlich liegt die Schwierigkeit darin, den konkreten Gebrauchsvorteil zu berechnen. Nicht für alle Sachnutzungen gibt es einen Markt, anhand dessen Vergleichswerte berechnet werden können. Deshalb ist bei Rückgewährschuldverhältnissen im Einzelfall eine differenzierte Berechnung erforderlich, um eine wertmäßige Rückabwicklung zu ermöglichen.

Fallbeispiel

A erwirbt von B eine Gaststätte mit Vollausstattung. Diese wird zum 01.10.2022 übergeben. Es wird ein vertragliches Rücktrittsrecht für die ersten drei Jahre vereinbart. Zum 01.12.2024 macht A von diesem Rücktrittsrecht Gebrauch. Er muss nun die Gaststätte Zug-um-Zug gegen Rückzahlung des Kaufpreises rückübereignen. Für die Nutzungszeit muss er jedoch die Gebrauchsvorteile zurückgewähren, die sich nach dem Mietpreis für vergleichbare Objekte richten. ◄

2.1.10.4 Widerruf und Rückgabe

Für bestimmte Rechtsgeschäfte sieht das Gesetz ein Widerrufsrecht nach den §§ 355 ff. BGB vor. Diese Regelungen kommen immer dann zur Anwendung, wenn an anderer Stelle ein Widerrufsrecht begründet wird. Dies betrifft ausschließlich Verbraucher nach § 13 BGB, die gesetzlich ausdrücklichen Schutz genießen. Das ist insbesondere bei bestimmten Rechtsgeschäften wie außerhalb von Geschäftsräumen geschlossenen Verträgen, Fernabsatzverträgen oder dem Verbraucherdarlehensvertrag⁹⁶ nach den §§ 312g, 495 BGB der Fall.

Das Widerrufsrecht ermöglicht dem Vertragspartner, innerhalb einer Frist von zwei Wochen den Vertrag ohne Angabe von Gründen zu beenden. Die Widerrufsfrist beginnt jedoch nicht zu laufen, wenn der Verbraucher nicht ordnungsgemäß über seine Rechte aufgeklärt worden ist. Je nach Art des Verbrauchergeschäfts ist der Fristlauf nach den §§ 355 ff. BGB gesondert zu prüfen.

Die Ausübung des Rechts geschieht beim Widerruf auch durch eine konkludent mögliche Erklärung des Widerrufenden (z. B. Warenrücksendung).

Nach den §§ 357 ff. BGB führt die wirksame Ausübung eines Widerrufsrechts dazu, dass grundsätzlich die Regeln über den Rücktritt Anwendung finden. Insoweit wird auf die bisherigen Ausführungen ausdrücklich verwiesen.⁹⁷ Zu beachten sind jedoch die insoweit vorrangigen Ausnahmeregeln der §§ 357 ff. BGB, deren jeweiliger Anwendungsbereich im Einzelfall entsprechend zu prüfen ist.

---

⁹⁴ EuGH v. 17.04.2008, Az. C 404/06; dem folgend BGH v. 26.11.2008, AZ. VIII ZR 200/05 = NJW 2009, 427.
⁹⁵ So ausdrücklich nur für Verbrauchsgüterkäufe BGH v. 26.11.2008, AZ. VIII ZR 200/05 = NJW 2009, 427.
⁹⁶ Unter Abschn. 3.7.3.
⁹⁷ Siehe unter Abschn. 2.1.10.3.

2.1.10.5 Kündigung

Das Rechtsinstitut der Kündigung ist gesetzlich und vertraglich in unterschiedlichsten Ausprägungen vorhanden. Vorliegend wird daher zunächst das rechtliche Instrument der Kündigung als solches dargelegt. Die einzelnen Ausformungen unterschiedlicher Kündigungsrechte bleiben den speziellen Vertragsrechten vorbehalten.[98] Kündigungsrechte finden insbesondere, aber nicht ausschließlich, bei Dauerschuldverhältnissen Anwendung.[99]

Die Kündigung ist eine einseitige empfangsbedürftige Willenserklärung, deren Wirksamkeit oftmals an einen sachlichen Grund oder eine bestimmte Frist gebunden sein kann. Die Kündigung ist ein Gestaltungsrecht, da sie die Rechtslage unmittelbar verändert. Es ist zu unterscheiden zwischen einer ordentlichen und einer außerordentlichen Kündigung.

2.1.10.5.1 Ordentliche Kündigung

Die ordentliche Kündigung ist eine vertraglich oder gesetzlich ohne Vorliegen bestimmter Gründe eingeräumte Möglichkeit zur Vertragsbeendigung. Das Recht zur ordentlichen Kündigung findet sich kraft Gesetzes in allen Dauerschuldverhältnissen, um den Vertragsparteien eine Möglichkeit zur Lösung vom Vertrag einzuräumen. Die konkrete Ausgestaltung des Kündigungsrechtes hängt vom jeweiligen Vertragstyp ab. Regelmäßig wird dem Kündigenden eine Kündigungsfrist auferlegt, um seinem Vertragspartner Dispositionsmöglichkeiten zu geben.

Bei Dauerschuldverhältnissen sind ordentliche Kündigungen jedoch ausgeschlossen, wenn für den Vertrag eine bestimmte Laufzeit vereinbart ist.

2.1.10.5.2 Außerordentliche Kündigung

Das Recht zur außerordentlichen Kündigung besteht für alle Dauerschuldverhältnisse gleichermaßen. Die außerordentliche Kündigung ist in § 314 BGB legaldefiniert. Danach besteht die Möglichkeit zur außerordentlichen Kündigung, wenn der Kündigende einen wichtigen Grund hat. Ein wichtiger Grund liegt nach § 314 I S. 2 BGB vor, wenn die Fortsetzung des Vertragsverhältnisses unter Abwägung der beiderseitigen Interessen und Berücksichtigung der Vertragsumstände unzumutbar ist. Wann das der Fall ist, bedarf der konkreten Beurteilung im Einzelfall. Jedenfalls muss eine schwere Beeinträchtigung vorliegen, die regelmäßig in einer schweren Pflichtverletzung gemäß § 314 II BGB liegen wird. Bei Pflichtverletzungen ist der Vertragspartner vor Kündigungsausspruch abzumahnen oder zum Abstellen der Pflichtverletzung aufzufordern.[100]

Fallbeispiel

Arbeitnehmer A kommt regelmäßig zu spät zur Arbeit. Sein Arbeitgeber schaut sich dieses Verhalten einige Wochen an und kündigt dann aus wichtigem Grund. Diese Kündigung ist unzulässig, da der Arbeitnehmer wegen seiner Pflichtverletzung zunächst hätte abgemahnt werden müssen. ◄

---

[98] Grundsätzlich gilt das jedoch nicht für das Recht der außerordentlichen Kündigung, welches nach § 314 BGB unabdingbar ist, vgl. BGH, Urt. v. 26.05.1986 – VIII ZR 218/85 = NJW 1986, 3134.
[99] Vgl. etwa das Kündigungsrecht im Werkvertrag gemäß § 649 BGB.
[100] BAG, Urt. v. 17.02.1994 – 2 AZR 6161/93 = NZA 1994, 656.

Für einzelne Vertragstypen sind besondere außerordentliche Sonderkündigungsrechte normiert, die die Regelung des § 314 BGB modifizieren und folglich in der Anwendung verdrängen.[101]

2.1.10.5.3 Rechtsfolge

Die Rechtsfolge jeder Kündigung ist die Beendigung des Vertragsverhältnisses für die Zukunft. Im Einzelfall ist jedoch stets zu prüfen, zu welchem genauen Zeitpunkt die Beendigung eintritt. Eine Kündigung kann fristlos erfolgen oder eine Auslauffrist beinhalten. Regelmäßig sind ordentliche Kündigungen fristgemäß und außerordentliche Kündigungen fristlos. Diese Unterscheidung ist insbesondere bei Dauerschuldverhältnissen wichtig, da während der Kündigungsfrist die Vertragspflichten weiter erfüllt werden müssen.

Fallbeispiel

Die A-KG hat einen Mietvertrag mit einjähriger Kündigungsfrist mit dem Vermieter V abgeschlossen. Kündigt die A-KG das Mietverhältnis, muss sie während der einjährigen Kündigungsfrist weiter die Miete entrichten, auch wenn sie inzwischen bereits andere Betriebsräume bezogen hat. ◄

2.1.10.6 Aufhebungsvertrag

Sind beide Vertragsparteien sich einig über die Aufhebung des Vertrages, kann ein Aufhebungsvertrag geschlossen werden. Dies ist ein eigener Vertrag, der die Beendigung des ursprünglichen Vertrages zum Gegenstand hat. Darüber hinaus empfiehlt es sich, im Aufhebungsvertrag auch sämtliche Modalitäten zur Vertragsbeendigung wie etwa einen konkreten Endzeitpunkt, etwaige Ausgleichszahlungen, die Rückgabe erhaltener Leistungen etc. mit zu regeln.

2.1.10.7 Hinterlegung

Schuldverhältnisse können auch durch Hinterlegung mit gleichzeitigem Verzicht auf die Rücknahme erfüllt werden. Die Hinterlegung ist für Fälle gedacht, in denen der Schuldner leisten will, der Gläubiger aber nicht auffindbar ist oder die Leistung nicht annimmt. Für solche Fallkonstellationen sehen die §§ 372 ff. BGB i. V. m. den landesrechtlichen Hinterlegungsordnungen die Möglichkeit zur Hinterlegung der Sachen beim Amtsgericht als örtliche Hinterlegungsstelle vor.

Da dies als Ausnahmeregelung konzipiert ist, müssen bestimmte Voraussetzungen für eine Hinterlegung vorliegen. Zunächst muss ein Hinterlegungsgrund gegeben sein. Ein solcher Grund ist der Annahmeverzug[102] des Gläubigers, Unauffindbarkeit des Gläubigers oder unverschuldete Unkenntnis über die Person des Gläubigers. Ferner können nur bewegliche Sachen von begrenzter Größe wie etwa Schmuck, Geld, Wertpapiere oder andere werthaltige Gegenstände hinterlegt werden, da das Amtsgericht nur begrenzte Lagerkapazitäten vorhalten kann.

---

[101] Grüneberg (2024), BGB, § 314, Rn. 4.
[102] Zum Annahmeverzug s. unter Abschn. 2.1.16.

> **Fallbeispiel**
>
> Sie schulden die Übereignung von 20 bereits bezahlten Netbooks an die X-GmbH. Die X-GmbH hat jedoch seit Monaten die Geschäftstätigkeit eingestellt, Geschäftsführer und Gesellschafter sind nicht mehr auffindbar, eine Notgeschäftsführung ist nicht installiert. Um Ihre Schuld zu erfüllen und sich von den Lagerbeständen zu befreien, können Sie die Gegenstände hinterlegen. In der Praxis wird der zuständige Rechtspfleger jedoch oftmals einen Grund finden, die Sachen nicht anzunehmen (etwa mangelnde Lagerkapazität). ◄

Wenn aus Gründen der Kapazität, besonderer Lagerkosten oder der Verderblichkeit der Sachen eine Hinterlegung nicht möglich ist, können die Sachen durch öffentliche Versteigerung nach § 383 BGB verwertet werden. Der dadurch erlangte Erlös kann dann seinerseits mit Erfüllungswirkung hinterlegt werden.

2.1.10.8 Erlass und Anerkenntnis

Schließlich besteht die Möglichkeit, Leistungsverpflichtungen durch Erlass oder negatives Anerkenntnis zum Erlöschen zu bringen.

2.1.10.8.1 Erlass

Ein Erlass ist nach § 397 BGB ein zweiseitiger Vertrag, der den Verzicht auf die ursprüngliche Leistungsverpflichtung enthält.[103] Formell bedarf es für einen wirksamen Erlass also nicht nur der Verzichtserklärung des Gläubigers, sondern auch der Zustimmung des Schuldners. In der Praxis wird die Zustimmung des Schuldners jedoch regelmäßig angenommen, sodass ggf. nur über die wirksame Erlasserklärung des Gläubigers Streit entstehen kann. Zudem liegt regelmäßig ein negatives Anerkenntnis vor, wenn der Gläubiger sich nur einseitig erklärt haben sollte.

2.1.10.8.2 Anerkenntnis

Die gleiche Rechtswirkung wie der Erlass kann nach § 397 BGB auch durch ein negatives Anerkenntnis des Gläubigers erreicht werden. Erklärt dieser einseitig, dass die Leistungsverpflichtung nicht (mehr) besteht, ist das Schuldverhältnis ebenfalls erfüllt.

> **Fallbeispiel**
>
> Die F-KG schuldet der Z-AG noch 10.000 €. Nun schließen beide einen neuen Vertrag über ein Gesamtvolumen von 1.000.000 € ab. Nach Abschluss des Vertrages erklärt die Z-AG, dass sie auf die 10.000 € wegen der erfolgreichen Geschäftsbeziehung verzichtet. ◄

---

[103] Vertiefend BGH, Urt. v. 01.12.2008 – II ZR 102/07 = BGHZ 179, 71, 82.

2.1.11 Treu und Glauben

Nicht alle denkbaren Fallkonstellationen können einer präzisen rechtlichen Regelung zugeführt werden. Gerade im sich ständig weiterentwickelnden Wirtschaftsleben ist der Gesetzgeber nicht in der Lage, schnell und einzelfallbezogen Gesetze zu schaffen. Deshalb gibt es sog. Generalklauseln, die Grundsätze für das Wirtschafts- und Rechtsleben aufstellen.

Die wichtigste Generalklausel für das Vertragsrecht ist das Prinzip von Treu und Glauben nach § 242 BGB.

Nach § 242 BGB sind alle Leistungen so zu erbringen, wie Treu und Glauben mit Rücksicht auf die Verkehrssitte es erfordern. Dieser Grundsatz erstreckt sich auf das gesamte Rechtsleben und ist auch bei allen Arten der Rechtsausübung zu berücksichtigen.[104] Das Prinzip von Treu und Glauben beeinflusst auch die Bestimmung von Leistungsinhalten, die die Parteien als Nebensächlichkeiten nicht mitgeregelt haben. Daraus folgt z. B., dass bei Kaufverträgen der Verkäufer die Kaufsache ordnungsgemäß verpacken und sichern muss. Ferner ist jeder Vertragspartner verpflichtet, auf die Rechtsgüter des anderen Rücksicht zu nehmen. Es ist also darauf zu achten, dass während der Vertragsdurchführung nicht etwa in das Eigentum oder gar in Leben oder Gesundheit der Vertragspartner eingegriffen wird.

> **Fallbeispiel**
>
> Die X-KG ist Fahrzeughändlerin und stellt ihre KFZ regelmäßig für Probefahrten zur Verfügung. Da die Möglichkeit von Verkehrsunfällen mit fremden KFZ deutlich erhöht ist, besteht für die X-AG die Verpflichtung aus § 242 BGB zum Abschluss einer Vollkaskoversicherung, um ihre potenziellen Kunden vor Ersatzansprüchen zu schützen.[105] ◄

Durch die unbestimmte Formulierung ergeben sich jedoch in der Praxis erhebliche Auslegungsschwierigkeiten, was unter Treu und Glauben verstanden wird. Deshalb ist bei jedem Einzelfall eine Interessenabwägung dahingehend durchzuführen, ob die Rechtshandlung den Geboten der Rücksichtnahme und Redlichkeit in Bezug auf die Rechtsgüter des Vertragspartners entspricht. Maßstab ist hierbei die Wertvorstellung der jeweils beteiligten Verkehrskreise. Es ist also sowohl auf die soziale Wirklichkeit im Allgemeinen als auch auf die Verkehrssitte in dem konkreten Wirtschaftszweig abzustellen.

In der Vertragspraxis ist deshalb ein redlicher Umgang zu pflegen. Die Rechtsprechung hat hierzu in den letzten Jahrzehnten einige Grundsätze herausgearbeitet, die besondere Beachtung finden müssen.[106] Aus Platzgründen kann hier nur ein exemplarischer Überblick gegeben werden, der ein Judiz für die Einschätzung der Treuwidrigkeit vermitteln soll.

---

[104] BGH, Urt. v 23.09.1982 – VII ZR 183/80 = BGHZ 85, 39, 48.
[105] BGH, Urt. v 07.06.1972 – VIII ZR 35/71 = NJW 1972, 1363.
[106] Einen ersten Überblick bietet Grüneberg (2024), BGB, § 242, Rn. 38 ff.

Nach § 242 BGB findet die Ausübung eigener Rechte da eine Grenze, wo die Rechtsausübung nur zur Schädigung des Vertragspartners durchgeführt wird (sog. Rechtsmissbrauch). Die Vertragspartner dürfen etwa nach § 242 BGB ihre grundbuchrechtlichen Rechte nicht mehr ausüben, wenn sie inzwischen andere vertragliche Verpflichtungen eingegangen sind.[107] Auch ist es unzulässig, als Minderheitsaktionär Anfechtungsrechte gegen Hauptversammlungsbeschlüsse geltend zu machen, wenn dessen Rechtsstellung evident schlecht ist und er nur eine Verfahrensverzögerung beabsichtigt, um sich so die Prozessbeendigung „abkaufen" zu lassen.[108] Ohne schutzwürdiges Eigeninteresse ist die Rechtsausübung folglich treuwidrig. Auch darf kein widersprüchliches Verhalten erfolgen. Eine Rechtsposition darf folglich nicht mehrfach in entgegengesetzter Art ausgenutzt werden, obwohl der Vertragspartner bereits auf die ursprüngliche Verhaltensweise vertrauen durfte und entsprechend disponiert hat.[109] Wenn etwa Leistungen aus einem Vertrag ordnungsgemäß angenommen wurden, kann nicht nachträglich behauptet werden, der Vertragspartner sei eine Schwesterfirma, weshalb die Zahlung verweigert werde.

Fallbeispiel

Für die Sicherung einer Zahlungsverpflichtung haben Sie eine Bürgschaft der B-Bank beigebracht. Nach einem Bankwechsel bringen Sie gegenüber Ihrem Vertragspartner eine neue Bürgschaft der neuen Bank bei und verlangen die Herausgabe der alten. Ihr Vertragspartner verweigert die Herausgabe. Diese Weigerung ist treuwidrig, da er eine gleichwertige Sicherheit erhalten hat.[110] ◄

2.1.12 Störung der Geschäftsgrundlage

Aus dem genannten Grundprinzip von Treu und Glauben ist gemäß § 313 BGB das Rechtsinstitut der Störung der Geschäftsgrundlage hervorgegangen. Danach kann ausnahmsweise eine Anpassung oder Auflösung eines bestehenden Vertrages verlangt werden. Dies ist erforderlich, um groben Verschiebungen der einem Vertrag zugrunde liegenden Umstände Rechnung zu tragen. Weil darin eine Durchbrechung des vertragsrechtlichen Grundprinzips „pacta sunt servanda" (Verträge sind einzuhalten) liegt, sind die Voraussetzungen des Vorliegens einer Störung der Geschäftsgrundlage sehr eng zu ziehen.

Zunächst müssen nachträglich die Grundlagen des Vertrages (Geschäftsgrundlage) erheblich verändert sein. Dem steht der Fall gleich, dass eine Vertragsgrundlage sich nachträg-

---

[107] Vgl. dazu BGH, Urt. v. 23.05.1962 – V ZR 123/60 = BGHZ 37,152.
[108] BGH, Urt. v. 22.05.1989 – II ZR 206/88 = BGHZ 107, 296, s. bereits zur missbräuchlichen Ausnutzung des Stimmrechts BGH, Urt. v. 26.10.1983 – II ZR 87/83 = BGHZ 88, 320, 328.
[109] BGH, Urt. v. 22.05.1985 – IVa ZR 153/83 = BGHZ 94, 351.
[110] Vgl. hierzu BGH, Urt. v. 24.02.1994 – IX ZR 120/93 = NJW 1994, 1351.

2.1 Rechtsverhältnisse

lich als nicht vorhanden erweist. Zur Geschäftsgrundlage zählen nur solche Umstände, die beide Parteien miteinander erörtert oder gemeinsam stillschweigend vorausgesetzt haben. Die stille und einseitige Erwartung einer Partei ist dagegen nicht Geschäftsgrundlage.[111]

Diese Geschäftsgrundlage muss sich so schwerwiegend verändert haben, dass eine Vertragsdurchführung schlechthin unzumutbar wäre. Was schwerwiegend ist, muss anhand des jeweiligen Einzelfalls bestimmt werden. Grundsätzlich ist dies nur der Fall, wenn keine ernstlichen Zweifel daran bestehen, dass die Partei den Vertrag mit solchem Inhalt unter keinen Umständen geschlossen hätte. Aus der Durchführung des Vertrages müssten sich untragbare Belastungen ergeben, die mit Recht und Gerechtigkeit unvereinbar sind.[112]

Fallbeispiel

Die Parteien schließen einen Kaufvertrag über die Veräußerung großer Grundstücksflächen an der Ostsee, weil der Käufer dort einen Windenergiepark errichten will. Durch einen Regierungswechsel wird die steuerliche Behandlung von Windenergie unvorhergesehen und dramatisch verschlechtert. Bei den Vertragsverhandlungen hat der Käufer seine Absichten in der auf der damaligen Gesetzeslage basierenden Grobkalkulation ausdrücklich zum Gegenstand gemacht. Hierauf fußend wurde die Höhe des Kaufpreises vereinbart. In diesem Fall kann er die Auflösung des Vertrages verlangen, weil die Durchführung für ihn unzumutbar wäre (gute Rechtsberater hätten für den Fall von Rechtsänderungen Rücktrittsklauseln in den Vertrag aufgenommen, um die Problematik der Geschäftsgrundlage gar nicht erst entstehen zu lassen). ◀

2.1.13 Pflichtverletzungen

In den weit überwiegenden Vertragsverhältnissen kommt es zum reibungslosen Austausch der sich gegenüberstehenden Leistungspflichten. Trotzdem kommt es immer wieder dazu, dass einzelne Leistungspflichten nicht, nur teilweise oder nicht vertragsgemäß erfüllt werden.

Für solche Fallkonstellationen sieht das Gesetz bestimmte Rechte vor, mit denen ein Gläubiger die Erfüllung der Leistungspflicht oder angemessenen Ersatz verlangen kann. Diese Rechtsbehelfe werden im Nachfolgenden dargelegt, um dem Wirtschaftsrechtsanwender eine schnelle Entscheidungsgrundlage bereitzustellen.

Das Wissen um eigene und gegnerische Rechtsbehelfe ist aus zweierlei Gründen für Wirtschaftsrechtler von kaum zu überschätzender Bedeutung. Zum einen ist es im Wirtschaftsleben nicht unüblich, sich unter den Vertragsparteien gütlich zu einigen, falls einmal etwas schiefläuft. Schließlich wollen die Parteien regelmäßig auch weiter geschäftliche Kontakte zueinander pflegen. Dies gilt sowohl im unternehmerischen Rechtsverkehr als auch im Geschäft mit dem Endverbraucher. Um eine solche Einigung herbeizuführen, muss man sich aber über die eigene und die rechtliche Position des Gegners möglichst präzise im Klaren sein.

---

[111] BGH, Urt. v. 16.02.1989 – IX ZR 256/87 = NJW-RR 1989, 752, 753.
[112] BGH, Urt. v. 29.04.1982 – III ZR 154/80 = BGHZ 84, 1, 9.

Zum zweiten ist es manchmal unumgänglich, seine Rechte notfalls gerichtlich vollständig durchzusetzen oder Ansprüche des Vertragspartners abzuwehren. Um dies erfolgreich durchführen zu können, bedarf es gleichfalls einer vertieften Kenntnis der Rechtslage.

Grundlage aller vertragsrechtlichen Rechtsbehelfe ist die Pflichtverletzung gemäß § 280 BGB. Unter Pflichtverletzung wird jede Abweichung von der vertraglich oder gesetzlich festgelegten Leistungspflicht verstanden. Je nach Art, Zeitpunkt und Vertretenmüssen der Pflichtverletzung wird der Anwendungsbereich verschiedener Rechtsbehelfe eröffnet, derer der Gläubiger sich bedienen kann.

2.1.13.1 Verschulden

Liegt eine Pflichtverletzung vor, schließt sich die Frage an, ob den Schuldner für die Pflichtverletzung auch ein Verschulden trifft. Die meisten im Folgenden darzustellenden Rechtsbehelfe kommen nur zum Tragen, wenn den Schuldner auch ein solches Verschulden trifft.

Verschulden bedeutet dabei jede Form des Vertretenmüssens. Vertreten muss der Schuldner nach § 276 BGB Vorsatz und Fahrlässigkeit sowie alle vertraglich oder gesetzlich festgelegten strengeren bzw. milderen Maßstäbe. Ein milderer Maßstab ist etwa das Erfordernis grober Fahrlässigkeit, was eine gesteigerte Sorgfaltspflichtverletzung beinhaltet. Ein strengerer Verschuldensmaßstab kann sich etwa aus der Übernahme einer Garantie ergeben.

2.1.13.1.1 Vorsatz

Der Begriff des Vorsatzes ist im Gesetz nicht definiert und wurde daher von der Rechtsprechung wie folgt definiert: Vorsatz ist das Wissen und Wollen[113] des pflichtwidrigen Erfolges.[114] Wenn der Schuldner genau weiß, was er tut, und die Folge seines Handels herbeiführen will oder jedenfalls billigend in Kauf nimmt, handelt er vorsätzlich. Zu der objektiven Pflichtverletzung kommt folglich ein subjektiver Vorwurf, der die Schwere der Pflichtverletzung begründet. In der Praxis ist dies nur schwer nachzuweisen, da der Wissensstand des Schuldners und seine Motive nur anhand äußerer Umstände ermittelt werden können.

2.1.13.1.2 Fahrlässigkeit

In den überwiegenden Fällen trifft den Schuldner nur der Vorwurf der Fahrlässigkeit. Hierbei ist zwischen einfacher Fahrlässigkeit und grober Fahrlässigkeit zu differenzieren. Die Unterscheidung dieser beiden Grade der Fahrlässigkeit ist von großer Relevanz, da das Vorliegen grober Fahrlässigkeit in vielen Fällen tatbestandlich erforderlich ist, um ein Vertretenmüssen des Schuldners zu begründen.

---

[113] Ausführlich BGH, Urt. v. 19.03.1992 – III ZR 16/90 = BGHZ 117, 363.
[114] Grüneberg (2024), BGB, § 276, Rn. 10.

2.1.13.1.2.1 Einfache Fahrlässigkeit

Einfache Fahrlässigkeit ist nach § 276 II BGB das Außerachtlassen der im Verkehr erforderlichen Sorgfalt. Dieser Maßstab ist abstrakt zu bestimmen, geht also nicht von den individuellen Fähigkeiten des Schuldners aus. Einzuhalten ist die objektiv erforderliche Sorgfalt. Erforderlich ist das Maß an Umsicht und Sorgfalt, das von umsichtigen Angehörigen des konkret betroffenen Verkehrskreises zu beachten ist.[115] Was das im konkreten Fall bedeutet, ist nach den Umständen des Einzelfalls zu beurteilen. Im Streitfall ist der anzuwendende Sorgfaltsmaßstab sachverständig zu klären, was etwa durch Gutachten der Industrie- und Handelskammer oder anderer einschlägiger Verbände im jeweiligen Verkehrskreis geschehen kann.

Wird die objektiv erforderliche Sorgfalt verletzt, kann der Schuldner sich nicht auf mangelnde persönliche Fachkenntnis berufen.[116] Andererseits können jedoch besondere Fähigkeiten eine erhöhte Sorgfaltsanforderung an den Schuldner stellen.[117] Entscheidend für das Vorliegen der Fahrlässigkeit ist einzig der objektive Sorgfaltsverstoß, ein subjektives Element ist dagegen nicht erforderlich.

2.1.13.1.2.2 Grobe Fahrlässigkeit

Über die einfache Fahrlässigkeit hinaus geht die sog. grobe Fahrlässigkeit. Grobe Fahrlässigkeit erfordert einen besonders schweren Sorgfaltsverstoß. Sie liegt vor, wenn die im Verkehr erforderliche Sorgfalt in ungewöhnlich hohem Maße verletzt wurde und der Schuldner nicht beachtet hat, was sich einem anderen in der vergleichbaren Situation geradezu aufgedrängt hätte. Zu der objektiven Verletzung des Sorgfaltsmaßstabes kommt noch der subjektive Vorwurf, das Offensichtliche missachtet zu haben.[118] Die Grenze zwischen den einzelnen Stufen der Fahrlässigkeit ist nicht immer leicht zu ziehen. Deshalb muss im Einzelfall unter Einbeziehung aller Umstände der Grad der Pflichtverletzung sorgfältig abgewogen werden.

> **Fallbeispiel**
>
> Beim sog. Annahmeverzug haftet der Gläubiger nach § 300 BGB nur noch für grobe Fahrlässigkeit, falls der Leistungsgegenstand beschädigt oder zerstört wird.[119] Wenn etwa eine Kaufsache nicht vereinbarungsgemäß abgeholt wird und am Tag darauf durch einen Einbruch beim Schuldner beschädigt wird, haftet der Schuldner nur, wenn er den Einbruch grob fahrlässig verschuldet hat. ◄

---

[115] BGH, Urt. v. 08.07.1971 – III ZR 67/68 = NJW 1971, 1881, 1882.
[116] Grüneberg (2022), BGB, § 276, Rn. 15.
[117] Grüneberg (2022), BGB, § 276, Rn. 15 m. w. N.
[118] BGH, Urt. v. 10.05.1953 – IV ZR 170/52 = BGHZ 10, 14, 16.
[119] Siehe zum Annahmeverzug ausführlich unter Abschn. 2.1.16.

2.1.13.2 Verschuldensvermutung

Besondere Beachtung verdient die gesetzliche Beweislastverteilung des § 280 I S. 2 BGB. Danach wird vermutet, dass der Schuldner die Pflichtverletzung auch zu vertreten hat. Im Streitfall muss also der Schuldner vor Gericht beweisen, dass ihn kein Verschulden trifft, wenn seine Pflichtverletzung objektiv feststeht. Dieser Umstand verbessert die Position des Gläubigers erheblich. Er braucht nur noch die Pflichtverletzung als solche darzulegen. Dem Schuldner obliegt es dann, seine fehlende Verantwortung hierfür nachzuweisen, was in der Praxis regelmäßig schwerfällt.

> **Fallbeispiel**
>
> Die G-KG erwirbt bei der B-AG eine Charge Flachbildschirme. Diese sind auf Paletten verpackt und werden der G-KG vereinbarungsgemäß geliefert. Beim Entladen der Bildschirme stellt ein Mitarbeiter der G-KG fest, dass jeweils die untersten Kartons auf den Paletten eingedrückt sind, sodass einige Bildschirme beschädigt sind. Da objektiv eine Pflichtverletzung der B-AG durch nicht ordnungsgemäßes Verpacken feststeht, muss die B-AG beweisen, dass sie kein Verschulden trifft. Das dürfte ihr in der Praxis kaum gelingen. ◄

2.1.14 Zurechnung Dritter

In der bisherigen Darstellung ist wie selbstverständlich davon ausgegangen worden, dass das Verschulden eines Mitarbeiters dem jeweiligen Arbeitgeber als eigenes Verschulden zugerechnet wird. Diese Folgerung ist auch geboten, da im Wirtschaftsleben stets Handlungen für den Arbeitgeber oder im Auftrag eines anderen Unternehmens durchgeführt werden.

Für diese Fallkonstellationen ordnet § 278 BGB eine Zurechnung des Verschuldens des gesetzlichen Vertreters oder Erfüllungsgehilfen an.[120] Gesetzliche Vertreter sind etwa die Geschäftsführer einer GmbH oder Vorstände einer Aktiengesellschaft. Erfüllungsgehilfe ist jeder, der zur Erfüllung einer Verbindlichkeit eines anderen herangezogen wird, also insbesondere Arbeitnehmer, Subunternehmer oder speziell Beauftragte.

Im unternehmerischen Rechtsverkehr ist dies der Regelfall. Ein Unternehmen kann nur durch Vertreter oder Mitarbeiter handeln, die sich ihrerseits wiederum Außenstehender bedienen können.

Werden dann Pflichtverletzungen begangen, sind diese rechtlich als Pflichtverletzungen des Unternehmens zu betrachten. Nur in engen Ausnahmefällen findet keine Zurechnung statt, wenn der Erfüllungsgehilfe sich außerhalb seines Tätigkeitskreises bewegt und nur bei Gelegenheit seiner Tätigkeit die Pflichtverletzung begeht.

---

[120] Zur Abgrenzung zu strafbaren Handlungen sowie zum Verrichtungsgehilfen s. BGH, Urt. v. 01.03.1988 – VI ZR 190/87 = BGHZ 103, 338.

> **Fallbeispiel**
>
> Die A-AG ist Bauunternehmerin. Der Vorarbeiter K ist bei der A-AG angestellt. Auf einer Baustelle stiehlt K Werkzeug eines anderen Unternehmens, das auf derselben Arbeitsstätte tätig ist. Dies wird der A-AG nicht zugerechnet, da die Pflichtverletzung des K nur bei Gelegenheit seiner Arbeit stattgefunden hat und nicht zu seinem Aufgabenkreis gehörte. ◄

2.1.15 Vertragsanbahnung (culpa in contrahendo)

Vertragspartner haben eine Vielzahl von Pflichten zu erfüllen. Wir haben bereits gesehen, dass der Pflichtenkatalog weit über den originären Leistungsaustausch hinausgeht.[121] Werden solche vertraglichen Pflichten verletzt, kann der Gläubiger mittels verschiedener Rechtsbehelfe seine Rechte durchsetzen.

Oftmals kommt es jedoch trotz intensiver geschäftlicher Kontakte nicht zum eigentlichen Vertrag. Schon bei den Vertragsverhandlungen kann es jedoch zu Eingriffen in die Rechtsgüter des anderen kommen. Nach § 311 BGB kann es durch ein Verschulden bei Vertragsschluss (lat. culpa in contrahendo, kurz c. i. c.) zu Schadensersatzverpflichtungen nach § 280 BGB kommen.

Eine zum Schadensersatz verpflichtende Pflichtverletzung kann bereits vor Vertragsschluss erfolgen, wenn bereits vorvertraglich ein Schuldverhältnis nach § 241 BGB begründet wird. Liegt ein solches Schuldverhältnis vor, besteht schon vor dem eigentlichen Vertragsschluss eine Bindung zwischen den Parteien, die gegenseitige Pflichten nach sich zieht.

Gemäß § 311 II BGB kann dies durch drei verschiedene Tatbestände erfolgen. Erstens genügt bereits die Anbahnung eines Vertragsverhältnisses. Hierfür reicht es nach § 311 II Nr. 1 BGB aus, wenn die Aufnahme von Vertragsverhandlungen erfolgt ist. Dies ist bereits durch die Übersendung von Prospekten, Informationen oder andere Werbemittel zur Vorbereitung eines Vertrages der Fall.[122]

Zweitens wird ein Schuldverhältnis noch vor der Aufnahme von Verhandlungen begründet, wenn eine Partei ihre Rechtsgüter der anderen Seite zugänglich macht oder anvertraut.[123] Durch diese Anbahnung von Vertragsverhandlungen wird bereits in einem sehr frühen Stadium eine Beziehung zwischen Rechtsgütern der verschiedenen Seiten hergestellt, sodass insoweit bereits gegenseitige Rücksichtnahme erfolgen muss. In der Praxis beinhaltet dieser Punkt insbesondere das Bereithalten von Geschäftslokalen oder Betriebsstätten für potenzielle Vertragspartner. Kommen diese in den Räumlichkeiten des Anbieters zu Schaden, muss der Anbieter für dafür kausale Pflichtverletzungen haften.[124]

---

[121] Dazu bereits unter Abschn. 2.1.13.
[122] Dies hat insbesondere im Geldanlagebereich große Relevanz, vgl. Grüneberg (2024), BGB, § 311, Rn. 19.
[123] Grüneberg (2024), BGB, § 311, Rn. 23.
[124] Für Verkaufsräume ausführlich BGH, Urt. v. 24.10.1961 – VI ZR 204/60 = NJW 1962, 32.

Schließlich begründen auch ähnliche geschäftliche Kontakte nach § 311 II Nr. 3 BGB ein Schuldverhältnis. Durch diese Formulierung wird klargestellt, dass jede Form geschäftlicher Kontakte ein Schuldverhältnis zur Folge hat. Hierfür ist nicht einmal das Ziel eines Vertragsabschlusses erforderlich. In der Praxis entsteht ein solches Schuldverhältnis etwa durch das Versenden von Abmahnungen an Konkurrenzunternehmen wegen behaupteter Wettbewerbsverletzungen.[125]

Der Pflichtenkatalog der §§ 311 II, 241 II BGB umfasst vor allem Nebenpflichten wie Schutz- und Rücksichtnahmepflichten für Leben, Gesundheit, Eigentum und andere Rechtsgüter des potenziellen Vertragspartners. Geschäftsgeheimnisse des potenziellen Vertragspartners müssen gewahrt werden, Ladenlokale dürfen keine Verletzungsgefahren beinhalten, hervorgerufenes Vertrauen des Vertragspartners muss geschützt werden etc. Wird eine solche Pflicht schuldhaft verletzt, entsteht die Verpflichtung zum Schadensersatz nach § 280 BGB.

Fallbeispiel

Die D-AG will ihr Betriebsgrundstück erweitern. Sie tritt deshalb in Verhandlungen mit der B-GmbH ein, die eine geeignete Fläche zum Verkauf anbietet. In den Verhandlungen wird Einigkeit erzielt, weshalb ein Termin für die notarielle Erstellung eines Kaufvertrages vereinbart wird. Zum Termin beim Notar erscheint die B-GmbH nicht. Auf Nachfrage erklärt sie, nicht mehr veräußern zu wollen, weil sie die Fläche nun doch behalten wolle. In diesem Fall kann die D-AG die Kosten für Rechtsberatung und Notar als Schadensersatz verlangen, weil die B-GmbH in den Verhandlungen bei der D-AG Vertrauen in den Abschluss des Kaufvertrages hervorgerufen hat. ◄

Zudem erfolgt nach § 311 III BGB auch eine Einbeziehung Dritter in die genannten Schuldverhältnisse, wenn dieser ein eigenes wirtschaftliches Interesse hat und besonderes Vertrauen für sich in Anspruch nimmt (etwa beim KFZ-Händler, der die Verhandlungen zum Weiterverkauf eines fremden KFZ führt, um den Erlös auf seine Kaufpreisforderung für einen Neuwagen anzurechnen, oder beim Anlagevermittler, der ein hohes Provisionsinteresse hat). Wer fremde Verhandlungen als Dritter zumindest auch in eigener Sache führt, muss sich also von ihm hervorgerufenes Vertrauen persönlich zurechnen lassen.

2.1.16 Verzug

Kaum zu überschätzen in seiner Praxisrelevanz ist der Tatbestand des Verzuges. Vielfach werden im Wirtschaftsleben Zahlungen nicht rechtzeitig geleistet oder andere Pflichten zu spät erfüllt. Eine funktionierende Wirtschaft ist jedoch auf die pünktliche Erfüllung vertraglicher Pflichten geradezu angewiesen, um den Waren- und Zahlungskreislauf im Fluss zu halten.

---

[125] Vgl. BGH, Urt. v. 01.12.1994 – I ZR 139/92 = NJW 1995, 715.

Durch das Rechtsinstitut des Verzuges werden Vertragspartner deshalb dazu angehalten, ihre Leistungspflichten auch zeitlich vertragskonform zu erfüllen. Zu unterscheiden ist zwischen Schuldnerverzug und Gläubigerverzug.

2.1.16.1 Schuldnerverzug

Der häufigere Fall des Verzuges ist der Schuldnerverzug. Eine Leistung wird nicht oder nicht vollständig zum bestimmten Zeitpunkt erbracht.

2.1.16.1.1 Voraussetzungen

Grundsätzlich liegt nach § 286 I BGB Schuldnerverzug vor, wenn ein fälliger Anspruch schuldhaft nicht erfüllt, eine Mahnung nach Fälligkeit ausgesprochen wurde und der Schuldner kein Recht zur Leistungsverweigerung hat.[126] Verzug setzt also voraus, dass der Schuldner auf eine fällige und durchsetzbare (also nicht mit einer Einrede behaftete) Forderung trotz Mahnung nicht leistet.[127]

2.1.16.1.2 Fälligkeit

Fällig ist eine Leistung zum vereinbarten Zeitpunkt. Der Zeitpunkt der Fälligkeit ergibt sich folglich aus der Vereinbarung zwischen den Parteien. Deshalb haben die Parteien es auch in der Hand, die Fälligkeit der Leistung durch Veränderung dieses Zeitpunktes zu verschieben. Die Parteien können etwa eine Stundung verabreden, die die Fälligkeit bis zu einem späteren Zeitpunkt hinausschiebt.

2.1.16.1.3 Mahnung

Wird trotz Fälligkeit nicht geleistet, muss der Schuldner einmal gemahnt werden. In der Praxis werden häufig zwei oder noch mehr Mahnungen ausgesprochen. Dies ist jedoch rechtlich nicht erforderlich und daher nur aus Gründen der Kulanz unternehmerisch zu rechtfertigen. Durch die Mahnung muss unmissverständlich die Aufforderung zur Erfüllung der genau bezeichneten Leistung zum Ausdruck gebracht werden. Die Mahnung braucht jedoch nicht als solche gekennzeichnet zu sein, sondern kann auch anders lauten (etwa Zahlungsaufforderung etc.).

Ausnahmsweise ist eine Mahnung jedoch nach § 286 II BGB entbehrlich. Liegt einer der vier dort genannten Fälle vor, tritt Verzug auch ohne Mahnung ein. Verweigert der Schuldner ernsthaft und endgültig die Leistung, ist eine Mahnung nicht mehr notwendig, da sie eine bloße Förmelei wäre.

> **Fallbeispiel**
>
> Die H-KG hat an die B-OHG Waren geliefert und ordnungsgemäß Rechnung gestellt. Die B-OHG antwortet auf die Rechnung, dass sie die Waren nicht bezahlen werde, da diese minderwertig seien. Hier tritt mit Fälligkeit Verzug ein, wenn die Waren tatsächlich mangelfrei waren. ◄

---

[126] Ausführlich BGH, Urt. v. 26.07.2005 – X ZR 109/03 = BGH NJW 2006, 63.
[127] Ausführlich etwa BGH, Urteil vom 26.10.2016 – VIII ZR 211/15.

Bei kalendermäßiger Bestimmtheit oder Bestimmbarkeit gilt das Gleiche. In solchen Fällen haben die Parteien durch die Vereinbarung einer präzisen Leistungszeit selbst die Fälligkeit festgelegt, sodass ein Überschreiten dieses Zeitpunktes bereits vereinbarungswidrig ist. Hinreichend hierfür ist, dass die Leistungszeit nach dem Kalender bestimmt werden kann. Formulierungen wie „Mitte des Monats", „zum Quartalsende" oder „zwei Wochen nach Warenabruf" etc. sind dafür ausreichend.[128] Aus dem Gesetzeswortlaut („vereinbaren") folgt, dass eine einseitige Fälligkeitsfestlegung (etwa in einer Rechnung) jedoch nicht ausreicht, um auch Verzug zu begründen.[129]

Durch ordnungsgemäße Rechnungslegung tritt gemäß § 286 III BGB ferner bei Geldschulden 30 Tage nach Fälligkeit und Rechnungslegung automatisch Verzug ein. Bei Rechnungen gegenüber Verbrauchern gilt dies jedoch nur, wenn der Verbraucher auf diese Rechtsfolge ausdrücklich hingewiesen wurde. In diesen Fällen ist eine Mahnung also nur noch erforderlich, wenn vor Ablauf der 30 Tage Verzug begründet werden soll. Der Gläubiger muss jedoch sicher sein können, dass die Rechnung auch zugegangen ist.

> **Fallbeispiel**
>
> Die V-KG sendet der F-GmbH mit Datum vom 29.03.2024 eine Rechnung für zum 15.04.2024 fällige Beträge von 20.000 €, die am 30.03.2024 die F-GmbH erreicht. Ab dem 16.04.2024 befindet die F sich folglich in Verzug. ◄

Schließlich ist eine Mahnung nach § 286 II Nr. 4 BGB auch entbehrlich, wenn besondere Gründe unter Abwägung der beiderseitigen Interessen dies rechtfertigen. Dies ist jedoch nur ganz ausnahmsweise der Fall und etwa dann anzunehmen, wenn der Schuldner die Leistung seinerseits mit Bestimmtheit bereits angekündigt hat[130] oder die Leistung mit Dringlichkeit erbracht werden muss (z. B. schnellstmögliche Reparatur).[131]

Aus der Gesamtschau der vier Tatbestände ergibt sich jedoch, dass in vielen Fällen eine Mahnung gar nicht mehr erforderlich ist. Die in vielen Unternehmen geübte Praxis des automatisierten Mahnverfahrens mit verschiedenen Mahnstufen bis hin zur dritten Mahnung ist daher rechtlich unsinnig und oftmals auch wirtschaftlich nicht geboten.

2.1.16.1.4 Verschulden und Unmöglichkeit

Die Rechtsfolgen treten nur ein, wenn der Schuldner die Leistung schuldhaft nach den §§ 276 ff. BGB verzögert hat. Das Verschulden des Schuldners wird jedoch gemäß § 286 IV BGB gesetzlich vermutet, sodass der Schuldner seinerseits fehlendes Verschulden nach-

---

[128] Grüneberg (2022), BGB, § 286, Rn. 22 f.
[129] BGH, Urt. v. 25.10.2007 – III ZR 91/07 = BGHZ 174, 77, 79.
[130] OLG Köln, Beschl. v. 07.07.1999 – 14 WF 86/99 = NJW-RR 2000, 73.
[131] BGH, Urt. v. 22.01.1959 – II ZR 321/56 = NJW 1959, 933; BGH, Urt. v. 27.06.1963 – III ZR 5/62 = NJW 1963, 1828.

weisen muss. Dies ist in der Praxis nur in ganz engen Ausnahmefällen möglich. In Betracht kommt eine Entschuldigung des Schuldners bei schwerer Krankheit, der Unkenntnis der Anschrift des Gläubigers nach dessen Umzug oder Betriebsstörungen nach Naturereignissen oder sonstiger höherer Gewalt.

Nicht zu verwechseln mit der Frage des Vertretenmüssens ist die Möglichkeit der Leistung. Ist die Leistung für den Schuldner unmöglich, tritt kein Verzug ein. Für diese Fallkonstellationen sieht das Gesetz Sonderregelungen nach § 275 BGB vor.[132]

Fallbeispiel

A schuldet der B-KG zum 31.10.2024 die Rückgabe eines zur Reparatur übergebenen LKW. Dieser kommt bei einem Brand auf dem Betriebsgelände des A irreparabel zu schaden. Der A kann folglich nicht liefern, da die Lieferung des reparierten LKW unmöglich ist. Hier tritt jedoch kein Verzug ein, das Gesetz sieht für die B-KG Rechtsbehelfe gemäß § 275 BGB vor. ◄

2.1.16.1.5 Leistungsverweigerungsrechte

Verzug liegt nicht vor, wenn der Schuldner seinerseits ein Recht hat, die Leistung zu verweigern. Dies ist etwa bei Zurückbehaltungsrechten gemäß § 273 BGB oder der Einrede des nichterfüllten Vertrages nach § 320 BGB der Fall. Ist der Gläubiger vorleistungspflichtig, braucht der Schuldner demzufolge so lange nicht zu leisten, bis er seinerseits die Vorleistung erhalten hat.

2.1.16.1.6 Rechtsfolge

Aus den genannten Voraussetzungen ergibt sich stets die taggenaue Bestimmung des Verzugseintritts. Entweder durch einen bestimmten kalendarischen Zeitpunkt, ein konkretes Ereignis (etwa endgültige Leistungsverweigerung) oder durch den Zugang der Mahnung wird der Verzugseintritt terminiert. Der Verzug beginnt stets am jeweils darauffolgenden Tag. Wenn das Zahlungsziel 05.07.2025 lautet, tritt ab dem 06.07.2025 Verzug ein.

Nach den §§ 286, 280 BGB hat der Schuldner den durch die Leistungsverzögerung entstandenen Schaden zu ersetzen. Dieser Schadensersatzanspruch des Gläubigers ist unabhängig von seinem Leistungsanspruch. Der Schuldner muss also folglich weiterhin die Leistung erbringen und zusätzlich den Verzögerungsschaden ersetzen.

Der zu ersetzende Verzögerungsschaden umfasst alle durch den Verzug kausal entstandenen Nachteile. Für den häufigsten Fall des Zahlungsverzuges bedeutet das zweierlei.

Zum einen kann der Gläubiger die Kosten der Rechtsverfolgung beim Schuldner geltend machen. Hierzu gehören zunächst die Kosten für ein Mahnschreiben nach Verzugseintritt, wenn die Mahnung der Rechtsverfolgung dient.[133] Der Gläubiger kann zudem sei-

---

[132] Dazu sogleich unter Abschn. 2.1.17.
[133] Dies gilt nicht für Kosten eines Mahnschreibens, durch welches der Verzug erst herbeigeführt werden soll, s. BGH, Urt. v. 31.10.1984 – VIII ZR 226/83 = NJW 1985, 320.

nen Rechtsanwalt (oder ein Inkassounternehmen) mit der Durchsetzung seines Leistungsanspruches beauftragen und die Kosten dem Schuldner auferlegen.[134]

Zum zweiten wird bei Geldschulden die Forderung verzinst, sobald Verzug eingetreten ist. Diese Rechtsfolge ergibt sich unmittelbar aus den §§ 286, 288 BGB, wonach auch die Höhe der Zinsen konkret bestimmt ist. Ist kein Verbraucher am Rechtsgeschäft beteiligt, werden Zinsen i. H. v. 9 Prozentpunkten über dem Basiszinssatz geschuldet. Andernfalls beträgt der Zinssatz 5 Prozentpunkte über dem Basiszinssatz. Der Basiszinssatz wird halbjährlich durch die Deutsche Bundesbank berechnet, festgelegt und gemäß § 247 BGB veröffentlicht. Vom 01.01.2024–30.06.2024 beträgt der Zinssatz beispielsweise 3,62 %. Im unternehmerischen Rechtsverkehr betragen die Verzugszinsen in diesem Zeitraum daher 12,62 % Zinsen per Anno.

> **Fallbeispiel**
>
> Die A-AG schuldet der B-KG 100.000 € für die letzte Bestellung von Rohmaterial, die zum 01.08.2024 fällig wurden. Am 10.08.2024 hat die A-AG eine Mahnung geschrieben und dafür 4 € Kosten berechnet. Am 25.08.2024 wurde Rechtsanwalt R eingeschaltet, der die Forderung letztlich außergerichtlich zum 01.10.2024 beitreiben konnte. Die B-KG schuldet die 4 € Mahnkosten, die Kosten der Beauftragung des Rechtsanwaltes und Zinsen i. H. v. 9 Prozentpunkten über dem jeweiligen Basiszinssatz seit dem 02.08.2024. Die Zinsen sind also als Schadensposten nicht zu unterschätzen. ◄

Die Verzugszinsen sind sogar noch höher, wenn der Gläubiger seinerseits höhere Zinsen für seine vorhandenen Darlehen aufwenden muss. Kann er dies nachweisen, schuldet der Gläubiger nach § 288 III BGB Zinsen in dieser Höhe. Nimmt der Gläubiger etwa einen ständigen Betriebsmittelkredit zu 13 % Zinsen in Anspruch, werden auch Verzugszinsen in dieser Höhe geschuldet.

Darüber hinaus sind in zwei weiteren Fällen Zinsen aufgrund gesetzlicher Regelung zu zahlen. Erster Fall: Sobald eine Geldforderung rechtshängig gemacht wird, wird die Forderung gemäß § 291 BGB verzinst. Diese sog. Prozesszinsen können insbesondere bei langjährigen Rechtsstreitigkeiten eine große Rolle spielen.

Der zweite Fall betrifft das Handelsrecht. Hier gilt die Besonderheit des § 353 HGB. Ist das Rechtsgeschäft für beide Seiten ein Handelsgeschäft, können Zinsen für Geldschulden stets bereits ab Fälligkeit verlangt werden. Ein Handelsgeschäft liegt vor, wenn beide Vertragsparteien Kaufleute nach den §§ 1 ff. HGB sind. Die Zinshöhe beträgt hier jedoch nur 5 % gemäß § 352 HGB, sodass in der Praxis oftmals gleich auf den höheren Verzugszins nach dem BGB zurückgegriffen wird.

Ist der Schuldner kein Verbraucher nach § 13 BGB, hat der Gläubiger zudem Anspruch auf Zahlung einer Pauschale von 40 € nach § 288 V BGB. Dieser Betrag wird jedoch auf

---

[134] Einzelheiten bei Grüneberg (2024), BGB, § 286, Rn. 43 ff.

einen Schadensersatzanspruch angerechnet. Im unternehmerischen Rechtsverkehr können die vorgenannten Regelungen auch gemäß § 288 VI BGB nicht im Voraus vertraglich ausgeschlossen werden, es sei denn, dies wäre im Einzelfall ausnahmsweise nicht grob unbillig.

2.1.16.2 Gläubigerverzug

Das Gegenstück zum soeben dargestellten Schuldnerverzug ist der Gläubigerverzug (auch Annahmeverzug genannt).[135] In diesem Zusammenhang wird nochmals darauf hingewiesen, dass sich bei zweiseitigen Verträgen die Vertragspartner regelmäßig wechselseitig als Gläubiger und Schuldner gegenüberstehen.[136] Stellt sich also die Frage nach Schuldner- oder Gläubigerverzug, sind die Leistungsverpflichtungen der Vertragspartner genau zu bestimmen und die konkrete Verletzungshandlung einer Vertragspartei präzise heraus zu arbeiten. Für Gläubigerverzug ist es erforderlich, dass der Schuldner seine Leistung nicht ohne die Mithilfe des Gläubigers bewirken kann. Der Gläubiger ist etwa verpflichtet, Waren abzuholen, Zeichnungen für Bauwerke vorzulegen, Gebäude für Reparaturen zu öffnen etc. Im Unterschied zum Schuldner ist ein Gläubiger jedoch nur im Falle einer ausdrücklichen vertraglichen oder gesetzlichen Anordnung verpflichtet, an der Leistungserbringung des Schuldners mitzuwirken. § 433 BGB bestimmt etwa, dass der Gläubiger beim Kaufvertrag die Ware abnehmen muss. Liegt keine solche Pflicht vor, trifft den Gläubiger nur eine sog. Obliegenheit. Der Unterschied zwischen Obliegenheit und Leistungspflicht muss stets beachtet werden: Die Verletzung einer Obliegenheit hat beim Annahmeverzug bestimmte Rechtsverschlechterungen nach den §§ 300 ff. BGB zur Folge. Sie führt jedoch nicht zur Schadensersatzverpflichtung nach den §§ 280 ff. BGB, weil hierfür die Verletzung einer Leistungspflicht nach § 241 BGB vorliegen muss.

▶ **Merksatz** Gläubigerverzug liegt vor, wenn der Gläubiger eine ihm angebotene Leistung nicht annimmt oder eine Mitwirkungshandlung verweigert, obwohl er die Möglichkeit dazu hat.

2.1.16.2.1 Voraussetzungen

Die Voraussetzungen des Gläubigerverzugs bestimmen sich nach den §§ 293 ff. BGB und beinhalten das ordnungsgemäße Anbieten der Leistung und die Nichtannahme der Leistung durch den Gläubiger, obwohl er die Möglichkeit dazu hat.

▶ **Beachte** Den Gläubiger braucht kein Verschulden zu treffen.

---

[135] Dazu BGH, Urt. v. 21.10.1999 – VII ZR 185/98 = BGHZ 143, 32, 41.
[136] Ausführlich unter Abschn. 2.1.

2.1.16.2.2 Anbieten der Leistung

Der Schuldner muss zur Leistung berechtigt und nach § 297 BGB bereit und imstande sein. Die Leistung muss also erfüllbar nach § 271 BGB und auch nicht unmöglich sein.[137] Zudem muss die Leistung nach den §§ 294 ff. BGB tatsächlich angeboten werden. Das Angebot muss so konkret erfolgen, dass der Gläubiger nichts weiter zu tun braucht, als zuzugreifen, um die Leistung anzunehmen.[138] Wann das der Fall ist, muss nach der konkret vereinbarten Leistungszeit, dem Leistungsort und allen weiteren Leistungsmodalitäten bestimmt werden. Die geschuldete Leistung muss also zur rechten Zeit am rechten Ort in der vereinbarten Art und Weise angeboten werden. Ein tatsächliches Angebot ist nur nach den §§ 295, 296 BGB entbehrlich. Zunächst braucht ausnahmsweise nur ein wörtliches, d. h. formfreies Angebot zu erfolgen, wenn der Gläubiger die Annahme bereits zuvor verweigert hat. Das Gleiche gilt bei der Verweigerung oder Nichterbringung einer erforderlichen Mitwirkungshandlung des Gläubigers. Ist die Weigerung des Gläubigers zur Annahme so endgültig, dass eine Annahme überhaupt nicht mehr zu erwarten ist, braucht selbst ein mündliches Angebot nicht mehr zu erfolgen.[139]

> **Fallbeispiel**
>
> A hat der B-GmbH Elektrowaren verkauft. Der Geschäftsführer der B-GmbH teilt dem A beiläufig mit, dass er die Waren nicht abholen werde. Um die B-GmbH in Annahmeverzug zu versetzen, muss A nun noch nach § 295 BGB ein wörtliches Angebot machen, da die Verweigerung nicht endgültig ist. Aus Beweisgründen empfiehlt es sich jedoch, das Angebot nachweisbar in Schriftform mit Zustellungsnachweis zu übermitteln. ◄

Ein Angebot ist unter den Voraussetzungen des § 296 BGB gänzlich entbehrlich. Ist bereits eine kalendarische oder jedenfalls kalendermäßig bestimmte Handlungszeit für den Gläubiger festgelegt, braucht kein zusätzliches Angebot mehr zu erfolgen. Dies ist etwa bei vertraglichen Vereinbarungen einer bestimmten Abholzeit der Fall. Die Bestimmbarkeit der Handlungszeit wird genauso beurteilt wie im Falle der Entbehrlichkeit der Mahnung nach § 286 II BGB.[140]

> **Fallbeispiel**
>
> Die Großhändler A und B haben vertraglich vereinbart, dass A seine Lieferung für B zwei Wochen nach Fertigstellungsmeldung des Fabrikanten F zur Abholung bereitstellen muss. Da hier ein kalendermäßig bestimmbarer Abholzeitpunkt vereinbart ist, muss kein tatsächliches Angebot des A mehr erfolgen. Holt B die bereitgestellten Waren nicht wie vereinbart ab, kommt er in Annahmeverzug. ◄

---

[137] Zur Unmöglichkeit sogleich unter Abschn. 2.1.17.
[138] BGH, Urt. v. 22.03.1984 – VII ZR 286/82 = BGHZ 90, 354, 359.
[139] Vgl. Grüneberg (2024), BGB, § 295, Rn. 4.
[140] Vgl. dazu bereits unter Abschn. 2.1.16.

2.1.16.2.3 Nichtannahme der Leistung

Der Gläubiger muss die nach den genannten Voraussetzungen ordnungsgemäß angebotene Leistung nicht annehmen. Diese Nichtannahme ist weit zu verstehen und umfasst jede Form von Unterlassung der Annahme oder der erforderlichen Mitwirkung an der Leistungserbringung. Ein Verschulden des Gläubigers ist nicht erforderlich.[141]

Nur ausnahmsweise tritt gemäß § 299 BGB bei einer vorübergehenden Hinderung der Annahme kein Gläubigerverzug ein. Ist eine Leistungszeit nicht bestimmt oder darf der Schuldner bereits vor dem vereinbarten Zeitpunkt leisten, kommt der Gläubiger nicht in Verzug, wenn er vorübergehend an der Annahme gehindert ist. Die Gründe für eine solche vorübergehende Annahmehinderung können etwa in einer Krankheit oder urlaubsbedingten Abwesenheit liegen.[142] Ausnahmsweise tritt jedoch Gläubigerverzug ein, wenn der Schuldner die Leistung eine angemessene Zeit vorher ankündigt und dem Gläubiger die Annahme zuzumuten ist (Zumutbarkeit entfällt etwa bei plötzlicher schwerer Krankheit).

> **Fallbeispiel**
>
> Die B-GmbH schuldet der A-AG 36 Paletten Gartenmöbel als Holschuld. Die Leistungszeit konnte bei Vertragsschluss nicht präzise bestimmt werden und wurde auf ca. 27. KW terminiert. In der 22. KW teilt die B-GmbH der A-AG mit, dass die Möbel am Montag der 24. KW zur Abholung bereitstehen. Die A-AG holt nicht ab. Daher ist sie ab dem Dienstag der 24. KW in Annahmeverzug. ◂

2.1.16.2.4 Rechtsfolge

Befindet der Gläubiger sich im Annahmeverzug, bleibt die Leistungsverpflichtung des Schuldners als solche bestehen. Da den Schuldner jedoch kein Verschulden für seine Nichtleistung trifft, kommt er seinerseits nicht in Schuldnerverzug.

Für den Gläubiger verschlechtert sich seine Rechtsposition gemäß § 300 BGB. Die Verantwortung für den Leistungsgegenstand wird seitens des Schuldners auf grobe Fahrlässigkeit und Vorsatz beschränkt. Verschlechtert sich der Leistungsgegenstand während des Gläubigerverzuges, haftet der Schuldner also nur, wenn er die Verschlechterung wenigstens grob fahrlässig verschuldet hat.[143]

> **Fallbeispiel**
>
> Werden die Gartenmöbel durch einen Brand bei der B-GmbH vernichtet und trifft die B-GmbH keine grobe Fahrlässigkeit für den Brand, muss sie der A-AG keinen Ersatz leisten. ◂

---

[141] BGH, Urt. v. 11.04.1957 – VII ZR 280/56 = BGHZ 24, 91, 96.
[142] Ausführlich Grüneberg (2024), BGB, § 299, Rn. 2.
[143] BGH, Urt. v. 09.10.1991 – VIII ZR 88/90 = BGHZ 115, 286.

Darüber hinaus setzt nach den §§ 301 ff. BGB jede Verpflichtung des Schuldners zur Zahlung von Zinsen und Ziehung von Nutzungen aus.[144] Der Schuldner ist zudem berechtigt, alle Mehraufwendungen nach § 304 BGB vom Gläubiger ersetzt zu verlangen. Dies beinhaltet neben Mahnkosten vor allem Kosten für die Aufbewahrung oder Unterhaltung des Leistungsgegenstandes. § 304 BGB wird unter Kaufleuten durch § 354 HGB noch erweitert. Danach kann der kaufmännische Schuldner stets Lagergeld verlangen, auch wenn er den Leistungsgegenstand ohne konkrete Mehrkosten innerhalb der eigenen Lagerkapazitäten aufbewahrt. Die Höhe des Lagergeldes richtet sich nach den ortsüblichen Lagerkosten.

2.1.17 Unmöglichkeit

Das Rechtsinstitut der Unmöglichkeit bestimmt die Rechtsfolgen für Fälle, in denen die Erbringung der geschuldeten Leistung nicht möglich oder wirtschaftlich evident unsinnig ist. In solchen Fällen muss der Schuldner von der Leistungsverpflichtung befreit werden. Daran schließt sich unmittelbar die Frage an, wie mit der Gegenleistungsverpflichtung zu verfahren ist. Darüber hinaus können Fallkonstellationen vorliegen, in denen auch ein Wegfallen der beiderseitigen Leistungspflichten zu unbilligen Ergebnissen führt. Hat eine Seite ein besonders günstiges Geschäft getätigt und fällt dieses ersatzlos weg, muss ein oftmals unwirtschaftlicheres Ersatzgeschäft getätigt werden. Hierfür bestimmt das Gesetz bestimmte Schadensersatzverpflichtungen.

2.1.17.1 Definition der Unmöglichkeit

Ausgangspunkt der rechtlichen Behandlung im Falle der Unmöglichkeit der Leistungserbringung ist die präzise Bestimmung des Begriffs der Unmöglichkeit selbst. Dieser wird in § 275 I BGB zunächst vorausgesetzt. Unter Heranziehung von § 275 II BGB ist zwischen tatsächlicher und wirtschaftlicher Unmöglichkeit zu unterscheiden, was für die Rechtsfolgen jedoch keinen Unterschied macht.

2.1.17.1.1 Tatsächliche Unmöglichkeit

Tatsächliche Unmöglichkeit liegt vor, wenn die geschuldete Leistung weder vom Schuldner noch von einem Dritten erbracht werden kann.[145] Diese jedermann betreffende Unmöglichkeit (objektive Unmöglichkeit) ist der subjektiven, den Schuldner persönlich betreffenden Unmöglichkeit gleichgestellt (sog. Unvermögen, beachte auch § 275 III BGB). Kann der Schuldner den Leistungsgegenstand jedoch von einem Dritten beschaffen, trägt er das Beschaffungsrisiko in Form des Risikos der Zahlung eines erhöhten Beschaffungspreises.[146] In diesen Fällen liegt erst dann Unvermögen vor, wenn die Schwelle des § 275 II BGB überschritten ist.

---

[144] Eine ausführliche Darstellung muss hier aus Platzgründen unterbleiben. Insoweit wird auf die einschlägigen Kommentierungen verwiesen.

[145] Eine ausführliche Darstellung muss hier aus Platzgründen unterbleiben. Insoweit wird auf die einschlägigen Kommentierungen verwiesen.

[146] BGH, Urteil vom 12.03.2003 – XII ZR 18/00 = NJW 2003, 2158.

Ein Fall der tatsächlichen Unmöglichkeit liegt zudem auch dann vor, wenn die Leistung an sich zwar erbracht werden könnte, dies aber gegen gesetzliche Verbote verstoßen würde. Was der Grund für die Unmöglichkeit ist und wer diese zu vertreten hat, spielt für die Anwendung des § 275 BGB keine Rolle. Auch ist nach § 311a BGB irrelevant, ob die Leistung bereits vor Vertragsschluss unmöglich war oder erst danach geworden ist.

Zu beachten ist stets, ob Leistungsgegenstand eine Gattungs- oder eine Stückschuld ist. Bei einer Gattungsschuld wird regelmäßig keine Unmöglichkeit angenommen werden können, da der Schuldner die Möglichkeit zur Ersatzbeschaffung der geschuldeten Warenmenge hat.

Fallbeispiel 1

A schuldet dem B die Übereignung eines gebrauchten LKW. Der LKW wird durch einen Brand zerstört. Hier liegt ein Fall objektiver Unmöglichkeit vor. ◄

Fallbeispiel 2

A schuldet dem B den Bau eines Wintergartens an dessen Wohnhaus. Der Anbau bedarf der Genehmigung, diese wird von der Behörde zu Recht verweigert. Auch hier ist die Leistung unmöglich, weil sie rechtswidrig wäre. ◄

Fallbeispiel 3

A hat mit dem B einen Behandlungsvertrag für eine komplizierte Herzoperation geschlossen. Diese kann nur von A durchgeführt werden, weil er die anerkannte Kapazität auf diesem Gebiet ist. Erkrankt der A nun dauerhaft, liegt ein Fall der Unmöglichkeit vor, auch wenn theoretisch ein anderer Arzt die Operation durchführen könnte. ◄

2.1.17.1.2 Wirtschaftliche Unmöglichkeit

Ist die Leistung zwar theoretisch möglich, aber mit einem in Relation zum Gläubigerinteresse unverhältnismäßigen Aufwand verbunden, geht das Gesetz nach § 275 II, III BGB von wirtschaftlicher Unmöglichkeit aus. Die wirtschaftliche Unmöglichkeit ist der tatsächlichen gleichgestellt. Schwierigkeiten bereitet insoweit nur die Bestimmung, wann der Bereich der Unverhältnismäßigkeit erreicht sein soll. Der Gesetzeswortlaut hilft hierfür nur bedingt weiter, da dort von einem groben Missverhältnis die Rede ist, welches nach Treu und Glauben unter Berücksichtigung etwaigen Verschuldens für die Unmöglichkeit bestimmt werden soll. Entscheidend für die Beurteilung ist das Leistungsinteresse des Gläubigers als Ausgangspunkt der Leistungsverpflichtung. Zu diesem Leistungsinteresse muss der Aufwand des Schuldners in einem groben Missverhältnis stehen. Der Maßstab für das Missverhältnis ist streng und muss nach den jeweiligen Umständen des Einzelfalls bewertet werden. Da § 275 II, III BGB als Ausnahmenorm konzipiert ist, ist für die Abwägung die Risikoverteilung des Schuldverhältnisses zu berücksichtigen. Regelmäßig ist dem Schuldner ein Aufwand zuzumuten, der über den vertraglich ermittelten Wert der geschuldeten Leistung deutlich hinausgeht.

Fallbeispiel 1

A schuldet dem B die Übereignung einer konkretisierten Charge Elektroartikel. Der diese Charge liefernde Frachter wird auf hoher See beschädigt und verliert einen Teil seiner Fracht. Nun wäre es zwar theoretisch möglich, die entsprechenden Container vom Meeresgrund zu heben, der Aufwand wäre jedoch grob unverhältnismäßig. ◄

Fallbeispiel 2

A schuldet dem B wiederum die bezeichneten Waren. Zwischen Vertragsschluss und Lieferung verteuern sich die Waren für A im Einkauf um 100 %. Obwohl der Beschaffungsaufwand für A sich erheblich vergrößert hat, liegt keine Unmöglichkeit vor. Die Verteuerung fällt in die vertragliche Risikosphäre des A, sodass das Leistungsinteresse des B überwiegt. ◄

2.1.17.2 Rechtsfolgen der Unmöglichkeit

Nach § 275 BGB wird der Schuldner im Falle der Unmöglichkeit von seiner Leistungspflicht frei. Der Schuldner kann gesetzlich nicht an einer unerfüllbaren Verpflichtung festgehalten werden, sodass er die Einrede der Unmöglichkeit erheben kann. Andererseits muss aber auch der Gläubiger von seiner Gegenleistungspflicht befreit werden. Dies geschieht über die §§ 275 IV, 326 I BGB.

Der Wegfall der gegenseitigen Leistungspflichten allein erzielt aber oftmals noch kein angemessenes Ergebnis. In vielen Fällen hat der Gläubiger berechtigterweise auf die Erfüllung des Vertrages vertraut und für den Vertragsgegenstand bereits Aufwendungen getätigt oder einfach nur wirtschaftlich ein für ihn vorteilhaftes Geschäft geschlossen.

Unter der zusätzlichen Voraussetzung eines Verschuldens des Schuldners für die Unmöglichkeit kann nach § 275 IV BGB Schadensersatz nach den §§ 280, 283–285, 311a und 326 BGB verlangt werden. Der Schadensersatz bei vom Schuldner zu vertretender Unmöglichkeit kann unterschiedlich ausgestaltet sein. In der Praxis sind drei wesentliche Fallgruppen zu unterscheiden.[147]

Nach § 285 BGB kann der Gläubiger eine Ersatzleistung fordern, die der Schuldner aufgrund der Unmöglichkeit erhalten hat (z. B. Versicherungsleistung). Dies ist für den Gläubiger jedoch nur sinnvoll, wenn die Ersatzleistung seine Gegenleistung wertmäßig übersteigt, da der Gläubiger nach § 326 III BGB seinerseits zur Leistung verpflichtet bleibt.

---

[147] BGH, Urt. v. 01.10.1992 – V ZR 36/91 = NJW 1992, 3224; BGH, Urt. v. 11.06.1999 – V ZR 377/98 = BGHZ 142, 66, 69 f.

2.1 Rechtsverhältnisse

Fallbeispiel

A hat von B ein KFZ erworben, das kurz vor Übergabe wegen einer leichten Fahrlässigkeit des B zerstört wird. Der B erhält dafür eine Versicherungsleistung von 20.000 €. Da der Kaufpreis nur 18.000 € betrug, verlangt A die Versicherungsleistung und hat sich somit wirtschaftlich 2000 € besser gestellt, da er seinerseits nur den Kaufpreis zahlen muss. Sein wirtschaftlicher Vorteil liegt folglich in der Differenz zwischen Kaufpreis und Ersatzleistung. ◄

Nach den §§ 280, 283 BGB kann Schadensersatz statt der Leistung verlangt werden. Dieser Schadensersatz kommt in Betracht, wenn der Gläubiger ein für ihn günstiges Geschäft getätigt hat.

Fallbeispiel

B erwirbt von C einen konkretisierten Warenbestand. Dieser wird durch das Verschulden von C vor der Übergabe unbrauchbar beschädigt. Der Kaufpreis beträgt 100.000 €, eine Ersatzbeschaffung kostet 120.000 €. Hier kann B 20.000 € Schadensersatz verlangen. ◄

Schließlich kommt der Ersatz von auf den Vertragsgegenstand gemachten Aufwendungen nach § 284 BGB in Betracht. Hierunter fallen Kosten, die im Vertrauen auf die ordnungsgemäße Durchführung des Vertrages gemacht worden sind. Dies kann etwa Kosten des Vertragsschlusses selbst oder unnütz gewordene Aufwendungen auf den Vertragsgegenstand beinhalten.

Fallbeispiel

A kauft von B eine Eigentumswohnung, die infolge eines Verschuldens des B vor Eigentumsübergang vollständig ausbrennt. Hier kann A die Makler-, Notar- und sonstigen Kosten ersetzt verlangen. ◄

2.1.18 Schadensersatz

Wie den Fallbeispielen zu den Rechtsfolgen der Unmöglichkeit zu entnehmen ist, spielt der Schadensersatz im Leistungsstörungsrecht eine große Rolle. Grundsätzlich ist zwar primär die Erfüllung der vertraglichen Ansprüche durchzusetzen. In der Wirtschaftspraxis ist jedoch oftmals nur noch der Weg über Schadensersatz zur Befriedigung eigener Ansprüche möglich. Schadensersatz kann sowohl als gesetzliche Rechtsfolge als auch als vertraglich vereinbart zum Tragen kommen.

Ausgangspunkt eines gesetzlichen Schadensersatzanspruches ist § 280 BGB. Dies ist die Grundnorm für jede Form von Schadensersatz und daher die zentrale Anspruchsgrundlage. Danach entsteht ein Anspruch auf Schadensersatz, wenn der Schuldner eine Pflicht aus dem

Schuldverhältnis verletzt und dies zu vertreten hat. Diese Voraussetzungen müssen für alle Formen des Schadensersatzes vorliegen. Die jeweilige Art des Schadensersatzanspruchs folgt aus den §§ 280 ff. BGB und wird nach den §§ 249 ff. BGB konkret berechnet.[148]

2.1.18.1 Schadensersatz wegen Pflichtverletzung

§ 280 BGB bildet bereits für sich allein eine Anspruchsgrundlage auf Schadensersatz. Sie kommt zum Tragen, wenn keine bestimmte Form des Schadensersatzes nach den §§ 280 i. V. m. 281 ff. BGB anzuwenden ist, insbesondere wenn Gegenstand des Schadensersatzes nicht der Erfüllungsschaden selbst ist.[149] Dies umfasst den Schaden, der zusätzlich zur Nicht- oder Schlechterfüllung des Vertrages kommt. Außerdem kommt § 280 BGB alleine zur Anwendung, wenn Nebenpflichten nach § 241 II BGB verletzt werden.

Um das System des Schadensersatzrechts richtig anzuwenden, sind zunächst die Voraussetzungen des § 280 BGB sorgfältig zu prüfen. Erforderlich ist zunächst ein Schuldverhältnis. Dieses liegt regelmäßig nach den §§ 241 I, 311 I BGB durch einen Vertrag vor.[150] Eine aus diesem Schuldverhältnis begründete Pflicht muss verletzt sein. Dies beinhaltet jede Form von Leistungs- oder Nebenpflichtverletzung. Als Nebenpflichten folgen aus § 241 II BGB insbesondere Aufklärungs- und Schutzpflichten für die Rechtsgüter des anderen. Auf das Eigentum, den Körper, das Leben und andere Rechtsgüter muss jede Seite bei der Durchführung eines Schuldverhältnisses Rücksicht nehmen.

Schließlich muss die Pflichtverletzung schuldhaft erfolgt sein. Aus der Formulierung des § 280 I S. 2 BGB folgt, dass das Gesetz das Verschulden vermutet. Der Schuldner muss also im Streitfall beweisen, dass ihn an der Pflichtverletzung kein Verschulden trifft.

Fallbeispiel 1

Die B-OHG liefert Wagen an die C-GmbH. Beim Abladen der Ware auf dem Betriebsgelände der C-GmbH fährt ein Mitarbeiter der B-OHG mit seinem Hubwagen versehentlich gegen eine Palette mit hochwertigen Gütern. Diese werden erheblich beschädigt. Hier kann die C-GmbH Schadensersatz von der B-OHG nach § 280 BGB verlangen, da eine fahrlässige Verletzung der Schutzpflicht für das Eigentum des Vertragspartners vorliegt. ◄

Fallbeispiel 2

A gibt sein KFZ zur Reparatur in die Werkstatt der B-KG. Der Wagen wird ordnungsgemäß repariert. Jedoch wird der Fahrzeuglack dabei zerkratzt. Auch hier kann der A Schadensersatz nach § 280 BGB verlangen, da die Schutzpflicht bezüglich des Eigentums des A schuldhaft verletzt wurde. ◄

---

[148] Die Regelungen zur Unmöglichkeit nach den §§ 283, 285 BGB und zum Schuldnerverzug nach § 286 BGB wurden wegen ihrer Wichtigkeit bereits gesondert dargestellt.
[149] Vgl. BGH, Urt. v. 15.03.2006 – IV ZR IV/05 = BGH NJW 2006, 2548.
[150] Zur Sonderrolle des § 311 II BGB s. bereits unter Abschn. 2.1.15.

> **Fallbeispiel 3**
>
> Der Vorstandsvorsitzende V der D-Bank gibt ein öffentliches Interview. Die D-Bank ist die Hausbank der M-AG. Befragt nach der Zukunft der M-AG, antwortet der V, dass die Zukunft der M-AG noch unklar sei. Die D-Bank habe zunächst ihre Kreditlinie für die M-AG eingefroren und befinde sich in Verhandlungen. Als das Interview veröffentlicht wird, stellen alle Geschäftspartner und weitere Banken ihre Zusammenarbeit mit der M-AG ein, da sie eine Insolvenz fürchten. Die M-AG kann Schadensersatz wegen der Äußerungen des V von der M-AG nach § 280 BGB fordern, weil der V schuldhaft seine Pflicht zum Schutz des Eigentums und Vermögens der M-AG verletzt hat.[151] ◄

> **Fallbeispiel 4**
>
> Die A-AG plant eine neue Werbekampagne. Sie macht konkrete Vorgaben und beauftragt die B-KG mit der Umsetzung. Die B-KG verfügt über vertieftes Wissen zum Werberecht und erkennt, dass die Kampagne einen Verstoß gegen geltendes Recht darstellt. Um den Auftrag nicht zu gefährden, teilt sie dieses Wissen der A-AG nicht mit. Nachdem die Werbekampagne durch die Konkurrenz zu Recht unterbunden wurde, kann die A-AG Schadensersatz verlangen, da die B-KG ihrer vertraglichen Aufklärungspflicht nicht nachgekommen ist. ◄

2.1.18.2 Schadensersatz statt der Leistung

Wird die Leistung nicht oder schlecht erbracht, ist das vertragliche Gleichgewicht gestört. Der Gläubiger hat einen Anspruch auf die vollständige geschuldete Leistung. Wird diese nicht erbracht, erhält er das Recht, die geschuldete Leistung nach den §§ 280, 281 BGB in Form von Schadensersatz statt der Leistung geltend zu machen. Dies gilt ausnahmsweise nur dann nicht, wenn die Pflichtverletzung nach § 281 I S. 3 BGB unerheblich ist, die Leistung also ganz überwiegend vertragsgemäß erbracht wurde. Hierdurch sollen aber nur Bagatellverletzungen ausgenommen werden.

Der Schadensersatz statt der Leistung hat also den Wert der nicht erfüllten Leistungsverpflichtung zum Gegenstand (Äquivalenzschaden).[152] Durch diesen Schadensersatzanspruch wird das vertragliche Gleichgewicht wiederhergestellt.

Da vorrangig die Leistungspflicht als solche durchzusetzen ist, muss der Gläubiger den Schuldner zunächst nach § 281 I S. 1 BGB erfolglos unter Setzung einer angemessenen Frist zur Leistung aufgefordert haben. Die Fristsetzung muss als solche erkennbar sein, es ist jedoch kein konkreter Zeitpunkt als Fristende erforderlich.[153] Es reichen daher Formu-

---

[151] Vgl. dazu BGH, Urt. v. 24.01.2006 – XI ZR 384/03 = BGHZ 166, 84.
[152] Ausführlich Grüneberg (2024), BGB, § 281.
[153] BGH, Urt. v. 12.08.2009 – VIII ZR 254/08 = MDR 2009, 1329; BGH, Urt. v. 25.03.2010 – VII ZR 224/08 = MDR 2010, 731.

lierungen, die die Nacherfüllung „umgehend", „unverzüglich" oder „sofort" einfordern. Die Länge der Frist ist dann im Zweifel durch Auslegung zu bestimmen. Entscheidend ist die unmissverständliche Aufforderung zur vertragsgemäßen Leistung. Kommt eine Fristsetzung wie insbesondere bei Dauerschuldverhältnissen nicht in Betracht, ist eine Abmahnung auszusprechen.

Die Fristsetzung ist nach § 281 II BGB jedoch nicht erforderlich, wenn der Schuldner die Leistung ernsthaft und endgültig verweigert. Wenn das Verhalten des Schuldners klar erkennen lässt, dass er nicht leisten will und wird, wäre das Setzen einer Frist bloße Förmelei.

Fallbeispiel

Sie kaufen einen LKW für 100.000 € von der C-OHG. Wegen erheblicher Mängel kommt es nach zweimaliger Fristsetzung zur Nachbesserung letztlich zum Rücktritt vom Vertrag, sodass Sie Ihr Geld zurückbekommen und den LKW zurückgeben. Da Sie einen für Sie günstigen Kauf getätigt haben, können Sie zusätzlich 10.000 € als Schadensersatz aus den §§ 280, 281 BGB verlangen, da der LKW mangelfrei tatsächlich einen Wert von 110.000 € Wert hätte. ◄

2.1.18.3 Schadensersatz statt der Leistung wegen Schutzpflichtverletzung

Einen weiteren Rechtsgrund zur Forderung von Schadensersatz statt der Leistung bietet § 282 BGB. Danach kann in Ergänzung der Regelung des § 281 BGB auch dann Schadensersatz verlangt werden, wenn aufgrund einer Nebenpflichtverletzung des Gläubigers die Leistung für den Schuldner unzumutbar ist. Der Schuldner soll nicht an der Vertragsdurchführung festgehalten werden, wenn der Gläubiger schuldhaft in dessen Rechtsgüter eingegriffen hat. Dies gilt jedoch nur ab der Schwelle der Unzumutbarkeit der Leistung. Dies beinhaltet regelmäßig nur sehr schwerwiegende Verstöße, bei denen eine Abmahnung nicht hinreichend erscheint.[154] Da der dadurch direkt resultierende Schaden jedoch bereits aus § 280 BGB zu ersetzen ist, ist der Anwendungsbereich für § 282 BGB in der Praxis gering.

Fallbeispiel

Sie bestellen bei der G-GmbH für Ihr Betriebsgrundstück den Aufbau einer neuen Halle. Während der Arbeiten beschädigen die Arbeiter mehrfach vorhandene Gebäude auf Ihrem Gelände und beleidigen Sie ganz erheblich, als Sie Schadensersatz für die Reparaturen verlangen. Weil Ihnen die Leistung der G-GmbH aufgrund der Beleidigungen und Beschädigungen als Nebenpflichtverletzungen nach § 241 II BGB nicht mehr zuzumuten ist, können Sie nun zusätzlich Schadensersatz statt der Leistung nach den §§ 280, 282 BGB verlangen. Zu zahlen ist danach die Differenz zwischen Herstellungspreis und Herstellungswert. ◄

---

[154] BGH, Urt. v. 19.10.1977 – VIII ZR 42/76 = NJW 1978, 260.

2.1.18.4 Aufwendungsersatz

Hat ein Vertragspartner bereits Aufwendungen im Vertrauen auf die ordnungsgemäße Leistung des Schuldners gemacht, kann er den Ersatz dieser Aufwendungen nach § 284 BGB verlangen, wenn diese nicht auch bei vertragsgemäßer Leistung des Schuldners unzweckmäßig gewesen wären (sog. Fehlinvestitionen auf die Vertragssache, wenn ohnehin ein Verlustgeschäft vorlag).[155] Aufwendungen können insbesondere in Finanzierungs- und Vertragskosten bestehen, in Betracht kommen aber auch Kosten, die in konkretem Zusammenhang mit dem Leistungsgegenstand stehen (Einrichtungskosten für Spezialmaschine etc.).

Dieser Aufwendungsersatzanspruch ist anstelle des § 281 BGB anwendbar, sodass zunächst alle Voraussetzungen der §§ 280, 281 BGB vorliegen müssen. Hierbei ist insbesondere die Fristsetzung zu beachten. Zusätzlich muss die Aufwendung im Vertrauen auf die Leistung gemacht worden sein und sich im Rahmen der Billigkeit bewegen. Vertrauen liegt so lange vor, wie der Gläubiger nicht ernsthafte Anzeichen für die Nichtleistung erkennen konnte. In der Praxis ist dies insbesondere bei einer erheblichen Leistungsverzögerung oder gar einer ausdrücklichen Leistungsverweigerung der Fall. Tätigt der Gläubiger nach Eintreten dieser Umstände noch Aufwendungen, sind diese nicht mehr ersatzfähig. Das Erfordernis der Billigkeit soll Aufwendungen ausschließen, die in einem offensichtlichen Missverhältnis zur Bedeutung der nicht erbrachten Leistung stehen (wirtschaftliche Betrachtung des Einzelfalls).

Fallbeispiel

Sie haben am 11.09.2024 von der B-AG eine Fertigungsstraße für Ihre Montagehalle erworben. Diese soll am 30.11.2024 geliefert und 14 Tage später bezahlt werden. Um die Straße einbauen zu können, mussten in den Monaten Oktober und November in Ihrer Halle einige Umbauten vorgenommen werden. Am 30.11.2024 teilt die B-AG mit, dass sie nicht liefern werde, weil die Herstellung der Straße für sie technisch nicht mehr darstellbar sei. Da Sie die Möglichkeit haben, eine bessere Fertigungsstraße kurzfristig günstig bei der Konkurrenz zu erhalten, wollen Sie nur die überwiegend unnützen Umbaukosten liquidieren. Dies ist über die §§ 280, 284 BGB möglich, da die Voraussetzungen des § 281 BGB wegen der ernsthaften und endgültigen Leistungsverweigerung gegeben sind, Sie auf die Leistung Vertrauen durften und Ihre Aufwendungen der Billigkeit entsprechen. ◀

2.1.18.5 Schadensberechnung

Die konkrete Schadensberechnung führt in der Praxis immer wieder zu großen Schwierigkeiten. Die §§ 280 ff. BGB begründen den Anspruch auf Schadensersatz als solchen, die konkrete Berechnung der jeweiligen Schadensposition erfolgt jedoch nach den §§ 249 ff. BGB. Deren Grundzüge werden im Folgenden dargestellt, um die Art der Schadensberechnung greifbar zu machen.

---

[155] Vgl. Grüneberg (2024), BGB, § 284, Rn. 7 f. m. w. N.

Das Gesetz geht vom Grundsatz der Naturalrestitution aus. Dies meint nach § 249 I BGB, dass der Zustand wiederherzustellen ist, der ohne Eintritt des schädigenden Ereignisses vorgelegen hätte. Danach ist eine Gegenüberstellung des Ist-Zustandes mit dem hypothetischen Soll-Zustand erforderlich. Als Schaden ist jede Einbuße eines Rechtsgutes zu verstehen. Bei der Gegenüberstellung von Ist- und Soll-Zustand ist eine Gesamtbetrachtung vorzunehmen. Den Einbußen durch das schädigende Ereignis sind eventuelle Einsparungen gegenüberzustellen.

Im Falle eines Personenschadens oder einer Beschädigung einer Sache kann der Geschädigte auch die Heil- oder Herstellungskosten in Geld verlangen.[156] Insoweit können (sachverständig) ermittelte Kosten abgerechnet werden. Dies kommt u. a. dann in Betracht, wenn der Geschädigte den Ursprungszustand gar nicht wiederherstellen will. In diesen Fällen kann jedoch nach § 249 II S. 2 BGB keine Umsatzsteuer geltend gemacht werden, da der Geschädigte diese Position selbst auch nicht aufgewendet hat.[157]

Besondere Schwierigkeiten entstehen durch die Berechnung abstrakter Schadenspositionen wie des entgangenen Gewinns nach § 252 BGB sowie eines Schmerzensgeldes für erlittene Körperschäden nach § 253 II BGB.

Schmerzensgeld kann bei Verletzungen der Rechtsgüter Körper, Gesundheit, Freiheit oder der sexuellen Selbstbestimmung verlangt werden. Das Schmerzensgeld dient als Ausgleich für alle Schäden, die nicht direkt wertmäßig (als Reparatur, Ersatzbeschaffung etc.) beziffert werden können und ist daher eine zusätzliche Schadensposition. Bezüglich der Ermittlung der Höhe des Schmerzensgeldes ist auf in der Rechtsprechung entwickelte Grundsätze zur angemessenen Höhe zurückzugreifen. Hierfür wurden inzwischen tabellarische Aufstellungen zur Orientierung entwickelt.[158] Bei der Höhe des Schmerzensgeldes sind neben der Schwere der Verletzungen auch Verschuldensgesichtspunkte zu berücksichtigen, um auch eine Sühne- und Genugtuungsfunktion zu erfüllen.

Ferner umfasst der Schadensersatz auch entgangenen Gewinn. Dies beinhaltet den Ersatz aller Vermögensvorteile, die ohne das schädigende Ereignis dem Geschädigten zugeflossen wären.[159] Es ist daher rückschauend der nach dem gewöhnlichen Lauf der Dinge zu erzielende Gewinn zu ermitteln. Dies fordert vom Geschädigten die Darlegung einer abstrakten Schadensberechnung, die den hypothetischen Geschehensverlauf ohne Schadensverzeichnis nachzeichnet. Hierfür sind in der Praxis komplizierte konkrete Berechnungen zur Gewinnminderung anzustellen, die den Schaden kausal begründen.[160]

---

[156] Dies gilt nicht, wenn der Geschädigte vorsteuerabzugsberechtigt ist, BGH, Urt. v. 16.06.192 – I ZR 154/70 = NJW 1972, 1460.

[157] Diese Einschränkung gilt nach dem Gesetzeswortlaut ausdrücklich nur bei Personen- und Sachschäden (str.), vgl. OLG Düsseldorf, Urt. v. 25.06.2009 – I 21 U 101/08 = MDR 2010, 15 m. w. N.

[158] Siehe PWW (2021), BGB, § 253, Rn. 13 m. w. N.

[159] BGH, Urt. v. 30.05.2000 – IX ZR 121/99 = NJW 2000, 2669, 2670.

[160] Für Details muss auf die einschlägige Kommentarliteratur verwiesen werden, s. Grüneberg (2024), BGB, § 252, Rn. 7 ff.

Bei der Berechnung einer jeden Schadensposition ist nach § 254 I BGB jedes Mitverschulden des Geschädigten entsprechend zu berücksichtigen. In der Praxis werden hierfür sog. Schadensquoten entwickelt, welche sich aus den Verschuldensanteilen der Beteiligten errechnen (z. B. 1/3 zu 2/3, 50:50 etc.).[161]

Darüber hinaus trifft den Gläubiger eines Schadensersatzanspruches gemäß § 254 II BGB zusätzlich eine sog. Schadensminderungspflicht. Dadurch wird der Geschädigte dazu angehalten, nach Eintritt des Schadens den Schaden gering zu halten. Dies erfordert von ihm, dass er zur Kleinhaltung des Schadens dasjenige tun muss, was er zur Abwendung von Schaden von sich selbst auch getan hätte.[162] Der Geschädigte muss den Schädiger vor vergrößerten Schadenseintritten warnen, um ihm die Möglichkeit zur Schadensbegrenzung zu eröffnen. Ferner muss er selbst den Schaden im Rahmen seiner Verantwortlichkeit des § 276 BGB begrenzen. Alle dafür notwendigen Kosten trägt der Schädiger.

Fallbeispiel

Anlässlich der Lieferung von Waren beschädigt ein Mitarbeiter der B-AG das Dach der Lagerhalle der A-GmbH und verletzt den A persönlich. Die schädigende Handlung beruht gleichermaßen auf einer Unachtsamkeit des Lieferanten wie des A. A kann daher 50 % des nach den bereits dargestellten Grundsätzen zu ermittelnden Gesamtschadens ersetzt verlangen. Aufgrund seiner Schadensminderungspflicht muss der A alles Notwendige tun, damit etwa durch Regeneinfall (beschädigtes Dach) nicht weitere Schäden entstehen. Dies kann etwa die Räumung eines Teils der Halle oder eine provisorische Abdichtung beinhalten. Die Kosten fallen dann wiederum der B-AG zu 50 % zur Last. ◂

2.1.19 Mehrpersonenverhältnisse im Vertragsrecht

Regelmäßig stehen sich bei einer vertraglichen Beziehung zwei Personen gegenüber, die gegenseitige Leistungen zu erbringen haben. Ein Vertragsverhältnis kann sich aber auch auf mehr als zwei Personen erstrecken. Dies ändert nichts an den dargestellten Grundsätzen, wenn sich mehrere Personen auf einer Seite eines zweiseitigen Vertrages gegenüberstehen. In diesem Fall sind die vertraglichen Verpflichtungen durch mehrere Personen oder an mehrere Personen zu erbringen.

Es gibt jedoch auch vertragliche Gestaltungen, die vertragliche Pflichten gegenüber Dritten begründen. Dies sind insbesondere Verträge zugunsten Dritter und Verträge mit Schutzwirkung für Dritte.

---

[161] BGH, Urt. v. 11.05.1971, VI ZR 78/70 = BGHZ 56, 163, 170.
[162] BGH, Urt. v. 18.04.1997 – V ZR 28/96 = NJW 1997, 2234, 2235.

Schließlich können die Vertragspartner wechseln. Durch eine Abtretung kann der Wechsel des Gläubigers, durch Schuldübernahme oder Schuldbeitritt kann der Wechsel bzw. die Ergänzung des Schuldners erfolgen.

2.1.19.1 Mehrheit von Gläubigern

Können mehrere Gläubiger eine Leistung fordern, liegt eine Gläubigergemeinschaft vor. Regelmäßig steht den Gläubigern die Leistung im Ganzen zu, wobei die Aufteilung der Leistung auf die verschiedenen Gläubiger im Innenverhältnis untereinander erfolgt. Der Vermutungsregel des § 420 BGB, wonach im Zweifel gleiche Teile von Teilgläubigern zu fordern sind, kommt daher in der Praxis geringe Bedeutung zu.[163] Das Gleiche gilt für die Gesamtgläubigerschaft nach den §§ 428 ff. BGB, wonach jeder Gläubiger eine Leistung persönlich verlangen kann und diese dann zu seinen Mitgläubigern in Ausgleich bringen muss.[164]

Die wichtigsten Anwendungsfälle einer Mehrheit von Gläubigern liegen in den Formen einer Gesamthandsgemeinschaft oder Bruchteilsgemeinschaft, die nur im Ganzen die Leistung fordern kann. Der Schuldner hat dann die Leistung an die Gemeinschaft zu erbringen, um seine Pflicht erfüllen. Die Gläubiger müssen dann wiederum untereinander die konkrete Leistungsverteilung regeln. Dies erfolgt regelmäßig durch bestimmte Vereinbarungen oder gesetzliche Vorgaben, etwa bei einer Gesellschaft, Wohnungseigentumsgemeinschaft oder einer Erbengemeinschaft.

2.1.19.2 Mehrheit von Schuldnern

Bei einer Mehrheit von Schuldnern ist dagegen die Gesamtschuld nach § 421 BGB der Regelfall. Mehrere Personen sind verpflichtet, gemeinsam eine Leistung zu erbringen. Der Gläubiger ist berechtigt, von jedem Schuldner die volle Leistung zu verlangen. Er kann die Leistung jedoch nur einmal geltend machen. Leistet ein Schuldner, muss er nach § 426 BGB bei den anderen Gesamtschuldnern den Anteil der erbrachten Leistungen einfordern, den diese im Innenverhältnis zu tragen haben. Für den Gläubiger schafft dies eine komfortable Rechtsposition: Er kann sich den Schuldner aussuchen, den er in Anspruch nehmen will. Die tatsächliche Aufteilung der Schuld zwischen den einzelnen Schuldnern interessiert den Gläubiger nicht.

Die Gesamtschuld kann entweder vertraglich oder gesetzlich[165] begründet werden. Vertraglich liegt eine Gesamtschuld dann vor, wenn mehrere Personen gemeinsam eine bestimmte Leistungspflicht begründen. Dies ist der Regelfall, wenn mehrere Personen auf einer Seite eines Vertrages stehen (z. B. mehrere Mieter eines Objektes). Die Aufteilung der Leistungsanteile untereinander wird nach § 426 I S. 1 BGB als gleichrangig vermutet. Es wird also davon ausgegangen, dass jeder Schuldner einen gleich hohen Leistungsanteil zu erbringen hat. Es ist den Schuldnern jedoch unbenommen, vertraglich untereinander eine an-

---

[163] Siehe etwa BGH, Urt. v. 18.06.1979 – VII ZR 187/78 = BGH NJW 1979, 2101, 2102.
[164] Vgl. Grüneberg (2024), BGB, § 428, Rn. 1 m. w. N.
[165] Siehe dazu Grüneberg (2024), BGB, § 421, Rn. 10 ff.

dere Regelung zu treffen. Dies bedarf jedoch einer entsprechenden Vereinbarung, um die gesetzliche Vermutung für den Einzelfall zu widerlegen. Auch kann sich für die einzelnen Schuldner eine nur im Innenverhältnis bestehende nachrangige Leistungsverpflichtung ergeben. Dadurch wird ein sog. gestörter Gesamtschuldnerausgleich begründet.

Fallbeispiel 1

A vermietet eine Lagerhalle an die B und C für deren Kleingewerbe. Nach Abschluss des Mietverhältnisses hat A noch eine Forderung über 2500 € gegen die beiden. A kann nun den leistungsfähigen B in Anspruch nehmen. Ist C inzwischen insolvent, bleibt B auf seinem Ausgleichsanspruch im Innenverhältnis sitzen. A ist dagegen vollständig befriedigt. ◄

Fallbeispiel 2

A ist Arbeitnehmer der A-AG. In Ausführung seiner Tätigkeit beschädigt er leicht fahrlässig eine Maschine der B-GmbH. Die B-GmbH kann nun die A-AG oder den A persönlich in Anspruch nehmen. Nimmt sie den A in Anspruch, kann dieser im Innenverhältnis Regress bei seinem Arbeitgeber nehmen, weil A arbeitsrechtlich für leichte Fahrlässigkeit nicht haften muss. ◄

2.1.19.3 Verträge zugunsten Dritter

Ein Vertrag zugunsten Dritter liegt nach den §§ 328 ff. BGB vor, wenn zwei Vertragspartner eine Verpflichtung begründen, die gegenüber einem Dritten erbracht werden muss. Erhält der Dritte hierdurch nach § 328 I BGB einen eigenen schuldrechtlichen Anspruch auf die Leistung, wird von einem echten Vertrag zugunsten Dritter gesprochen.[166] Bleibt der Anspruch auf die Leistung an den Dritten beim eigentlichen Vertragspartner nach § 328 II BGB, liegt ein sog. unechter Vertrag zugunsten Dritter vor. Der Leistungsfall kann zudem von bestimmten in der Zukunft liegenden Voraussetzungen abhängig gemacht werden.

Nach § 329 BGB kann die Begründung der Leistung zugunsten eines Dritten auch in einer Erfüllungsübernahme für bisherige Verpflichtungen des Dritten bestehen. Diese Möglichkeit ist nach § 267 BGB beschränkt auf Leistungen, die nicht persönlich erbracht werden müssen. In der Praxis erfolgt die Erfüllungsübernahme daher zumeist bei Geldschulden. § 329 BGB bestimmt für diesen Fall, dass darin regelmäßig nicht die Übernahme fremder Schuld, sondern nur eine Verpflichtung gegenüber dem bisherigen Schuldner vereinbart wird. Diese Unterscheidung ist wichtig, da der Gläubiger durch die Erfüllungsübernahme kein eigenes Forderungsrecht gegenüber dem Dritten erhält. Hierfür wäre eine vollständige Schuldübernahme erforderlich, die dann auch ausdrücklich so erklärt werden müsste.

---

[166] Vertiefend BGH, Urt. v. 08.02.2006 – IV ZR 205/04 = BGH NJW 2006, 1434.

Die Dreiecksbeziehung der Beteiligten bei einem Vertrag zugunsten Dritter ist hinsichtlich der Verpflichtungen in verschiedene Ebenen zu unterteilen. Der eigentliche Vertrag begründet für die beiden Parteien das sog. Deckungsverhältnis, das die Leistungspflichten als solche begründet. In diesem Deckungsverhältnis stehen sich also Gläubiger und Schuldner gegenüber. Den Schuldner trifft nun die Pflicht, die Leistung nicht an seinen Gläubiger, sondern an den Dritten zu bewirken. Dieses konkrete Leistungsverhältnis ist das Vollzugsverhältnis. Zwischen Gläubiger und Drittem wird schließlich von einem sog. Valutaverhältnis gesprochen, weil hierin der eigentliche Rechtsgrund für die Einbeziehung des Dritten zu sehen ist.

Der Abschluss eines Vertrages zugunsten Dritter folgt den allgemeinen Regeln und kann daher für jeden Vertragstyp erfolgen.[167] Entscheidend für das Zustandekommen ist die Vereinbarung zwischen Gläubiger und Schuldner, dass die Leistung an einen Dritten zu bewirken ist. Um dem Dritten die Leistung nicht gegen seinen Willen aufzwingen zu können, wird nach § 328 II BGB das Recht begründet, die Leistung zurückzuweisen.

In der Praxis habt sich eine Vielzahl von Anwendungsfällen für die Gestaltung von Verträgen zugunsten Dritter entwickelt. Um einen Überblick über die Anwendungsmöglichkeiten zu erhalten, werden sie hier kursorisch anhand von Fallbeispielen dargestellt.

In diesem Zusammenhang ist auch auf die große versicherungsrechtliche Bedeutung des Vertrages zugunsten Dritter bei Todesfall gemäß § 331 BGB hinzuweisen. Danach wird bedingt auf den Tod des Gläubigers der Schuldner verpflichtet, die Leistung an den Dritten zu erbringen.

Fallbeispiel 1

A schließt eine Versicherung über 100.000 € für den Fall ab, dass er stirbt. Die Leistung soll gegenüber der Ehefrau bewirkt werden. ◄

Fallbeispiel 2

A und B schließen einen Kaufvertrag über ein Auto. Sie vereinbaren jedoch, dass das Auto direkt an die Enkelin der A geleistet wird. ◄

Fallbeispiel 3

A legt Geld für die minderjährige Tochter B auf einem Sparbuch an. Das Sparbuch wird der B ausgehändigt, jedoch mit einer Auszahlungssperre bis zur Volljährigkeit versehen. ◄

---

[167] RG, Urt. V. 27.01.1936 – IV 246/35 = RGZ 150, 133.

> **Fallbeispiel 4**
>
> Arbeitgeber A schließt Altersversorgungsverträge mit der B-Versicherung zugunsten seiner Belegschaft ab. Mit Erreichen der Altersgrenze erhalten die Arbeitnehmer hierdurch einen eigenen Anspruch gegen die B-Versicherung. ◄

2.1.19.4 Vertrag mit Schutzwirkung für Dritte

Verletzt eine Vertragspartei ihre vertraglichen Pflichten, ist sie dem Vertragspartner nach § 280 BGB zum Schadensersatz verpflichtet. Erforderlich ist hierfür eine Verletzung aus einem Schuldverhältnis nach § 241 BGB.[168] Es gibt jedoch auch Verträge, bei deren Durchführung Dritte unmittelbar betroffen sind. Dies kann auch zu einer Verletzung von Rechtsgütern Dritter führen. Um für diese, am Vertrag unbeteiligten Dritten, einen eigenen und direkten Schadensersatzanspruch zu begründen, hat die Rechtsprechung den sog. Vertrag mit Schutzwirkung für Dritte konstruiert.[169]

> **Fallbeispiel**
>
> Sie erwerben ein Grundstück von der B-GmbH für 1.000.000 €. Grundlage der Kaufpreisfindung ist ein Sachverständigengutachten, das die B-GmbH zuvor allein in Auftrag gegeben hatte. Dieses war fehlerhaft. Daher können Sie Ihren Schaden direkt gegen den Sachverständigen geltend machen, obwohl Sie nicht dessen Vertragspartner sind, also auch kein Schuldverhältnis mit ihm haben. ◄

Schwierigkeiten bereitet bei diesem richterrechtlichen Institut die Abgrenzung, welche Personen in welche Verträge mit Schutzwirkung einbezogen werden. Vier Voraussetzungen müssen vorliegen, damit dies der Fall ist. Der Dritte muss mit der Leistung bestimmungsgemäß in Berührung kommen (Leistungsnähe), die Schutzwirkung muss im Interesse des Gläubigers liegen (Schutzinteresse), der Dritte darf keine eigenen Ansprüche haben (Schutzbedürftigkeit), und schließlich muss der Vertragspartner die Einbeziehung Dritter in den Vertrag erkennen können (Erkennbarkeit). Diese Voraussetzungen sind stets zu prüfen, wenn der Dritte Schadensersatz begehrt.

> **Fallbeispiel**
>
> A ist Vermieter der Eheleute B und C. In der Wohnung wohnt auch die kleine Tochter T. A versäumt es, eine Treppe Instand zu halten. Daraufhin bricht die T durch die Treppe und verletzt sich am Bein. T kann gemäß § 280 I BGB ihre Heilbehandlungskosten und Schmerzensgeld gegen den Vermieter durchsetzen, weil sie bestimmungsgemäß mit der Mietwohnung in Berührung gekommen ist, ihr Schutz im Interesse ihrer Eltern liegt, sie selber keine vertraglichen Ansprüche gegen A hat und A auch erkennen konnte, dass die Tochter in den Schutzbereich des Mietvertrages einbezogen ist. ◄

---

[168] Dazu bereits ausführlich unter Abschn. 2.1.18.
[169] BGH, Urt. v. 07.11.1960 – VII ZR 148/59 = BGHZ 33, 247, 249.

2.1.20 Abtretung

Eine Forderung kann von einem Gläubiger an eine andere Person übergeben werden. Dies geschieht im Wege der Abtretung (auch Zession genannt; lat. Cessio) nach den §§ 398 ff. BGB. Diese Regeln gelten nach § 412 BGB auch für gesetzliche Forderungsübergänge (lat. Cessio legis) (etwa bei der Gesamtschuld nach § 426 II BGB).

Für rechtsgeschäftliche Abtretungen besteht ein großes wirtschaftliches Bedürfnis, da Forderungen als Wirtschaftsgut bilanziell und tatsächlich eine eigenständige werthaltige Bedeutung haben und daher unter dem Gesichtspunkt des Liquiditätsmanagements vielfach nicht nur beliehen (Sicherungsabtretung), sondern auch veräußert werden (sog. Factoring). Auch werden Forderungen übertragen, damit diese für den bisherigen Gläubiger eingezogen werden (Inkassozession). Auch Forderungsmehrheiten einschließlich zukünftiger Forderungen werden abgetreten (Globalzession).

Eine Abtretung wird im Wege eines formfrei möglichen Abtretungsvertrages durchgeführt. Der bisherige Gläubiger (Zedent) erklärt die Abtretung an den neuen Gläubiger (Zessionar). Eine Beteiligung des Schuldners ist nicht erforderlich. Er erhält einen neuen Gläubiger, seine Rechtsstellung verändert sich jedoch gemäß § 404 BGB qualitativ nicht, er behält alle gegenüber dem bisherigen Gläubiger bestehenden Rechte auch gegenüber dem neuen Gläubiger.

Dem Schuldner sollte die Abtretung jedoch möglichst schnell angezeigt werden, damit der Schuldner die Leistungen fortan an den neuen Gläubiger erbringt und nicht irrtümlich noch an den alten Gläubiger leistet. Unterbleibt die Anzeige, würde der Schuldner nach § 407 I BGB seine Schuld auch gegenüber dem alten Gläubiger mit befreiender Wirkung leisten können. Der neue Gläubiger müsste sich dann zusätzlich mit dem alten auseinandersetzen und die Leistung herausverlangen.

Der Abtretungsvertrag selbst ist ein reines Verfügungsgeschäft, da durch die Abtretung die Zuordnung der Forderung tatsächlich verändert wird. Das Verpflichtungsgeschäft für die Abtretung kann daher in jeder Art von Vertrag getroffen werden und hat die schuldrechtliche Verpflichtung zur Durchführung einer Abtretung zum Gegenstand.[170]

Fallbeispiel

A und B schließen einen Kaufvertrag. Der Kaufpreis beträgt 100.000 €. Er soll jedoch nicht in bar entrichtet werden, sondern durch Abtretung einer Forderung des B gegen den C. Hier ist der Kaufvertrag das Verpflichtungsgeschäft, die darauf folgende Abtretung ist das tatsächliche Verfügungsgeschäft. ◄

Grundsätzlich kann jede Forderung abgetreten werden. Der Gläubiger muss nur tatsächlicher Forderungsinhaber sein. Dies gilt auch für erst zukünftig entstehende Forderungen.[171] Die Forderungen müssen jedoch bestimmbar sein. Hierfür müssen neben dem

---

[170] Grundlegend RG, Urt. v. 09.06.1915 – V 68/15 = RGZ 87, 71.
[171] BGH, Urt. v. 25.10.1952 – I ZR 48/52 = NJW 1953, 21.

Schuldner, Inhalt und Höhe der Forderung auch der Zeitraum und Rechtsgrund ihrer Entstehung aus der Abtretung erkennbar sein.[172] Auch können Forderungen unter einer Bedingung nach § 158 BGB abgetreten werden. Dies ermöglicht insbesondere die Vereinbarung verlängerter Eigentumsvorbehalte und andere Sicherungsabtretungen.[173]

> **Fallbeispiel 1**
>
> A verkauft Textilien an den B. Das Eigentum an den Textilien soll erst dann auf B übergehen, wenn der gesamte Kaufpreis bezahlt ist (Eigentumsvorbehalt). Außerdem lässt A sich schon jetzt die Forderungen des B abtreten, die B durch den Weiterverkauf der Textilien erhält (verlängerter Eigentumsvorbehalt). ◄

> **Fallbeispiel 2**
>
> Die A-AG gibt ein Darlehen an die B-KG. Zur Sicherung des Darlehens lässt die A-AG sich eine erst später fällig werdende Forderung der B-KG an die C-GmbH abtreten. Es wird vereinbart, dass die A-AG die abgetretene Forderung nur dann geltend machen kann, wenn die B-KG ihre Verpflichtungen aus dem Darlehen nicht erfüllt. ◄

Eine Abtretung ist unzulässig, wenn dies vertraglich nach § 399 BGB besonders vereinbart ist, oder der Inhalt der Forderung sich durch eine Abtretung verändern würde. Dies ist etwa bei höchstpersönlichen Leistungen (z. B. Arztbehandlung) der Fall.[174] Schließlich dürfen unpfändbare Forderungen (etwa Existenzminimum; sog. Pfändungsfreibetrag nach ZPO) nach § 400 BGB ebenfalls nicht abgetreten werden.

Ist eine Abtretung erfolgt, tritt der neue Gläubiger vollumfänglich in die Rechtsposition des bisherigen Gläubigers ein. Der alte Gläubiger verliert jedes Recht an der Forderung. Er muss nach den §§ 402, 403 BGB alle erforderlichen Informationen zur Forderung an den neuen Gläubiger geben. Der neue Gläubiger kann vollumfänglich über die Forderung verfügen, der Schuldner kann nur noch schuldbefreiend an ihn leisten.[175]

Hinzu kommt, dass mit der abgetretenen Forderung auch alle akzessorischen Sicherungsrechte nach § 401 BGB mit übergehen (z. B. Bürgschaften, Hypotheken). Akzessorisch sind solche Sicherungsrechte, die in ihrem Bestand direkt an die Forderung gekoppelt sind. Nicht akzessorische Rechte gehen daher auch nicht mit über, weil diese unabhängig von der Hauptforderung bestehen (z. B. Grundschuld).

---

[172] Ausführlich Grüneberg (2024), BGB, § 398, Rn. 14 ff.
[173] Dazu ausführlich unter Abschn. 5.2.
[174] Vgl. Grüneberg (2024), BGB, § 399, Rn. 6.
[175] Anders nur, wenn der Schuldner keine Kenntnis von der Abtretung hat, s. bereits unter Abschn. 2.1.20.

2.1.21 Schuldübernahme und Schuldbeitritt

Auch der Schuldner einer Forderung kann ausgetauscht werden. Nach den §§ 414 ff. BGB ist dafür die Vereinbarung einer Schuldübernahme erforderlich. Dies geschieht durch einen formfrei möglichen Vertrag zwischen dem Gläubiger und dem neuen Schuldner.[176] Der Austausch eines Schuldners kann daher nicht gegen den Willen seines Gläubigers erfolgen. Dadurch wird verhindert, dass dem Gläubiger ein leistungsschwächerer Schuldner aufgedrängt wird. Der Gläubiger wird daher in der Praxis seine Zustimmung zum Schuldnerwechsel von der Leistungsfähigkeit des neuen Schuldners abhängig machen.

Möglich ist zudem die Erweiterung des Schuldners um einen oder mehrere zusätzliche Schuldner im Wege des Schuldbeitritts. Das Schuldverhältnis zwischen Gläubiger und Schuldner als solches bleibt bestehen, auf Seiten des Schuldners tritt aber ein Dritter zusätzlich bei. Der Gläubiger erhält also einen weiteren Schuldner. Somit entsteht eine Gesamtschuld, die die Rechtsstellung des Gläubigers verbessert.[177] Deshalb ist die Zustimmung des Gläubigers hier nicht erforderlich. Ausreichend für einen Schuldbeitritt ist ein formfrei möglicher Vertrag zwischen altem und zusätzlichem Schuldner. Bei einem Beitritt zu einem Verbraucherdarlehensvertrag sind jedoch die Schutzvorschriften nach den §§ 491 ff. BGB zu beachten.

2.1.22 Verjährung

Ein geordnetes Wirtschaftsleben erfordert die Möglichkeit zur Geltendmachung der unterschiedlichsten rechtlichen Ansprüche. Dem steht das Erfordernis entgegen, die Geltendmachung eines Anspruches zeitlich zu begrenzen, um den Beteiligten Rechtssicherheit bezüglich der Möglichkeit eigener Inanspruchnahme zu bieten. Diese Rechtssicherheit wird durch Verjährung erreicht.

Grundsätzlich unterliegen alle Ansprüche nach § 194 BGB der Verjährung. Der Eintritt der Verjährung begründet nach § 214 BGB das Recht des Schuldners, die Leistung zu verweigern. Die Ausgestaltung der Verjährung als Einrede hat zur Folge, dass der Schuldner dieses Recht gebrauchen, d. h. die Einrede spätestens vor Gericht erheben muss.[178]

Verjährung ist eingetreten, wenn die Verjährungsfrist abgelaufen ist. Bei der Berechnung der Frist ist zu beachten, dass die Verjährungsfrist sich um Zeiten verlängert, in denen die Verjährung nach § 209 BGB gehemmt war. Damit eine Verjährungshemmung eintritt, muss einer der Hemmungstatbestände der §§ 203 ff. BGB vorliegen. Die wichtigsten hiervon sind

---

[176] BGH, Urt. v. 21.12.1973 – IV ZR 158/72 = BGHZ 62, 71, 76.

[177] Dazu bereits unter Abschn. 2.1.19.

[178] Eine Berücksichtigung von Amts wegen ist daher ausgeschlossen, Grüneberg (2022), BGB, § 214, Rn. 2.

die Erhebung einer Klage oder die Beantragung eines Mahnbescheides, aber auch das Führen ernsthafter Verhandlungen mit dem Schuldner. Praktische Bedeutung hat auch der Neubeginn der Verjährung, der nach § 212 BGB bei einem Anerkenntnis des Schuldners oder einer Vollstreckungshandlung eintritt. Dies gilt namentlich dann, wenn der Schuldner sein Anerkenntnis durch eine Teilzahlung erklärt.

Um den Eintritt der Verjährung zu prüfen, ist zunächst die Länge der Verjährungsfrist zu bestimmen. Diese richtet sich nach dem Rechtsgrund des Anspruchs. So gibt es im besonderen Schuldrecht für einzelne Vertragsarten und daraus resultierende Ansprüche auch besondere Fristen. Der Gesetzgeber trägt damit der jeweiligen Eigenart eines Anspruchs Rechnung.

Fallbeispiel

A kauft ein Auto und erwirbt ein Haus. Nach drei Jahren werden Mängel am Auto und am Haus bemerkt, die bei Kaufvertragsschluss nicht erkennbar waren. Hier sind die Ansprüche in Bezug auf das Auto nach zwei Jahren bereits verjährt, die Ansprüche bezüglich des Hauses können dagegen fünf Jahre geltend gemacht werden, vgl. § 438 BGB. Der Gesetzgeber hat eine Unterscheidung zwischen Mängelansprüchen bei beweglichen Sachen und bei Bauwerken vorgenommen, weil er die Langlebigkeit anders bewertet hat. ◄

Findet sich keine besondere Verjährungsfrist, gilt die Regelverjährung nach den §§ 195 ff. BGB. Die wichtigste beträgt nach § 195 BGB drei Jahre. Die Drei-Jahres-Frist gilt für alle Ansprüche, soweit sich nicht aus Sonderregeln oder den §§ 196 ff. BGB etwas anderes ergibt.[179] So gilt für Rechte an Grundstücken eine Zehn-Jahres-Frist und bei titulierten Ansprüchen tritt Verjährung erst nach 30 Jahren ein. Von besonderer Bedeutung ist die 30-jährige Verjährung nach § 197 I Nr. 3 BGB daher für rechtskräftig festgestellte Ansprüche. Wurde ein Anspruch entsprechend tituliert,[180] kann er 30 Jahre lang vollstreckt werden.[181]

Die meisten vertraglichen Forderungen auf Leistung (vor allem Zahlung) unterliegen der regelmäßigen Verjährung nach § 195 BGB. Die Drei-Jahres-Frist beginnt jedoch nicht bereits mit dem Vertragsschluss, der Fälligkeit oder etwa einer Leistungsverweigerung. Der Beginn der regelmäßigen Verjährung richtet sich nach § 199 BGB. Die Frist beginnt danach erst am Schluss des Jahres zu laufen, in dem der Anspruch entstanden ist (Fälligkeit) und der Gläubiger davon Kenntnis erlangt hat oder diese ohne grobe Fahrlässigkeit hätte erlangen müssen. Es reicht die Kenntnis oder grob fahrlässige Unkenntnis der Tatsachen, die den Anspruch begründen. Für das Vorliegen grober Fahrlässigkeit muss dem Gläubiger ein schwerer Verstoß gegen die Sorgfaltspflicht in eigenen Angelegenheiten vorgeworfen werden können. Um jedoch eine absolute Höchstgrenze für die Verjährungsfrist zu schaffen, tritt gemäß § 199 IV BGB jedenfalls nach zehn Jahren ab Entstehung bei allen Ansprüchen die Verjährung ein. Bei der Verletzung besonders schützenswerter Rechtsgüter wie etwa Leben und Körper gilt jedoch wiederum eine 30-Jahres-Frist nach § 199 II, III BGB.

---

[179] Vgl. etwa BGH, Urt. v. 02.12.1992 – VIII ZR 50/92 = BGHZ 120, 315, 317.
[180] Vgl. die Übersicht in § 794 I ZPO.
[181] BGH, Urteil vom 09.10.2013 – XII ZR 59/12.

> **Fallbeispiel 1**
>
> A verkauft am 23.07.2022 eine Maschine an B zur sofortigen Bezahlung (Fälligkeit). Der Anspruch auf Kaufpreiszahlung ist nach den §§ 195, 199 BGB mit Ablauf des 31.12.2025 verjährt. ◄

> **Fallbeispiel 2**
>
> Das Lagergebäude des B wird durch eine Handlung des A am 25.08.2021 am Dach beschädigt, ohne dass der Schaden für B erkennbar war. B bemerkt den Schaden erst, als Reparaturen an der Tür der Halle am 04.02.2022 vorgenommen werden. Da B keine grobe Fahrlässigkeit trifft, verjährt der Schadensersatzanspruch erst mit Ablauf des 31.12.2025. ◄

2.2 Besondere Vertriebsformen und Verbraucherschutz

Grundsätzlich folgt aus dem Prinzip der Privatautonomie, dass die am Wirtschaftsleben beteiligten Akteure ihre Verträge frei von staatlicher Reglementierung abschließen können. Die Privatautonomie steht jedoch im Widerspruch zum bereits europarechtlich[182] vorgegebenen Ziel des Verbraucherschutzes. Durch verbraucherschutzrechtliche Regelungen wird die Vertragsfreiheit in bestimmten Punkten eingeschränkt, um schwächere Marktteilnehmer (Verbraucher) vor der Marktmacht von stärkeren Teilnehmern (Unternehmern) zu schützen. Bedient ein Unternehmer sich der nachgenannten besonderen Vertriebsformen, sind daher die verbraucherschützenden Normen besonders zu beachten.

Der Schutz des Verbrauchers wird durch unterschiedliche Instrumente erreicht. So gibt es etwa Sondervorschriften für bestimmte Vertragsarten (z. B. die §§ 491 ff. BGB für Verbraucherdarlehensverträge oder die §§ 474 ff. BGB für den Verbrauchsgüterkauf), Inhaltskontrollen Allgemeiner Geschäftsbedingungen (dazu sogleich) oder Beschränkungen bestimmter Werbemaßnahmen durch das Gesetz gegen unlauteren Wettbewerb (UWG). Wegen der großen Bedeutung für den Massenvertrieb wird nachfolgend insbesondere das Widerrufsrecht für bestimmte Arten von Vertragsabschlüssen betrachtet.

Werden Rechtsgeschäfte zwischen Unternehmern und Verbrauchern auf gesetzlich besonders definierten Vertriebswegen abgeschlossen, steht dem Verbraucher ein Widerrufsrecht für den Vertrag nach den §§ 355 ff. BGB zu. Nach Ausübung des Widerrufs wird ein geschlossener Vertrag entsprechend der §§ 348 ff. BGB rückabgewickelt.[183]

---

[182] Vgl. etwa die Richtlinie 85/577/EWG v. 20.12.1985 betreffend den Verbraucherschutz im Falle von außerhalb von Geschäftsräumen geschlossenen Verträgen.
[183] Siehe hierzu bereits unter Abschn. 2.1.10.4.

2.2 Besondere Vertriebsformen und Verbraucherschutz

Solche Widerrufsrechte werden insbesondere bei sog. außerhalb von Geschäftsräumen geschlossenen Verträgen und Fernabsatzgeschäften gewährt. Gemeinsame Voraussetzung aller Widerrufsrechte ist, dass sich Unternehmer und Verbraucher gegenüberstehen.

Insoweit definieren die §§ 312 I, 310 III BGB den Anwendungsbereich der verbraucherschützenden Regelungen der §§ 312 ff. BGB. Die Abgrenzung der Marktakteure Unternehmer und Verbraucher richtet sich nach den §§ 13, 14 BGB. Danach ist Verbraucher, wer nicht in Ausübung seiner selbstständigen oder gewerblichen beruflichen Tätigkeit handelt. Liegt ein selbstständiger oder gewerblicher Vertragsschluss vor, handelt es sich um einen Vertragsschluss eines Unternehmers. Unternehmer ist daher auch ein Existenzgründer oder Freiberufler (z. B. Steuerberater oder niedergelassener Arzt), wenn er in Ausübung seines Berufes handelt.[184] Zu beachten ist jedoch der einschränkende Katalog des § 312 II–VI BGB sowie der § 312g II BGB für Fernabsatzgeschäfte, wonach zahlreiche Vertragsarten wieder vom Anwendungsbereich der Verbraucherverträge ausgenommen werden.

Wird nach dem Gesetz ein Widerrufsrecht eingeräumt, ist dieses nach § 355 BGB durch Erklärung in Textform oder Rücksendung bereits erhaltener Ware gegenüber dem Unternehmer auszuüben. Eine Begründung ist nicht erforderlich. Die Frist hierfür beträgt zwei Wochen. Diese Frist läuft jedoch nach § 356 III BGB nicht, wenn vor Vertragsschluss keine ordnungsgemäße Belehrung über das Widerrufsrecht erteilt wurde. In einem solchen Fall beträgt die maximale Widerrufsfrist ein Jahr und 14 Tage.

Der Unternehmer hat keine Möglichkeit, diese Rechte einzuschränken. Nur in den Ausnahmefällen des § 356 IV, V BGB erlischt das Widerrufsrecht bei auf Wunsch des Verbrauchers erfolgter Leistungserbringung nach zusätzlicher ausdrücklicher Belehrung auch bezüglich dieses Umstandes.

Zu beachten ist zudem, dass der Verbraucher bereits erhaltene Ware als Vorleistung gegen Rückerstattung des Geldes zurückzusenden hat, falls der Unternehmer nicht nach § 357 V BGB ausdrücklich die Abholung anbietet oder eine postalische Rücksendung nicht möglich ist. Bei entsprechender Information treffen den Verbraucher nach § 357 VI BGB auch die damit verbundenen Kosten. Einen Wertverlust schuldet der Verbraucher dagegen nur insoweit, als dieser nicht bereits durch eine ordnungsgemäße Prüfung der Ware eingetreten ist.

Nach den §§ 358 ff. BGB kann ein Widerruf zudem auf verbundene Geschäfte durchgreifen und auch diese zur Rückabwicklung bringen. Das ist dann der Fall, wenn die Verträge eine wirtschaftliche Einheit bilden. Hierfür ist es erforderlich, dass die verbundenen Verträge derart miteinander verbunden sind, dass ein Vertrag nicht ohne den anderen abgeschlossen wäre.[185]

---

[184] Vgl. dazu BGH, Urt. v. 30.09.2009 – VIII ZR 7/09 = MDR 2010, 71.
[185] Siehe weiterführend BGH, Urteil vom 18.12.2007 – XI ZR 324/06 = MDR 2008, 755.

2.2.1 Außerhalb von Geschäftsräumen geschlossene Verträge und Fernabsatzverträge

Ein Widerrufsrecht nach § 355 BGB muss sich ausdrücklich aus dem Gesetz ergeben. Nach § 312g I BGB erhält der Verbraucher ein solches Recht bei außerhalb von Geschäftsräumen geschlossenen Verträgen.

Außerhalb von Geschäftsräumen geschlossene Verträge liegen nach der Legaldefinition des § 312b I Nr. 1 BGB bei einer bestimmten Art von Verträgen zwischen Unternehmer und Verbraucher über eine entgeltliche Leistung (Ware oder Dienstleistung) vor. Der Regelungszweck des Gesetzes liegt dabei im Schutz vor einer regelmäßig vorliegenden Gefahr einer Überrumpelung des Verbrauchers, der sich unerwartet mit einem geschäftlichen Anliegen konfrontiert sieht.[186] Ein gesetzliches Tatbestandsmerkmal einer Überrumpelungsgefahr o. Ä. gibt es indes nicht. Abzustellen ist nur auf die Situation des Vertragsschlusses außerhalb von Geschäftsräumen. Dies erfordert, dass der Vertrag bei gleichzeitiger körperlicher Anwesenheit von Verbraucher und Unternehmer an einem Ort geschlossen wird, der kein Geschäftsraum des Unternehmers ist, jedenfalls aber der Verbraucher nach § 312b I Nr. 2 BGB seine Willenserklärung außerhalb von Geschäftsräumen abgegeben hat. Wer den Vertragsort bestimmt hat, ist nicht relevant.

Der Begriff des Geschäftsraums wird wiederum in § 312b II definiert. Danach ist ein Geschäftsraum ein unbeweglicher Gewerberaum, in dem der Unternehmer seine Tätigkeit dauerhaft ausübt, oder ein beweglicher Gewerberaum, in dem der Unternehmer seine Tätigkeit regelmäßig ausübt. Außerhalb von Geschäftsräumen liegen daher insbesondere Privatwohnungen, öffentliche Flächen, Gastronomiebetriebe, der Arbeitsplatz des Arbeitnehmers usw.

Der Anwendungsbereich wird nach § 312b I Nr. 3 und 4 BGB noch auf organisierte Ausflüge (sog. Kaffeefahrten) und Überrumpelungen nach direkter Ansprache außerhalb von Geschäftsräumen erweitert.

> **Fallbeispiel 1**
>
> A wird am Hamburger Hauptbahnhof von einer Promoterin eines Telefondienstleisters angesprochen. Es kommt zum Abschluss eines Handyvertrages. Eine Belehrung über ein etwaiges Widerrufsrecht erfolgt nicht. A kann den Vertrag daher nach den §§ 312g, 355 BGB auch nach Ablauf von 14 Tagen noch widerrufen, da die Widerrufsfrist erst nach ordnungsgemäßer Belehrung zu laufen beginnt. Ohne ordnungsgemäße Belehrung bleibt das Widerrufsrecht für ein Jahr und 14 Tage bestehen. ◄

---

[186] Grundlegend noch zum Haustürgeschäft BGH, Urt. v. 26.03.1992 – I ZR 104/90 = NJW 1992, 1889, 1890.

Fallbeispiel 2

Die B-Bank ruft A an und fragt, ob Interesse an einem Privatkredit besteht. A bejaht und vereinbart während des Gesprächs einen kurzfristigen Termin bei ihm Zuhause mit dem Mitarbeiter der B-Bank. Es kommt zum Abschluss eines Privatdarlehensvertrages. Eine Belehrung erfolgt wiederum nicht. Auch hier steht A ein Widerrufsrecht zu. Die Einladung des A ändert daran nichts. ◂

2.2.1.1 Fernabsatzgeschäft

Fernkommunikationsmittel sind aus dem Rechtsverkehr nicht mehr wegzudenken. Eine Vielzahl von Verträgen wird über das Internet, telefonisch oder anderweitig geschlossen, ohne dass die Vertragspartner sich tatsächlich gegenübersitzen. Wegen der damit verbundenen Gefahren für Verbraucher (Unsichtbarkeit von Produkt und Vertragspartner) wird für sog. Fernabsatzverträge nach den §§ 312c I, 312g BGB ebenfalls ein Widerrufsrecht nach § 355 BGB begründet. Hinzu kommen vielfältige Informationspflichten, die der Unternehmer erfüllen muss, um das Widerrufsrecht wenigstens zeitlich zu begrenzen. Obwohl der Verbraucher sich möglicherweise in einer komfortablen Situation wie etwa bei sich zu Hause am Computer befindet, wird er aufgrund eines vorhandenen Informationsdefizites besonders geschützt.

Fernabsatzverträge sind nach der Legaldefinition des § 312c I BGB Verträge über Waren oder Dienstleistungen, die zwischen Unternehmer und Verbraucher unter ausschließlicher Verwendung von Fernkommunikationsmitteln im Rahmen eines für Fernabsatz ausgerichteten Vertriebssystems geschlossen werden.

Fernkommunikationsmittel sind die in § 312c II BGB aufgezählten Kommunikationsmittel, d. h. insbesondere Telefon, Brief, E-Mail, Kataloge etc. Vertragsangebot und Annahme müssen ausschließlich durch Fernkommunikation erklärt werden. Finden die Verhandlungen hierzu in körperlicher Anwesenheit der Parteien statt oder hat der Verbraucher sich vor Vertragsschluss ausführlich im Ladenlokal des Unternehmers über die Ware informiert und nur anschließend seine Willenserklärung per Fernkommunikation abgegeben, sind die §§ 312b ff. BGB nicht anwendbar.[187]

Der Gegenstand des Vertrages wird gesetzlich nicht weiter eingegrenzt, es bleibt daher bei den normierten Ausnahmen des § 312 BGB.[188]

Schließlich muss der Vertragsschluss im Rahmen eines auf Fernabsatz ausgerichteten Vertriebssystems erfolgen. Dies schließt Unternehmer aus, die nur gelegentlich und nicht planmäßig Bestellungen per Telefon oder E-Mail annehmen und ihr regelmäßiges Geschäft im Ladenlokal abwickeln (z. B. ein Getränkehändler, der nur ausnahmsweise einem Kunden das Bier ins Haus bringt). Wird jedoch ausdrücklich für Bestellungen per Fernkommunikationsmittel geworben (z. B. Katalog oder Internetseite mit entsprechenden Funktionen), liegt stets Fernabsatzvertrieb vor.

---

[187] Grüneberg (2024), BGB, § 312c, Rn. 4.

[188] Ausführlich noch zum Erfordernis der Erbringung von Dienstleistung oder Warenlieferungen nach altem Recht BGH, Urt. v. 18.03.2009 – VIII ZR 149/08 = NJW 2009, 2240.

> **Fallbeispiel**
>
> A kauft im Internetshop des Unternehmers U einen Laptop. Nach einer Woche bekommt er einen Laptop von seiner Großmutter geschenkt. Nach den §§ 312c, 312g, 355 BGB kann er ohne Angabe von Gründen den Widerruf des Kaufvertrages erklären. ◄

2.2.1.2 Informationspflichten

Neben dem Widerrufsrecht werden nach § 312d BGB für außerhalb von Geschäftsräumen abgeschlossene Verträge und Fernabsatzgeschäfte zahlreiche Informationspflichten für den Unternehmer statuiert. Die Informationspflichten sollen dem Verbraucher seinen Vertragspartner, den Vertragsgegenstand sowie die Vertragskonditionen bereits vor Vertragsschluss umfassend zur Kenntnis bringen.

Zunächst sind dem Verbraucher vor Vertragsschluss alle nach Art. 246a EGBGB erforderlichen Informationen zu nennen. Dies beinhaltet insbesondere die Identität des Unternehmers, wesentliche Merkmale der Ware oder Dienstleistung, Vertragslaufzeit, Preis einschließlich sämtlicher Nebenkosten und Zahlungsbedingungen. Für Finanzdienstleistungsverträge werden die Pflichten nach Art. 246b EGBGB nochmals verstärkt.

Je nach genutztem Fernkommunikationsmittel (etwa Telefon oder Internetshop) müssen die Informationen klar und verständlich und der Eigenart des Vertriebsweges entsprechend übermittelt werden.[189]

Schließlich sind alle Informationen nach den Dokumentationspflichten des § 312f BGB vor Vertragserfüllung auf einem dauerhaften Datenträger zu übermitteln (dies gilt nach § 312f IV BGB nicht bei Verträgen über Finanzdienstleistungen).

Werden die Informationspflichten nicht ordnungsgemäß erfüllt, treffen den Unternehmer einschneidende Rechtsfolgen. Zum einen werden Schadensersatzverpflichtungen nach den §§ 280, 311 II BGB begründet. Zum anderen beginnt die Widerrufsfrist des § 355 BGB nicht zu laufen. Hinzu kommt, dass nach § 312e BGB nicht angegebene Kosten nicht geschuldet werden.

2.2.2 E-Commerce

Die Informationspflichten für außerhalb von Geschäftsräumen geschlossene Verträge, Fernabsatzverträge und sonstige Verträge im elektronischen Geschäftsverkehr (E-Commerce) werden nach den §§ 312i und 312j BGB noch erweitert. Dies umfasst insbesondere Internetshops, Internetbanking oder vergleichbare Angebote.

Der Unternehmer muss in diesen Fällen zunächst eine wirksame Korrekturmöglichkeit für Eingabefehler bereithalten. Vor dem endgültigen Vertragsschluss müssen dem Verbraucher daher alle Vertragsbestandteile noch einmal zur Bestätigung zusammengefasst wer-

---

[189] Ausdrücklich BGH, Urt. v. 20.07.2006 – I ZR 228/03 = NJW 2006, 3633, 3636.

2.2 Besondere Vertriebsformen und Verbraucherschutz

den. Ferner müssen weitere Informationen nach Art. 246c EGBGB gegeben werden. Auch sind dem Verbraucher alle eingegangenen Willenserklärungen unverzüglich zu bestätigen. Schließlich ist der gesamte Vertragsinhalt einschließlich AGB zur Speicherung (als Download zum Ausdruck) vor Vertragsschluss bereitzustellen.

Eine Verletzung dieser Pflichten hat wiederum zur Folge, dass das Widerrufsrecht nicht zu laufen beginnt und der Unternehmer sich schadensersatzpflichtig nach den §§ 280, 311 II BGB macht.

Fallbeispiel

Die K-KG betreibt einen Internetshop für Textilien. Alle Waren werden mit mehreren Fotos und unter Nennung aller Preise ordnungsgemäß dargestellt. A bestellt per elektronischem Warenkorb mehrere Hemden zum Gesamtpreis von 300 €. Acht Wochen nach Lieferung missfallen ihm die Hemden. Er schickt die Hemden zurück und erklärt nach § 312c, 312g BGB zu Recht den Widerruf, da ihm die AGB der K-KG nicht gemäß § 312i I Nr. 4 BGB zum Download bereitgestellt worden sind. ◄

Beim Abschluss von entgeltlichen Verbraucherverträgen im Internet muss der Unternehmer außerdem auf die Regelung des § 312j III BGB achten. Durch eindeutig formulierte Schaltflächen soll dem Verbraucher damit vor Augen geführt werden, dass er eine verbindliche Willenserklärung abgibt (sog. „Bestellbutton").

Der Verbraucher ist nicht nur beim Vertragsschluss geschützt, sondern auch bei der Beendigung von Dauerschuldverhältnissen, die über das Internet geschlossen wurden: Der § 312k BGB regelt korrespondierend zum § 312j III BGB, dass Unternehmer, welche den Abschluss von entgeltlichen Dauerschuldverhältnissen online anbieten, es dem Verbraucher gleichermaßen ermöglichen müssen, über eine dafür vorgesehene und eindeutig verständliche Schaltfläche das Vertragsverhältnis wieder zu beenden (sog. „Kündigungsbutton"). Dem Verbraucher soll hiermit eine niedrigschwellige Kündigungsmöglichkeit geboten werden. Damit es im Nachhinein nicht zu Beweisschwierigkeiten seitens des Verbrauchers kommt, muss der Unternehmer nach § 312k III, IV BGB die Kündigung sofort in Textform bestätigen. Dem Kündigenden muss es möglich sein, die abgegebene Kündigungserklärung mit Datum und Uhrzeit auf einem dauerhaften Datenträger zu speichern. § 312k VI BGB bestimmt ergänzend, dass der Verbraucher jederzeit und ohne Einhaltung einer Frist kündigen kann, wenn der Unternehmer gegen die Bestimmung des § 312k BGB verstößt.

2.2.3 Allgemeine Geschäftsbedingungen

Um einen Vertrag zu schließen, bedarf es nur einer Einigung über die wesentlichen Vertragsbestandteile. Hierfür reicht es regelmäßig aus, dass die Parteien den Vertragsgegenstand und die Gegenleistung (i. d. R. Zahlung) festlegen. Alle weiteren Modalitäten zur Vertragsdurchführung könnten dann dem Gesetz entnommen werden. Dies entspricht jedoch gerade bei Massengeschäften nicht dem Interesse der Vertragsparteien.

Im wirtschaftlichen Rechtsverkehr besteht ein Bedürfnis nach einer standardisierten Festlegung von Vertragsinhalten, die im besten Fall abweichend von den gesetzlichen Regelungen passgenau auf die jeweiligen Verträge zugeschnitten sind. Dies geschieht mittels Allgemeiner Geschäftsbedingungen, die der Verwender standardisiert zum Vertragsinhalt macht. Allgemeine Geschäftsbedingungen finden je nach Geschäftsstruktur sowohl gegenüber Unternehmern als auch gegenüber Verbrauchern Anwendung.

Dadurch wird zum einen der Vertragsabschluss erheblich rationalisiert, weil viele Vertragsbestandteile nicht verhandelt, sondern von vornherein festgelegt werden. Zum zweiten wälzt der Verwender auch die vertraglichen Risiken weitestgehend auf seinen Vertragspartner ab, indem er die gesetzliche Regelung so weit wie gesetzlich zulässig zu seinen Gunsten verschiebt. Aus diesem Grunde ist es erforderlich, der Formulierung Allgemeiner Geschäftsbedingungen Grenzen zu setzen. Diese ergeben sich aus dem zwingenden Recht sowie aus den §§ 305 ff. BGB, wonach Regeln für die Einbeziehung von AGB in den Vertrag aufgestellt und unangemessene Benachteiligungen des Vertragspartners ausgeschlossen werden.

2.2.3.1 Definition

Allgemeine Geschäftsbedingungen sind nach § 305 I S. 1 BGB alle für eine Vielzahl von Verträgen vorformulierten Vertragsbedingungen, die der Verwender der anderen Vertragspartei bei Vertragsabschluss stellt.

Eine Vielzahl von Verträgen liegt bei mindestens drei Anwendungen vor.[190] Ausreichend ist die Absicht der mehrmaligen Verwendung, sodass auch der erste von mindestens drei Verträgen den §§ 305 ff. BGB unterfällt. Zu beachten ist auch § 310 III Nr. 2 BGB, wonach auch eine nur einmalige Verwendung die Qualifizierung als AGB nicht hindert, wenn die Bedingungen von einem Unternehmer gegenüber einem Verbraucher gestellt wurden.

Die Vertragsbedingungen müssen vorformuliert und vom Verwender gestellt sein. Für eine Vorformulierung reicht es aus, wenn die Bedingungen für eine mehrfache Verwendung schriftlich oder in sonstiger Weise fixiert sind. Die AGB müssen schließlich vom Verwender gestellt, d. h. einseitig zur Bedingung für den Vertragsschluss gemacht werden. Fordern beide Parteien die Vorformulierung von Bedingungen (etwa durch einen Notar), liegen keine AGB vor. Werden vorformulierte Vertragsbestandteile ausdrücklich zur Disposition gestellt oder findet ein echtes Verhandeln über die Bedingungen statt, liegen keine AGB vor.[191] Bei vorformulierten Bedingungen ist die Hürde des ernsthaften Verhandelns jedoch hoch anzusetzen, sodass einfache Aufforderungen zum Ändern der AGB nicht ausreichend sind.[192] Bei von Unternehmern gegenüber Verbrauchern formulierten AGB legt § 310 III Nr. 1 BGB die gesetzliche Vermutung der Stellung der AGB gegenüber dem Verbraucher fest.

---

[190] BGH, Urt. v. 15.04.1998 – VIII ZR 377/96 – NJW 1998, 2286, 2287; nochmals bestätigend BGH, Urt. v. 27.09.2001 – VII ZR 388/00 = NJW 2002, 138, 139.

[191] Zum ernsthaften Verhandeln über gesetzesfremden Kerngehalt BGH, Urt. v. 07.03.2013 – VII ZR 162/12 = BB 2013, 909, 911 mit Anm. Graf v. Westphalen.

[192] BGH, Urt. V. 09.04.1987 – III ZR 84/86 = NJW 1987, 2011.

2.2.3.2 Anwendungsbereich

Die §§ 305 ff. BGB bestimmen die Grenzen der Verwendung Allgemeiner Geschäftsbedingungen. § 310 BGB regelt den Anwendungsbereich dieser Normen. Danach wird ein persönlicher und sachlicher Anwendungsbereich normiert.

Der persönliche Anwendungsbereich wird durch die Qualifikation des Vertragspartners als Unternehmer oder Verbraucher nach den §§ 13 f. BGB bestimmt. Werden AGB gegenüber einem Unternehmer gestellt, finden die §§ 305 II, III, 308, 309 BGB keine Anwendung. Die Kontrolldichte ist hier geringer, weil die Schutzwürdigkeit von Unternehmern geringer ist als die von Verbrauchern.

Sachlich findet das AGB-Recht keine Anwendung bei Verträgen im Familien-, Erb- und Gesellschaftsrecht sowie im kollektiven Arbeitsrecht (Tarifverträge, Betriebsvereinbarungen). Dies folgt aus der großen gesetzlichen Regelungsdichte bei diesen Vertragsarten sowie deren Individualität. Für Arbeitsverträge sind die im Arbeitsrecht geltenden Besonderheiten angemessen zu berücksichtigen. Ferner sind die §§ 308, 309 BGB nicht auf Versorgungsverträge nach § 310 II BGB anzuwenden, da dort gesetzliche Sonderbestimmungen greifen.[193]

2.2.3.3 Einbeziehungsvoraussetzungen

Wenn eine Vertragspartei AGB zur Grundlage eines Vertrages machen will, müssen die Klauseln rechtsgeschäftlich in den Vertrag einbezogen werden. Werden AGB gegenüber einem Unternehmer verwendet, bedarf es einer Einwilligung des Vertragspartners.[194] Die Einwilligung braucht jedoch nicht ausdrücklich zu erfolgen. Hierfür reicht es aus, dass der Verwender erkennbar auf die AGB verweist und der Vertragspartner nicht widerspricht. Der Verweis auf die AGB muss jedoch ausdrücklich sein und das Klauselwerk vollständig bezeichnen.[195] Hierfür reicht etwa ein Hinweis auf Angebote oder Bestellungen. In bestimmten Branchen werden wegen der Üblichkeit des Vorhandenseins von AGB diese auch dann Vertragsinhalt, wenn nicht ausdrücklich darauf hingewiesen wird.[196]

Im unternehmerischen Rechtsverkehr kommt es zudem häufig vor, dass beide Vertragsparteien eigene AGB haben und auf diese auch ausdrücklich hinweisen. Dies führt zu kollidierenden AGB. Oftmals wird zusätzlich zum Hinweis auf die eigenen AGB auch eine Abwehrklausel formuliert, die die Anwendung von AGB des Vertragspartners ausdrücklich ausschließt. Bei kollidierenden AGB werden die jeweiligen Klauseln nur insoweit Vertragsbestandteil, als sie miteinander übereinstimmen. In allen anderen Punkten herrscht Dissens, sodass beide AGB nicht gelten. Der Vertrag bleibt im Übrigen gültig. Anstelle der unwirksamen AGB tritt regelmäßig die gesetzliche Regelung. Eine Ausnahme bildet nur der einfache Eigentumsvorbehalt, der auch einseitig bestimmt werden kann.[197]

---

[193] Nachweise der einzelnen Verordnungen bei Grüneberg (2024), BGB, § 310, Rn. 6.
[194] BGH, Urt. v. 12.02.1992 – VIII ZR 84/91 = BGHZ 117, 190, 194.
[195] BGH, Urt. v. 03.12.1987 – VII ZR 374/86 = BGHZ 102, 293, 304.
[196] Etwa bei Banken oder im Speditionsgewerbe, vgl. BGH, Beschl. v. 04.03.2004 – IX ZR 185/02 = WM 2004, 1177.
[197] Vgl. dazu unter Abschn. 3.1.8.

> **Fallbeispiel**
>
> Die A-AG vertreibt Maschinenteile und hat spezielle Verkaufs-AGB, die allen Angeboten zugrunde liegen. Die B-GmbH verweist bei jedem Vertragsschluss auf ihre Einkaufs-AGB. Beide Gesellschaften weisen zudem ausdrücklich den Einbezug fremder AGB zurück. Nach der Lieferung von Teilen behauptet die B-GmbH nach 13 Monaten Mängel und verlangt Nacherfüllung. Die A-AG lehnt dies ab, da in ihren AGB die Gewährleistung auf ein Jahr beschränkt sei. Dies ist jedoch unbeachtlich, da wegen des Widerspruchs gegen die AGB diese Klausel nicht gilt, sodass die gesetzliche Regelung des § 438 BGB greift. ◄

Für die Verwendung von AGB gegenüber Verbrauchern gelten nach § 305 II, III BGB strengere Regeln. Verbraucher müssen ausdrücklich auf die AGB und deren Inhalt hingewiesen werden und mit deren Einbeziehung einverstanden sein. Dies geschieht in drei Stufen.

Zunächst muss bei Vertragsschluss ein ausdrücklicher Hinweis auf die AGB erfolgen. Der Hinweis muss so deutlich sein, dass er von einem Durchschnittskunden auch bei flüchtiger Betrachtung nicht übersehen werden kann.[198] Dies erfordert etwa einen gut sichtbaren Schriftzug auf einem Vertragsangebot, einen Aushang an einer leicht zugänglichen Stelle im Ladenlokal oder einen per Mausklick zu bestätigenden und downloadbaren Bildschirmtext bei Internetverträgen.

Dadurch muss dem Kunden eine zumutbare Möglichkeit zur Kenntnisnahme gegeben werden. Dies erfordert regelmäßig die Überlassung der AGB in Textform an den Kunden. Bei Telefonverträgen können AGB daher nur einbezogen werden, wenn dem Kunden bereits zuvor die Klauseln zur Kenntnis gebracht worden sind oder der Kunde hierauf ausdrücklich verzichtet. Zumutbar ist die Möglichkeit der Kenntnisnahme nur dann, wenn die AGB auch mühelos lesbar, also hinreichend groß und übersichtlich geschrieben sind.

Schließlich muss der Kunde mit der Einbeziehung der AGB einverstanden sein. Hiervon ist jedoch i. d. R. auszugehen, wenn die genannten Voraussetzungen erfüllt wurden und der Kunde sodann den Vertrag geschlossen hat. Um die AGB abzulehnen, wird der Kunde daher regelmäßig eine entsprechende Erklärung abgeben müssen. In der Praxis geschieht dies indes selten, da der Kunde die Ablehnung der AGB eher durch nicht erfolgenden Vertragsschluss zum Ausdruck bringen wird.

Ferner ist zu beachten, dass die AGB durch anderslautende individuelle Vereinbarungen nach § 305b BGB verdrängt werden und der Klauselinhalt nach § 305c BGB nicht überraschend sein darf. Überraschend sind alle Klauseln, die unter Berücksichtigung aller Umstände des Einzelfalls objektiv ungewöhnlich sind.

---

[198] BGH, Urt. v. 18.06.1986 – VIII ZR 137/85 = NJW-RR 1987, 112, 113.

> **Fallbeispiel**
>
> Die A-AG ist gewerbliche Vermieterin. In ihrem Formularvertrag findet sich eine Klausel, nach welcher der Mieter seine Gehaltsansprüche an den Vermieter abtritt, um den Mietzins zu sichern. Eine solche Abtretung ist unwirksam, weil sie in einem Mietvertrag ungewöhnlich ist und für den Mieter eine überraschende Benachteiligung beinhaltet. ◄

2.2.3.4 Inhaltskontrolle

Wurden AGB ordnungsgemäß in den Vertrag einbezogen, müssen die Klauseln noch einer Inhaltskontrolle standhalten. Die Inhaltskontrolle erfolgt nach den §§ 307, 308, 309 BGB und beurteilt den Klauselinhalt in dem Zeitpunkt des Vertragsschlusses. Nach § 307 III BGB sind nur solche Klauseln von der Inhaltskontrolle ausgenommen, die unmittelbar den Vertragsgegenstand beinhalten oder das zu zahlende Entgelt regeln. Liegt ein Verstoß gegen die §§ 307 ff. BGB vor, ist die Klausel unwirksam.

Die Inhaltskontrolle wird von den spezielleren Normen der §§ 309, 308 BGB zur Generalklausel des § 307 BGB in umgekehrter Reihenfolge des Gesetzes durchgeführt, wobei die §§ 308, 309 BGB nur gegenüber Verbrauchern Anwendung finden. Der Regelungsinhalt der beiden Normen kann jedoch mit Indizwirkung zur Auslegung des § 307 BGB bei einer AGB-Verwendung gegenüber Unternehmern berücksichtigt werden.

2.2.3.4.1 Inhaltskontrolle nach den §§ 308, 309 BGB

Die §§ 308, 309 BGB legen absolute Klauselverbote fest. In ihnen finden sich Konkretisierungen der Generalklausel des § 307 BGB, um bestimmte Formulierungen eindeutig für unzulässig zu erklären. Durch die Aufzählung einzelner Tatbestände vermittelt der Gesetzgeber zugleich einen grundsätzlichen Gesamtmaßstab, der als Richtschnur für die Beurteilung eines Verstoßes gegen die Generalklausel des § 307 BGB herangezogen werden kann. Da die §§ 308, 309 BGB auf gegenüber Unternehmern verwendete AGB nach § 310 I BGB keine Anwendung finden, ist ggf. auf diese Grundsätze mit Indizwirkung zurückzugreifen.

Der Unterschied zwischen den §§ 308, 309 BGB besteht darin, dass in § 308 BGB unbestimmte Rechtsbegriffe verwendet werden (unzumutbar, unangemessen etc.), die eine Wertungsmöglichkeit zulassen. § 309 BGB sieht dagegen keine Wertungsmöglichkeit vor. In der Praxis gehen die Gerichte jedoch bei einem Verstoß gegen die §§ 308, 309 BGB stets von einer Unwirksamkeit der Klausel aus, sodass die Wertungsmöglichkeit des § 308 BGB de facto keine Rolle spielt.

> **Fallbeispiel**
>
> Der Telefondienstleister B-AG bietet Handyverträge an, für die in den AGB eine Mindestvertragslaufzeit von 25 Monaten festgelegt ist. Hierin liegt ein Verstoß gegen § 309 Nr. 9a BGB, da ein Vertrag über die Erbringung von Dienstleistungen geschlossen wird, dessen Vertragslaufzeit länger als 24 Monate ist. Es gilt die gesetzliche Kündigungsfrist nach den §§ 620, 621 BGB.[199] ◄

---

[199] Siehe dazu später unter Abschn. 3.5.

Im Übrigen leistet § 309 Nr. 9 BGB einen Beitrag für faire Verbraucherverträge. Demnach sind bei Dauerschuldverhältnissen stillschweigende Verlängerungen nur noch zulässig, wenn jene auf unbestimmte Zeit verlängert werden und der Verbraucher das verlängerte Schuldverhältnis mit einer Frist von maximal einem Monat kündigen darf. Aber auch unabhängig von einer Verlängerung ist nach § 309 Nr. 9 c) BGB eine Kündigungsfrist von lediglich einem Monat vorgeschrieben.

2.2.3.4.2 Inhaltskontrolle nach § 307 BGB

Die zentrale Kontrollvorschrift des AGB-Rechts ist die Generalklausel des § 307 BGB. Diese Generalklausel ist anders als die §§ 308, 309 BGB für alle AGB als Prüfungsmaßstab einschlägig. Danach sind AGB unwirksam, die nach Treu und Glauben eine unangemessene Benachteiligung des Vertragspartners beinhalten. Eine solche Benachteiligung ist jede Abweichung vom dispositiven Recht zu Lasten des Vertragspartners. Wann die Benachteiligung ungemessenen ist, ist nach dem gesamten Vertragsinhalt einschließlich einer Gesamtschau der AGB zu beurteilen. So kann im Einzelfall eine Benachteiligung auch durch eine andere inhaltlich zusammenhängende Regelung kompensiert werden.[200] Andererseits kann eine Klausel auch deswegen unwirksam sein, weil sie erst in einer Zusammenschau mit einer anderen Klausel eine unangemessene Benachteiligung darstellt.[201]

Eine solche unangemessene Benachteiligung liegt insbesondere in drei Fallkonstellationen vor. Zunächst ergibt sich aus den beiden Konkretisierungen des § 307 II BGB, dass eine unangemessene Benachteiligung bei einer Unvereinbarkeit der Klausel mit dem wesentlichen Grundgedanken des Gesetzes oder dem Vertragszweck vorliegt. Darüber hinaus folgt die Unwirksamkeit einer Klausel auch aus einem Verstoß gegen das Transparenzgebot des § 307 I S. 2 BGB.

Wesentliche Grundgedanken des Gesetzes bestimmen sich aus dem Gesetzeszweck. Ein Verstoß gegen § 307 II Nr. 1 BGB ist insbesondere dann gegeben, wenn der Gesetzeszweck auf den Schutz des Vertragspartners gerichtet ist. In diesen Zweck muss erheblich eingegriffen werden.

Fallbeispiel 1

Makler M hat in seinen AGB die Formulierung, dass unabhängig vom Maklererfolg eine Vergütung zu zahlen ist. Eine solche Klausel ist wegen Verstoßes gegen § 307 II Nr. 2 BGB unwirksam, da der Inhalt des § 652 BGB in das Gegenteil verkehrt wird. § 652 BGB bezweckt, dass nur dann eine Vergütung zu zahlen ist, wenn ein Maklererfolg herbeigeführt wurde. Die AGB legen genau das Gegenteil fest und unterlaufen damit den gesetzlichen Zweck.[202] ◄

---

[200] BGH, Urt. v. 29.11.2002 – V ZR 105/02 = NJW 2003, 888, 889.
[201] BGH, Urt. v. 06.10.1982 – VIII ZR 201/81 = NJW 1983, 159, 160.
[202] Vgl. BGH, Urt. v. 02.11.1983 – IVa ZR 86/82 = BGHZ 88, 368, 370.

2.2 Besondere Vertriebsformen und Verbraucherschutz

Fallbeispiel 2

Vermieter V legt in seinem Formularmietvertrag die Kosten für die Schönheitsreparaturen dem Mieter auf. Hierin liegt zwar eine Abweichung von § 535 BGB vor, diese ist jedoch mit dem Gesetzeszweck vereinbar. Durch die AGB wird nur ein Teil der Kostenlast der Instandhaltung der Mietsache auf den Mieter übertragen. Außerdem beinhalten die Schönheitsreparaturen einen ästhetischen Aspekt, der eher dem Mieter als dem Vermieter zugeordnet werden kann. Folglich ist der Gesetzeszweck dadurch gewahrt, dass die grundsätzliche Instandhaltungslast beim Vermieter verbleibt.[203] ◄

Des Weiteren wird eine unangemessene Benachteiligung insbesondere dann angenommen, wenn nach § 307 II Nr. 2 BGB die Erreichung des Vertragszwecks gefährdet ist. Dadurch soll die formularmäßige Aushöhlung wesentlicher Vertragspflichten (sog. Kardinalpflichten) unterbunden werden. Insbesondere die gegenseitigen Vertragspflichten dürfen nicht unterlaufen werden.

Fallbeispiel

Lieferant L hat in seinen AGB festgelegt, dass vereinbarte Liefertermine grundsätzlich von ihm nach billigem Ermessen verändert werden dürfen, wenn es hierfür betriebliche Erfordernisse gibt. Diese Regel schränkt seine Hauptpflicht zur vertragsgemäßen Lieferung wesentlich ein, sodass sie mit dem Vertragszweck unvereinbar und damit unwirksam ist. ◄

Die dritte Konkretisierung folgt aus dem Transparenzgebot des § 307 I S. 2 BGB. Danach müssen alle Regelungen in AGB möglichst klar und verständlich formuliert werden. Die Klausel und ihr Regelungsgehalt müssen aus sich heraus verständlich sein. Insbesondere sind wirtschaftliche Nachteile und Belastungen deutlich erkennbar zu machen.[204] Maßstab für die Beurteilung ist das Verständnis des aufmerksamen und sorgfältigen Vertragspartners.

Fallbeispiel

Arbeitgeber A verwendet in seinem Formulararbeitsvertrag mit dem Angestellten B die Klausel, dass im Falle einer fristlosen Entlassung des Arbeitnehmers ein Zusatzentgelt für die bisherige Nutzung des Dienstwagens fällig wird. Diese Klausel ist intransparent, weil sie die Höhe oder jedenfalls die konkrete Berechnung des Entgeltes offen lässt und daher die wirtschaftlichen Nachteile für den Arbeitnehmer nicht erkennbar sind.[205] ◄

---

[203] Vgl. BGH, Rechtsentscheid v. 30.10.1984 – VIII ARZ 1/84 = BGHZ 92, 363, 368.
[204] BGH, Urt. v. 24.03.1999 – IV ZR 90/98 = NJW 1999, 2279, 2280.
[205] Vgl. hierzu BAG, Urt. v. 26.05.1993 – 5 AZR 219/92 = NJW 1994, 213.

2.2.3.5 Rechtsfolgen

Nach der Zweifelsregel des § 139 BGB führt die Unwirksamkeit einzelner Vertragsbestimmungen zur Gesamtnichtigkeit des Vertrages. Würde diese Regel jedoch auf das Recht der Allgemeinen Geschäftsbedingungen angewendet, käme dies einer erheblichen Begünstigung des AGB-Verwenders gleich und würde den gesetzlich vorgesehenen Schutz des Vertragspartners ins Gegenteil verkehren.

Deshalb regelt § 306 BGB die Rechtsfolgen bei Nichteinbeziehung oder Unwirksamkeit von AGB-Klauseln abweichend von § 139 BGB. Nach § 306 I BGB bleibt der Gesamtvertrag bestehen. Nur die unwirksamen Klauseln werden nicht Vertragsbestandteil. Die Klauseln fallen stets vollständig weg und dürfen aufgrund des Verbotes der geltungserhaltenden Reduktion auch nicht auf ein gerade noch zulässiges Maß reduziert werden.[206]

Durch den Wegfall unwirksamer Klauseln entsteht eine Regelungslücke, die gemäß § 306 II BGB in einem zweistufigen Verfahren zu füllen ist. Regelmäßig tritt an die Stelle der weggefallenen Klausel die gesetzliche Regelung, sodass die Klausel einfach ersatzlos wegfällt.[207] In Erweiterung des Wortlauts der Norm kann jedoch im Einzelfall auch eine ergänzende Vertragsauslegung vorzunehmen sein.[208] Wenn kein dispositives Recht zur Lückenfüllung zur Verfügung steht und das damit gefundene Ergebnis folglich keine interessengerechte Lösung ist, ist der Vertrag ergänzend auszulegen. Der Vertrag ist so zu ergänzen, wie die Parteien die Lücken in Kenntnis der Unwirksamkeit der AGB unter Abwägung der beiderseitigen Interessen geregelt hätten. Da dies in der Praxis zu großen tatsächlichen Schwierigkeiten führt, wird von dieser Möglichkeit nur sehr zurückhaltend Gebrauch gemacht.

2.2.4 Verbraucherverträge über digitale Produkte

Für Verbraucherverträge über digitale Produkte gelten die §§ 327 ff. BGB. Diese beinhalten gem. § 327 I BGB Vorschriften über Verbraucherverträge, welche die Bereitstellung digitaler Inhalte oder digitaler Dienstleistungen durch den Unternehmer zum Gegenstand haben. In § 327 II BGB werden Legaldefinitionen zu den beiden Begriffen „digitale Inhalte" und „digitale Dienstleistungen" vorgenommen.

Digitale Inhalte sind Daten, die in digitaler Form erstellt und bereitgestellt werden. Digitale Dienstleistungen sind Dienstleistungen, die dem Verbraucher die Erstellung, die Verarbeitung oder die Speicherung von Daten in digitaler Form oder den Zugang zu solchen Daten ermöglichen oder die gemeinsame Nutzung der vom Verbraucher oder von anderen Nutzern der entsprechenden Dienstleistung in digitaler Form hochgeladenen oder erstellten Daten oder sonstige Interaktionen mit diesen Daten ermöglichen. Zusammengefasst fallen

---

[206] BGH, Urt. v. 20.01.1983 – VII ZR 105/81 = BGHZ 86, 284, 297.

[207] BGH, Urt. v. 11.10.1084 – VII ZR 248/83 = NJW 1985, 852; BGH, Urteil vom 23.01.2013 – VIII ZR 100/12.

[208] BGH, Urt. v. 01.02.1984 – VIII ZR 54/83 = BGHZ 90, 69.

hierunter insbesondere Verträge, welche sich auf die Erstellung und Bereitstellung von Daten in digitaler Form sowie die Verarbeitung und Speicherung von Daten in digitaler Form beziehen. Damit fallen beispielsweise Verträge über PC-Softwares, Streaming-Dienste und Cloud-Anbieter in den Anwendungsbereich der §§ 327 ff. BGB.

Liegt ein Verbrauchervertrag über digitale Produkte i. S. d. § 327 I BGB vor, findet auch das Gewährleistungsregime der §§ 327 ff. BGB Anwendung. Aus § 327e BGB ergibt sich dabei, unter welchen Voraussetzungen ein digitales Produkt mangelfrei ist. Mangelfrei ist es demnach, wenn es den subjektiven und objektiven Anforderungen entspricht sowie den Anforderungen an die Integration. In welchen Fällen sodann die soeben genannten Anforderungen gegeben sind, ordnen die § 327e II–IV konkret an. Die Systematik des § 327e BGB gleicht damit dem § 434 BGB.[209]

Liegt ein Mangel vor, richten sich die Rechte des Verbrauchers nach den §§ 327i ff. BGB. Der Verbraucher kann mithin primär Nacherfüllung nach § 327l BGB verlangen. Alternativ kann er den Vertrag beenden nach § 327m BGB oder eine Minderung vornehmen gemäß § 327n BGB, wenn die jeweiligen Voraussetzungen erfüllt sind. Außerdem sind auch Ansprüche auf Schadensersatz nach § 280 I BGB oder § 327m III BGB oder ein Anspruch auf Ersatz vergeblicher Aufwendungen nach § 284 BGB denkbar. Zu beachten ist jedoch, dass die soeben genannten Ansprüche des Verbrauchers aus § 327i BGB grundsätzlich bereits nach zwei Jahren ab Bereitstellung verjähren. Ausnahmen hiervon ergeben sich aus § 327j II–V BGB. Hervorzuheben ist ferner die von § 327k BGB angeordnete Beweislastumkehr. Demzufolge wird grundsätzlich vermutet, dass ein digitales Produkt bereits bei Bereitstellung mangelhaft war, wenn sich der Mangel innerhalb des ersten Jahres zeigt, wie sich aus § 327j I BGB ergibt.

Darüber hinaus trifft den Unternehmer gem. § 327f BGB eine Aktualisierungspflicht. Er muss sicherstellen, dass dem Verbraucher während des Bereitstellungszeitraums bzw. des Zeitraums, den der Verbraucher üblicherweise erwarten kann, Aktualisierungen bereitgestellt werden, welche für den Erhalt der Vertragsmäßigkeit des Produkts erforderlich sind. Der Gesetzgeber legt folglich keine konkrete Dauer für die Aktualisierungspflicht fest. Vielmehr wird diese einzelfallabhängig zu bestimmen sein. Die künftige Rechtsprechung wird deshalb für Konturen sorgen müssen. Außerdem ist der Verbraucher über diese Aktualisierungen zu informieren. Verstößt der Unternehmer gegen die Aktualisierungspflicht, kann dies einen Mangel begründen, obwohl ursprünglich keiner vorlag.

---

[209] Vgl. unten unter „Sachmangelbegriff".

Besonderes Vertragsrecht 3

Nach der Darstellung der Grundsätze zur Begründung, Durchführung und Beendigung von Rechtsverhältnissen, insbesondere von Vertragsverhältnissen schließt sich nun die Aufbereitung des besonderen Schuldrechts an. Als besonderes Schuldrecht werden die §§ 433 ff. BGB bezeichnet, die sich den Sonderregeln für einzelne Vertragsarten und gesetzlichen Schuldverhältnissen widmen.[1] Dem Aufbau des Gesetzes folgend werden zunächst die rechtsgeschäftlichen (vertraglichen) und dann die gesetzlichen Schuldverhältnisse dargestellt.

Die Unterschiedlichkeit der Leistungsinhalte der verschiedenen Schuldverhältnistypen macht diese Spezialregeln notwendig. Das Zusammenspiel von allgemeinem und besonderem Schuldrecht ist teilweise ein Nebeneinander. Teilweise verdrängen die §§ 433 ff. BGB aber auch die allgemeinen Regeln, wenn sie eine Fragestellung abschließend behandeln. So kann etwa der Käufer einer beweglichen Sache nach § 438 II BGB binnen zwei Jahren seine Gewährleistungsansprüche geltend machen. Der Verkäufer kann dagegen binnen drei Jahren zum Jahresende nach den §§ 195, 199 BGB seinen Kaufpreis einfordern.

3.1 Kaufvertrag

Der Kaufvertrag ist nach § 433 BGB ein auf den einmaligen Leistungsaustausch gerichteter zweiseitiger Vertrag. Der Verkäufer verpflichtet sich zur mangelfreien Übereignung der Kaufsache, der Käufer muss den Kaufpreis bezahlen und die Sache abnehmen. Diese Pflichten stehen im Gegenseitigkeitsverhältnis, sind also abhängig voneinander. Gegenstand eines

---

[1] Zur Vertiefung: Looschelders (2023); Metzler-Müller und Mörlen (2023); Lorenz und Riehm (2002); Musielak und Hau (2023); Brox und Walker (2024a, b); Medicus und Lorenz (2021); Tonner (2021); Fikentscher und Heinemann (2006); Oechsler (2007); Löhnig (2009), Waltermann und Söllner (2021).

Kaufvertrages können neben Sachen nach § 453 BGB auch Rechte oder sonstige Gegenstände sein, sodass grundsätzlich alle Rechtsobjekte veräußerbar sind. Der Abschluss des Kaufvertrages erfolgt grundsätzlich formfrei. Nur bei Grundstücksgeschäften ist die notarielle Beurkundung gemäß § 311b BGB erforderlich, um eine Formnichtigkeit zu vermeiden.

Der Kaufvertrag ist ein rein schuldrechtliches Geschäft.[2] Nach dem Trennungs- und Abstraktionsprinzip wird durch den Vertrag nur ein Verpflichtungsgeschäft begründet. Die Parteien erhalten nur Ansprüche gegeneinander, die Eigentumslage wird durch den Vertrag selbst nicht verändert. Die Erfüllung der Leistungspflichten (Übereignung gegen Zahlung) wird mittels einzelner Verfügungen nach den sachenrechtlichen Grundsätzen der §§ 873 ff., 929 ff. BGB durchgeführt.[3] Bei beweglichen Sachen sind nach § 929 BGB Einigung und Übergabe, bei Immobilien nach § 873 BGB Einigung und Eintragung ins Grundbuch erforderlich.

Fallbeispiel

A kauft mit Vertrag vom 13.05.2024 ein Auto von B. Zahlung und Übergabe sollen am 01.06.2024 erfolgen. Als B das Auto nicht vereinbarungsgemäß übergibt, behauptet A, dass er nun aufgrund des Kaufvertrages Eigentümer sei und will das Auto mitnehmen. Dies ist jedoch nicht zutreffend, da das Auto zunächst von B nach § 929 BGB übereignet werden muss. Wenn B das verweigert, muss A sein Recht auf Übereignung auf dem Rechtsweg durchsetzen. ◄

3.1.1 Sach- und Rechtsmangel

Der Verkäufer ist verpflichtet, die Kaufsache mangelfrei zu übereignen. Es kommt also nicht nur auf die Übereignung als solche, sondern genauso auf die Mangelfreiheit der Sache an. Liegt ein Mangel der Kaufsache vor, kann der Käufer die Gewährleistungsrechte des § 437 BGB geltend machen.

Die Mangelfreiheit richtet sich nach den §§ 434 f. BGB. Die Kaufsache muss frei von Sach- und Rechtsmängeln sein. Ferner sind je nach Art des Kaufvertrages bestimmte Nebenpflichten zu erfüllen, die sich entweder aus dem Gesetz oder auch aus dem Vertrag selbst heraus ergeben.

3.1.2 Rechtsmangel

Die Kaufsache muss nach § 435 BGB im Zeitpunkt der Eigentumsverschaffung frei von Rechtsmängeln sein. Rechtsmängel sind alle Rechte Dritter in Bezug auf die Kaufsache. Solche Rechte können öffentlicher oder privater Natur sein. Auch ein fälschlich im Grund-

---

[2] Zum Mindestvertragsinhalt ausführlich BGH, Urt. v. 07.02.2006 – KZR 24/04 = MDR 2006, 1337.
[3] Siehe dazu später unter Abschn. 5.1.

buch eingetragenes Recht ist ein Rechtsmangel, da ein Dritter auch aus einer falschen Grundbucheintragung Rechte herleiten kann. Entscheidend für das Vorliegen eines Rechtsmangels ist, dass ein Dritter das Eigentum, den Besitz oder die unbeschränkte Ingebrauchnahme des Kaufgegenstandes beeinträchtigen kann. Eine scharfe Abgrenzung vom Rechts- zum Sachmangel ist jedoch entbehrlich, da die Rechtsfolgen nach § 437 BGB identisch sind.

Fallbeispiel

A erwirbt von B ein Grundstück. Nach ordnungsgemäßer Durchführung des Kaufs stellt sich heraus, dass die Gemeinde X einen Teil des Grundstücks als Bestandteil eines Straßengrundes für einen Fuß- und Radweg beanspruchen kann. Dieses Recht der Gemeinde X stellt einen Rechtsmangel der Kaufsache dar. ◄

3.1.3 Sachmangel

Wesentlich häufiger und damit für die Praxis wichtiger ist das Vorliegen eines Sachmangels. Die Kaufsache ist nach § 434 I BGB dann frei von Sachmängeln, wenn sie bei Gefahrübergang den subjektiven Anforderungen, den objektiven Anforderungen sowie den Montageanforderungen entspricht.[4] Die genannten Voraussetzungen müssen dem Wortlaut der Norm nach kumulativ vorliegen. Es kann mithin zu Konstellationen kommen, bei denen eine Kaufsache mangelhaft ist, wenngleich sie der vereinbarten Beschaffenheit entspricht.

Eine Kaufsache entspricht nach § 434 II BGB den subjektiven Anforderungen, wenn sie die vereinbarte Beschaffenheit hat, sich für die nach dem Vertrag vorausgesetzte Verwendung eignet und mit dem vereinbarten Zubehör und den vereinbarten Anleitungen, einschließlich Montage- und Installationsanleitungen, übergeben wird. Im Vordergrund steht hierbei also das zwischen den Vertragsparteien „Vereinbarte". Auch diese Voraussetzungen müssen kumulativ gegeben sein. Im Vergleich zum alten Kaufrecht bis zum Jahre 2021 lässt sich der Norm damit kein Vorrang der Beschaffenheitsvereinbarung mehr entnehmen.

In welchen Fällen die objektiven Voraussetzungen vorliegen, legt sodann der § 434 III BGB fest. Die objektiven Voraussetzungen sind ausdrücklich dispositiv ausgestaltet. Sie können demnach durch Parteivereinbarung abbedungen werden. Ansonsten gilt, dass die Kaufsache sich vor allem für die gewöhnliche Verwendung eignen muss und der üblichen Beschaffenheit zu entsprechen hat. Die Üblichkeit richtet sich hierbei nach der Branche, dem Produkt und den Angaben des Verkäufers.

Sofern die Kaufsache einer Montage bedarf, müssen auch die Anforderungen des § 434 IV BGB erfüllt sein. Eine Montage durch den Verkäufer muss demnach sachgemäß durchgeführt worden sein. Ist die Montage demgegenüber vom Käufer selbst durchgeführt worden, so liegt kein Sachmangel vor, wenn die Montage nicht gerade auf einer fehlerhaften, vom Verkäufer übergebenen Anleitung beruht.

---

[4] Instruktiv BGH, Urteil vom 10.04.2024 – Az. VIII ZR 161/23.

Im Übrigen steht es nach § 434 V BGB einem Sachmangel gleich, wenn der Verkäufer eine andere als die vertragliche Sache liefert (sog. Aliud-Lieferung).

Ist Gegenstand des Kaufvertrages eine Ware mit digitalen Elementen, so ist außerdem der § 475b BGB zu beachten. Eine derartige Ware (z. B. Software) muss danach zusätzlich den Installationsanforderungen entsprechen.

3.1.3.1 Gefahrübergang

Der entscheidende Zeitpunkt für das Vorliegen der Sachmangelfreiheit ist der sog. Gefahrübergang. Liegen vor dem Gefahrübergang Mängel vor oder treten diese zu einem späteren Zeitpunkt auf, ist das für die Gewährleistungsrechte irrelevant. Die exakte Bestimmung des Gefahrübergangs kann daher von entscheidender Bedeutung sein.

Der Gefahrübergang erfolgt nach § 446 S. 1 BGB regelmäßig durch die Übergabe der Kaufsache.[5] Nach § 446 S. 3 BGB steht der Annahmeverzug der Übergabe gleich. Wird die Kaufsache versendet, tritt der Gefahrübergang gemäß § 447 BGB mit der Abgabe der Sache an den Transporteur ein.

Der Mangel muss im Zeitpunkt des Gefahrüberganges wenigstens so weit vorhanden sein, dass er in der Sache selbst bereits angelegt ist. Er muss noch nicht offen zu Tage getreten sein, es reicht das Vorliegen der Mangelursache im Kaufgegenstand.

Fallbeispiel

A erwirbt von B einen LKW. Der LKW hat bei Übergabe einen nicht zu erkennenden Riss im Motorblock. Der LKW wird von A ordnungsgemäß in Betrieb genommen und fährt mehrere Monate einwandfrei. Als dann der Motorblock aufgrund des Risses zerstört wird, kann A sich auf die Mangelhaftigkeit des LKW berufen und seine Gewährleistungsrechte geltend machen, da der Mangel bereits bei Gefahrübergang in der Kaufsache angelegt war. ◄

3.1.3.2 Neben- und Schutzpflichten

Auch die Verletzung von Neben- und Schutzpflichten gemäß § 241 II BGB stellt einen Sachmangel dar. Welchen Inhalt solche Pflichten haben, ergibt sich zunächst unmittelbar aus dem Vertrag. Dort können Transportart, Versicherung, Verpackung o. Ä. in bestimmter Art und Weise vertraglich geschuldet sein. Wird diese Verpflichtung nicht erfüllt, liegt ein Sachmangel vor. Wenn vertraglich dagegen nichts vereinbart ist, wird im Hinblick auf die Schuldart (etwa Schickschuld) auf den Pflichtenkatalog des § 241 BGB abgestellt.[6]

---

[5] BGH, Urt. v. 24.11.1995 – V ZR 234/94 = NJW 1996, 586, 587.
[6] Vgl. dazu bereits unter Abschn. 2.1.8.

3.1.4 Gewährleistungsrechte

Ist die Kaufsache mangelhaft übergeben worden, stehen dem Käufer die Sachmangelgewährleistungsrechte nach § 437 BGB zu, wenn er den Sachmangel bei Vertragsschluss nicht nach § 442 BGB kennt. Dies gilt trotz einer Haftungsfreizeichnung (etwa in AGB) auch dann, wenn der Verkäufer den Mangel nach § 444 BGB arglistig verschwiegen oder eine Garantie übernommen hat.

Nach dem zweistufigen Gewährleistungsrecht des § 437 BGB kann der Käufer primär Nacherfüllung verlangen. Wenn der Verkäufer dies verweigert oder die Nacherfüllung nicht gelingt, kann der Käufer sekundär vom Vertrag zurücktreten oder den Kaufpreis mindern. Unabhängig von den eben genannten Rechten kann Schadensersatz nach den §§ 280 ff. BGB verlangt werden.

3.1.4.1 Nacherfüllung

Das Mängelgewährleistungsrecht ist primär auf die Erfüllung der kaufvertraglichen Verpflichtung ausgerichtet. Deshalb ist der Käufer zunächst nach § 437 Nr. 1 BGB darauf verwiesen, nach § 439 BGB Nacherfüllung zu verlangen. Nacherfüllung beinhaltet die Nachbesserung der Kaufsache oder die Lieferung einer neuen Sache nach Wahl des Käufers. Die Kosten der Nacherfüllung einschließlich Transport etc. trägt der Verkäufer nach § 439 II BGB.[7] Der Käufer kann auch einen Transportkostenvorschuss verlangen.[8]

Das Wahlrecht des Käufers findet seine Grenze jedoch in § 439 IV BGB, wonach der Verkäufer die gewählte Nacherfüllungsart verweigern darf, wenn dadurch unverhältnismäßige Kosten im Vergleich zur anderen Art der Nacherfüllung eintreten würden. Der Erfüllungsort der Nacherfüllung ist regelmäßig der Ort der Niederlassung des Verkäufers entsprechend § 269 BGB.[9]

Infolge der am 01.01.2018 in Kraft getretenen Kaufrechtsänderung trifft den Verkäufer nach § 439 III 1 BGB im Rahmen der Nacherfüllung außerdem eine Kostentragungspflicht hinsichtlich des Ausbaus der mangelhaften sowie Einbau der mangelfreien Sache, sofern der Käufer die mangelhafte Sache gemäß ihrer Art und ihres Verwendungszwecks in eine andere Sache eingebaut oder an eine andere Sache angebracht hat.

3.1.4.2 Rücktritt

Das Recht zum Rücktritt vom Kaufvertrag ist nach § 437 Nr. 2 BGB nachrangig zur Nacherfüllung. Nur unter den Voraussetzungen der §§ 440, 323, 326 V BGB kann der Rücktritt erklärt werden. Danach ist der Verkäufer zunächst unter Setzung einer angemessenen Nach-

---

[7] Bei Verbrauchsgüterkaufverträgen waren auch vor 2018 bereits Ein- und Ausbaukosten umfasst, BGH, Urt. v. 21.12.2011 – VIII ZR 70/08 = NJW 2012, 1073; anders seinerzeit hingegen bei sonstigen Kaufverträgen, BGH, Urt. v. 17.10.2012 – VIII ZR 226/11.
[8] BGH, Urteil vom 19.07.2017 – VIII ZR 278/16.
[9] BGH, Urt. v. 13.04.2011 – VIII ZR 220/10 = MDR 2011, 775; BGH, Urt. v. 01.07.2015 – VIII ZR 226/15 = BB 2015, 2384 mit Anmerkung Otz.

frist zur Nacherfüllung aufzufordern. Erst nach erfolglosem Ablauf dieser Frist kann der Rücktritt erklärt werden. Die Länge der Frist muss nicht ausdrücklich erklärt werden. Hierfür reicht es aus, dass der Käufer sein Nacherfüllungsverlangen am Erfüllungsort klar zu erkennen gibt und sich daraus eine angemessene Handlungsfrist für den Verkäufer ergibt.[10]

Ausnahmsweise kann die Fristsetzung nach den §§ 323 II, 440 BGB entbehrlich sein. Verweigert der Verkäufer ernsthaft und endgültig die Leistung, braucht der Käufer keine Frist mehr zu setzen, da dies eine bloße Förmelei wäre. Eine solche Verweigerung muss jedoch ausdrücklich und eindeutig zum Ausdruck kommen.[11]

> **Fallbeispiel**
>
> A hat bei B einen iPod gekauft, dessen Speicher nicht ordentlich arbeitet. Als B dies dem A mitteilt, lehnt der jede Gewährleistung ab und behauptet, B hätte das Gerät selber beschädigt. Da A die Leistung nach § 323 II Nr. 1 BGB ernsthaft und endgültig verweigert, muss B keine Frist zur Nacherfüllung setzen, sondern kann sofort den Rücktritt erklären. ◀

Die Fristsetzung ist auch entbehrlich, wenn die Leistung bei einem Fixgeschäft nach § 323 II Nr. 2 BGB nicht termingerecht erbracht wird. In diesem Fall hat der Käufer ersichtlich kein Interesse mehr an der Leistung, wenn sie zu spät erbracht wird. Ein solches Fixgeschäft liegt aber nur vor, wenn dies ganz klar und deutlich so vereinbart wurde. Im Wirtschaftsleben sind hierfür Formulierungen wie fix, prompt, genau o. Ä. gebräuchlich.

> **Fallbeispiel**
>
> Die A-AG bestellt Stahlplatten bei der B-AG zur Weiterverarbeitung in ihrer Maschinenproduktion. In der Bestellung wird ausdrücklich angegeben, dass die Platten „fix" am 25.04.2022 zum Werk Hamburg geliefert werden müssen, um dort sofort weiterverarbeitet zu werden. Die A-AG bestätigt, liefert jedoch nicht vertragsgemäß. ◀

Da die meisten denkbaren Fallkonstellationen nach § 323 II Nr. 3 BGB durch das Fixgeschäft abgedeckt sein dürften, kommt dieser Auffangregel in der Praxis keine Bedeutung zu.

Der dritte Fall einer Entbehrlichkeit der Fristsetzung ergibt sich aus § 440 BGB bei einem Fehlschlagen der Nacherfüllung. Grundsätzlich hat der Verkäufer das Recht, die Nacherfüllung zweimal durchzuführen (Recht zur zweiten Andienung), wenn sie nicht unzumutbar wegen des hohen Aufwandes ist.[12] Die Nacherfüllung schlägt spätestens dann fehl, wenn sie zweimal erfolglos versucht wurde. Diese Regelung kann jedoch im unternehmerischen Rechtsverkehr abbedungen werden, sodass oftmals auch eine abweichende Anzahl von Nacherfüllungsversuchen vereinbart wird.

---

[10] So zu Recht zu § 281 BGB, Urt. v. 12.08.2009 – VIII ZR 254/08 = MDR 2009, 1329.
[11] BGH, Urt. v. 01.07.2015 – VIII ZR 226/15 = BB 2015, 2384 mit Anmerkung Otz.
[12] Siehe bereits unter Abschn. 3.1.4.1 zu § 439 BGB.

Ist der Mangel der Kaufsache nur ganz unerheblich, ist der Rücktritt jedoch nach § 323 V S. 2 BGB ausgeschlossen. Eine Unerheblichkeit des Mangels ist nach einer umfassenden Abwägung des Einzelfalls zu bestimmen und liegt i. d. R. nicht mehr vor, wenn der Mangelbeseitigungsaufwand einen Betrag von fünf Prozent des Kaufpreises übersteigt.[13] In diesen Fällen verbleibt dem Käufer jedoch das Recht zur Minderung.

3.1.4.3 Minderung

Statt zurückzutreten, kann der Käufer nach § 441 BGB den Kaufpreis mindern. Die rechtlichen Voraussetzungen sind aufgrund der Gesetzesformulierung („statt zurückzutreten") identisch mit denen des Rücktritts. Mit der Erklärung der Minderung wird der Kaufpreis entsprechend der Formel des § 441 III BGB herabgesetzt.[14]

Fallbeispiel

A kauft beim Möbelhaus M einen Tisch. Nach Übergabe stellt der Käufer einige kleinere Beschädigungen fest. Nach erfolgloser Fristsetzung zur Nacherfüllung erklärt A die Minderung, da er den Tisch behalten möchte, aber den Kaufpreis entsprechend herabsetzen will. ◄

3.1.4.4 Schadensersatz

Unabhängig von den sonstigen Gewährleistungsrechten des § 437 BGB kann der Käufer stets Schadens- oder Aufwendungsersatz nach den §§ 437 Nr. 3, 280 ff. BGB verlangen. Wenn ein Sachmangel vorliegt und dadurch Schäden verursacht oder Aufwendungen nutzlos werden, kann der Käufer daher sowohl Nacherfüllung als auch sekundär die Minderung oder den Rücktritt erklären und zusätzlich seinen Schaden nach den §§ 280 ff. BGB geltend machen.

Fallbeispiel

A kauft bei B einen Gabelstapler zur Lieferung in die Werkshalle Bochum. Der Gabelstapler hat einen versteckten Defekt in der Lenkung, sodass A bei Ingebrauchnahme trotz ordnungsgemäßer Handhabung eine Palette Elektronikgeräte beschädigt. A kann nun sowohl Nacherfüllung bezüglich des defekten Staplers als auch Ersatz des Schadens an den Elektrogeräten nach den §§ 437 Nr. 3, 434, 280 I BGB verlangen. ◄

3.1.5 Garantie

Der Verkäufer oder ein Dritter (z. B. Hersteller) kann über die Gewährleistungsrechte des § 437 BGB für bestimmte Beschaffenheiten der Kaufsache eine Garantie übernehmen.

---

[13] BGH, Urt. v. 28.05.2014 – VIII ZR 94/13 = MDR 2014, 883.
[14] Vertiefend BGH, Urt. v. 09.05.1990 – VIII ZR 237/89 = NJW 1990, 2683.

Der Verkäufer oder Dritte muss ausdrücklich erklären, für eine Beschaffenheit besonders einstehen zu wollen. Welchen Inhalt die Garantie im Einzelfall hat, ist anhand der vertraglichen Formulierung zu ermitteln. So kann etwa die Gewährleistungsfrist verlängert werden oder eine Erweiterung des Sachmangelbegriffs beinhalten. Für die Praxis ist es wichtig, eine Garantie von der gesetzlichen Gewährleistung zu unterscheiden.[15]

3.1.6 Verjährung

Für das Kaufvertragsrecht trifft § 438 BGB eine Sonderregel für die Verjährung der Mangelansprüche. Der Kaufpreisanspruch des Verkäufers unterliegt dagegen der allgemeinen Regel der §§ 195 ff. BGB.

Die Verjährungsfrist des § 438 BGB differenziert nach der Art der Kaufsache und des Anspruchs und beginnt mit der Übereignung des Kaufgegenstandes.

Für dingliche Ansprüche, insbesondere solche nach § 985 BGB (Erbbaurecht, Wohnungsrecht o. Ä.), tritt erst nach 30 Jahren Verjährung ein.[16]

Deutlich häufiger kommt es jedoch auf die Frist des § 438 I Nr. 2 BGB an. Danach verjähren Mangelansprüche bei einem Bauwerk oder einer für ein Bauwerk bestimmungsgemäß verwendeten Sache nach fünf Jahren. Dies betrifft sowohl den Kauf einer gebrauchten als auch einer neu hergestellten Immobilie.[17] Auch unterfallen der Fünf-Jahres-Frist alle Baumaterialien, die zur Verwendung in einem Bauwerk vorgesehen sind.

Wenn keine der genannten Regelungen greift, gilt die kaufvertragsrechtliche Auffangfrist des § 438 I Nr. 3 BGB von zwei Jahren. Diese beinhaltet insbesondere den Kaufvertrag über eine bewegliche Sache.

3.1.7 Sonderformen des Kaufvertrages

Abweichend vom genannten Kaufvertragsrecht wurden Sonderregeln für bestimmte Kaufvertragstypen getroffen. Der Gesetzgeber hat aufgrund der Wichtigkeit des Kaufvertrages für das Wirtschaftsleben erkannt, dass dem Rechtsverkehr vielfältige Gestaltungsmöglichkeiten eingeräumt werden müssen. Durch die hohe Flexibilität im wirtschaftlichen Handeln werden jedoch im Rahmen der Privatautonomie über die gesetzlichen Modellformen hinaus ständig weitere Kaufvertragstypen herausgebildet (etwa Finanzierungskauf oder Dauerlieferungsvertrag). Das Gesetz bildet daher die Praxis nur unzureichend ab.

Hinzu kommt, dass zum Schutze des Verbrauchers auf Basis europäischer Vorgaben mit dem sog. Verbrauchsgüterkauf ein Kaufvertragssonderrecht für Verbraucher in den §§ 474 ff. BGB eingeführt worden ist, welches den Massenverkehr im Konsumentengeschäft erheblich beeinflusst.

---

[15] Zum Gewährleistungsausschluss siehe etwa BGH, Urteil vom 10.04.2024 – VIII ZR 161/23.
[16] Zu § 985 BGB s. ausführlich unter Abschn. 3.1.8.
[17] Vgl. BGH, Urt. v. 26.04.2007 – VII ZR 210/05 = NJW 2007, 3275.

3.1.7.1 Kauf auf Probe, Vorkauf, Wiederkauf und Erbschaftskauf

Die §§ 454 ff. BGB beinhalten den Kauf auf Probe, den Vor- und Wiederkauf sowie den Erbschaftskauf.

Beim Kauf auf Probe wird in Ermangelung einer anderen Vertragsabrede nach § 454 BGB der Vertrag unter der Bedingung geschlossen, dass der Käufer die Kaufsache genehmigt. Erst mit Eintreten dieser aufschiebenden Bedingung nach § 158 BGB kommt der Vertrag wirksam zustande. Der Käufer hat also die Möglichkeit, den Kaufgegenstand intensiv in jeder Hinsicht zu überprüfen.[18] Dies muss der Verkäufer nach § 454 II BGB ermöglichen. Der Käufer braucht die Billigung der Kaufsache jedoch nicht ausdrücklich zu erklären, da sein Schweigen innerhalb einer vom Verkäufer gesetzten angemessenen Frist nach § 455 BGB als Zustimmung gilt.

Aus der gegenteiligen Interessenlage des Verkäufers resultiert der Wiederkauf nach § 456 BGB. Danach kann der Verkäufer sich das Recht zum Wiederkauf vorbehalten und den Kaufgegenstand wieder zurück kaufen. Die Konditionen sind in Ermangelung anderer Vereinbarungen die gleichen wie beim Ursprungsvertrag. Sind zwischen Kauf und Wiederkauf Verschlechterungen der Kaufsache eingetreten, haftet der Käufer nach § 457 BGB.

Andererseits kann er jedoch Verwendungen auf die Kaufsache nach § 459 BGB ersetzt verlangen, wenn diese werterhöhend sind.

Das Vorkaufsrecht des § 463 BGB führt selbst zwar noch nicht zum Abschluss eines Kaufvertrages. Ist jedoch eine Kaufsache mit einem solchen Recht belegt, hat der Vorkaufsberechtigte durch sein Vorkaufsrecht das Recht zum Erwerb der Sache. Der Berechtigte kann die Kaufsache zu den gleichen Konditionen erwerben, wie der Verkäufer sie anderweitig zu veräußern beabsichtigte. Dies folgt aus einer zuvor geschlossenen Vereinbarung mit dem Verkäufer. In der Praxis werden Vorkaufsrechte vereinbart, um den Verkauf von Familienunternehmen oder Immobilien an Dritte verhindern zu können.[19]

Das Vorkaufsrecht wird nach § 464 BGB durch Erklärung gegenüber dem Verkäufer ausgeübt.

Fallbeispiel

Die A-GmbH ist Familienunternehmen mit 100 Jahren Tradition. Im Gesellschaftsvertrag ist vereinbart, dass ein Vorkaufsrecht für die übrigen Gesellschafter besteht, wenn ein Gesellschafter seine Anteile veräußern will. Kommt es nun tatsächlich zu einer Veräußerung eines Gesellschaftsanteils an einen Dritten, können die übrigen Gesellschafter die Ausübung des Vorkaufsrechts erklären und in den Kaufvertrag anstelle des ursprünglichen Käufers eintreten. ◄

---

[18] Für die Eignung einer Maschine unter Nutzung gesonderter Vertragsgestaltungen vgl. etwa BGH, Urt. v. 25.05.1970 – VIII ZR 253/68 = WM 1970, 877, 878.
[19] BGH, Urt. v. 25.09.1986 – II ZR 272/85 = NJW 1987, 890, 891.

Gesetzliche Sonderregeln bestehen auch für den Verkauf einer Erbschaft. Dieser sog. Erbschaftskauf nach den §§ 2371 ff. BGB bedarf der notariellen Beurkundung und wird insbesondere in haftungsrechtlicher Hinsicht gesondert auf erbrechtliche Bedürfnisse angepasst.[20]

3.1.7.2 Verbrauchsgüterkauf

Eine herausgehobene Stellung im Kaufvertragsrecht nimmt der europarechtlich[21] geprägte Verbrauchsgüterkauf nach den §§ 474 ff. BGB ein. Durch den Verbrauchsgüterkauf werden Verbraucher im Massengeschäft besonders geschützt.

Ein Verbrauchsgüterkauf liegt nach § 474 BGB vor, wenn ein Unternehmer als Verkäufer mit einem Verbraucher als Käufer einen Kaufvertrag über eine bewegliche Sache schließt. Unternehmer ist nach § 14 BGB jede Person oder Gesellschaft, die ein Geschäft in Ausübung ihrer gewerblichen oder selbstständigen beruflichen Tätigkeit abschließt. Hierfür genügt, dass in eigener Verantwortung für eigene Rechnung gehandelt wird.[22] Folglich sind auch Freiberufler vom Unternehmerbegriff umfasst. Verbraucher sind dagegen nur natürliche Personen, die gerade nicht selbstständig handeln. Entscheidend für die Einstufung als Verbrauchsgüterkauf ist neben den genannten Personeneigenschaften auch die tatsächliche Handlung in der Eigenschaft als Unternehmer bzw. Verbraucher. Gegenstand des Kaufvertrages dürfen nur bewegliche Sachen nach den §§ 90 ff. BGB sein, nicht jedoch Immobilien.

> **Fallbeispiel**
>
> Unternehmer U veräußert seinen privaten Zweitwagen an den Verbraucher V. V behauptet, es handele sich um einen Verbrauchsgüterkauf, und beruft sich auf die §§ 474 ff. BGB. Diese Behauptung ist jedoch unzutreffend, da U selbst als Verbraucher gehandelt hat, weil der PKW in keinerlei Zusammenhang mit seiner geschäftlichen Tätigkeit steht. ◄

Liegt ein Verbrauchsgüterkauf vor, finden die §§ 475 ff. BGB ergänzend zum sonstigen Kaufvertragsrecht Anwendung, der § 447 BGB dagegen ausschließlich nach der Anwendbarkeitsregelung des § 475 II BGB. Dies führt zu drei ganz wesentlichen Verbesserungen im Gewährleistungsrecht für den Verbraucher.

Zum einen werden nach § 476 BGB die zentralen Normen der §§ 433–435, 437 und 439–443 BGB für grundsätzlich zwingend erklärt. Zudem gilt gemäß § 476 I 2 BGB, dass Abweichungen von den objektiven Anforderungen i. S. d. § 434 III BGB möglich sind. Dies darf jedoch nur unter Einhaltung der beiden gesetzlich vorgeschriebenen Voraus-

---

[20] Für eine vertiefte Darstellung ist hier kein Raum, sodass auf die einschlägige Kommentarliteratur verwiesen werden muss.
[21] Richtlinie 1999/44/EG des Europäischen Parlaments und des Rates vom 25. Mai 1999 zu bestimmten Aspekten des Verbrauchsgüterkaufs und der Garantien für Verbrauchsgüter.
[22] Grundlegend zur selbstständigen Tätigkeit BVerfG, Urt. v. 01.03.1979 – 1 BvR 532/77 = BVerfGE 50, 290, 362.

setzungen erfolgen: Der Verbraucher muss vor Abgabe seiner Willenserklärung spezifisch von der Abweichung in Kenntnis gesetzt und jene muss sodann ausdrücklich und gesondert vereinbart werden. Damit soll eine konkludente Erklärung durch den Verbraucher sowie die Nennung der Abweichung in allgemeinen Geschäftsbedingungen verhindert werden.

Im Übrigen gilt, dass der Unternehmer beim Verbrauchsgüterkauf die Sachmangelgewährleistungsrechte nur im Bereich des Schadensersatzanspruchs einschränken kann. Einzig die Verjährung aller Ansprüche aus § 437 BGB kann grundsätzlich bei neuen Sachen auf zwei Jahre, bei gebrauchten Sachen auf ein Jahr reduziert werden.[23]

> **Fallbeispiel**
>
> A ist Gebrauchtwagenhändler und veräußert einen PKW an B. Im Vertragsformular wurde die Formulierung gebraucht, dass für ein verkauftes Fahrzeug Gewährleistung nur für ein halbes Jahr gewährt wird und das Recht zum Rücktritt grundsätzlich ausgeschlossen ist. A erklärt den Rücktritt nach zweimaliger erfolgloser Nacherfüllung. Die Erklärung ist wirksam, da die vertraglichen Vereinbarungen wegen Verstoßes gegen § 475 BGB unwirksam sind. ◄

Zum zweiten ordnet § 477 BGB eine Beweislastumkehr für das Vorliegen von Mängeln an. Aus § 477 BGB folgt zwingend,[24] dass den Unternehmer im Streitfall die Beweislast für die Mangelfreiheit der Kaufsache bei Gefahrübergang trifft, wenn der Mangel sich innerhalb des ersten Jahres danach gezeigt hat.[25] Diese Regelung fußt auf dem Gedanken, dass der Unternehmer die Mangelfreiheit bei Gefahrübergang besser nachvollziehen kann als der Verbraucher, dem ansonsten nur ein zeit- und kostenträchtiger Weg über sachverständige Feststellungen bliebe.[26] Diese Beweislastumkehr greift nur dann nicht, wenn sie mit der Art der Sache oder des Mangels unvereinbar ist. Dies ist etwa bei verderblichen Waren oder auftretenden Erkrankungen von Tieren der Fall. Den Käufer trifft in jedem Fall die Pflicht darzulegen und erforderlichenfalls zu beweisen, dass sich an der Kaufsache innerhalb von zwölf Monaten nach Übergabe eine Mangelerscheinung gezeigt hat.[27]

> **Fallbeispiel**
>
> A erwirbt bei der B-GmbH einen Laptop. Dessen Grafikkarte ist nach vier Monaten defekt. Die B-GmbH verweigert jede Gewährleistung, weil das Gerät bei Gefahrübergang mangelfrei gewesen sei. A erhebt daraufhin Klage beim zuständigen Gericht. Bei Gericht muss nun die B-GmbH die Mangelfreiheit nachweisen. A braucht nichts weiter zu tun, als den defekten Zustand des Laptops zum Zeitpunkt der Mangelanzeige darzulegen. ◄

---

[23] BGH, Urt. v. 18.11.2020 – VIII ZR 78/20.
[24] BGH, Urt. v. 05.10.2005 – VIII ZR 16/05 = BGHZ 164, 196, 206.
[25] BGH, Urt. V. 12.1.2016 – VIII ZR 103/15.
[26] BGH, Urt. v. 11.07.2007 – VIII ZR 110/06 = NJW 2007, 2619, 2620.
[27] BGH, Urt. vom 30.09.2020 – VIII ZR 48/18.

Drittens gelangt § 447 I BGB nach § 475 II BGB i. d. R. nicht zur Anwendung. Das hat zur Folge, dass die Gefahr des zufälligen Untergangs und der zufälligen Verschlechterung der Sache nicht bereits mit der Absendung, sondern erst mit der Übergabe gem. § 446 S. 1 BGB auf den Käufer übergeht.[28]

Fallbeispiel

Unternehmer A verkauft an Verbraucher B einen Fernseher und versendet diesen an den Wohnsitz des B. Auf dem Transport wird der Fernseher durch Zufall beschädigt. Da der Fernseher noch vor der Übergabe beschädigt worden ist, erhielt B im Zeitpunkt des Gefahrübergangs i. S. v. § 446 BGB einen mangelhaften Fernseher, sodass ihm die Rechte des § 437 BGB zustehen. ◂

Die Position der Verbraucher wird zudem durch § 475d BGB gestärkt. Dies hat vor allem zur Folge, dass bereits ab Mitteilung des Mangels durch den Verbraucher an den Unternehmer eine fiktive Frist für die Nacherfüllung beginnt. Damit ist vielfach kein ausdrückliches Nacherfüllungsverlangen notwendig.

3.1.7.3 Verbrauchsgüterkaufverträge über Waren mit digitalen Elementen

Für Verbrauchsgüterkaufverträge über Waren mit digitalen Elementen[29] gelten die Regelungen der §§ 475b, 475c und § 475e BGB. Nach § 327a III 1 BGB sind Waren mit digitalen Elementen solche, die in einer Weise digitale Produkte enthalten oder mit ihnen verbunden sind, sodass die Waren ihre Funktionen ohne diese digitalen Produkte nicht erfüllen können. Hierunter fallen damit insbesondere Smart-Home-Geräte wie etwa Saugroboter sowie Smartphones und Tablets.

Handelt es sich um einen Kaufvertrag, der das Bereitstellen einer Ware mit digitalen Elementen durch den Unternehmer selbst oder einen Dritten zum Gegenstand hat, bestimmt § 475b BGB unter welchen Voraussetzungen ein Sachmangel vorliegt. Es handelt sich hierbei um eine Erweiterung des Sachmangelbegriffs aus § 434 BGB.[30] Wie bei Verbraucherverträgen über digitale Produkte trifft den Unternehmer auch hier eine Aktualisierungspflicht.[31] Kommt er dieser nicht nach, kann gem. § 475b IV Nr. 2 BGB das Vorliegen der objektiven Anforderungen unter Umständen verneint und die Mangelhaftigkeit der Ware bejaht werden. Die konkrete Dauer der Aktualisierungspflicht ist hierbei ebenfalls abhängig von den individuellen Gegebenheiten des Einzelfalls. In der Praxis ist darauf zu achten, dass der Verkäufer zumeist nicht der Hersteller bzw. Entwickler der Ware ist. Ihm wird es deshalb schwerfallen, die erforderlichen Aktualisierungen zu stellen. Vertragliche Vereinbarungen im Hinblick auf

---

[28] Vgl. BT-Drs. 14/6040, 243 zum Übergang der Preisgefahr nach dem Grundsatz des § 446 BGB.
[29] Nicht zu verwechseln mit dem Begriff der „digitalen Produkte" i.S.d. §§ 327 ff. BGB n.F.; s.o. unter „Verbraucherverträge über digitale Produkte".
[30] S.o. unter „Sachmangel".
[31] Vgl. oben unter „Verbraucherverträge über digitale Produkte".

die Aktualisierungen der Waren zwischen dem Verkäufer und dem Hersteller werden dies regeln müssen. Im konkreten Kaufverhältnis kann daher in Einzelfällen auch eine subjektive Unmöglichkeit gem. § 275 I BGB oder eine Leistungsbefreiung gem. § 275 II BGB vorliegen.

§ 475e BGB enthält ferner Sonderbestimmungen für die Verjährung bei Verbrauchsgüterkaufverträgen über Waren mit digitalen Elementen. Hierbei wird vor allem nach § 475e II BGB der Aktualisierungspflicht aus § 475b BGB Rechnung getragen. Ansprüche, welche auf eine Verletzung der Aktualisierungspflicht fußen, verjähren demzufolge erst ein Jahr nach dem Ende des Zeitraums, in dem die Aktualisierungspflicht bestand. Der konkrete Eintritt der Verjährung ist folglich einzelfallabhängig.

3.1.8 Eigentumsvorbehalt

Die Leistungspflichten des § 433 BGB stehen im Gegenseitigkeitsverhältnis. Die Zahlung des Kaufpreises erfolgt gegen Übereignung der Kaufsache. Insbesondere im Handelsverkehr tritt der Verkäufer oftmals durch die Übergabe der Waren in Vorleistung. Dies führt zu dem Bedürfnis, den Anspruch auf Kaufpreiszahlung schon mit dem Abschluss des Kaufvertrages hinreichend abzusichern. Gleichzeitig soll die Kaufsache dem Käufer jedoch möglichst schnell zur Nutzung zur Verfügung gestellt werden.

Beim Eigentumsvorbehalt wird gemäß § 449 BGB vertraglich (etwa durch AGB) vereinbart, dass die Kaufsache erst nach vollständiger Kaufpreiszahlung das Eigentum wechseln soll. In Ausführung dieser schuldrechtlichen Vereinbarung erfolgt sachenrechtlich die Übereignung der Kaufsache unter der Bedingung (§ 158 BGB) der vollständigen Kaufpreiszahlung. Dadurch bleibt der Verkäufer bis zur endgültigen Zahlung Eigentümer und hat damit ein Herausgaberecht gegenüber dem Käufer. Dieses kann aber aufgrund der vertraglichen Abrede nur geltend gemacht werden, wenn die Zahlung ausbleibt. Durch diese Abrede erhält der Käufer ein Anwartschaftsrecht auf das Eigentum. Er kann den Eigentumsübergang einseitig durch Zahlung herbeiführen.

> **Fallbeispiel**
>
> Die A-AG veräußert Textilien an die B-GmbH unter Eigentumsvorbehalt. Die B-GmbH zahlt den Kaufpreis nicht und wird zahlungsunfähig. Die A-AG kann nun den Rücktritt erklären und die Textilien herausverlangen, da diese noch in ihrem Eigentum stehen. Ohne den Eigentumsvorbehalt hätte sie nur einen Anspruch auf den Kaufpreis, der jedoch wirtschaftlich wertlos ist, weil er tatsächlich nicht realisiert werden kann. Durch die Rücktrittserklärung wird das Recht zum Besitz für den Käufer beseitigt, sodass der Herausgabeanspruch nach § 985 BGB greift. ◀

Um den Eigentumsvorbehalt den wirtschaftlichen Verflechtungen im Handelsverkehr noch besser anzupassen, wurden in der Praxis verschiedene Formen der Ausdehnung des Eigentumsvorbehaltes entwickelt. Der Eigentumsvorbehalt kann etwa dahingehend vereinbart werden, dass das Eigentum erst mit Zahlung aller Verbindlichkeiten aus der gesamten Geschäftsbeziehung übergehen soll (erweiterter Eigentumsvorbehalt) oder der Eigentumsvorbehalt vom Käufer an dessen Käufer weitergegeben werden muss (weitergeleiteter Eigentumsvorbehalt).

Am weitesten ist der sog. verlängerte Eigentumsvorbehalt entwickelt. Dieser beinhaltet über den einfachen Eigentumsvorbehalt hinaus das Recht für den Käufer, die Kaufsache im Rahmen eines ordentlichen Geschäftsverkehrs weiterzuverarbeiten oder weiterzuveräußern.[32] Im Gegenzug lässt der Verkäufer sich bereits bei Kaufvertragsschluss den Kaufpreis aus dem Weiterverkauf oder das Eigentum an der neu entstehenden Sache (bei Weiterverarbeitung) abtreten. Durch diese Konstruktion wird der ordentliche Geschäftsgang nicht beeinträchtigt, der Verkäufer behält jedoch eine größtmögliche Sicherung seiner ursprünglichen Kaufpreisforderung, zumindest dann, wenn er die Abnehmer seines Vertragspartners kennt.

Fallbeispiel

Die A-AG veräußert Bleche unter verlängertem Eigentumsvorbehalt an die B-GmbH. Die Bleche werden an die C-KG weiterveräußert. Die C-KG hat noch nicht bezahlt. Die B-GmbH wird zahlungsunfähig. Nun kann die A-AG von der C-KG Zahlung des Kaufpreises an sich verlangen, weil dieser Anspruch wirksam an sie abgetreten wurde. ◄

3.2 Schenkung und Tausch

Schenkung ist nach § 516 BGB jede unentgeltliche Vermögenszuwendung. Der Schenkung liegt ein zweiseitiger Vertrag zugrunde. Da beide Seiten sich einigen müssen, kann niemand gegen seinen Willen beschenkt werden. Die Schenkung bedarf außerdem nach § 518 I BGB der notariellen Beurkundung. Wird die Form (wie in der Schenkungspraxis zumeist) nicht eingehalten, bleibt die Schenkung dennoch wirksam, wenn sie bereits durchgeführt wurde. Nach § 518 II BGB gilt der Formfehler durch den Vollzug als geheilt. Den Schenker trifft nur eine geringe Haftung. Nur in engen Grenzen kann eine Schenkung zurückgefordert werden.

Ein Tausch wird rechtlich gemäß § 480 BGB nach den Regeln des Kaufvertragsrechts durchgeführt. Die Zahlung des Kaufpreises gemäß § 433 BGB wird durch eine Warenzahlung ersetzt.

Schenkungs-, Tausch- und Kaufverträge werden in der Praxis häufig miteinander vermischt. So werden Kaufverträge etwa im Familienkreis absichtlich zu geringen Preisen abgeschlossen, um dem anderen einen Vermögensteil zukommen zu lassen. In diesen Fällen wird von sog. gemischten Schenkungen gesprochen. Der unentgeltliche Teil des Vertrages wird in solchen Konstellationen nach Schenkungsrecht, der entgeltliche nach Kaufvertragsrecht behandelt.

---

[32] Grundlegend BGH, Urt. v. 23.05.1958 – VIII ZR 434/56 = BGHZ 27, 306, 308.

3.3 Werkvertrag

Gemäß § 631 II BGB ist ein auf die Herstellung oder Veränderung einer Sache gerichteter Vertrag ein Werkvertrag. Der Unternehmer (auch Auftragnehmer) ist zur Herstellung des Werkes verpflichtet, der Besteller (Auftraggeber) schuldet hierfür die Vergütung. Der Begriff des Unternehmers in § 631 BGB ist zu unterscheiden vom Unternehmer nach § 14 BGB. Der Werkunternehmer ist folglich nicht zwingend selbstständig tätig.

Das Werkvertragsrecht findet immer dann Anwendung, wenn ein bestimmter rechtlicher Erfolg Vertragsgegenstand ist.[33] Dieser Erfolg ist das Ergebnis eines Herstellungs- oder Veränderungsprozesses. Anders als beim Kaufvertrag wird nicht nur die bloße Lieferung einer Sache geschuldet. Im Unterschied zum Dienstvertrag nach § 611 BGB wird nicht nur eine Tätigkeit, sondern das Ziel (der Erfolg) der Tätigkeit geschuldet. Beim Arztvertrag handelt es sich daher um einen Dienstvertrag, weil der Arzt nicht die Heilung, sondern nur die Behandlung schuldet. Anders bei einer Autoreparatur: Hier muss die Reparatur erfolgreich, das KFZ also nach § 631 BGB ordnungsgemäß repariert sein. Insbesondere bei Bau-[34] und Reparaturverträgen unterschiedlichster Art kommt daher Werkvertragsrecht zur Anwendung.

Fallbeispiel

A will auf seinem Betriebsgelände eine neue Werkshalle in Betrieb nehmen. Zwei alternative Angebote stehen zur Prüfung: Die B-GmbH bietet den Bau einer Werkshalle an. Die C-GmbH hat eine Fertighalle zur selbstständigen Aufstellung im Angebot. Da beim ersten Angebot der Erfolg der Herstellung geschuldet wird, würde insoweit ein Werkvertrag geschlossen. Das zweite Angebot beinhaltet dagegen einen Kaufvertrag, der nur die Lieferung der Halle zum Gegenstand hat. ◀

3.3.1 Abnahme und Vergütung

Hat der Werkunternehmer das Werk vollständig hergestellt, fordert er die Vergütung. Die Fälligkeit der Vergütung hängt jedoch von der Durchführung einer Abnahme nach § 641 BGB (für nicht körperliche Werke gilt § 646 BGB) ab.[35] Abnahme ist das billigende Hinnehmen des Werkes als im Wesentlichen vertragsgemäß.[36] Hierzu ist der Besteller nach

---

[33] BGH, Urt. v. 16.07.1998 – VII ZR 350/96 = BGHZ 139, 244.
[34] Für Bauverträge steht die Vergabe- und Vertragsordnung für Bauverträge (VOB/B) zur Verfügung, die abweichend vom BGB bestimmte Sonderregeln beinhaltet. Die VOB/B muss jedoch ausdrücklich vereinbart werden, wenn sie Geltung erhalten soll. Gesetzeskraft entwickelt die VOB/B nur, wenn sie bei öffentlichen Auftraggebern nach den §§ 97 ff. GWB zu beachten ist.
[35] Bei der bei Bauleistungen üblichen Vereinbarung der VOB/B muss zusätzlich eine prüffähige Schlussrechnung erstellt werden, vgl. 14 Nr. 1 S. 1 VOB/B.
[36] BGH, Urt. v. 25.03.1993 – X ZR 17/92 = NJW 1993, 1972.

§ 640 BGB verpflichtet. Die Abnahme kann ausdrücklich oder stillschweigend (etwa durch rügelose Ingebrauchnahme des Werkes) erklärt werden.[37] Um sicherzugehen, kann der Unternehmer den Besteller nach Fertigstellung auch durch Setzen einer angemessenen Frist zur Abnahme auffordern. Verweigert der Besteller die Abnahme im Rahmen dieser Frist ohne Angabe mindestens eines Mangels, gilt jene nach § 640 II S. 1 BGB als durchgeführt, wenn das Werk tatsächlich abnahmefähig hergestellt war.

Handelt es sich bei dem Besteller um einen Verbraucher i. S. d. § 13 BGB, so tritt die Abnahmefiktion gem. § 640 II S. 1 nur dann ein, wenn der Unternehmer den Besteller zusammen mit der Aufforderung zur Abnahme auf die Folgen einer nicht erklärten oder ohne Angaben von Mängeln verweigerten Abnahme hingewiesen hat (§ 640 II S. 2 BGB). Der Hinweis muss dabei in Textform erfolgen.

Die Abnahme kann nach § 640 III BGB auch unter Bezeichnung einzelner Mängel erfolgen. Diese Mängel sind dann von der Abnahme ausgenommen. Wird ohne Mangelrügen abgenommen, verliert der Besteller jedoch seine Gewährleistungsrechte für alle erkennbaren Mängel.

Nur beim Vorliegen wesentlicher Mängel darf die Abnahme verweigert werden. Ob ein Mangel oder eine Mangelgesamtheit unwesentlich ist, ist nach den Umständen des Einzelfalls zu bewerten. Hierbei sind insbesondere die Funktionsfähigkeit des Werkes und die voraussichtlichen Beseitigungskosten zu berücksichtigen. Als Faustformel kann gelten, dass die Abnahme nur verweigert werden darf, wenn die Mangelbeseitigungskosten mehr als 5 % des Auftragswertes ausmachen.

> **Fallbeispiel**
>
> A hat für B Büromobiliar hergestellt und in die Räumlichkeiten des B eingebaut. Nun verlangt er die Vergütung. B wendet ein, dass erhebliche Mängel vorliegen, weshalb die Möbel nicht nutzbar wären. A muss nun darlegen und ggf. im Prozess beweisen, dass die Möbel abnahmefähig hergestellt wurden. Andernfalls kann er (noch) keine Vergütung verlangen. ◄

Die Höhe der Vergütung ergibt sich primär aus der vertraglichen Vereinbarung. Oftmals wurden jedoch keine konkreten Summen vereinbart, sodass nach § 632 II BGB die übliche Vergütung geschuldet wird.[38] Üblich ist die Vergütung, die regional für eine vergleichbare Werkleistung gewöhnlich gewährt wird.[39]

Wurde dem Vertrag ein Kostenvoranschlag vorgeschaltet, muss der Unternehmer bei der voraussichtlichen Überschreitung der Kosten um mehr als 15–25 % eine sofortige Mittei-

---

[37] BGH, Urt. v. 20.09.1894 – VII ZR 377/83 = NJW 1985, 731.
[38] Eine Taxe existiert nur bei hoheitlich bestimmten Preisen, etwa bei Vergütungsordnungen für Ärzte oder Steuerberater.
[39] BGH, Urt. v. 26.10.2000 – VII ZR 239/98 = NJW 2001, 151, 152; dies ist im Zweifel sachverständig (etwa durch Auskunft einer zuständigen Kammer) zu ermitteln.

lung machen.[40] Der Besteller kann dann gemäß §§ 650, 649 BGB kündigen und schuldet nur die bisher angefallene Vergütung für das teilweise vollendete Werk. Kostenvoranschläge selbst sind nach § 632 III BGB nur zu vergüten, wenn dies ausdrücklich vereinbart wurde.

3.3.2 Sachmangelgewährleistung

Nach der Abnahme kann der Besteller die Mängelgewährleistungsansprüche des § 634 BGB geltend machen, wenn das Werk mangelhaft hergestellt wurde. Diese sind auf Nacherfüllung, Selbstvornahme, Minderung und Rücktritt sowie Schadensersatz gerichtet. Voraussetzung dieser Rechte ist, dass das Werk einen Mangel nach § 633 BGB aufweist. Der darin formulierte Begriff des Sach- und Rechtsmangels entspricht der Definition der §§ 434 f. BGB, sodass auf die Ausführungen hierzu verwiesen werden kann.[41]

Vergleichbar zu der kaufrechtlichen Regelung des § 437 BGB statuiert auch § 634 Nr. 1 BGB einen Vorrang der Nacherfüllung. Zur Nacherfüllung kann der Unternehmer nach § 635 BGB auf seine Kosten eine Reparatur vornehmen oder eine neue Sache herstellen.

Nach dem erfolglosen Setzen einer angemessenen Nachfrist zur Nacherfüllung kann der Besteller den Mangel nach § 637 BGB selbst beseitigen oder durch einen Dritten beseitigen lassen. Die Fristsetzung ist nach den §§ 637 II, 323 II BGB bei Fixgeschäften, endgültiger Verweigerung der Nacherfüllung oder deren Fehlschlagen entbehrlich.

Die für die Selbstvornahme erforderlichen Kosten können dann beim Unternehmer geltend gemacht werden. Diese können bereits als Vorschuss verlangt werden, wenn das Recht zur Selbstvornahme besteht und der Besteller erkennbar den Mangel beseitigen lassen will.[42]

Fallbeispiel

A stellt für die B-AG Spezialsoftware für unternehmensinterne Logistik her. Nach der Installation und Inbetriebnahme stellt sich heraus, dass diese mangelhaft ist. Die B-AG lässt den A zweimal nachbessern, eine Fehlerbehebung gelingt jedoch nicht. Nun beauftragt die B-AG die C-KG mit der Fehlerbeseitigung. Die hierfür erforderlichen Kosten kann sie von A nach den §§ 637, 634 Nr. 2, 633, 631 BGB ersetzt verlangen. ◄

Die Rechte zum Rücktritt oder zur Minderung nach § 634 Nr. 3 BGB stehen alternativ zueinander, wie sich aus der Formulierung des § 638 BGB (statt zurückzutreten) ergibt. Beide Rechte haben die gleichen Voraussetzungen. Neben der Mangelhaftigkeit muss wiederum eine angemessene Nachfristsetzung erfolgt sein, falls diese nicht ausnahmsweise nach den §§ 323 II, 636 BGB entbehrlich ist.

---

[40] BGH, Urt. v. 20.11.1986 – VII ZR 360/85 = NJW-RR 1987, 337.
[41] Siehe unter Abschn. 3.1.3.
[42] BGH, Urt. v. 05.05.1977 – VII ZR 36/76 = BGHZ 68, 372.

Nach erfolgter Rücktrittserklärung wird der Vertrag in ein Rückgewährschuldverhältnis nach den §§ 346 ff. BGB umgewandelt. Nach erklärter Minderung wird die Vergütung gemäß § 638 BGB entsprechend dem mangelbedingten Minderwert herabgesetzt.

Unabhängig von den vorgenannten Rechten kann der Besteller nach § 634 Nr. 4 BGB auch Schadens- oder Aufwendungsersatz verlangen, wenn er durch die mangelhafte Ausführung Schäden erlitten oder gerechtfertigte Aufwendungen getätigt hat.[43]

3.3.3 Verjährung

Die Verjährung der Mangelansprüche richtet sich nach § 634a BGB. Danach wird für Bauwerke sowie im Zusammenhang mit der Planung, Überwachung und Herstellung eines Bauwerks stehenden Leistungen eine fünfjährige Frist festgelegt. Bei anderen Werkleistungen verjähren die Gewährleistungsrechte bereits nach zwei Jahren. Die Verjährungsfrist beginnt mit der Abnahme zu laufen.

Der Vergütungsanspruch verjährt dagegen nach den §§ 195 ff. BGB.

3.3.4 Kündigung

Werkverträge können nach § 648 S. 1 BGB vom Besteller jederzeit ohne Angaben von Gründen gekündigt werden. Der Besteller muss jedoch nach § 648 S. 2 BGB die volle Vergütung zahlen. Nur ersparte Aufwendungen können in Abzug gebracht werden. Dies sind insbesondere Kosten für nicht verbrauchtes Material. Auch sind Abzüge zu machen, wenn der Unternehmer die durch die Kündigung freiwerdende Arbeitskraft böswillig nicht anderweitig einsetzt. Da hierfür in der Praxis jedoch nur schwer ein Nachweis durch den Besteller erbracht werden kann, ist das Kündigungsrecht wirtschaftlich oftmals eher nachteilig für ihn.

Der § 648a BGB bietet zudem die Möglichkeit der Kündigung aus wichtigem Grund. Das Kündigungsrecht gem. § 648a BGB steht im Gegensatz zu demjenigen aus § 648 BGB beiden Vertragsparteien zu. Ein wichtiger Grund i. S. d. § 648a BGB liegt vor, wenn der kündigenden Vertragspartei unter Berücksichtigung aller Umstände des Einzelfalls und unter Abwägung der beiderseitigen Interessen ein Festhalten am Vertragsverhältnis bis zur Fertigstellung des Werks nicht zugemutet werden kann. Bei einer Kündigung aus wichtigem Grund hängt die Vergütung des Unternehmers im Übrigen von dessen bis zur Kündigung erbrachten Leistung ab (§ 648a V BGB).

---

[43] Vgl. zum Schadens- und Aufwendungsersatz bereits ausführlich unter Abschn. 2.1.18.

3.3 Werkvertrag

> **Fallbeispiel**
>
> A gibt bei B den Bau eines Hauses in Auftrag. Während der Bauausführung kommt es zu Unstimmigkeiten, A ist mit vielen Teilausführungen nicht zufrieden. Kündigt er den Bauvertrag, muss er die volle vereinbarte Vergütung zahlen, wovon nur nicht verbautes Material und ggf. böswillig nicht anderweitig eingesetzte Arbeitskraft abzuziehen sind. Wirtschaftlicher wäre für A, seine Rechte nach § 634 BGB durchzusetzen, wenn tatsächliche Mängel vorliegen. ◂

3.3.5 Bau-, Architekten- und Ingenieurvertrag

Um dem speziellen Charakter verschiedener Werkvertragsunterformen gerecht zu werden, beinhaltet das BGB noch einige Spezialkapitel zum Werkvertragsrecht. Namentlich handelt es sich hierbei um die Normierung des Bau-, Architekten- und Ingenieursvertragsrechts. Dabei umfassen die §§ 650a–650h BGB den Bauvertrag, während die §§ 650p–650t BGB den Architekten- und Ingenieurvertrag zum Gegenstand haben. Sonderregelungen zum Verbraucherbauvertrag sind außerdem in §§ 650i–650o BGB zu finden.

Verbraucherbauverträge sind Verträge, durch die der Unternehmer von einem Verbraucher zum Bau eines neuen Gebäudes oder zu erheblichen Umbaumaßnahmen an einem bestehenden Gebäude verpflichtet wird. Ein solcher Verbraucherbauvertrag bedarf der Textform, womit für den Verbraucher ein Warn- und Dokumentationszweck verfolgt wird. Liegt ein Verbraucherbauvertrag vor, muss der Unternehmer umfassend über die Leistungen informieren und eine Baubeschreibung liefern. Der Bauvertrag muss zudem verbindliche Angaben zum Zeitpunkt der Fertigstellung des Werks oder, wenn dieser Zeitpunkt zum Zeitpunkt des Abschlusses des Bauvertrags nicht angegeben werden kann, zur Dauer der Bauausführung enthalten. Enthält der Vertrag diese Angaben nicht, werden die vorvertraglich in der Baubeschreibung übermittelten Angaben zum Zeitpunkt der Fertigstellung des Werks oder zur Dauer der Bauausführung Inhalt des Vertrags. Um einen Vertrag mit einem Verbraucher, durch den der Unternehmer zum Bau eines neuen Gebäudes verpflichtet wird, handelt es sich aber nicht, wenn sich der Unternehmer nur zur Herstellung eines einzelnen Gewerks verpflichtet, das im Rahmen des Baus eines neuen Gebäudes zu erbringen ist.[44]

Nach § 650a BGB liegt ein Bauvertrag vor, wenn ein Vertrag über die Herstellung, die Wiederherstellung, die Beseitigung oder den Umbau eines Bauwerks, einer Außenanlage oder eines Teils davon zwischen den Parteien geschlossen wird. § 650b BGB gewährt dem Auftraggeber eines Bauvertrages ein Anordnungsrecht. Demnach ist es ihm gestattet, Maßnahmen anzuordnen, die aus seiner Sicht für die Erreichung des vereinbarten Werkerfolges notwendig sind. Gleichermaßen steht ihm das Recht zu, den vereinbarten Werkerfolg zu ändern. Macht der Besteller Gebrauch von seinem Anordnungsrecht aus § 650b BGB, steht dem Bauunternehmer nach Maßgabe des § 650c BGB jedoch ein zusätzlicher bzw. ein dem

---

[44] BGH, Urteil vom 16.03.2023 – VII ZR 94/22.

Aufwand entsprechend angepasster Vergütungsanspruch zu. Zu beachten ist allerdings, dass der Unternehmer gem. § 650c I S. 2 BGB keine vermehrte Vergütung verlangen kann, wenn die Planung des Bauwerkes oder der Außenanlage Teil seiner Leistungspflicht ist. Bei einer Abnahmeverweigerung des Bestellers sieht § 650g BGB außerdem eine Zustandsfeststellung vor. Demzufolge muss der Besteller auf Verlangen des Bauunternehmers an einer gemeinsamen Zustandsfeststellung mitwirken. Tut er dies nicht, kann der Unternehmer gem. § 650g II S. 1 BGB nach Ablauf einer angemessenen Frist die Zustandsfeststellung auch einseitig vornehmen. Folge der Zustandsfeststellung ist die gesetzliche Vermutung, dass offenkundige Mängel, die nicht in der Zustandsfeststellung aufgelistet sind, erst nach dem Vornehmen jener entstanden sind und vom Besteller zu vertreten sind (§ 650g III BGB).

Per Legaldefinition des § 650p I BGB liegt indes ein Architekten- oder Ingenieurvertrag vor, wenn der Unternehmer dazu verpflichtet wird, Leistungen zu erbringen, die nach dem jeweiligen Stand der Planung und Ausführung des Bauwerks oder der Außenanlage erforderlich sind, um die zwischen den Parteien vereinbarten Planungs- und Überwachungsziele zu erreichen. Folglich sind Beratungs- oder Planungsleistungen außerhalb fest mit dem Boden verbundener Bauwerke nicht von den §§ 650p ff. BGB erfasst (z. B. Gestaltung von Innenräumen). Derartige Leistungen unterfallen – sofern zwischen den Parteien ein konkreter Erfolg vereinbart wurde – weiterhin dem allgemeinen Werkvertragsrecht. Besondere Beachtung ist derweil der Regelung des § 650p II BGB zu schenken, wonach der Unternehmer dem Besteller eine Planungsgrundlage zur Ermittlung wesentlicher Planungs- und Überwachungsziele zusammen mit einer Kosteneinschätzung vorzulegen hat. Es sei denn, die wesentlichen Planungs- und Überwachungsziele wurden bereits zwischen den Parteien vereinbart. Nach Vorlage der Planungsgrundlage steht dem Besteller sodann ein 14-tägiges Sonderkündigungsrecht gem. § 650r I BGB zu. Ebenso hat der Unternehmer nach § 650r II BGB ein Sonderkündigungsrecht, wenn der Besteller entweder die Zustimmung zum Vorhaben verweigert oder innerhalb einer gesetzten Frist nicht auf die Unterlagen reagiert. Sollte es zu einer Kündigung seitens des Auftraggebers oder Architekten/Ingenieurs kommen, hat der Unternehmer gem. § 650r III BGB einen Anspruch auf Vergütung für die bis dahin erbrachten Leistungen. Fernerhin verweist § 650q I BGB u. a. auf § 650b BGB. Entsprechend steht auch dem Auftraggeber eines Architekten- oder Ingenieurvertrages ein Anordnungsrecht zu. Gleichermaßen verweist § 650q I BGB auf § 650g BGB. Der Architekt/Ingenieur kann mithin ebenfalls den Besteller dazu auffordern, an der Zustandsfeststellung mitzuwirken und u. U. einseitig eine solche vornehmen.

3.3.6 Sicherheitsrechte

Da beim Werkvertrag der Unternehmer regelmäßig mit seiner Arbeitskraft und dem Materialaufwand in Vorleistung tritt, stehen ihm gesetzliche Sicherungsrechte für seinen Werklohnanspruch zu.

3.3.6.1 Werkunternehmerpfandrecht

Dies ist zunächst das Werkunternehmerpfandrecht nach § 647 BGB. Davon werden alle Sachen umfasst, die zur Werkherstellung oder Reparatur im Besitz des Unternehmers sind. Das Werkunternehmerpfandrecht ist daher insbesondere dann einschlägig, wenn der Unternehmer Sachen des Bestellers zur Reparatur erhält oder der Unternehmer in seinen eigenen Räumlichkeiten neue Sachen herstellt.[45] Durch das Pfandrecht kann der Unternehmer die in seinem Besitz befindlichen Sachen nach den Grundsätzen des gesetzlichen Pfandrechts nach §§ 1204 ff. BGB verwerten (Versteigerung oder Verkauf)[46] und aus dem Erlös den Werklohn begleichen.

> **Fallbeispiel**
>
> A gibt dem B sein Auto zur Reparatur. Als der Wagen repariert ist, verweigert B so lange die Herausgabe, bis A die Reparaturrechnung bezahlt hat. Zu Recht, wie sich aus § 647 BGB ergibt. Zahlt A noch immer nicht, kann B das Auto versteigern und seine Rechnung aus dem Erlös begleichen. ◄

3.3.6.2 Sicherheiten bei Bauwerken

Bei Bauverträgen ergibt sich oftmals eine für den Unternehmer noch ungünstigere Risikoverteilung. Der Bauunternehmer baut auf einem fremden Grundstück oder an einem fremden Gebäude. Durch die Verbindung seiner Materialien mit dem Grund und Boden bzw. dem vorhandenen Gebäude verliert er nach den §§ 946 ff., 94 ff. BGB sein Eigentum. Wird dann der Besteller zahlungsunfähig, kann der Unternehmer seine berechtigten Forderungen nicht durchsetzen (Insolvenzrisiko).

Um dieses Risiko abzuschwächen, stehen dem Besteller die Sicherungsrechte der §§ 650e, 650f BGB zu.[47] Nach § 650e BGB kann vom Bauunternehmer (am Bau beteiligten Handwerksbetrieb)[48] die Eintragung einer Sicherungshypothek an dem Baugrundstück verlangt werden. Durch die Hypothek erhält der Werkunternehmer das Recht, das Grundstück zu verwerten (i. d. R. durch Versteigerung), um seine Vergütung zu erhalten. Voraussetzung ist aber, dass das Werk gemäß § 650e I S. 2 BGB bereits wenigstens teilweise hergestellt wurde.

Da die Sicherungshypothek wegen der Voraussetzung des Baubeginns und der mit ihrer Grundbucheintragung verbundenen Schwerfälligkeit das Sicherheitsbedürfnis des Unternehmers nur unzureichend deckt, kann er alternativ eine Bauhandwerkersicherung nach § 650 f. BGB geltend machen. Nach § 650f BGB kann der Bauunternehmer die Erbringung einer Sicherheit verlangen, wenn der Besteller nach § 650f VI BGB weder öffentlicher Auf-

---

[45] Weiterführend BGH, Urt. v. 18.05.1983 – VIII ZR 86/82 = BGHZ 87, 274.
[46] Siehe dazu unter Abschn. 5.2.2.
[47] Ausführlich BGH, Urt. v. 10.03.1977 – VII ZR 77/76 = BGHZ 68, 180.
[48] Dies gilt nicht für Subunternehmer oder bloße Lieferanten, vgl. Grüneberg und Sprau (2024), BGB, § 650e, Rn. 3.

traggeber noch ein Verbraucher ist, mit dem ein Verbraucherbauvertrag i. S. v. § 650i BGB oder ein Bauträgervertrag nach § 650u BGB vereinbart wurde. Die Kosten der Sicherheit sind im Rahmen des § 650f III BGB vom Unternehmer zu übernehmen.

Wird die Sicherheit nicht fristgemäß vorgelegt, ist der Unternehmer zur Leistungsverweigerung berechtigt. Die Sicherheit umfasst regelmäßig den Vergütungsanspruch einschließlich Nebenforderungen und wird nach § 650f II BGB durch eine (Bank-)Bürgschaft erbracht.

3.4 Werklieferungsvertrag

Der Werklieferungsvertrag ist eine Mischform von Kauf- und Werkvertrag. Nach § 650 BGB wird das Werkvertragsrecht um kaufvertragsrechtliche Elemente ergänzt, wenn der Werkvertrag neben der Herstellung beweglicher Sachen auch deren Lieferung zum Gegenstand hat. Diese Mischform von Kauf- und Werkvertrag ist im Einzelfall nur schwer abgrenzbar und hat in der Praxis nur eine geringe Bedeutung erlangt.[49] So werden etwa die Lieferung und der Einbau einer Küche noch als Kaufvertrag qualifiziert. Wegen der vergleichbaren Gewährleistungsrechte im Kauf- und Werkvertragsrecht ist die Unterscheidung auch oftmals entbehrlich.

3.5 Zivilmaklervertrag

Der Zivilmaklervertrag kommt zwischen dem Makler und seinem Auftraggeber zustande. Ausgangspunkt für die zivilrechtlichen Maklerverträge sind die §§ 652 bis 655 BGB. Spezialregelungen lassen sich sodann in den §§ 655a ff. sowie im WoVermittG finden. Am bekanntesten dürfte die Rolle des Maklers indes im Immobilienhandel und bei der Mietwohnraumvermittlung sein.

3.5.1 Gegenstand des Maklervertrages

Man unterteilt gem. § 652 Abs. 1 BGB die Tätigkeit des Maklers grundsätzlich in zwei verschiedene Arten: Zum einen kann es sein, dass der Makler lediglich den Nachweis bezüglich der Benennung potenzieller Vertragspartner für ein bestimmtes Objekt erbringen soll (sog. *Nachweismakler*). Zum anderen kann zwischen Makler und Auftraggeber auch eine konkrete Vermittlung vereinbart worden sein (sog. *Vermittlungsmakler*). In dem Fall ist es die Aufgabe des Maklers, die Vertragsverhandlung zwischen Auftraggeber und Interessent zu ermöglichen und so auf den Interessenten einzuwirken, dass es infolgedessen zum Vertragsschluss kommt. Dabei genügt es jedoch, wenn der Makler die Abschlussbereitschaft des Interessenten in

---

[49] Siehe dazu ausführlich BGH, Urteil vom 19.07.2018 – VII ZR 19/18.

3.5 Zivilmaklervertrag

irgendeiner Weise erhöht hat. Die Tätigkeit des Nachweismaklers muss im Übrigen auch zumindest mitursächlich für den letztlichen Vertragsabschluss sein. Der Lohnanspruch des Maklers steht und fällt also mit der Wirksamkeit des Hauptvertrages und setzt eine gewisse Kausalität zwischen der Maklertätigkeit und dem Vertragsabschluss voraus. Zu beachten ist jedoch, dass die gesetzliche Formulierung des § 652 BGB verdeutlicht, dass der Auftraggeber des Maklers durch den Abschluss eines Maklervertrages keinen Anspruch auf das Tätigwerden des Maklers hat. Lediglich der Makler hat gem. § 652 Abs. 1 BGB einen erfolgsabhängigen Provisionsanspruch und gem. § 652 Abs. 2 BGB ggf. einen Anspruch auf Aufwendungsersatz gegen seinen Kunden. Es handelt sich folglich nicht um einen gegenseitigen, sondern vielmehr um einen einseitigen, den Auftraggeber verpflichtenden Vertrag. Dieser muss mithin dem Makler bei Erfolg die Provision in vereinbarter Höhe zahlen. Sofern die Parteien keine konkrete Summe hinsichtlich des Lohnanspruches des Maklers festgelegt haben, schafft § 653 BGB Abhilfe. Für den Makler ergeben sich demgegenüber nur Neben- und Treupflichten.

3.5.2 Verwirkung des Lohnanspruches

Da der Kunde des Maklers keinen Anspruch auf eine Maklertätigkeit hat, kommt den Nebenpflichten des Maklers eine besondere Bedeutung zu und führt bei einer Verletzung häufig zum Verlust der vereinbarten Provision: Der Gesetzgeber hat diesbezüglich konkret den Verlust des Lohnanspruches bei einer vertragswidrigen Doppeltätigkeit des Maklers in § 654 BGB normiert. Darüber hinaus kommt eine Verwirkung insbesondere bei Fällen in Betracht, bei denen der Makler seine Aufklärungs- bzw. Informationspflicht verletzt. Eine Verpflichtung zur Beratung seines Kunden hat der Makler grundsätzlich nicht. Im Zuge der Privatautonomie kommt es im Einzelfall jedoch auf die jeweiligen Umstände und Vereinbarungen zwischen den Parteien an.

3.5.3 Zahlungsgläubiger

In der Praxis ist es in der Vergangenheit regelmäßig dazu gekommen, dass der Wohnraummieter oder der Wohnungs-/Einfamilienhauskäufer die nicht unerhebliche Maklercourtage zahlen musste, obwohl der Vermittlungsauftrag ursprünglich vom Vermieter/Verkäufer stammte. Erklärte sich der Käufer nicht dazu bereit, wurde er schlichtweg aus dem Kreis der Bewerber ausgeschlossen. Im Rahmen einiger Gesetzesnovellen ist dieser Handhabung inzwischen ein Riegel vorgeschoben worden: Aus § 2 Abs. 1a WoVermittG ergibt sich das sog. *Bestellerprinzip* bei Mietwohnungsvermittlungen. Demnach hat derjenige die Maklervergütung zu zahlen, der den Makler beauftragt hat. Bei Wohnungs- und Einfamilienhauskäufen gilt derweil § 656d BGB. Wenn der Makler folglich nur von einer der Kaufvertragsparteien beauftragt wurde, kann die andere Partei maximal zu einer Übernahme i. H. v. 50 % der Gesamtprovision verpflichtet werden. Diese Regelung gilt gem. § 656b BGB allerdings nur, wenn der Käufer ein Verbraucher i. S. v. § 13 BGB ist.

3.5.4 Textform

Bei Maklerverträgen, die den Abschluss eines Wohnraummietvertrages zum Gegenstand haben, fordert das Gesetz gem. § 2 Abs. 1 S. 2 WoVermittG die Textform. Dasselbe gilt gem. § 656a BGB auch für solche Maklerverträge, die sich auf den Kauf von Wohnungen und Einfamilienhäusern beziehen.

> **Fallbeispiel**
>
> Makler M soll für seinen Kunden V, der eine Wohnung verkaufen möchte, einen passenden Käufer finden. Die beiden vereinbaren diesbezüglich mündlich, dass dem M bei erfolgreicher Vermittlung eine Provision in marktüblicher Höhe zusteht. Mangels erforderlicher Textform i. S. d. § 126b BGB (eine einschlägige E-Mail hätte beispielsweise bereits genügt; auch eine strengere Form wie etwa die Schriftform i. S. v. § 126 BGB entspricht den Formerfordernissen) ist der zwischen M und V geschlossene Maklervertrag gem. § 125 S. 1 BGB nichtig. M und V könnten sodann allenfalls bereicherungsrechtliche Ansprüche geltend machen. ◄

3.6 Dienstvertrag

In Abgrenzung zum erfolgsbezogenen Werkvertrag regeln die §§ 611 ff. BGB den Dienstvertrag. Beim Dienstvertrag wird gerade kein rechtlicher Erfolg, sondern nur ein Dienst geschuldet. Der Dienst kann jede Art von Tätigkeit beinhalten und ist nach § 613 BGB persönlich zu erbringen und regelmäßig als Fixschuld zu bestimmten Zeiten ausgestaltet.

Ob im Einzelfall ein Erfolg oder nur ein Dienst geschuldet wird, ist im Zweifel durch Auslegung des Vertragsinhaltes nach den §§ 133, 157 BGB zu bestimmen. Diese Abgrenzung ist in Streitfällen wichtig, weil das Dienstvertragsrecht keine Sachmangelgewährleistung wie das Werkvertragsrecht (§ 634 BGB) kennt.

> **Fallbeispiel**
>
> Die A-AG beauftragt den B mit der Durchführung einer Weiterbildung für Teile ihrer Belegschaft. Gegenstand des Vertrages ist die Vermittlung von Softwarekenntnissen. Hierbei handelt es sich um einen Dienstvertrag, da B zwar nach besten Kräften seine Fortbildungstätigkeit durchführen kann, jedoch die Vermittlung als Erfolg nicht garantieren kann. ◄

Für den Dienstvertrag ergeben sich zwei wesentliche Anwendungsbereiche. Typische Dienstverträge sind zunächst solche Verträge, die (in freien Berufen) selbstständige Tätigkeiten zum Gegenstand haben (etwa Arztverträge, Beratungsverträge oder Handelsvertreterverträge). Zum anderen sind auch Arbeitsverträge Dienstverträge nach § 611 BGB, wie sich aus der gesondert vorgenommenen Legaldefinition des § 611a BGB ergibt. Die nachfolgende Darstellung trägt wegen der überragenden Bedeutung des Arbeitsvertrages dieser Unter-

3.6 Dienstvertrag

scheidung Rechnung und beleuchtet zunächst den auf selbstständig zu erbringende Dienste gerichteten klassischen Dienstvertrag, um anschließend einen kurzen Abriss des Arbeitsvertrages (unselbstständig zu erbringende Leistung) zu geben. Für alle Dienstverträge gilt Formfreiheit, d. h., auch Arbeitsverträge können mündlich oder konkludent geschlossen werden.

3.6.1 Dienstvertrag für selbstständige Leistungspflichten

Der auf die selbstständige Erbringung von Diensten gerichtete Dienstvertrag ist nach den §§ 611 ff. BGB der Grundtyp des Dienstvertrages, aus dem heraus sich das komplexe Arbeitsrecht abgeleitet und vielfach fortentwickelt hat.

3.6.1.1 Leistungspflichten des Dienstvertrages

Beim Dienstvertrag wird der Dienstverpflichtete nach § 611 I BGB zur Leistung der versprochenen Dienste und der Dienstberechtigte (auch Dienstherr genannt) zur Zahlung der vereinbarten Vergütung verpflichtet. Diese Pflichten stehen im Gegenseitigkeitsverhältnis.

Welche Art Dienst zu leisten ist, ergibt sich aus der konkreten vertraglichen Vereinbarung. Dies gilt für die Art, den Umfang und die Zeit der Leistungserbringung genauso wie für alle weiteren Umstände. Soweit die vertragliche Abrede nicht präzise ist, muss auf die Verkehrssitte oder sonstige Gepflogenheiten in der jeweiligen Branche abgestellt werden.[50]

Für die Vergütungspflicht trifft § 612 BGB eine ausdrückliche Regelung, die zunächst jede Art von Dienst als entgeltlich definiert, wenn sie nach den Umständen nur als entgeltlich zu erwarten ist. Ist keine Vergütung vereinbart und keine Taxe[51] vorhanden, wird die übliche Vergütung geschuldet. Üblich ist die für vergleichbare Dienste am gleichen Ort mit Rücksicht auf die persönlichen Verhältnisse gewöhnlich gewährte Vergütung.[52] Die Vergütung ist nach § 614 BGB nach der Leistung fällig. Nimmt der Vertragspartner die nach den §§ 293 ff. BGB angebotene Leistung nicht an, muss er nach § 615 BGB trotzdem leisten, wobei der Dienstverpflichtete von seiner Leistungspflicht frei wird.

3.6.1.2 Beendigung des Dienstvertrages

Dienstverträge sind Dauerschuldverhältnisse, da sie zumeist auf einen bestimmten Zeitraum der Dienstleistung gerichtet sind. Daher werden Dienstverträge durch Kündigung beendet. Das Dienstverhältnis endet auch durch Zeitablauf nach § 620 BGB, wenn bereits vertraglich ein bestimmter abschließender Leistungszeitraum vereinbart wurde. Außerdem endet das Dienstverhältnis nach § 613 BGB durch den Tod des Verpflichteten oder einen zu schließenden Aufhebungsvertrag.[53]

---

[50] Anders beim Direktionsrecht des Arbeitgebers, dazu BAG, Urt. v. 07.12.2000 – 6 AZR 444/09 = NZA 2001, 780.
[51] Siehe bereits unter Abschn. 3.3.1.
[52] Grüneberg und Weidenkaff (2024), BGB, § 612, Rn. 8; die Üblichkeit ist im Streitfall sachverständig zu ermitteln.
[53] Die Schriftform des § 623 BGB ist nur für die Beendigung von Arbeitsverträgen erforderlich.

Eine Kündigung ist eine einseitige empfangsbedürftige Willenserklärung, die nach den §§ 621, 626, 627 BGB zu erklären ist.[54] Eine ordentliche Kündigung kann ohne Grund unter Einhaltung der Fristen des § 621 BGB erfolgen. Bei zeitlich begrenzten Dienstverträgen ist eine ordentliche Kündigung jedoch nur möglich, wenn dies vertraglich ausdrücklich vereinbart wurde.

Eine fristlose Kündigung kann nur aus wichtigem Grund nach den §§ 626, 314 BGB erfolgen. Ein wichtiger Grund ist danach gegeben, wenn Tatsachen vorliegen, die unter Berücksichtigung aller Umstände und Abwägung der beiderseitigen Interessen eine Fortsetzung des Vertragsverhältnisses unzumutbar machen. Hierfür sind wesentliche Verletzungen des Dienstvertrages oder im Zusammenhang damit stehende schwere Verfehlungen (Straftaten) erforderlich. Die Beispiele hierfür sind so vielfältig wie die Gegenstände des Dienstvertragsrechts selbst: Verweigerung der Dienstleistung, Trunkenheit während der Dienstverrichtung, vorsätzliche Beschädigung von Rechtsgütern des Dienstberechtigten usw.

Fallbeispiel

A führt eine EDV-Schulung im Betrieb des B durch. Anlässlich der Schulung erhält A Zugang zum Server des B und lädt dort pornografisches Material aus dem Internet. Darin liegt eine schwere Nebenpflichtverletzung des Dienstvertrages, sodass B zur fristlosen Kündigung berechtigt ist. ◄

3.6.1.3 Pflichtverletzungen

Pflichtverletzungen seitens des Dienstberechtigten liegen zumeist in nicht oder nicht vertragsgemäßer Zahlung der Vergütung. Der Dienstverpflichtete kann hingegen nach allgemeinen Grundsätzen Zahlung verlangen und Verzugsschaden geltend machen sowie ggf. den Vertrag aus wichtigem Grund fristlos kündigen.

Den Anspruch auf Leistung der Dienste kann der Berechtigte als Erfüllungsanspruch dann nicht durchsetzen, wenn der Dienstverpflichtete nach § 616 BGB unverschuldet an der Leistung gehindert war (Hauptanwendungsfall: Krankheit).

Da der Dienstverpflichtete keinen bestimmten Erfolg schuldet, existieren im Dienstvertragsrecht kein Mangelbegriff und damit verbundenen Gewährleistungsrechte. Der Berechtigte kann daher nur im Falle einer sog. Schlechtleistung[55] durch seinen Vertragspartner Schadensersatz nach den §§ 280 ff. BGB verlangen oder den Vertrag außerordentlich kündigen. Eine Schlechtleistung ist jedes negative Abweichen von der vertraglich geschuldeten Leistungspflicht. Im Einzelfall ist dies jedoch schwer nachzuweisen, da die vertraglichen Formulierungen nur selten in der erforderlichen Präzision die Leistungspflicht beschreiben.

---

[54] Siehe Rn. 220.
[55] BGH, Urt. v. 06.06.2002 – III ZR 206/01 = NJW 2002, 2459.

> **Fallbeispiel**
>
> A beauftragt Rechtsanwalt B mit der Vertretung in einem Gerichtsverfahren. Das Verfahren wird verloren. A behauptet nun, der Rechtsanwalt habe das Verfahren schlecht geführt, und verlangt Schadensersatz. Um seinen Anspruch durchzusetzen, muss er darlegen und beweisen, dass der Rechtsanwalt Fehler in der Verfahrensführung gemacht hat, die zum negativen Ausgang des Rechtsstreits geführt haben. ◀

3.6.2 Arbeitsvertrag

Das Arbeitsvertragsrecht bildet wegen seiner Bedeutung für das Wirtschaftsleben und für die einzelnen Arbeitnehmer sowie der daraus folgenden rechtlichen Komplexität ein eigenes Rechtsgebiet. In einer Vielzahl von Gesetzen sind spezielle arbeitsrechtliche Regelungen getroffen, die das Rechtsverhältnis zwischen Arbeitgeber und Arbeitnehmer (oder auch Betriebsräten, Arbeitgeberverbänden etc.) regeln. Hinzu kommen ggf. Tarifverträge und Betriebsvereinbarungen. Eine Darstellung des Arbeitsrechtes muss hier daher auf ganz wenige Grundsätze beschränkt bleiben.[56]

Beim Arbeitsvertrag nach § 611a BGB stehen sich Arbeitgeber und Arbeitnehmer gegenüber. Arbeitgeber ist unabhängig von der Rechtsform jeder, der mindestens einen abhängig Beschäftigten hat. Arbeitnehmer ist jeder, der weisungsgebunden unselbstständige Tätigkeiten auszuführen hat.[57] Das Weisungsrecht kann Inhalt, Durchführung, Zeit und Ort der Tätigkeit betreffen. Weisungsgebunden ist, wer nicht im Wesentlichen frei seine Tätigkeit gestalten und seine Arbeitszeit bestimmen kann. Der Grad der persönlichen Abhängigkeit hängt dabei auch von der Eigenart der jeweiligen Tätigkeit ab. Für die Feststellung, ob ein Arbeitsvertrag vorliegt, ist eine Gesamtbetrachtung aller Umstände vorzunehmen. Die Abgrenzung eines Arbeitnehmers vom selbstständig Tätigen kann folglich im Einzelfall schwierig sein. Hierbei ist entsprechend § 84 HGB etwa darauf abzustellen, ob der Selbstständige in der Wahl des Arbeitsortes und der Zeit frei ist und tatsächlich mehrere Auftraggeber hat. Ist dies nicht der Fall, ist der sog. Scheinselbstständige tatsächlich ein Arbeitnehmer.[58]

---

[56] Zur Vertiefung des Arbeitsrechts muss auf die einschlägige Lehrbuch- und Kommentarliteratur verwiesen werden, s. etwa: Jesgarzewski (2025), Krause (2024), Kramer und Peter (2014), Wien (2009), Wollenschläger et al. (2010), Däubler (2023), Brox et al. (2020), Schade (2010), Junker (2024), Kokemoor und Kreissl (2011), Waltermann und Söllner (2021), Hanau und Adomeit (2007), Preis und Temming (2024), Preis und Greiner (2023), Maschmann und Hromadka (2023), Dütz und Thüsing (2023), Reichold (2022), Otto und Bieder (2020).

[57] Vgl. BSG, Urt. v. 10.10.1978 – 7 RAr 55/77 = BSGE 47, 106.

[58] Grüneberg und Weidenkaff (2024), BGB, vor § 611, Rn. 11b.

> **Fallbeispiel**
>
> A fährt für die Spedition S als sog. freier Mitarbeiter. S ist der einzige Auftraggeber, stellt jeweils den LKW und bestimmt die einzelnen Routen. Bezahlt wird A jedoch nur für tatsächlich geleistete Stunden, Sozialversicherungsbeiträge werden keine gezahlt. Dies ist unzulässig, da tatsächlich ein Arbeitsverhältnis vorliegt. ◄

Für Arbeitsverträge gelten die §§ 611 ff. BGB. Diese werden jedoch durch Tarifverträge, Betriebsvereinbarungen und eine Vielzahl weiterer Gesetze (Entgeltfortzahlungsgesetz, Kündigungsschutzgesetz, Bundesurlaubsgesetz etc.) erweitert oder modifiziert. Für befristete Arbeitsverträge und Teilzeitarbeitsverhältnisse ist das TzBfG zu beachten. Nachfolgend wird in der gebotenen Kürze die grundsätzliche Regelung der §§ 611 ff. BGB dargestellt.

3.6.2.1 Zustandekommen

Arbeitsverträge bedürfen in Ermangelung einer einschlägigen gesetzlichen Regelung keiner Form.[59] Nur eine Befristung von Arbeitsverträgen (Arbeitsverträge auf Zeit) muss schriftlich erfolgen.[60] Wurde ein Arbeitsvertrag geschlossen, kann jedoch nach den allgemeinen Regeln der §§ 119 ff. BGB Nichtigkeit vorliegen. Die Nichtigkeit tritt aber nicht rückwirkend ein, um dem Arbeitnehmer die bereits erworbene Vergütung zu belassen.[61] Wesentliche Nichtigkeitsgründe in der Praxis sind die Anfechtung wegen arglistiger Täuschung oder die Sittenwidrigkeit. Sittenwidrigkeit kann sich aus einer unangemessen niedrigen Vergütung ergeben, die bei weniger als zwei Dritteln des Tariflohns oder des sonstigen ortsüblichen Branchenlohnes angenommen wird (Lohnwucher).

Noch immer umstritten ist die Frage, in welchen Fällen ein Arbeitgeber den Arbeitsvertrag wegen arglistiger Täuschung anfechten kann, wenn ihm während des Einstellungsvorgangs unrichtige Angaben gemacht wurden. So darf der Arbeitgeber nur solche Punkte erfragen, die für den Betrieb von ausschlaggebender Bedeutung sind.[62] Daher darf etwa nach Vorstrafen oder Krankheiten nur gefragt werden, wenn sie einen Bezug zur neuen Arbeit haben und sich auf diese auswirken können. Andernfalls darf der Arbeitnehmer unzulässige Fragen sogar mit einer Lüge beantworten, ohne den Tatbestand der arglistigen Täuschung zu erfüllen.

> **Fallbeispiel**
>
> A fragt die B im Vorstellungsgespräch, ob sie Kinder haben wolle. B verneint. Wenige Monate später teilt sie mit, dass sie nunmehr schwanger sei. Da die Schwangerschaft und ggf. die anschließende Elternzeit nur vorübergehend sind und zur persönlichen Lebensführung gehören, durfte B die Frage bewusst unwahr beantworten, sodass A den Vertrag nicht anfechten kann. ◄

---

[59] Anders Ausbildungsverträge nach § 11 BBiG.
[60] Vgl. § 14 IV TzBfG; wurde die Schriftform nicht gewahrt, s. Arbeitsverhältnis als auf unbestimmte Zeit geschlossen.
[61] Vertiefend BGH, Urt. v. 18.02.1999 – 5 StR 193/98 = NJW 1999, 1485.
[62] BAG, Urt. v. 21.02.1991 – 2 AZR 449/90 = NJW 1991, 2723, 2724.

3.6.2.2 Vertragspflichten

Im Arbeitsverhältnis stehen sich die Arbeitsleistung und die Vergütung als Hauptpflichten gegenüber. Für den Arbeitgeber und den Arbeitnehmer kommt jedoch eine Vielzahl weiterer Pflichten hinzu.

3.6.2.2.1 Pflichten des Arbeitnehmers

Der Arbeitnehmer hat die Arbeitsleistung im Rahmen der Weisungspflicht (Direktionsrecht nach § 106 GewO) des Arbeitgebers zu erfüllen. Der Arbeitgeber kann also im Rahmen der vertraglichen Vereinbarung Arbeitszeit, Arbeitsort sowie den konkreten Arbeitsinhalt bestimmen.

Den Arbeitnehmer trifft zudem eine Treuepflicht, die über die Dauer des Arbeitsverhältnisses hinaus wirkt. Daraus folgt, dass der Arbeitnehmer den betrieblichen Interessen nicht bewusst entgegenwirken darf. Auch ist er verpflichtet, nicht in Wettbewerb zum Arbeitgeber zu treten.[63] Nebentätigkeiten sind zwar grundsätzlich zulässig, dürfen jedoch das Arbeitsverhältnis nicht beeinträchtigen.[64] Auch muss der Arbeitnehmer Verschwiegenheit wahren über Betriebs- und Geschäftsgeheimnisse sowie über die Person des Arbeitgebers oder einen Kollegen betreffende persönliche Informationen. Daraus folgt, dass auch ein sog. Whistleblowing, also die Anzeige betrieblicher Missstände gegenüber Dritten, erst dann erfolgen darf, wenn eine innerbetriebliche Anzeige bei Vorgesetzten erfolglos war.[65] Aus der Treuepflicht folgt ferner die Pflicht, die innerbetriebliche Ordnung (z. B. Rauchverbot) zu wahren und sich kollegial gegenüber Mitarbeitern zu verhalten (kein Mobbing).

Verursacht der Arbeitnehmer Schäden bei der Arbeitsausführung, haftet er nur für grobe Fahrlässigkeit oder Vorsatz, nicht aber bei leichter Fahrlässigkeit (Haftungsprivilegierung wegen möglicherweise existenzvernichtender Schadenshöhe für den Arbeitnehmer). Bei einfacher Fahrlässigkeit sind die Umstände des Einzelfalls zu gewichten, die zu einer Kostenteilung führen können.

3.6.2.2.2 Pflichten des Arbeitgebers

Korrespondierend zur Treuepflicht des Arbeitnehmers steht die Fürsorgepflicht des Arbeitgebers. Hieraus folgt zunächst eine Beschäftigungspflicht, sodass der Arbeitgeber nicht willkürliche Freistellungen aussprechen darf. Auch bei rechtmäßigen Freistellungen muss die Vergütung fortgezahlt werden (nicht aber beim Streik). Die Fürsorgepflicht beinhaltet vor allem aber eine Pflicht zur Abwendung von Schäden gegenüber dem Arbeitnehmer sowie die Verhinderung von Diskriminierungen. Die Schadensabwendungspflicht konkretisiert das Arbeitsschutzrecht und verlangt vom Arbeitgeber insbesondere, alle Gefahrenquellen zu minimieren, denen seine Arbeitnehmer ausgesetzt sein können.[66] Das Verhindern von Diskriminierungen umfasst sowohl das Unterbinden von Einwirkungen von Vorgesetzten als auch von gleichgestellten Kollegen.

---

[63] BAG, Urt. v. 20.09.2006 – 10 AZR 439/05 = NZA 2007, 977.
[64] BAG, Urt. v. 03.12.1970 – 2 AZR 110/70 = DB 1971, 581.
[65] BAG, Urt. v. 07.12.2006 – 2 AZR 400/05 = NJW 2007, 2204.
[66] BAG, Urt. v. 25.05.2000 – 8 AZR 518/99 = NZA 2000, 1052.

3.6.3 Beendigung des Arbeitsvertrages

Das größte Konfliktpotenzial und damit die Mehrzahl der arbeitsgerichtlichen Streitigkeiten resultiert jedoch aus der Frage nach der Rechtmäßigkeit der Beendigung eines Arbeitsverhältnisses.[67]

Ist ein Arbeitsverhältnis wirksam zustande gekommen, endet es durch Verrentung oder Tod des Arbeitnehmers sowie bei Zeitverträgen mit dem Ablauf der Vertragszeit. In vielen Fällen besteht jedoch ein Bedürfnis nach vorzeitiger Beendigung des Arbeitsvertrages. Soll ein Arbeitsverhältnis vorzeitig beendet werden, bedarf es der Kündigung oder eines beiderseitigen Aufhebungsvertrages. Nach § 623 BGB hat dies stets schriftlich zu erfolgen.

Da der Arbeitsplatz der Sicherung der finanziellen Existenz des Arbeitnehmers und ggf. der dazugehörigen Familie dient, hat der Gesetzgeber insbesondere für eine Kündigung durch den Arbeitgeber eine Vielzahl von Normen erlassen. Der Arbeitnehmer kann daher nur in bestimmten Fällen gekündigt werden. Hierfür sind zwei Arten der Kündigung zu unterscheiden, die ordentliche und die außerordentliche Kündigung.[68]

3.6.3.1 Ordentliche Kündigung

Eine ordentliche Kündigung durch den Arbeitnehmer kann stets unter Einhaltung der Fristen des § 622 BGB erfolgen, wobei diese Fristen tarif- oder arbeitsvertraglich auch verändert werden können. Bei arbeitsvertraglich veränderten Fristen ist jedoch ein Gleichlauf von Kündigungen durch den Arbeitnehmer und solchen des Arbeitgebers erforderlich.

Bei Kündigungen durch den Arbeitgeber ist zu unterscheiden: Findet das KSchG keine Anwendung, kann auch der Arbeitgeber mit den Fristen des § 622 BGB[69] ohne Angabe von Gründen kündigen. Greift jedoch das KSchG nach den §§ 1, 23 KSchG, muss die Kündigung sozial gerechtfertigt sein. Dies ist nur bei einer betriebs-, verhaltens- oder personenbedingten Kündigung der Fall. Zudem muss bei einer betriebsbedingten Kündigung eine Sozialauswahl erfolgen, wonach vergleichbare Arbeitnehmer nach Schwerbehinderung, Unterhaltsverpflichtungen sowie Lebensalter und Betriebszugehörigkeit zu bewerten sind. Daraus ergibt sich dann eine Kündigungsauswahl. Zunächst sind diejenigen zu kündigen, deren Schwerbehinderung, Unterhaltsverpflichtungen, Betriebszugehörigkeit und Lebensalter vergleichsweise gering sind.

---

[67] Sog. Kündigungsschutzklagen stellen die deutliche Mehrheit der arbeitsrechtlichen Streitigkeiten dar. Alle Kündigungen können innerhalb von drei Wochen nach Zugang gemäß § 4 KSchG dem Arbeitsgericht zur Prüfung vorgelegt werden.

[68] Beachte auch den Sonderkündigungsschutz für bestimmte Gruppen von Arbeitnehmern, etwa Betriebsräte, Schwerbehinderte, Mütter u. a.

[69] Die Zeiten vor Vollendung des 25. Lebensjahres werden entgegen dem Wortlaut des § 622 II BGB mitgezählt, EuGH v 19.01.2010 – Rs. C-555/07 = NJW 2010, 427.

3.6 Dienstvertrag

Fallbeispiel

Arbeitgeber A unterliegt dem KSchG und kündigt Arbeitnehmer B ordentlich unter Einhaltung der Frist des § 622 BGB. B arbeitet seit 23 Jahren im Vertrieb des Unternehmens zusammen mit 17 weiteren Kollegen, von denen die meisten deutlich jünger sind als er und später in den Betrieb kamen. B ist verheiratet und hat drei Kinder. Da der Arbeitgeber A offensichtlich keine Sozialauswahl durchgeführt hat, ist die Kündigung unwirksam. ◄

Eine Kündigung ist grundsätzlich unzulässig, wenn sie aufgrund eines Betriebsübergangs nach § 613a BGB erfolgt, da das Arbeitsverhältnis in diesen Fällen unverändert mit dem neuen Betriebsinhaber fortgeführt wird.

Fallbeispiel

A veräußert seine B-GmbH an die C-AG. Die C-AG hat jedoch nur für einige Mitarbeiter Verwendung. Um einen guten Kaufpreis zu erzielen, kündigt die B-GmbH daher viele Mitarbeiter zum Zeitpunkt des Verkaufs. Diese Kündigungen sind nach § 613a BGB unwirksam. ◄

3.6.3.2 Außerordentliche Kündigung aus wichtigem Grund

Nach den §§ 626, 314 BGB kann ein Arbeitsverhältnis wie jedes andere Dauerschuldverhältnis auch aus wichtigem Grund fristlos gekündigt werden. Ein wichtiger Grund liegt vor, wenn Tatsachen vorliegen, die eine Fortsetzung des Arbeitsverhältnisses bis zum Ablauf der Kündigungsfrist unter Berücksichtigung der beiderseitigen Interessen unzumutbar machen. Tatsachen sind nur solche Umstände, die beweisbar festgestellt werden können, nicht also Vermutungen oder Meinungen.

Die außerordentliche Kündigung darf nur das letzte Mittel sein und kommt nur bei schwerwiegenden Vertrauensverletzungen in Betracht.[70] Hierzu zählen z. B. Straftaten gegen den Arbeitgeber, vorsätzliche grundlose Arbeitsverweigerung oder die Annahme von Schmiergeldern.

Fallbeispiel

Arbeitgeber A hat den Verdacht, dass B ihn bestohlen hat. B bestreitet den ihm gemachten Vorwurf. Weil A dies jedoch nicht glaubt, kündigt er fristlos aus wichtigem Grund. Diese Kündigung wird vor dem Arbeitsrichter keinen Bestand haben, weil A keine Tatsachen vortragen kann, die die Kündigung rechtfertigen. Der Diebstahl wird nur vermutet. ◄

---

[70] BAG, Urt. v. 11.12.2003 – 2 AZR 36/03 = NZA 2004, 486.

Unwirksame außerordentliche Kündigungen können nach § 140 BGB jedoch regelmäßig in ordentliche Kündigungen umgedeutet werden.

> **Fallbeispiel**
>
> A hat dem B fristlos gekündigt. Im arbeitsgerichtlichen Prozess stellt das Gericht fest, dass kein wichtiger Grund vorliegt. Die außerordentliche Kündigung wird jedoch in eine ordentliche umgedeutet. Da der Betrieb des A nicht dem KSchG unterfällt, endet das Arbeitsverhältnis mit Ablauf der Frist des § 622 BGB. ◄

3.7 Auftrag und Geschäftsbesorgung

Verpflichtet sich eine Person, für einen anderen ein Geschäft zu besorgen, liegen Auftrag und Geschäftsbesorgung vor. Nach den §§ 662 ff. BGB gilt das Auftragsrecht bei Unentgeltlichkeit der Geschäftsbesorgung. Für entgeltliche Geschäftsbesorgungsverträge greifen die §§ 675 ff. BGB.

3.7.1 Auftrag

Ein Auftragsverhältnis ist ein unentgeltlicher zweiseitiger Vertrag. Der Auftraggeber verpflichtet den Beauftragten, eine Geschäftsbesorgung durchzuführen. Dies kann jede Form einer rechtsgeschäftlichen oder tatsächlichen Tätigkeit sein. Entscheidend ist, dass sie nicht in eigenem Interesse, sondern für den Auftraggeber erfolgt. Kein Auftrag liegt ferner vor, wenn nur eine Gefälligkeit des täglichen Lebens ausgeführt wird, da insoweit kein Rechtsbindungswille vorliegt. Die Abgrenzung muss nach den Umständen des Einzelfalls unter Berücksichtigung der Verkehrssitte und Treu und Glauben nach § 242 BGB erfolgen. Für einen Auftrag sprechen oftmals wirtschaftliche Interessen oder erhebliche eigene Aufwendungen des Beauftragten, dagegen spricht familiäre oder freundschaftliche Verbundenheit.

3.7.2 Vertragspflichten

Beim Auftrag ist der Beauftragte nach § 664 BGB persönlich zur Durchführung der Geschäftsbesorgung verpflichtet. Hierbei hat er die Interessen des Auftraggebers zu berücksichtigen und nach dessen konkreter Weisung zu handeln. Nach den §§ 666 f. BGB hat er Auskunft zu erteilen, ggf. Rechenschaft zu legen sowie alles herauszugeben, was er zur oder durch die Geschäftsbesorgung erlangt hat.

Der Auftraggeber hat dagegen keine Hauptpflicht, da die Geschäftsbesorgung unentgeltlich erfolgt. Er muss jedoch auf Verlangen nach den §§ 669 f. BGB die erforderlichen Aufwendungen ersetzen oder hierauf einen Vorschuss zahlen. Aufwendungen sind alle

Vermögensopfer des Beauftragten, also jede Form gezahlter Kosten oder erbrachten Sachmitteleinsatzes, nicht dagegen eingebrachte Zeit oder Arbeitskraft. Erforderlich sind alle Aufwendungen, die aus Sicht des Beauftragten nach sorgfältiger Prüfung aller ihm bekannten Umstände vernünftigerweise zu tätigen sind.[71]

Über den Wortlaut des § 670 BGB hinaus haftet der Auftraggeber nach § 280 BGB auch für Schäden, die dem Beauftragten durch die Ausführung entstanden sind. Diese Haftung wird auf Zufallschäden erweitert, damit der Beauftragte umfassend geschützt wird.[72]

Fallbeispiel

A bittet seinen Freund B, einen beim Spiel auf ein Nachbargrundstück gefallenen Ball wiederzuholen und dafür über einen hohen Zaun zu klettern. Dabei verletzt sich B an dem Zaun. Dieser Schaden ist analog § 670 BGB von A zu ersetzen. ◄

3.7.3 Geschäftsbesorgungsvertrag

Entgeltliche Geschäftsbesorgungen nach § 675 BGB werden vertraglich als eine Mischform von Dienst- oder Werkvertrag unter ergänzender Heranziehung des Auftragsrechts behandelt. Geschäftsbesorgung ist jede selbstständige Tätigkeit wirtschaftlicher Art zur Wahrnehmung fremder Vermögensinteressen.[73] Die Geschäftsbesorgung hätte der Auftraggeber also selbst zu erfüllen und bedient sich eines anderen zur Erledigung seiner Angelegenheiten. Solche Geschäftsbesorgungsverträge sind weit verbreitet und sind etwa Steuer- oder Rechtsberatungsverträge sowie Bank- oder Treuhandverträge.[74] Giro- und Zahlungsverträge werden ausdrücklich nach den §§ 675c ff. BGB geregelt.[75]

Die vertraglichen Pflichten der beteiligten Parteien richten sich daher je nach Gegenstand der geschuldeten Leistung nach den §§ 611 ff. BGB oder den §§ 631 ff. BGB, wobei die §§ 675 ff. BGB die dort genannten Normen des Auftragsrechts zusätzlich zur Anwendung bringen. Dies beinhaltet vor allem die Weisungsabhängigkeit des Geschäftsbesorgers und dessen Verpflichtung zur umfassenden Auskunftserteilung einschließlich der Wahrung der Interessen des Geschäftsherrn als vertragliche Nebenpflicht.

---

[71] Subjektiver Maßstab, vgl. BGH, Urt. v. 19.09.1985 – IX ZR 16/85 = BGHZ 95, 375.
[72] Grundlegend BGH, Urt. v. 07.11.1960 – VII ZR 148/59 = BGHZ 33, 247, 251.
[73] BGH, Urt. v. 25.04.1966 – VII ZR 120/65 = BGHZ 45, 223, 228.
[74] Eine Übersicht findet sich bei Grüneberg und Sprau (2024), BGB, § 675, Rn. 9 ff.
[75] Eine gesonderte Darstellung muss aus Platzgründen bankrechtlichen Lehrbüchern vorbehalten bleiben.

> **Fallbeispiel**
>
> A schließt mit dem Vermögensberater B einen Vertrag ab, wonach B dem A bestimmte Anlagemodelle empfehlen und ihn dauerhaft in der Geldanlage beraten soll. Da dieser Beratungsvertrag eine entgeltliche Geschäftsbesorgung zum Gegenstand hat, ist B zur ständigen und umfassenden Auskunftserteilung über alle anlagerelevanten Fakten verpflichtet. Kommt er dieser Pflicht nicht nach, trifft ihn eine Schadensersatzpflicht. ◄

3.7.4 Vertragsbeendigung

Aufträge und Geschäftsbesorgungsverträge enden durch Erfüllung der beiderseitigen Pflichten. Auch beim Tod des Beauftragten endet der Vertrag nach § 673 BGB. Schließlich bietet § 671 BGB für Aufträge die Möglichkeit zur Kündigung (Beauftragter) und zum Widerruf (Auftraggeber). Für Geschäftsbesorgungsverträge besteht ein solches Recht zur Vertragsbeendigung nach § 675 I BGB nur, wenn dies vertraglich vereinbart wurde. Ansonsten bleibt nur das Recht zur außerordentlichen Kündigung nach § 314 BGB.

3.8 Darlehen

Die Überlassung von Sachen oder eines Geldbetrages gegen Zahlung von Zinsen wird als Darlehen bezeichnet. Der seltene Fall des Sachdarlehens ist in den §§ 607 ff. BGB geregelt und bedarf hier keiner weiteren Erläuterung. Der wirtschaftlich wichtigere Fall des auf Geld gerichteten Darlehens richtet sich nach den §§ 488 ff. BGB. Danach kommt ein Darlehensvertrag grundsätzlich formfrei zustande.

3.8.1 Vertragspflichten

Durch den Darlehensvertrag ist der Darlehensgeber zur Überlassung eines Geldbetrages für einen bestimmten oder unbestimmten Zeitraum verpflichtet. Den Darlehensnehmer treffen demgegenüber zwei Hauptpflichten. Zunächst muss er Zinsen entrichten, falls das Darlehen nicht zinslos überlassen wurde.[76] Zudem muss er bei Fälligkeit des Darlehensbetrages diesen zurückzahlen. Fälligkeit und Höhe der Zinsen richten sich nach den vertraglichen Vereinbarungen, wobei § 488 II BGB eine Auffangregelung vorsieht. Die Rückzahlung des Darlehens erfolgt nach § 488 III BGB nach Ablauf der Darlehenszeit. Ist eine solche nicht bestimmt, muss das Darlehen durch Kündigung beendet werden.

---

[76] Zur Qualität der Zinsen als Gegenleistung vgl. BGH, Urt. v. 12.03.1981 – III ZR 92/79 = BGHZ 80, 153, 166.

3.8 Darlehen

Fallbeispiel

A gibt B ein Darlehen zu 5 % Jahreszinsen und einem Disagio von 2 % für die Zeit von zehn Jahren. Die Zinsen sollen monatlich abgerechnet werden. Folglich erhält B 98 % der Darlehenssumme ausbezahlt und muss monatlich den hierauf entfallenden Zinsbetrag zahlen. Da keine Tilgung vereinbart wurde, ist der Gesamtdarlehensbetrag nach Ablauf der zehn Jahre in einer Summe zurückzuerstatten. ◄

3.8.2 Beendigung des Darlehensvertrages

Der Darlehensvertrag wird ordentlich durch Zeitablauf oder durch Erfüllung der beiderseitigen Pflichten beendet. Oftmals soll ein Darlehen jedoch einseitig beendet werden. Auf Seiten des Darlehensgebers ist dies zumeist der Fall, wenn der Darlehensnehmer die vereinbarten Zins- oder Tilgungsraten nicht leistet. Beim Darlehensnehmer kann das Bedürfnis auftreten, ein Darlehen vorzeitig zurückzuführen, etwa weil er unerwartete Finanzmittel erhalten hat.

Eine einseitige Beendigung des Darlehensvertrages erfolgt durch Kündigung. Die Zulässigkeit einer Kündigung richtet sich nach den §§ 488 ff. BGB und ist in ordentliche und außerordentliche Kündigungen zu unterscheiden.

3.8.2.1 Ordentliche Kündigung

Eine Kündigung vor Auszahlung des Darlehensbetrages ist nach § 490 BGB (Umkehrschluss) ausgeschlossen. Nach Auszahlung beträgt die Kündigungsfrist gemäß § 488 BGB drei Monate. Da diese Frist vertraglich abdingbar ist, wird aber zumeist etwas anderes vereinbart.[77]

Der Darlehensnehmer hat zudem gemäß § 489 I BGB das Recht zur Kündigung bei Darlehen mit Festzinsvereinbarung über einen bestimmten Zeitraum. Hierbei ist zu unterscheiden zwischen dem Ende der Zinsbindung (ein Monat), nicht grundpfandrechtlich gesicherten Verbraucherdarlehen[78] (drei Monate nach sechs Monaten Laufzeit) und nach zehn Jahren Laufzeit (sechs Monate). Liegt ein variabler Zinssatz vor, beträgt die Kündigungsfrist nach § 489 II BGB drei Monate. Nach § 489 IV BGB können diese Kündigungsrechte vertraglich nicht abbedungen werden. Auch können keine Vorfälligkeitsentschädigungen gemäß § 490 II S. 3 BGB verlangt werden.

Fallbeispiel

Die B-Bank gibt ein Verbraucherdarlehen für ein KFZ an den C für den Zeitraum von 72 Monaten zu einem veränderlichen Zinssatz. Das ordentliche Kündigungsrecht ist

---

[77] Vgl. OLG Köln, Urt. v. 22.01.1999 – 6 U 70/98 = OLGR 1999, 215.
[78] Siehe dazu sogleich unter Abschn. 3.7.3.

ausgeschlossen. Nach einem Jahr macht C eine Erbschaft und kündigt das Darlehensverhältnis unter Einhaltung einer Frist von drei Monaten. Die Bank weist die Kündigung zurück und verlangt die Zahlung aller vereinbarten Zinsen. Zu Unrecht, da der Vertrag gegen § 489 IV BGB verstößt. ◄

3.8.2.2 Außerordentliche Kündigung

Gemäß § 490 BGB haben Darlehensgeber und Darlehensnehmer das Recht zur außerordentlichen Kündigung neben dem stets auf Dauerschuldverhältnisse anwendbaren § 314 BGB.

Der Darlehensgeber darf außerordentlich kündigen, wenn beim Darlehensnehmer eine wesentliche Verschlechterung in den Vermögensverhältnissen des Darlehensnehmers oder eine Verschlechterung der Sicherheiten eintritt oder eine solche jedenfalls droht und dadurch die Darlehensrückzahlung gefährdet wird. Dieses für Darlehensgeber in der Praxis sehr wichtige Recht ist insbesondere dann gegeben, wenn der Darlehensnehmer die vereinbarten Zins- und Tilgungsleistungen in erheblichem Umfang nicht leistet.

Fallbeispiel

A ist Darlehensnehmer des B und schuldet die monatliche Zahlung von 1000 € Zins- und Tilgungsrate auf das vereinbarte Annuitätendarlehen. Zwei Monate in Folge erbringt er die Rate nicht. Da keine objektiven Anhaltspunkte für eine unverzügliche Nachleistung vorliegen, kann B das Darlehen nach § 490 I BGB außerordentlich kündigen. ◄

Der Darlehensnehmer kann nach § 490 II BGB grundpfandrechtlich[79] gesicherte Festzinsdarlehen außerordentlich kündigen, wenn er ein berechtigtes Interesse daran hat. Ein solches berechtigtes Interesse wird insbesondere beim Vorhandensein anderer wirtschaftlicher Verwendungen für das als Sicherheit dienende Grundstück gesehen. Will der Darlehensnehmer sein Grundstück verkaufen, muss er das Recht zur Kündigung der damit verbundenen Verbindlichkeiten erhalten. Hierfür muss er jedoch im Gegenzug eine Vorfälligkeitsentschädigung leisten. Andernfalls hätte der Darlehensgeber seine Zinsausfälle als wirtschaftlichen Schaden alleine zu tragen, obwohl er sich vertragskonform verhalten hat.[80] Die Höhe der Entschädigung wird durch den Zinsausfall für den Rest der Zinsbindungszeit bestimmt und ist im Einzelfall nach höchstrichterlich festgelegten Grundsätzen zu errechnen.[81]

Fallbeispiel

A hat ein Hausgrundstück in Kassel erworben und den Kaufpreis über die B-Bank finanziert. Das Darlehen hat eine zehnjährige Zinsbindung und ist durch eine Grundschuld

---

[79] Dazu unter Abschn. 5.2.6 und 5.2.7.
[80] BGH, Urt. v. 07.11.2000 – XI ZR 27/00 = BGHZ 146, 5.
[81] Grundlegend BGH, Urt. v. 07.11.2000 – XI ZR 27/00 = BGHZ 146, 5, 10 ff.

besichert. Nach drei Jahren erhält A eine neue Anstellung in München und zieht daher mit seiner Familie um. Das Haus wird veräußert, die Darlehen können nach § 490 II BGB gekündigt werden. Den Zinsausfall für die weiteren sieben Jahre hat A im Rahmen der Vorfälligkeitsentschädigung teilweise zu ersetzen. ◄

3.8.3 Verbraucherdarlehensvertrag

Eine Unterform des Darlehensvertrages ist der Verbraucherdarlehensvertrag nach § 491 BGB, der durch europarechtliche Vorgaben ein erhöhtes Schutzniveau für den Darlehensnehmer vorsieht.[82] Das Gesetz unterscheidet diesbezüglich zwischen Allgemein- und Immobiliar-Verbraucherdarlehensverträgen (§ 491 I S. 2 BGB). Zu den Allgemein-Verbraucherdarlehensverträgen zählen diejenigen Verträge, bei denen ein Unternehmer nach § 14 BGB ein entgeltliches Darlehen an einen Verbraucher i. S. v. § 13 BGB gibt (beachte die Ausnahmen nach § 491 II S. 2 Nr. 1–6 BGB). Wann ein Immobiliar-Verbraucherdarlehensvertrag demgegenüber vorliegt, ist dem § 491 III BGB zu entnehmen (beachte die Ausnahmen nach § 491 III S. 2, 4 BGB). Auf beide Formen von Verbraucherdarlehensverträgen finden zusätzlich die §§ 491a ff. BGB Anwendung, die eine Vielzahl von Schutzregelungen für den Verbraucher beinhalten, um ihm insbesondere die langfristigen Folgen eines Darlehensvertrages deutlich vor Augen zu führen. Gleichwohl lassen sich auch Regelungen finden, die ausschließlich Vorschriften zum Immobiliar-Verbraucherdarlehen beinhalten (z. B. §§ 492b, 493 IV, 495 III, 497 IV BGB). Auch hinsichtlich des Widerrufsrechts sind Spezialvorschriften für beide Formen des Verbraucherdarlehensvertrages einbezogen worden (z. B. § 356b II, III, 357a III S. 2 BGB). Nach § 513 BGB sind die §§ 491–512 BGB zwingend auch auf Existenzgründer[83] mit bis zu 75.000 € Finanzierungssumme anzuwenden.

Aus § 491a BGB ergeben sich die dort im Einzelnen aufgeführten vorvertraglichen Informationspflichten des Darlehensgebers. Dadurch soll dem Darlehensnehmer ermöglicht werden, diverse Angebote zu vergleichen und darauf fußend eine „wohlinformierte" Entscheidung zu treffen.

Nach § 492 BGB wird für den Vertrag ferner die Schriftform vorgeschrieben. Außerdem müssen in der Vertragsurkunde sämtliche darlehensrelevanten Daten wie etwa Kosten, Effektivzinssatz, Rückzahlungsmodalitäten oder der Gesamtrückzahlungsbetrag angegeben werden. Bei einem Verstoß gegen § 492 BGB sieht § 494 BGB bestimmte Sanktionen für die Bank vor. Danach führt ein Verstoß gegen das Schriftformerfordernis zur Nichtigkeit, es sei denn, der Darlehensbetrag wurde bereits ausgezahlt. In diesem Fall soll dem Verbraucher das Darlehen zur weiteren Verfügung verbleiben, da er dieses möglicherweise bereits verbraucht hat.

---

[82] Richtlinie 2008/48/EG des Europäischen Parlaments und des Rates vom 23. April 2008 über Verbraucherkreditverträge und zur Aufhebung der Richtlinie 87/102/EWG des Rates (ABl. 2008, L 133, S. 66, berichtigt in ABl. 2009, L 207, S. 14, ABl. 2010, L 199, S. 40 und ABl. 2011, L 234, S. 46).
[83] Dazu ausführlich BGH, Urt. v. 18.11.1999 – III ZR 168/98 = NJW-RR 2000, 717, 719.

Gravierend für den Darlehensgeber sind die Sanktionen nach § 494 BGB, wenn eine der Pflichtangaben nach § 492 II BGB fehlt. So werden nicht angegebene Kosten vom Darlehensnehmer nicht geschuldet. Bei der fehlenden oder fehlerhaften Angabe des Effektivzinssatzes ermäßigt sich der geschuldete Zins auf den gesetzlichen Zins von 4 % nach § 246 BGB.

> **Fallbeispiel**
>
> A hat bei der B-Bank ein Darlehen für den Erwerb einer Küche aufgenommen. Im Vertrag wurden zwar 9 % als Zinsen und auch einige Kosten genannt. Es wurde jedoch nicht der Effektivzinssatz gesondert aufgeführt. Daher ist der Vertrag zwar wirksam und somit durchzuführen. A schuldet jedoch nur 4 % Zinsen. ◄

Auch ist auf das in Anlage 7 zu Art. 247 § 6 II und § 12 I EGBGB festgehaltene Muster für eine Widerrufsinformation für Allgemein-Verbraucherdarlehensverträge hinzuweisen, welches regelmäßig angepasst wird.[84] Der Verweis auf einen Gesetzesparagrafen ohne konkrete Hinweise dazu, welche Pflichtangaben erforderlich sind, ist nicht zulässig. Zu beachten ist auch das Muster für die Widerrufsbelehrung bei außerhalb von Geschäftsräumen geschlossenen Verträgen und bei Fernabsatzverträgen über Finanzdienstleistungen (Anlage 3 zu Art. 246b § 2 III EGBGB).

Ferner erhält der Darlehensnehmer nach § 495 I BGB ein Widerrufsrecht nach § 355 BGB.[85] Lediglich in den in § 495 II BGB geregelten Konstellationen besteht ein Widerrufsrecht nicht. Dann aber ist dem Darlehensnehmer eines Immobiliar-Verbraucherdarlehensvertrages nach § 495 III BGB vor Vertragsschluss eine gesetzliche Bedenkzeit von mindestens sieben Tagen ab Aushändigung der Vertragsurkunde eingeräumt, innerhalb derer der Darlehensgeber an sein Vertragsangebot gebunden ist. Auch die Widerrufsfrist beginnt nach § 356b BGB erst, wenn eine Vertragsurkunde ausgehändigt wurde und damit verbunden die entsprechenden Informationen erteilt wurden.

Für Überziehungskredite trifft § 493 BGB eine leicht abweichende Regelung. § 492 BGB findet hier keine Anwendung, dafür werden in § 493 I BGB andere Unterrichtungspflichten festgelegt.

Die §§ 499 ff. BGB regeln indes Kündigungsrechte der beiden Vertragsparteien sowie den Fall der vorzeitigen Rückzahlung. Nach § 501 BGB gilt zudem, dass bei der vorzeitigen Beendigung des Verbraucherdarlehens durch den Darlehensnehmer sowohl die laufzeitabhängigen als auch die sonstigen Kosten anteilig von der Bank zu erstatten sind. Hierunter fallen vor allem die Antrags-, Auskunfts- und Bearbeitungsgebühren.

Auch normieren die §§ 505a–505d BGB die Pflicht des Darlehensgebers zur Kreditwürdigkeitsprüfung des potenziellen Darlehensnehmers vor dem eigentlichen Abschluss

---

[84] Vgl. EuGH, Urteil vom 26. März 2020 – C-66/19 („Kreissparkasse Saarlouis").
[85] Ausführlich dazu BGH, Urteil vom 27.02.2024 – XI ZR 258/22.

3.10 Gebrauchsüberlassungsverträge über Sachen

des Verbraucherdarlehensvertrages sowie die Folgen des Verstoßes gegen ebendiese Pflicht. Dies soll den Verbraucher vor der Gefahr der Überschuldung und der Zahlungsunfähigkeit schützen.[86]

In den §§ 506 ff. BGB werden darüber hinaus weitere Sonderregeln für sonstige Finanzierungsverträge getroffen, die bestimmte darlehensähnliche Finanzierungsformen an das Verbraucherdarlehensrecht anlehnen.

3.9 Factoring

Als Factoring wird die entgeltliche Abtretung einer Forderung gemäß § 398 BGB vom Gläubiger an den Factor bezeichnet. Der wirtschaftliche Hintergrund besteht darin, dass der Gläubiger sich durch das Entgelt Liquidität verschafft, bevor die Forderung fällig ist. Da das Entgelt jedoch geringer ist als die Forderung, profitiert der Factor von der Differenz, wenn er die Forderung zu einem späteren Zeitpunkt einzieht. Er trägt jedoch als neuer Forderungsinhaber das Risiko der Zahlungsfähigkeit des Schuldners (sog. echtes Factoring oder Forderungskauf).[87] Wird das Risiko vertraglich dem ursprünglichen Gläubiger zugeordnet (Zahlung des Forderungsentgeltes unter Vorbehalt der Forderungserfüllung), wird von einem unechten Factoring gesprochen.[88]

Fallbeispiel

Die A-GmbH hat offene Forderungen gegen verschiedene Schuldner i. H. v. 150.000 €, die erst in einigen Monaten fällig werden und bei denen teilweise ein Insolvenzrisiko bei den Schuldnern besteht. Um sich kurzfristig neue Betriebsmittel kaufen zu können, veräußert sie sämtliche Forderungen zum Preis von 75.000 € an ein Inkassounternehmen. ◄

3.10 Gebrauchsüberlassungsverträge über Sachen

Für ein dynamisches Wirtschaftsleben ist es unerlässlich, dass neben Geld auch Sachen zeitweise zur Nutzung überlassen werden können. Um die eigene Liquidität zu schonen, weil eine Sache nur für eine begrenzte Zeit benötigt wird, oder aus ganz individuellen Gründen vereinbart der Eigentümer (oder ein anderer Berechtigter) mit dem Vertragspartner die i. d. R. entgeltliche Überlassung einer Sache auf Zeit (Gebrauchsüberlassungsverträge).

Das BGB stellt hierfür im Wesentlichen den Miet- oder Pachtvertrag sowie die unentgeltliche Leihe zur Verfügung. Um eine größere Flexibilität in der Vertragsgestaltung zu erreichen, hat die Rechtspraxis darüber hinaus den Leasingvertrag entwickelt, der eine Mischung aus verschiedenen Vertragstypen darstellt (s. nur § 500 BGB).

---

[86] BT-Drs. 18/5922, 96.
[87] BGZ, Urt. v. 19.09.1977 – VIII ZR 169/76 = BGHZ 69, 254.
[88] BGH, Urt. v. 10.05.1978 – VIII ZR 166/77 = NJW 1978, 1520.

3.10.1 Mietvertrag

Der gesetzliche Regelfall der entgeltlichen Gebrauchsüberlassung ist der Mietvertrag nach den §§ 535 ff. BGB. Ein Mietvertrag beinhaltet nach § 535 I BGB die zeitweise Gebrauchsüberlassung einer nicht notwendig beweglichen Sache gegen Entrichtung eines Entgeltes (Mietzins).[89]

Die gesetzliche Regelung unterscheidet im Wesentlichen zwischen Mietverträgen über Wohnräume und über sonstige bewegliche oder unbewegliche Sachen. Das Mietrecht ist daher in drei Untertitel unterteilt. Der erste Untertitel bestimmt die für alle Mietverhältnisse geltenden Vorschriften, der zweite trifft Sonderregeln für Wohnraummietverhältnisse, welche teilweise wesentliche Ausnahmen beinhalten. Im dritten Untertitel finden sich Bestimmungen für einzelne Mietvertragstypen. Um die Übersichtlichkeit zu wahren, werden nachfolgend die Regeln über den Wohnraummietvertrag im Zusammenhang mit den allgemeinen Regeln dargestellt.

3.10.1.1 Vertragsbegründung

Mietverträge können auf begrenzte oder auf unbegrenzte Zeit geschlossen werden. Grundsätzlich können diese Verträge formfrei geschlossen werden.[90] Zu Beweiszwecken sollte jedoch auf eine schriftliche Fixierung des Vertragsinhaltes nicht verzichtet werden. Die Formfreiheit gilt auch für Wohnraummietverträge.

Eine wesentliche Ausnahme stellt jedoch § 550 BGB dar. Danach müssen Wohnraummietverträge für längere Zeit als ein Jahr schriftlich abgeschlossen werden und können nach § 550 S. 2 BGB erst zum Ablauf des ersten Jahres gekündigt werden. Wird die Schriftform nicht gewahrt, gelten die Mietverträge als auf unbegrenzte Zeit geschlossen. Diese sind dann ordentlich kündbar, erstmalig jedoch zum Ablauf der Zeit von einem Jahr, da insoweit die gesetzgeberische Wertung erst zu diesem Zeitpunkt die ordentliche Kündbarkeit begründet. Für Wohnraummietverhältnisse ist zudem § 575 BGB zu beachten, wonach die Befristung eines der dort genannten Gründe bedarf.

Fallbeispiel

A ist Student. Er hat von B ein Zimmer für die Dauer von drei Jahren gemietet, da dies seiner voraussichtlichen Studiendauer entspricht. Ein Grund nach § 575 BGB liegt vor. Auf einen schriftlichen Vertrag wurde verzichtet. Nach einigen Monaten will A den Studienort wechseln und kündigt die Wohnung mit der gesetzlichen Frist. B weist die Kündigung zurück, da A mindestens ein Jahr Mieter bleiben müsse. Dies ist jedoch unzutreffend, da der Vertrag wegen Verstoßes gegen § 550 BGB als auf unbestimmte Zeit geschlossen gilt und daher ordentlich kündbar ist. ◄

---

[89] BGH, Urt. v. 08.07.1993 – III ZR 146/92 = BGHZ 123, 166, 169.
[90] Auch ein konkludenter Vertragsschluss ist möglich, vgl. BGH, Urt. v. 13.07.2005 – VIII ZR 255/04 = ZMR 2005, 781, 782.

3.10.1.2 Vertragspflichten

Mietverträge sind nicht auf den einmaligen Austausch von Leistungen ausgelegt, sondern begründen dauerhafte gegenseitige Leistungspflichten, sodass sie Dauerschuldverhältnisse sind. Sowohl Mieter als auch Vermieter sind zur dauerhaften Erbringung ihrer Leistungen verpflichtet.

3.10.1.2.1 Pflichten des Mieters

Der Mieter muss nach § 535 II BGB die vereinbarte Miete (Mietzins) zahlen. Aus der Formulierung (vereinbarte Miete) folgt, dass die konkrete Ausgestaltung der Mietzahlungsmodalitäten den Vertragsparteien obliegt. Dies gilt nicht nur für die Höhe der Miete selbst, sondern auch für die Fälligkeit oder etwa die Leistung einer Kaution (für Wohnraummietverhältnisse beachte § 551 BGB).[91] Bei Mietverhältnissen über Wohnraum ist die Miete nach § 556 I BGB bis zum dritten Werktag des Abrechnungszeitraums (i. d. R. Monat) zu zahlen. Die Miete besteht aus der Nettomiete (Kaltmiete) und den Nebenkosten gemäß vertraglicher Vereinbarung. Beide Positionen zusammen bilden die Bruttomiete (Warmmiete). Für Wohnraummietverhältnisse sind die Betriebskosten nur im Rahmen der §§ 556 ff. BGB i. V. m. der Betriebskostenverordnung auf den Mieter umleg- und abrechenbar.

Die Miete ist so lange zu entrichten, wie der Mietvertrag Bestand hat. Die Einstellung der Nutzung der Mietsache befreit von der Mietzahlungsverpflichtung nicht. Dies stellt § 537 BGB ausdrücklich klar.

Werden die Mietzahlungen nicht vertragsgemäß erbracht, kann der Vermieter das Vertragsverhältnis nach § 543 BGB bzw. zusätzlich nach den §§ 569, 573 II Nr. 1 BGB bei Wohnraummietverhältnissen kündigen. Die Miethöhe kann bei Wohnraummietverhältnissen nur in den engen Grenzen der §§ 557 ff. BGB erhöht werden. Dies verlangt dem Vermieter zahlreiche Informationen zu ortsüblichen Vergleichsmieten ab und setzt erhebliche Grenzen, um dem Mieter ein hohes Schutzniveau zu gewährleisten.[92] So kann der Vermieter nach § 558 I BGB die Zustimmung des Mieters zur Erhöhung der Miete nur bis zur ortsüblichen Vergleichsmiete verlangen. Eine dahingehende Zustimmung des Mieters ist jedoch nicht vom Anwendungsbereich des Verbraucherwiderrufs bei Fernabsatzverträgen erfasst.[93] Ein Widerrufsrecht steht dem Mieter deshalb nicht zu. Im Rahmen der Wohnraummietverhältnisse ist auch die Mietpreisbremse bei Neu- oder Wiedervermietungen zu berücksichtigen. Diese sieht nach § 556d I BGB vor, dass der Mietzins bei Vertragsschluss in angespannten Wohnungsmärkten maximal zehn Prozent über der ortsüblichen Vergleichsmiete liegen darf. Nach § 556e f. BGB gilt dies jedoch nicht für Neubauten und Mietobjekte, für die der vorherige Mieter bereits einen höheren Mietzins schuldete oder wenn Modernisierungsarbeiten am Mietobjekt durchgeführt wurden. Dabei bestimmen die Landesregierungen nach § 556d

---

[91] Zur (klonkludenten) Aufrechnung der Mietkaution und Fälligkeit des Kautionsrückzahlungsanspruches s. BGH, Urteil v. 24.07.2019 – VIII ZR 141/17 = WuM 2019, 524 ff.
[92] Eine ausführliche Darstellung muss hier aus Platzgründen unterbleiben, instruktiv insoweit Grüneberg (2024), BGB, § 557 ff. BGB mwN.
[93] BGH, Urt. v. 17.10.2018 – VIII ZR 94/17 = NJW 2019, 303.

II BGB durch Rechtsverordnung für eine Dauer von fünf Jahren, welches Gebiet jeweils als angespannter Wohnungsmarkt im Sinne von § 556d I BGB zu klassifizieren ist. Der Gesetzgeber hat die Landesregierungen mit einer einschlägig begründeten Rechtsverordnung dazu ermächtigt, die Mietpreisbremse weiter umzusetzen.[94]

Hat der Vermieter Modernisierungsmaßnahmen i. S. v. § 555b während der Mietzeit am Wohnraum-Mietobjekt durchgeführt, kann er nach Vorgabe des § 559 BGB außerdem eine Modernisierungsumlage vom Mieter verlangen. Damit kann der Vermieter damit jährlich bis zu acht Prozent der für die für die Wohnung im Rahmen der Modernisierung aufgewendeten Kosten verlangen.

Für andere Mietverhältnisse können indes bereits vertraglich bestimmte zukünftige Mieterhöhungen (Staffelmiete, Indexmiete) zur Wertsicherung in den Grenzen der §§ 134, 138 BGB vereinbart werden.[95]

> **Fallbeispiel**
>
> Die A-AG mietet Büroflächen von der B-GmbH & Co. KG für die Dauer von zehn Jahren. Da die A-AG Existenzgründerin ist, wird eine Staffelmiete vereinbart. In den ersten drei Jahren beträgt die Nettomiete nur 1000 €, in den nächsten drei Jahren 2000 € und in den restlichen Jahren 3000 €. Ferner wird in einer ausformulierten Klausel vereinbart, dass sich die Miete automatisch entsprechend erhöht, wenn der allgemeine Lebenshaltungsindex um mehr als 5 % gestiegen ist. Da es sich nicht um eine Wohnraummiete handelt, sind diese Vereinbarungen zulässig. ◂

Den Mieter trifft zudem die Pflicht, die Mietsache nur vertragsgemäß und nicht übermäßig zu nutzen. Dies gilt ausdrücklich für die Wohnraummiete nach den §§ 541, 543 II BGB, ist jedoch auch für andere Mietverhältnisse anerkannt.[96] Mieter dürfen zudem nach § 540 BGB nicht ohne die Einwilligung des Vermieters untervermieten oder eine sonstige Gebrauchsüberlassung durchführen.

Darüber hinaus ist zu beachten, dass der Mieter nach § 241 II BGB als vertragliche Nebenpflicht auch Schaden von der Mietsache abzuwenden hat (Obhuts- und Sorgfaltspflicht). Insbesondere darf er die Mietsache nicht durch Vernachlässigung beschädigen. Diese Sorgfaltspflicht findet eine Ausprägung in § 536c BGB, wonach der Mieter vorhandene Mängel unverzüglich anzeigen muss. Schließlich trifft den Mieter eine Duldungspflicht für Modernisierungsmaßnahmen nach § 554 BGB. Es liegen jedoch keine vom Mieter zu duldenden Modernisierungsmaßnahmen vor, wenn die Arbeiten so weitreichend sind, dass der Charakter der Mietsache grundlegend verändert wird (z. B. wenn durch eine Veränderung des Grundrisses die Mietsache neue Räume erhält).[97] Auch muss er die Zwangsvollstreckung aus dem Vermieterpfandrecht nach den §§ 562 ff. BGB dulden.

---

[94] Vgl. § 556d II S. 4 ff. BGB.
[95] Vgl. etwa BGH, Urt. v. 04.03.1964 – VIII ZR 214/62 = NJW 1964, 1021.
[96] BGH, Urt. v. 20.01.1993 – VIII ZR 10/92 = ZMR 1993, 263, 266.
[97] BGH, Urt. v. 21.11.2017 – VIII ZR 28/17 = NJW 2018, 1008.

3.10 Gebrauchsüberlassungsverträge über Sachen

Fallbeispiel

A mietet von der B-GmbH eine Lagerhalle. Er nutzt die Halle nur sehr unregelmäßig, wenn besondere Produktionsspitzen erreicht werden müssen. Während der Mietzeit tritt ein gut sichtbarer Schaden an einer Wasserleitung auf. A nimmt den Schaden zwar zur Kenntnis, teilt diesen aber der Vermieterin nicht mit, da er die betroffenen Teile der Lagerhalle nicht nutzt. Durch den ständigen Wassereintritt wird das Mauerwerk erheblich beschädigt. Die Kosten für die Beseitigung des Schadens muss A nach den §§ 535, 280, 241 II BGB ersetzen. ◄

Zu beachten ist indes, dass die Ansprüche des Vermieters wegen Veränderungen oder Verschlechterungen der Mietsache gem. § 548 I 1 BGB bereits nach sechs Monaten verjähren. Beginn der Verjährung ist dabei der Zeitpunkt, zu welchem der Vermieter die Mietsache zurückerhält. Dies setzt einerseits eine Änderung der Besitzverhältnisse zugunsten des Vermieters und andererseits eine vollständige Besitzaufgabe des Mieters voraus.[98]

3.10.1.2.2 Pflichten des Vermieters

Der Vermieter hat nach § 535 I BGB die Mietsache zum Gebrauch zu überlassen und zu erhalten sowie während der Mietzeit die Mietsache im vertragsgemäßen Zustand instand zu halten.[99] Wird die Sache gar nicht oder verspätet überlassen, kommen die §§ 280 ff. BGB zur Anwendung (z. B. Verzugsschadensersatz).

Verstößt der Vermieter gegen die Pflicht zur vertragsgemäßen Überlassung hinsichtlich der Beschaffenheit der Mietsache bzw. deren Instandhaltung, kann der Mieter je nach Art der Pflichtverletzung den Mietzins mindern oder Schadensersatz fordern. Anknüpfungspunkt für diese Rechte ist das Vorliegen eines Mangels an der Mietsache. Für den grundsätzlichen Inhalt des Mangelbegriffs (Sach- und Rechtsmängel) kann auf die kaufvertraglichen Ausführungen verwiesen werden.[100] Ein Sachmangel liegt in jeder tatsächlichen Abweichung der Ist- von der vertraglichen Soll-Beschaffenheit.[101] Je nach konkretem Zeitpunkt des Mangeleintritts und der Art des Mangels sieht das Mietrecht jedoch unterschiedliche Rechtsfolgen vor. Bezüglich der Instandhaltungspflicht kann jedoch vertraglich vereinbart werden, dass den Mieter die Pflicht zu bestimmten Reparaturen trifft (Schönheits- und Kleinstreparaturen). Insbesondere im Wohnmietrecht sind hierbei jedoch die §§ 305 ff. BGB besonders zu beachten.[102]

---

[98] BGH, Urt. 27.02.2019 – XII ZR 63/18 = NJW-RR 2019, 645, 647.
[99] Die Instandhaltungspflicht des Vermieters ist jedoch nicht grenzenlos. Sie umfasst beispielsweise nicht das Reinigen von Fenstern am Mietobjekt, vgl. BGH, Urt. v. 21.08.018 – VIII ZR 188/16 = ZMR 2018, 993.
[100] Siehe unter Abschn. 3.1.1.
[101] BGH, Urt. v. 16.02.2000 – XII ZR 279/97 = NJW 2000, 1714.
[102] Die Darstellung dieser Problematik muss aus Platzgründen unterbleiben, s. hierzu einführend Grüneberg (2024), BGB, § 307, Rn. 116.

Ferner trifft den Vermieter von Wohnräumen eine Auskunftspflicht nach § 556g BGB, falls jener einen Mietzins über der in § 556d I BGB normierten Grenze verlangen möchte. Demnach muss der Vermieter dem potenziellen Mieter vor Abschluss des Vertrages unaufgefordert Auskunft über die Ausnahme aus §§ 556e f. BGB erteilen, auf welche er sich beruft. Kommt er dieser Auskunftspflicht nicht nach, kann er höchstens die nach § 556d I BGB zulässige Miethöhe verlangen.

3.10.1.3 Mangel bei Überlassung der Mietsache

Die Überlassung der Mietsache hat zum vereinbarten Zeitpunkt und im vertragsgemäßen Zustand zu erfolgen. Bereits bei der Übergabe vorhandene Mängel der Mietsache berechtigen den Mieter zur Minderung und zum Schadensersatz nach den §§ 536, 536a BGB. Der Mangel muss jedoch die Gebrauchstauglichkeit aufheben oder mindern. Der Mangel muss daher objektiv von einer bestimmten Qualität sein (Erheblichkeitsschwelle), die sich genauso nach dem Einzelfall bemisst wie die Höhe der Mietminderung, zu der ein konkreter Mangel berechtigt. Auf ein Verschulden des Vermieters am Bestehen des Mangels kommt es dagegen nicht an. Rechtsfolge des Vorliegens eines die Gebrauchstauglichkeit der Mietsache herabsetzenden Mangels ist die Minderung kraft Gesetzes sowie das Recht zur Geltendmachung von Schadensersatzansprüchen.

Fallbeispiel

A mietet von B eine Bürofläche in renoviertem Zustand. Bereits bei der Übergabe ist ein Fenster undicht, was jedoch weder Mieter noch Vermieter erkennen. Nach einem starken Regenfall an einem Sonntag bemerkt der A am Folgetag, dass Wasser eingedrungen ist, das einige Elektrogeräte beschädigt hat. A hat daher zweierlei Rechte: Bis der Mangel beseitigt ist, muss er nur eine geminderte Miete zahlen. Außerdem kann er Schadensersatz für die Beschädigungen verlangen. ◄

Sämtliche vorgenannten Mängelrechte sind jedoch nach den §§ 536b, 536d BGB ausgeschlossen, wenn der Mieter die anfänglichen Mängel kennt oder grob fahrlässig verkennt und die Sache vorbehaltlos entgegennimmt bzw. auf seine Rechte ausdrücklich verzichtet. Bei durch energetische Sanierungen begründeten Tauglichkeitsminderungen darf jedoch nach neuem Mietrecht seit dem 01.07.2013 für die Zeit von bis zu drei Monaten nicht gemindert werden.

Der Vermieter ist nicht nur zur erstmaligen vertragsgemäßen Überlassung der Mietsache verpflichtet, sondern muss die Mietsache auch während der gesamten Mietzeit im vertragsgemäßen Zustand erhalten. Tritt während der Mietzeit ein Mangel auf, kann der Mieter den Mietzins genau wie bei anfänglichen Mängeln für die Dauer der Tauglichkeitsminderung mindern. Wird die Gebrauchstauglichkeit durch rein energetische Modernisierungsmaßnahmen gemindert, darf jedoch für die Dauer von bis zu drei Monaten nicht gemindert werden.

3.10 Gebrauchsüberlassungsverträge über Sachen

Beim Anspruch auf Schadensersatz und dem Recht auf Selbstvornahme nach § 536a BGB verhält es sich jedoch anders. Auf Schadensersatz haftet der Vermieter nach § 536a I 2. Alt. BGB nur, wenn er diesen nach § 276 BGB auch zu vertreten hat, also die Mängel vorsätzlich oder fahrlässig herbeigeführt hat. Dem Vertretenmüssen gleichgestellt ist der Verzug des Vermieters bei der Mangelbeseitigung nach den §§ 536a I 2. Alt., 286 BGB.

3.10.1.4 Vertragsbeendigung

Ist ein Mietvertrag auf Zeit geschlossen, endet das Mietverhältnis mit dem Ablauf des Mietzeitraumes gemäß § 542 II BGB, wobei währenddessen nur aus wichtigem Grund gekündigt werden darf.

Wurde der Vertrag auf unbestimmte Zeit vereinbart, bedarf es zur Beendigung des Mietverhältnisses einer Kündigung nach § 542 I BGB. Keine Beendigungsgründe sind dagegen ein Eigentümerwechsel an der Mietsache nach § 566 BGB sowie der Tod des Mieters (beachte aber die §§ 564, 580 BGB). Unabhängig von der Art des Mietvertrages können die Parteien stets einen Aufhebungsvertrag schließen.

Zu beachten ist, dass eine zweiwöchige widerspruchslose Fortsetzung des Mietverhältnisses nach Zeitablauf oder Kündigung als Fortsetzung des Mietverhältnisses auf nunmehr unbestimmte Zeit gilt, § 545 BGB.

Fallbeispiel

A hat B einen Büroraum für die Dauer von zwei Jahren vermietet. Nach Ablauf der Mietzeit verbleibt B in den Räumlichkeiten. Nach drei Wochen fordert A den B zum sofortigen Auszug auf, weil der Mietvertrag beendet sei. Gemäß § 545 I BGB ist dies unzutreffend, da der Vertrag als auf unbestimmte Zeit fortgesetzt gilt. ◄

3.10.1.4.1 Kündigung von Mietverhältnissen

Die Kündigung eines Mietverhältnisses erfolgt grundsätzlich formfrei, wobei aus Beweisgründen die Schriftform dringend anzuraten ist. Zu unterscheiden sind ordentliche Kündigungen und außerordentliche Kündigung aus wichtigem Grund.

Eine ordentliche Kündigung ist bei Mietverträgen auf Zeit gemäß § 542 I BGB ausgeschlossen. Bei auf unbestimmte Zeit geschlossenen Verträgen ist bei einer ordentlichen Kündigung die Kündigungsfrist zu beachten. Je nach Gegenstand des Mietvertrages bestimmt sich die Länge der Kündigungsfrist nach § 580a BGB, wenn keine anderen Fristen vereinbart sind.[103]

Eine außerordentliche Kündigung erfolgt fristlos und ist nach § 543 BGB nur zulässig, wenn ein wichtiger Grund vorliegt. Wann ein solcher wichtiger Grund vorliegt, bedarf nach § 543 I S. 2 BGB einer umfangreichen Interessenabwägung. Gemäß § 543 II BGB werden drei Regelbeispiele genannt, bei denen jedenfalls ein wichtiger Grund vorliegt.

---

[103] Zur Abdingbarkeit s. BGH, Urt. v. 29.03.2000 – XII ZR 316/97 = ZMR 2000, 593.

So kann der Mieter fristlos kündigen, wenn der vertragsgemäße Gebrauch nicht eingeräumt oder wieder entzogen wird. Hierfür ist eine erhebliche Gebrauchsbeeinträchtigung erforderlich, aber auch ausreichend.[104] Der Vermieter kann fristlos kündigen, wenn der Mieter die Vertragssache erheblich gefährdet oder unbefugt einem Dritten überlässt, wobei grundsätzlich eine vorherige Abmahnung notwendig ist. Ein wichtiger Grund liegt auch bei einem Zahlungsverzug des Mieters mit zwei aufeinander folgenden Mieten oder einem Gesamtbetrag von zwei Monatsmieten vor. Zu beachten ist jedoch, dass nach § 543 II S. 2 BGB das Kündigungsrecht durch Zahlung vor Kündigung oder unverzüglicher Aufrechnung nach Kündigung erlöschen kann. Zudem steht dem Mieter gem. § 569 III Nr. 2 BGB eine zweimonatige Schonfrist nach Rechtshängigkeit der Räumungsklage zu. Er kann also die außerordentliche fristlose Kündigung des Vermieters durch Zahlung der gesamten Rückstände unwirksam machen. Ein Räumungsanspruch des Vermieters besteht in solchen Fällen gleichwohl, wenn er zusätzlich zu der vorerst wirksamen außerordentlichen Kündigung hilfsweise eine ordentliche Kündigung erklärt.[105]

3.10.1.4.2 Kündigung von Mietverhältnissen über Wohnraum

Die Kündigung eines Wohnraummietverhältnisses ist demgegenüber deutlich erschwert, da die Wohnung existenzieller Bestandteil der Lebensführung ist und daher unter besonderen Schutz des Gesetzes gestellt ist. Die Kündigung eines Wohnraummietverhältnisses muss daher nach § 568 BGB stets schriftlich erfolgen. Für außerordentliche Kündigungen gilt § 543 BGB, wobei nach § 569 III BGB weitere Heilungsmöglichkeiten bei Zahlungsverzug bestehen.

Für ordentliche Kündigungen sieht das Gesetz nach § 573 BGB einen Sonderkündigungsschutz für den Mieter vor. Eine ordentliche Kündigung des Mieters darf danach nur erfolgen, wenn der Vermieter ein berechtigtes Interesse nach § 573 BGB geltend machen kann. Ein solches liegt nach § 573 II BGB insbesondere bei einer erheblichen Pflichtverletzung des Mieters, bei Eigenbedarf des Vermieters und der Verhinderung einer angemessenen wirtschaftlichen Nutzung der Mietsache durch das bestehende Mietverhältnis vor. Die Beweisführungen bei allen drei Regelbeispielen bereiten in der Praxis dem Vermieter zumeist erhebliche Schwierigkeiten, sodass sie hier einer kurzen Erläuterung bedürfen.

Eine erhebliche Verletzung der mietvertraglichen Pflichten wird vor allem bei ständigen unpünktlichen Mietzahlungen oder einem Zahlungsverzug unterhalb der Schwelle des § 543 II S. 1 Nr. 3 BGB angenommen. Mindestens eine Monatsmiete Rückstand muss jedoch insgesamt jedenfalls erreicht sein.

---

[104] Grüneberg und Weidenkaff (2024), BGB, § 543, Rn. 18 f.
[105] BGH, Urt. v. 19.09.2018 – VIII ZR 261/17 = WuM 2018, 758, 765.

3.10 Gebrauchsüberlassungsverträge über Sachen

> **Fallbeispiel**
>
> A ist Mieter einer Wohnung des B. Die Miete ist zum 5. eines jeden Monats zu entrichten. Seit einem Jahr zahlt A immer erst in der Monatsmitte und befindet sich mit mehr als einer Monatsmiete im Rückstand, da er nicht immer die volle Miete begleichen konnte. Dieses Zahlungsverhalten muss der B nicht hinnehmen und kann daher ordentlich kündigen, weil er ein berechtigtes Interesse hierzu hat. ◄

Ein berechtigtes Interesse wird auch bei Eigenbedarf des Vermieters begründet. Dafür muss der Vermieter die Miträume für sich, die zu seinem Haushalt gehörenden Personen oder seine Familienangehörigen benötigen. Zum Kreis der insoweit privilegierten Personen gehören Kinder, Enkelkinder, Eltern und Geschwister sowie Ehegatten und Lebenspartner.[106] Bei weiter entfernten Verwandten muss eine besondere soziale Nähe oder eine bisherige Haushaltszugehörigkeit bestehen.[107]

> **Fallbeispiel**
>
> A ist Vermieter des B. Er kündigt den Mietvertrag mit der Begründung, dass er die Wohnung für seinen Onkel benötigt, der von einem langjährigen Auslandsaufenthalt zurückkehrt. Dieser Onkel ist sein Patenonkel und A ist bei ihm aufgewachsen. B widerspricht der Kündigung, weil ein Onkel nicht zum privilegierten Personenkreis gehöre. B irrt, weil A eine besondere Nähe zu seinem Onkel hat. Die Kündigung ist daher rechtmäßig erfolgt. ◄

Ein berechtigtes Interesse des Vermieters besteht zudem bei einer Hinderung einer wirtschaftlichen Verwertung der Mietsache wegen des bestehenden Mietverhältnisses nach § 573 II Nr. 3 BGB. Hierfür sind jedoch enge Grenzen gezogen. Der Vermieter muss bereits im Kündigungsschreiben eine Wirtschaftlichkeitsberechtigung vorlegen, aus der sich etwa die grobe Unwirtschaftlichkeit der Vermietung im Vergleich zu einem Verkauf in unvermietetem Zustand oder anderen Verwertungsmöglichkeiten ergibt.[108] Ferner muss der Vermieter darlegen, dass die Tatsache der Unwirtschaftlichkeit erst nach dem Mietverhältnis eingetreten ist und den Vermieter keine eigene Schuld an diesem Umstand trifft.

Für die ordentliche Kündigung gelten die Kündigungsfristen des § 573c BGB, die nicht zum Nachteil des Mieters verändert werden dürfen. Dem Mieter dürfen daher etwa keine längeren Kündigungsfristen als dem Vermieter auferlegt werden.

---

[106] BGH, Urt. v. 09.07.2003 – VIII ZR 311/02 = NJW 2003, 2604.
[107] Bei Nichten und Neffen ist dies jedoch nur eingeschränkt erforderlich, vgl. BGH, Urt. v. 27.01.2010 – VIII ZR 159/09 = WuM 2010, 163.
[108] Siehe etwa LG Hamburg, Urt. v. 08.02.1990 – 7 S 196/89 = WuM 1991, 185.

Zu beachten ist außerdem, dass der Mieter nach § 574 BGB der Kündigung des Vermieters widersprechen kann, wenn die Beendigung des Mietverhältnisses für den Mieter oder anderen Angehörigen seines Haushalts eine Härte bedeuten würde, welche auch unter Würdigung der Interessen des Vermieters nicht zu rechtfertigen ist.[109]

3.10.2 Pachtvertrag und Leihe

Pachtverträge sind Gebrauchsüberlassungsverträge, die nach den §§ 581 ff. BGB sowohl Sachen als auch Rechte zum Gegenstand haben können. Gemäß § 581 II BGB werden die Regelungen des Mietrechtes auf den Pachtvertrag entsprechend angewandt. Der wesentliche Unterschied besteht darin, dass sich die Pacht auch auf die Früchte der Sache nach den §§ 99, 100 BGB bezieht.

> **Fallbeispiel**
>
> A verpachtet an B einen Gewerbebetrieb. B steht daher nicht nur die Nutzung des Betriebes zu, sondern auch die Erlöse (Früchte) aus dem Betrieb. ◄

Die Leihe nach § 598 BGB spielt im Wirtschaftsleben nur eine untergeordnete Rolle, da sie auf die unentgeltliche Überlassung einer Sache gerichtet ist.

3.10.3 Leasingvertrag

Der Leasingvertrag ist gesetzlich nicht geregelt (s. nur § 506 BGB). Er wurde aus der Wirtschaftspraxis heraus entwickelt, indem verschiedene Vertragselemente aus dem Miet- und Kaufrecht sowie Darlehenselemente nach den Bedürfnissen der Parteien kombiniert wurden. Dies hat den Vorteil, dass der Leasingnehmer seine Zahlungsverpflichtung steuerlich geltend machen kann, ohne Eigenkapital zur Finanzierung aufwenden zu müssen. Der Grundpfeiler des Leasings ist Gebrauchsüberlassung des Leasinggegenstandes auf Zeit, sodass insoweit das Mietrecht einschlägig ist. Das Interesse der Parteien ist jedoch oftmals auch auf eine wirtschaftliche Verwertung des Leasinggegenstandes gerichtet, weshalb hierfür kaufrechtliche Normen Anwendung finden. Je nach den Bedürfnissen der Parteien können diese den Leasingvertrag gestalten. Aus der konkreten vertraglichen Regelung der Parteien ergibt sich daher im Einzelfall, welche gesetzliche Grundlage heranzu-

---

[109] Hinsichtlich einer zu erfolgenden Interesseabwägung bei einem Widerspruch zu einer Eigenbedarfskündigung und ihrem maßgeblichen Zeitpunkt sowie den Wirksamkeitsvoraussetzungen eines Widerspruchs i. S. v. § 574 BGB s. BGH, Urt. v. 22.05.2019 – VIII ZR 167/17 = NJW-RR 2019, 972, 976.

ziehen ist. Oftmals bestehen Leasingverhältnisse auch in einer Dreiecksbeziehung, da der Leasinggeber vielfach nur eine Finanzierungsrolle für den Hersteller übernimmt, der seinerseits nur kaufvertraglich gegenüber dem Leasinggeber in Erscheinung tritt.

Die wichtigsten Anwendungsfälle des Leasingvertrages sind das Operatingleasing und das Finanzierungsleasing, sodass diese Vertragstypen nachfolgend näher dargestellt werden.

3.10.3.1 Vertragspflichten

Trotz aller Unterschiede in den unterschiedlichen Ausprägungen von Leasingverträgen stehen sich regelmäßig bestimmte Hauptpflichten der Parteien gegenüber. Der Leasinggeber ist verpflichtet, dem Leasingnehmer den Leasinggegenstand für die Dauer der Vertragslaufzeit in vertragsgemäßem Zustand zu überlassen. Im Gegenzug hat der Leasingnehmer die vertragsgemäße Zahlung der Leasingraten zu leisten.

Je nach Art des Leasingvertrages kommen Verwertungs- oder Rückgabepflichten bei der Beendigung des Vertrages für den Leasingnehmer hinzu. Der Leasinggeber ist dem Leasingnehmer zudem zur Gewährleistung nach den §§ 536 ff. BGB verpflichtet. Diese ungewünschte Folge wird dadurch verhindert, dass der Leasinggeber seine kaufrechtlichen Gewährleistungsansprüche nach § 437 BGB gegen den Hersteller des Leasinggegenstandes an den Leasingnehmer abtritt (Kompensation).[110]

Fallbeispiel

A least bei B ein KFZ des Herstellers H für die Dauer von zwei Jahren. Nach einigen Monaten zeigt sich ein Mangel an dem KFZ. Nach § 536 BGB könnte A nun die Leasingraten mindern, bis der Mangel behoben ist. Es wurde jedoch zulässigerweise vertraglich vereinbart, dass A die Gewährleistungsrechte aus dem Kaufvertrag zwischen B und H abgetreten werden. Daher kann A nicht gegenüber B mindern, sondern muss die Mangelbeseitigung nach § 437 Nr. 1 BGB verlangen. ◀

Da Leasingverträge Dauerschuldverhältnisse sind, haben beide Seiten das Recht zur ordentlichen Kündigung, soweit dies im Vertrag vorgesehen ist. Jedenfalls enden Leasingverträge nach Zeitablauf oder durch außerordentliche Kündigung nach § 314 BGB.

3.10.3.2 Operatingleasing

Als Operatingleasing werden Leasingverträge bezeichnet, die auf unbestimmte oder nur eine sehr kurze Zeit geschlossen werden. Der Leasinggeber kann dadurch den regelmäßig langlebigen Leasinggegenstand mehrfach verwerten.[111] Für den Leasingnehmer ist diese Vertragsart interessant, wenn er die Sache nur kurz benötigt oder den Nutzungszeitraum

---

[110] BGH, Urt. v. 27.02.1985 – VIII ZR 328/83 = BGHZ 94, 44.
[111] BGH, Urt. v. 30.10.2002 – VIII ZR 119/02 = NJW 2003, 505.

nicht abschätzen kann. Die Kündigung des Vertrages wird daher vertraglich für beide Seiten mit kurzen Fristen ermöglicht.[112] Das Operatingleasing ist daher sehr ähnlich dem Mietvertrag und wird daher nach den §§ 535 ff. BGB beurteilt.

3.10.3.3 Finanzierungsleasing

Der häufigste Fall des Leasingvertrages ist das Finanzierungsleasing (vgl. §§ 499 II, 500 BGB). Das Finanzierungsleasing ist eine Mischung aus Finanzierungs- und Mietvertrag und findet sich insbesondere beim KFZ-Leasing. Zweck des Vertrages ist die Vollamortisation der Investition in den Leasinggegenstand durch das Leasinggeschäft, sodass die Vertragslaufzeit regelmäßig bei wenigstens zwei Jahren mit einer Amortisation von mindestens 50 % der betriebsgewöhnlichen Nutzungsdauer (steuerliche Abschreibung) liegt. Zudem werden mit den während der Vertragslaufzeit zu erbringenden Leasingraten regelmäßig auch Anzahlungen oder Schlusszahlungen für Kaufoptionen kombiniert, welche bis zur Verpflichtung des Leasingnehmers zur Verwertung des Leasinggegenstandes gehen können.

Beim Finanzierungsleasing besteht zumeist das einleitend bereits skizzierte Dreiecksverhältnis. Der Leasingnehmer wählt beim Hersteller den Leasinggegenstand aus. Der Hersteller verkauft sodann den Leasinggegenstand an den Leasinggeber. Schließlich verleast der Leasinggeber den Leasinggegenstand an den Leasingnehmer. Da alle Verträge in kürzester Zeit geschlossen werden und eine wirtschaftliche Einheit bilden,[113] wird der Leasinggegenstand direkt vom Hersteller an den Leasingnehmer ausgeliefert.

Anders als beim Operatingleasing rücken also Finanzierungselemente neben der Gebrauchsüberlassung stärker in den Vordergrund. Die Leasingraten werden so berechnet, dass sie neben der vollen Investition auch die Gewinnmarge des Leasinggebers und etwaige Nebenkosten beinhalten. Um diese auch tatsächlich zu realisieren, wird während der Vertragslaufzeit die ordentliche Kündigung ausgeschlossen. Aus dieser Konstellation ergibt sich, dass den Leasingnehmer folglich das wirtschaftliche Risiko einer Beschädigung oder Zerstörung des Leasinggegenstandes trifft, sodass diesen auch eine etwaige Versicherungsobliegenheit (z. B. beim KFZ) trifft. Diesem Risiko steht ein zweifacher Vorteil des Leasingnehmers gegenüber. Zum einen hat er keinen Finanzierungsaufwand, sodass seine Liquidität geschont wird. Zum zweiten kann er die Leasingraten vollständig steuerlich als Betriebsausgaben geltend machen und ggf. Vorsteuer ziehen, da der Leasinggeber wirtschaftlicher Eigentümer nach § 31 II Nr. 1 AO bleibt.

Findet das Finanzierungsleasing durch einen Unternehmer gegenüber einem Verbraucher statt, sind nach den §§ 499 II, 500 BGB die dort genannten Schutzvorschriften des Verbraucherdarlehensrechtes wie z. B. das Widerrufsrecht nach § 495 BGB entsprechend anzuwenden. Dies gilt für das Widerrufsrecht indes dann nicht, wenn ein Leasingvertrag mit Kilometerabrechnung geschlossen wurde.[114]

---

[112] BGH, Urt. v. 11.03.1998 – VIII ZR 205/97 = NJW 1998, 1637, 1638.
[113] BGH, Urt. v. 03.07.1985 – VIII ZR 102/84 = BGHZ 95, 170, 176.
[114] BGH, Urt. 24.02.2021 – VIII ZR 36/20 = NJW 2021, 1942 ff.

> **Fallbeispiel**
>
> A least als Privatperson für zwei Jahre einen PKW von Händler B, bei welchem er das KFZ auswählt und alle Verträge abschließt. Eine Woche nach Abschluss der Verträge und Übergabe des KFZ durch den Hersteller C überlegt A es sich anders und erklärt, dass er den Vertrag beenden wolle. Der Händler wendet ein, Vertrag sei Vertrag, eine Beendigung sei nicht mehr möglich, weil die ordentliche Kündigung für die Dauer von drei Jahren ausgeschlossen sei. Hier irrt der Händler, denn der A konnte den Vertrag nach den §§ 499 II, 500, 495 BGB wirksam widerrufen. ◄

3.11 Franchisevertrag

Der Franchisevertrag ist gesetzlich nicht ausdrücklich geregelt, sondern wurde aus der Wirtschaftspraxis heraus entwickelt und durch die Rechtsprechung bestätigt.[115] Er ist als Dauerschuldverhältnis ausgestaltet und wird zwischen Unternehmern abgeschlossen. Vertragsgegenstand ist die entgeltliche Nutzung von Marken, Know-how, Vertriebs- oder Werbekonzepten etc. verbunden mit dem Recht, bestimmte Handelswaren zu vertreiben.[116] Es werden also Elemente der Miete, des Kaufs, des Lizenz- und Handelsvertreterrechts sowie weitere Vertragstypen miteinander kombiniert. Der Vertragsinhalt richtet sich nach den wirtschaftlichen Bedürfnissen des Einzelfalles und ist zwischen den Parteien im Rahmen genereller Regelungen des Gesetzes frei verhandelbar.

> **Fallbeispiel**
>
> A ist Franchisenehmer der Fastfood vertreibenden B-AG. Die B-AG stellt dem A ihr umfassendes Geschäftsmodell zur Verfügung und betreibt weltweite Werbung für die Produktpalette. Zudem erhält A das Recht, das Fastfood nach einer vorgegebenen, einheitlichen Rezeptur unter Nutzung von Zutaten der B-AG zu verkaufen. Im Gegenzug zahlt A ein Nutzungsentgelt. A kann nun als selbständiger Unternehmer seinen Betrieb nach dem Geschäftsmodell der B-AG führen. ◄

---

[115] Vgl. etwa BGH, Urt. v. 02.02.1999 – KZR 11/97 = NJW 1999, 2671, 2672.
[116] Siehe Grüneberg und Weidenfall (2024), BGB, vor § 581, Rn. 21 ff.

Gesetzliche Schuldverhältnisse 4

Im Regelfall wird ein Schuldverhältnis im Wirtschaftsleben durch einen Vertrag begründet, weshalb der Darstellung der einzelnen Vertragstypen besondere Aufmerksamkeit gewidmet wurde. Wie bereits ausgeführt, kann ein Schuldverhältnis jedoch auch aufgrund gesetzlicher Rechtsfolge entstehen. Die wichtigsten gesetzlichen Schuldverhältnisse resultieren aus Geschäftsführung ohne Auftrag, Bereicherungsrecht und Deliktsrecht. Zur umfassenden Einführung in das Wirtschaftsrecht ist die Kenntnis der Grundstrukturen dieser Schuldverhältnisse unerlässlich, um alle Möglichkeiten gegenseitiger Ansprüche prüfen und beurteilen zu können.

4.1 Geschäftsführung ohne Auftrag

Als Geschäftsführung ohne Auftrag werden nach den §§ 677 ff. BGB Schuldverhältnisse bezeichnet, bei denen eine Person (Geschäftsführer) das Geschäft eines anderen (Geschäftsherrn) besorgt, ohne dazu beauftragt oder berechtigt zu sein. Hierfür ist es unbeachtlich, ob der Geschäftsführer im eigenen oder im fremden Namen handelt. Die gesetzlichen Regelungen dienen dazu, dem Geschäftsführer unter bestimmten Voraussetzungen einen Aufwendungsersatz zu gewähren und seine Haftung zu beschränken. Das Rechtsverhältnis ist folglich nur unvollkommen zweiseitig, da die gegenseitigen Leistungen nicht in einem echten Gegenseitigkeitsverhältnis stehen. Rechtsverhältnisse aus Geschäftsführung ohne Auftrag werden jedoch je nach Art ihrer Entstehung zudem in verschiedene Arten eingeteilt, die zu unterschiedlichen Rechtsfolgen führen.

4.1.1 Echte Geschäftsführung ohne Auftrag

Zunächst wird zwischen echter und unechter Geschäftsführung ohne Auftrag unterschieden. Für die echte Geschäftsführung ohne Auftrag gelten die §§ 677 ff. BGB, während die unechte Geschäftsführung ohne Auftrag nach § 687 BGB für bestimmte Fälle der Eigengeschäftsführung die Regeln der §§ 677 ff. BGB für nur teilweise anwendbar erklärt.

Eine echte Geschäftsführung ohne Auftrag liegt nach § 677 BGB vor, wenn eine Geschäftsbesorgung für einen anderen vorgenommen wird, hierfür aber kein vorheriger Auftrag oder eine sonstige Berechtigung vorliegt. Eine solche Geschäftsführung hat dann stets nach dem Interesse des Geschäftsherrn zu erfolgen, um nicht nach § 678 BGB Schadensersatzansprüche auszulösen. Anschließend ist die Geschäftsführung nach den §§ 681 S. 2, 666 BGB anzuzeigen und über die Tätigkeit Rechnung zu legen. Gegebenenfalls Erlangtes ist nach den §§ 681 S. 1, 667 BGB an den Geschäftsherrn herauszugeben.

Für eine echte Geschäftsführung ohne Auftrag müssen drei Tatbestandsmerkmale vorliegen. Zunächst muss überhaupt ein Geschäft besorgt werden. Dieses Merkmal ist umfassend zu verstehen, sodass jede Form rechtlicher oder tatsächlicher Handlungen darunter zu verstehen ist.

Dieses Geschäft muss zudem für den Geschäftsführer fremd, also einem fremden Interessen- und Rechtskreis zugehörig sein.[1] Hierfür sind objektive und subjektive Kriterien anzulegen. Das Geschäft kann objektiv fremd sein, wenn es bereits nach seinem objektiven Erscheinungsbild als einem anderen Interessenkreis zugehörig anzusehen ist. Bezahlt etwa eine Person die Schulden eines anderen[2] oder repariert eine fremde Sache, ist für jeden Dritten erkennbar, dass ein objektiv fremdes Geschäft besorgt wird.

Diese Offensichtlichkeit ist jedoch nicht immer gegeben, da viele Geschäfte keinem Rechtskreis objektiv zugerechnet werden und daher zugleich Eigen- und Fremdgeschäft sein können (etwa Kauf einer Sache). Daher ist als subjektives Kriterium zusätzlich auf den Fremdgeschäftsführungswillen des Geschäftsführers abzustellen. Fremdgeschäftsführungswille erfordert das Bewusstsein und den Willen, ein fremdes Geschäft zu besorgen. Nur durch diesen wird dann erkennbar, dass das Geschäft einem fremden Interessenkreis zugeordnet wird. Nur bei objektiv fremden Geschäften wird der Fremdgeschäftsführungswille stets vermutet.[3] Bei subjektiv fremden Geschäften muss der Fremdgeschäftsführungswille daher konkret zu Tage treten, also i. d. R. vom Geschäftsführer erkennbar gemacht werden.[4]

Schließlich darf dem Geschäftsherrn kein Auftrag zur Geschäftsbesorgung oder eine sonstige Berechtigung erteilt worden sein. Liegt eine solche Berechtigung vor (etwa durch Vertrag), ist der Interessenausgleich nach dessen Regeln durchzuführen.

---

[1] RG, Urt. v. 29.10.1919 – I 125/19 = RGZ 97, 61.
[2] Vgl. BGH, Urt. v. 20.04.1967 – VII ZR 326/64 = BGHZ 47, 370.
[3] BGH, Urt. v. 20.06.1963 – VII ZR 263/61 = BGHZ 40, 28.
[4] BGH, Urt. v. 25.04.1991 – VII ZR 280/90 = BGHZ 114, 258.

> **Fallbeispiel**
>
> A hat einen Wildunfall, bei dem ein Reh getötet wird. A lässt das Reh am Straßenrand liegen und informiert die Polizei. Diese veranlasst den Jagdpächter zur Beseitigung des Kadavers. Die Beseitigungshandlung ist für den Jagdpächter ein auch fremdes Geschäft, da es neben seinem eigenen Interessenkreis auch den Interessen des A zugehörig ist. Die §§ 677 ff. BGB finden Anwendung. ◀

4.1.2 Berechtigte Geschäftsführung ohne Auftrag

Die für den Geschäftsführer günstigste Konstellation liegt in einer berechtigten Geschäftsführung ohne Auftrag, da er in diesem Fall seine Aufwendungen nach § 683 S. 1 BGB wie ein Beauftragter nach § 670 BGB ersetzt verlangen kann.

Eine berechtigte Geschäftsführung ohne Auftrag erfordert nach § 683 S. 1 BGB, dass die Geschäftsführung nach § 684 S. 2 BGB genehmigt wird oder dem Interesse und dem wirklichen oder jedenfalls dem mutmaßlichen Willen des Geschäftsherrn entspricht.[5] Die Geschäftsbesorgung liegt im Interesse des Geschäftsherrn, wenn sie für diesen objektiv nützlich ist. Hinzu kommen muss das subjektive Moment des Willens des Geschäftsherrn. Da in der Praxis der wirkliche Wille meist nicht zu ermitteln ist, wird aus den objektiven Umständen auf die subjektive Willensrichtung geschlossen. Wenn jedoch der wirkliche Wille zuvor geäußert wurde und gerade gegen die Geschäftsbesorgung gerichtet war, darf auch bei objektiver Unvernunft des Geschäftsherrn kein mutmaßlicher Wille konstruiert werden. Etwas anderes gilt nach § 679 BGB nur, wenn mit der Geschäftsbesorgung zugleich ein öffentliches Interesse betroffen ist (etwa öffentliche Verkehrssicherungspflichten).

> **Fallbeispiel**
>
> A und B sind Nachbarn. Während des Urlaubs des B wütet ein Sturm in der Nachbarschaft, der u. a. die Hausdächer der A und B erheblich beschädigt, sodass durch eindringende Feuchtigkeit substanzieller Schaden droht. A gibt nicht nur die notdürftige Reparatur seines Daches in Auftrag, sondern lässt auch das Dach des B abdichten, ohne dass er B zuvor hat sprechen können. A handelte als Geschäftsführer ohne Auftrag im mutmaßlichen Willen des B, sodass B die Reparaturkosten als erforderliche Aufwendungen nach § 670 BGB zu ersetzen hat. ◀

4.1.3 Unberechtigte Geschäftsführung ohne Auftrag

Erfolgt die Geschäftsführung ohne Auftrag nicht im Interesse oder im jedenfalls mutmaßlichen Willen des Geschäftsherrn nach § 683 S. 1 BGB, ist die Geschäftsführung unbe-

---
[5] BGH, Urt. v. 15.12.1954 – II ZR 277/53 = BGHZ 16, 12, 16.

rechtigt. An den Verpflichtungen des Geschäftsführers ändert sich nichts im Vergleich zur berechtigten Geschäftsführung. Er muss das Geschäft auch bei einer unberechtigten Geschäftsführung ohne Auftrag gemäß den §§ 677, 678 BGB nach dem Interesse und Willen des Geschäftsherrn durchführen. Verstößt er dagegen, macht er sich schadensersatzpflichtig nach § 678 BGB, wobei er im Falle der Abwehr einer dringenden Gefahr nur Vorsatz und grobe Fahrlässigkeit zu vertreten hat.

Die schlechtere Rechtsstellung des Geschäftsführers wird manifestiert in seinem verkürzten Ersatzanspruch. Er kann nicht nach § 683 BGB den Ersatz seiner Aufwendungen verlangen. Insoweit wird er auf die schwierigere Geltendmachung seiner Ansprüche nach den Grundsätzen der ungerechtfertigten Bereicherung verwiesen.[6]

4.1.4 Unechte Geschäftsführung ohne Auftrag

Bei der Geschäftsführung ohne Auftrag führt der Geschäftsführer objektiv das Geschäft eines anderen und handelt subjektiv mit Fremdgeschäftsführungswillen. Im Falle einer unechten Geschäftsführung ohne Auftrag wird jedoch nach § 687 BGB gerade kein fremdes Geschäft geführt. § 687 BGB unterscheidet hierbei zwei unterschiedliche Arten der Eigengeschäftsführung.

4.1.4.1 Irrtümliche Eigengeschäftsführung

Bei der irrtümlichen Eigengeschäftsführung nach § 687 I BGB liegt zwar ein objektiv fremdes Geschäft vor. Dem Geschäftsführer fehlt jedoch der Fremdgeschäftsführungswille, da er das Geschäft irrtümlich als sein eigenes betrachtet. In diesen Fällen sind die §§ 677 ff. BGB nicht anwendbar, ein Interessenausgleich folgt daher lediglich nach den §§ 812 ff., 987 ff., 823 BGB.

> **Fallbeispiel**
>
> A veräußert einen DVD-Player an B. Er glaubt, die Sache gehöre ihm, weil er sie zuvor von einem Bekannten günstig erworben habe. Da die Sache jedoch bereits einige Wochen vorher dem E gestohlen war, liegt das Eigentum nach § 935 BGB immer noch beim ursprünglichen Eigentümer E, da bei gestohlenen Sachen kein gutgläubiger Erwerb möglich ist. Da A ein objektiv fremdes Geschäft mit Eigengeschäftsführungswillen besorgt hat, liegt ein Fall des § 687 BGB vor, sodass er sich nicht auf die §§ 677 ff. BGB berufen kann.[7] ◄

---

[6] Siehe dazu ausführlich unter Abschn. 4.2.
[7] Vgl. zur Veräußerung gestohlener Sachen RG, Urt. v. 26.06.1922 – VI 788/21 = RGZ 105, 84.

4.1.4.2 Angemaßte Eigengeschäftsführung

Bei der angemaßten Eigengeschäftsführung nach § 687 II BGB wird ein objektiv fremdes Geschäft besorgt.[8] Zudem weiß der Geschäftsführer, dass er nicht im Interesse und (mutmaßlichen) Willen des Geschäftsherrn handelt. Es liegt also eine Verletzung von (absoluten) Rechten des Geschäftsherrn vor.[9] Daher ist dem Geschäftsherrn gegenüber dem Geschäftsführer eine möglichst umfassende Rechtsposition zu gewähren. Diese wird durch das Wahlrecht des § 687 II BGB ausgestaltet. Der Geschäftsherr kann entweder durch eine Genehmigung nach § 684 BGB gemäß den Grundsätzen der Geschäftsführung ohne Auftrag oder aber nach Bereicherungsrecht gegen den Geschäftsführer vorgehe.

> **Fallbeispiel**
>
> A hat sich den iPod des B geliehen. Nun veräußert A den iPod in Kenntnis der Eigentumsverhältnisse (§ 935 BGB greift nicht, weil der iPod von B nicht abhandengekommen[10] ist). In diesem Falle kann B sich entscheiden: Er kann die Genehmigung erteilen und dann den Kaufpreis nach den §§ 684, 677, 667 BGB herausverlangen (wenn dieser hoch ist) oder nach den §§ 812 ff., 823 BGB vorgehen, also den Wert des iPod ersetzt verlangen (wenn dieser höher ist als der Kaufpreis). ◂

4.2 Bereicherungsrecht

Die §§ 812–822 BGB regeln den Inhalt und den Umfang der gesetzlichen Schuldverhältnisse aus ungerechtfertigter Bereicherung. Diese Regelungen sind insbesondere deswegen erforderlich, um Leistungen zurückzufordern, die ohne Rechtsgrund geleistet wurden, oder um Vermögensverschiebungen rückgängig zu machen, die auf einen Eingriff in fremdes Vermögen zurückzuführen sind. Dadurch soll überall dort ein gerechter Ausgleich herbeigeführt werden, wo zwar ein wirksamer Vermögenserwerb vorliegt, dieser jedoch unbillig ist.[11] Das ist notwendig, weil durch das Trennungs- und Abstraktionsprinzip Vermögensverschiebungen (etwa Eigentumsübertragungen) unabhängig vom Vorliegen einer schuldrechtlichen Verpflichtung wirksam sind.

> **Fallbeispiel**
>
> A hat von B ein KFZ erworben. Bezahlung und Übergabe des KFZ sind erfolgt. Bei Abschluss des Kaufvertrages wurde A jedoch arglistig getäuscht (es handelt sich um einen Unfallwagen), sodass er nach Kenntnis dieser Tatsache die Anfechtung nach den §§ 143, 123 BGB erklärt. Damit ist der Vertrag nach § 142 BGB von Anfang an nichtig. Damit A den Kaufpreis zurückfordern kann, gibt es die §§ 812 ff. BGB. ◂

---

[8] BGH, Urt. v. 23.09.1999 – III ZR 322/98 = NJW 2000, 72.
[9] Vgl. BGH, Urt. v. 25.03.1963 – VII ZR 270/61 = BGHZ 39, 186.
[10] Siehe sogleich unter Abschn. 5.1.
[11] Grüneberg und Sprau (2024), BGB, vor § 812, Rn. 1.

Das Bereicherungsrecht beinhaltet mehrere Anspruchsgrundlagen, die den unterschiedlichen ungerechtfertigten Vermögensverschiebungen Rechnung tragen. Im Wesentlichen werden die Leistungskondiktion und die Nichtleistungskondiktion unterschieden.

4.2.1 Leistungskondiktion

Eine Leistungskondiktion nach § 812 I S. 1 1. Alt. BGB liegt vor, wenn jemand durch die Leistung eines anderen etwas ohne Rechtsgrund auf dessen Kosten erlangt hat. Entscheidendes Merkmal ist, dass die Vermögensverschiebung durch eine Leistung, also eine zielgerichtete Mehrung fremden Vermögens herbeigeführt wurde.[12] Die Leistungskondiktion kommt daher insbesondere bei der Rückabwicklung von gescheiterten Verträgen vor.

Anspruchsbegründend ist jede Vermögensverschiebung (etwas erlangt) durch eine ziel- und zweckgerichtete Mehrung fremden Vermögens. Es wird also beim Bereicherungsschuldner ein Vermögensvorteil auf Kosten des Bereicherungsgläubigers herbeigeführt.[13] Ein solcher Vermögensvorteil liegt in jeder denkbaren Vermögensmehrung, sodass dieser Begriff umfassend zu verstehen ist (Übergang von Eigentum, Rechten, Forderungen etc.).

Diese durch Leistung herbeigeführte Vermögensmehrung muss ohne rechtlichen Grund erfolgt sein. Es darf also weder einen vertraglichen noch einen gesetzlichen Rechtsgrund für die Leistung geben. Hiervon werden auch solche Fälle umfasst, in denen ursprünglich ein Rechtsgrund gegeben war, dieser jedoch später entfallen ist (vgl. § 812 I S. 2 BGB) oder sich als von Anfang an unwirksam erwiesen hat.

Fallbeispiel

A hat mit B einen Darlehensvertrag geschlossen. Diesem Vertrag lag ein nach § 138 BGB wucherischer Zins zugrunde. In Unkenntnis der Sittenwidrigkeit des Rechtsgeschäftes hat A monatelang die Zinsen gezahlt. Nach Feststellung der Unwirksamkeit des Vertrages kann A die gezahlten Zinsen nach § 812 I S. 2 1. Alt. herausverlangen. ◀

Ergänzt wird § 812 I S. 1 1. Alt. BGB durch § 817 S. 1 BGB, der bei der Annahme einer Leistung, deren Zweck sittenwidrig oder einem Verbotsgesetz zuwider ist, gleichfalls die Herausgabe des Erlangten anordnet, falls dem Bereicherungsgläubiger nicht auch ein solcher Verstoß nach § 817 S. 2 BGB angelastet werden kann (z. B. bei Straftatbeständen). Kennt der Leistende seine fehlende Verpflichtung, ist die Rückforderung gemäß § 814 BGB allerdings ausgeschlossen.

---

[12] Zum Verhältnis zwischen Leistung und Nichtleistungskondiktion grundlegend BGH, Urt. v. 10.1963 – VII ZR 285/61 = BGHZ 40, 272.
[13] BGH, Urt. v. 07.10.1994 – V ZR 4/94 = NJW 1995, 53.

4.2.2 Nichtleistungskondiktion

Nach § 812 I S. 1 2. Alt. BGB besteht ein Rückforderungsanspruch auch für Fälle, in denen jemand „in sonstiger Weise" etwas ohne Rechtsgrund erlangt hat. Diese sog. Nichtleistungskondiktion liegt vor, wenn die Vermögensverschiebung nicht durch Leistung erfolgt ist. Aus dieser Negativabgrenzung wird bereits deutlich, dass eine Nichtleistungskondiktion subsidiär zur Leistungskondiktion zu prüfen ist.[14]

Der wesentlichste Anwendungsfall der Nichtleistungskondiktion ist die Eingriffskondiktion. Danach ist erforderlich, dass die Vermögensverschiebung aufgrund eines unbefugten Eingriffs in eine Rechtsposition des Bereicherungsschuldners stattfindet. Ein solcher Eingriff kann in jedem unbefugten Tun oder Unterlassen des Bereicherungsschuldners bestehen. Entscheidend ist, dass es für den Eingriff keinen Rechtsgrund gibt und der Bereicherungsschuldner etwas auf Kosten des Bereicherungsgläubigers erlangt. Hieraus folgt das Erfordernis der Unmittelbarkeit zwischen Entreicherung und Bereicherung, um die Parteien des Bereicherungsanspruchs genau bestimmen zu können.[15]

Fallbeispiel

A und B sind Gewerbetreibende und haben ihre Büroflächen in demselben Gebäude. Versehentlich erreicht eine für den A bestimmte Lieferung von Büromaterial den B. B bemerkt den Irrtum nicht und verbraucht das Material. Der Irrtum fällt dem A erst nach Zahlung der Rechnung auf. Hier hat B unbefugt in das Eigentum des A eingegriffen und unmittelbar auf dessen Kosten die Büromaterialien erlangt. Daher liegt eine Eingriffskondiktion vor. ◀

Neben den Fällen der Eingriffskondiktion gehören zur Gruppe der Nichtleistungskondiktion auch die Aufwendungskondiktion und die Rückgriffskondiktion. Eine Aufwendungskondiktion wird begründet durch vom Bereicherungsgläubiger getätigte Aufwendungen auf eine Sache, die ihm nicht gehört (vgl. § 951 BGB).[16] Eine Rückgriffskondiktion entsteht, wenn ein Dritter fremde Schulden tilgt und daher vom ursprünglichen Schuldner Erstattung verlangen kann.

4.2.3 Verfügung durch Nichtberechtigten

Ein Bereicherungsanspruch entsteht auch, wenn ein Nichtberechtigter über fremde Sachen verfügt. Durch § 816 BGB werden hierfür drei unterschiedliche Kondiktionstatbestände festgelegt. Danach werden entgeltliche und unentgeltliche Verfügungen durch den Nichtberechtigten sowie Leistungen an einen Nichtberechtigten unterschieden.

---

[14] BGH, Urt. v. 31.10.1963 – VII ZR 285/61 = BGHZ 40, 272, 278.
[15] BGH, Urt. v. 19.04.1985 – V ZR 152/83 = BGHZ 94, 160, 165.
[16] Vgl. dazu BGH, Urt. v. 26.02.1964 – V ZR 105/61 = BGHZ 41, 157.

4.2.3.1 Entgeltliche Verfügung durch einen Nichtberechtigten

Nach § 816 I S. 1 BGB ist der Nichtberechtigte zur Herausgabe des durch die Verfügung Erlangten verpflichtet, wenn er eine gegenüber dem Berechtigten wirksame entgeltliche Verfügung vornimmt. § 816 I S. 1 BGB legt daher fest, dass der Entreicherte einen Ausgleichsanspruch gegen den unberechtigt Verfügenden erwirbt, da er (etwa aufgrund wirksamen gutgläubigen Erwerbs)[17] gegen den Dritten nicht vorgehen kann. Eine Verfügung ist jede rechtsgeschäftliche Veränderung eines bestehenden dinglichen Rechts.[18]

> **Fallbeispiel**
>
> A hat dem B ein Fahrrad geliehen. B veräußert das Fahrrad an den C. Da der C die fehlende Berechtigung des B nicht erkennen konnte, wird er Eigentümer des Rades. A hat daher keine Rechte gegen C. Er kann jedoch den tatsächlichen Kaufpreis von B herausverlangen. Dies gilt auch, wenn der Kaufpreis höher oder niedriger ist als der Wert des Fahrrads. ◄

Ist eine Verfügung gegenüber dem Berechtigten nicht wirksam, kann der Berechtigte nach § 185 BGB die Genehmigung erklären. Dies ist in der Praxis vor allem dann relevant, wenn der Berechtigte die Verfügung für vorteilhaft hält.

> **Fallbeispiel**
>
> A hat dem B wiederum ein Fahrrad geliehen, welches dieser für 500 € an C veräußert. Da C genau weiß, wem das Fahrrad gehört, scheidet ein gutgläubiger Erwerb aus. A hält den Kaufpreis jedoch für hoch und hat keine Verwendung für das Rad. Also genehmigt er das Rechtsgeschäft und kann nun von B den Kaufpreis herausverlangen. ◄

4.2.3.2 Unentgeltliche Verfügung durch einen Nichtberechtigten

Wurde die Verfügung dagegen unentgeltlich getroffen, liegen die Dinge anders. Hier hat der Nichtberechtigte keine Gegenleistung erhalten, sodass der Berechtigte sich nicht an ihm schadlos halten kann. Daher ist es erforderlich, dem Berechtigten ein Durchgriffsrecht gegen den unentgeltlich Erwerbenden zu gewähren. Diese Möglichkeit schafft § 816 I S. 2 BGB.

> **Fallbeispiel**
>
> A leiht dem B sein Fahrrad. B schenkt es dem C. Da die Verfügung unentgeltlich erfolgt, kann A von C die Rückgabe des Fahrrades verlangen. ◄

---

[17] Siehe dazu ausführlich unter Abschn. 5.1.
[18] Vgl. Grüneberg und Sprau (2024), BGB, § 816, Rn. 4.

4.2.4 Inhalt des Bereicherungsanspruchs

Der Bereicherungsanspruch ist auf „das Erlangte" gerichtet, welches in § 818 BGB eine Konkretisierung erfährt. § 818 I BGB begründet zunächst einen Rückgewähranspruch betreffend den Zuwendungsgegenstand selbst. Der Gegenstand ist folglich in natura zurückzugewähren. Hinzu kommen sämtliche durch den Bereicherungsgegenstand gezogene Nutzungen. Zudem sind alle erhaltenen Surrogate (etwa Versicherungsleistungen) herauszugeben.

Nach § 818 II BGB ist dagegen Wertersatz zu leisten, wenn die Herausgabe der Sache unmöglich ist. Der Wertersatz beinhaltet den objektiven Wert der Sache, welcher nach dem Verkehrswert zu berechnen ist.[19]

Der Bereicherungsanspruch entfällt jedoch, wenn der Bereicherungsschuldner nach § 818 III BGB nicht mehr bereichert ist. Dies ist jedoch nur der Fall bei einer tatsächlichen Entreicherung, die auch nicht durch ersparte Aufwendungen kompensiert sein darf. Solche ersparten Aufwendungen liegen in jeder nicht völlig atypischen Verwendung des Erlangten. Eine Entreicherung kann daher nur angenommen werden, wenn der Bereicherungsschuldner sog. Luxusaufwendungen tätigt.[20]

Fallbeispiel

A schuldet dem B 10.000 €, die er als Kaufpreis aus einer wirksamen Veräußerung als Nichtberechtigter erlangt hat. Die 10.000 € hat er zur Tilgung von Schulden genutzt, sodass er das Erlangte nicht mehr hat. Trotzdem ist er nach § 818 III BGB nicht entreichert, da er durch die Schuldentilgung eigene Aufwendungen erspart hat. Anders wäre es nur, wenn A das Geld etwa im Spielkasino verspielt oder anderweitig außerordentlich verloren hätte. ◄

4.3 Deliktsrecht

Das Recht der unerlaubten Handlungen (Deliktsrecht) normiert in den §§ 823 ff. BGB verschiedene gesetzliche Schuldverhältnisse, die Schadensersatzansprüche für bestimmte rechtswidrige Rechtsgutschädigungen begründen. Dadurch soll dem Geschädigten ein Ausgleich für den Eingriff in sein Rechtsgut gewährt werden (Ausgleichsfunktion).

4.3.1 Generalklausel des § 823 I BGB

Die wichtigste Regelung des Deliktsrechts findet sich in der Generalklausel des § 823 I BGB. Danach ist zum Ersatz des Schadens verpflichtet, wer rechtswidrig und schuldhaft

---

[19] Grundlegend BGH, Urt. v. 10.07.1953 – V ZR 22/52 = BGHZ 10, 171, 180.
[20] BGH, Urt. v. 18.12.1962 – I ZR 54/61 = BGHZ 38, 356, 368 f.

eines der genannten Rechtsgüter verletzt. Nur wenn alle Tatbestandsmerkmale erfüllt sind, kommt es zur Rechtsfolge des Schadensersatzes.

4.3.1.1 Rechtsgutverletzung

Zunächst ist zu beachten, dass § 823 I BGB nur für bestimmte Rechtsgüter einschlägig ist. Insbesondere werden das Leben, der Körper, die Gesundheit und das Eigentum als absolute Rechte unter den Schutz der Generalklausel gestellt. Hinzu kommen als sonstige Rechte weitere Rechte, die gegen jedermann wirken. Dies sind vor allem dingliche Rechte, Immaterialgüterrechte (Patente u. a.), das allgemeine Persönlichkeitsrecht und das Recht am eingerichteten und ausgeübten Gewerbebetrieb,[21] nicht jedoch das Vermögen als solches oder Forderungsrechte.[22]

> **Fallbeispiel**
>
> A ist Hersteller von Kleinteilen in der Automobilzulieferindustrie. Er erhält vom Konkurrenten B eine Schutzrechtsverwarnung, wonach er die Herstellung eines bestimmten Teils zu unterlassen und bereits hergestellte Teile zu vernichten habe. Der B behauptet, ihm stünde ein Patent am Herstellungsverfahren zu, obwohl dies objektiv eher fernliegend ist. Da dies letztlich unzutreffend ist, kann A den durch den Produktionsausfall entstandenen Schaden bei B wegen der Verletzung des Rechts am eingerichteten und ausgeübten Gewerbebetrieb ersetzt verlangen.[23] ◄

Zur Verletzung eines dieser Rechtsgüter ist eine Verletzungshandlung erforderlich, die in jedem willensgesteuerten Tun oder Unterlassen bestehen kann. Ein Unterlassen kommt als Verletzungshandlung vor allem dann in Betracht, wenn den Schädiger eine Handlungspflicht trifft. Dies ist jedoch nur bei Verkehrssicherungspflichten (Pflicht zur Vermeidung von Gefahren, die bestimmten Sachen immanent sind) des Schädigers der Fall.

> **Fallbeispiel**
>
> A ist Eigentümer eines Gewerbebetriebes, zu dem mehrere große Lagerhallen gehören, die unmittelbar an öffentliche Wege angrenzen. Von einer der Hallen haben sich Teile gelöst, die Fußgänger verletzt haben. Da den A eine Verkehrssicherungspflicht für die von ihm betriebenen Hallen trifft, liegt in seinem Unterlassen der Schadensverhinderung eine Verletzungshandlung. ◄

---

[21] Die Haftung gilt nur für betriebsbezogene Eingriffe, dazu BGH, Urt. v. 09.12.1958 – VI ZR 199/57 = BGHZ 29, 65, 67.
[22] Zum Vermögen vgl. BGH, Urt. v. 22.04.1958 – VI ZR 65/57 = BGHZ 27, 137, 140; zu Forderungen s. BGH, Urt. v. 09.12.1958 – VI ZR 199/57 = BGHZ 29, 65, 73.
[23] Zu Schutzrechtsverwarnungen s. etwa BGH, Urt. v. 05.11.1962 – I ZR 39/61 = BGHZ 38, 200, 204.

4.3.1.2 Rechtswidrigkeit

Die Rechtsgutsverletzung muss rechtswidrig erfolgen. Die Rechtswidrigkeit wird durch die Rechtsgutsverletzung indiziert, sodass sie nur bei Vorliegen eines Rechtfertigungsgrundes entfällt. Solche Rechtfertigungsgründe können sich aus Gesetz (etwa Notwehr oder Nothilfe, §§ 227, 228 BGB) oder aus einer Einwilligung[24] des Rechtsgutsinhabers ergeben.

> **Fallbeispiel**
>
> A operiert als Chirurg den B. Hierin liegt die Verletzung des Rechtsguts Körper und Gesundheit. Da B in die Operation eingewilligt hat, erfolgte die Verletzung jedoch nicht rechtswidrig. ◄

4.3.1.3 Verschulden

Die Verletzungshandlung muss schuldhaft nach § 276 BGB erfolgen. Insoweit kann auf die bisherigen Ausführungen zu Vorsatz und Fahrlässigkeit verwiesen werden.[25] Zu beachten ist dabei, dass die Verschuldensfähigkeit nach § 827 BGB für Bewusstlose oder zur freien Willensbildung nicht Fähige ausgeschlossen ist.[26]

Zudem liegt gemäß § 828 BGB bis zum Erreichen des siebenten Lebensjahres keine Verschuldensfähigkeit vor. Für Sieben- bis Neunjährige gilt eine auf Vorsatz beschränkte Verschuldensfähigkeit im Straßenverkehr. Nach § 828 III BGB ist für ältere Jugendliche auf deren Einsichtsfähigkeit abzustellen.

> **Fallbeispiel**
>
> A ist 14 Jahre alt und verursacht durch eine Unachtsamkeit mit dem Fahrrad einen Verkehrsunfall. Als 14-Jähriger hat er die nötige intellektuelle Einsichtsfähigkeit,[27] die Folgen seiner Teilnahme am Straßenverkehr zu überblicken, und ist damit verschuldensfähig. A haftet für den von ihm verursachten Schaden. ◄

4.3.1.4 Kausalität des Schadens

Die rechtswidrige und schuldhafte Verletzungshandlung muss schließlich kausal zu einem Schaden geführt haben. Die Berechnung des Schadens richtet sich nach den §§ 249 ff. BGB.[28]

---

[24] Bei Arztbehandlungen, BGH, Urt. v. 09.12.1958 – VI ZR 203/57 = BGHZ 29, 46, 49; für sportartimmanente Verletzungsrisiken vgl. BGH, Urt. v. 05.11.1974 – VI ZR 100/73 = BGHZ 63, 140, 142.
[25] Siehe unter Abschn. 2.1.13.1.
[26] Vgl. BGH, Urt. v. 15.01.1957 – VI ZR 135/56 = BGHZ 23, 90, 98.
[27] BGH, Urt. v. 30.11.2004 – VI ZR 335/03 = BGHZ 161, 180.
[28] Siehe dazu bereits unter Abschn. 2.1.13.1.

> **Fallbeispiel**
>
> A verursacht einen KFZ-Unfall, bei dem der PKW von B verschrammt wird. Der Schaden beim B beträgt 1000 € Nettoreparaturkosten zzgl. Umsatzsteuer. B lässt das KFZ nicht reparieren, da ihn die Schrammen nicht stören. Daher erhält er 1000 € Schadensersatz nach den §§ 823, 249 BGB. ◄

Probleme bereitet oftmals die Kausalität des Schadens. Kausalität bedeutet, dass der Schaden auf die Verletzungshandlung zurückzuführen ist. Es ist also zu fragen, ob der Schaden bei einem Wegdenken der Verletzungshandlung nicht entstanden wäre (Äquivalenz des Schadens).[29] Zudem darf der Schaden nicht auf einem sehr außergewöhnlichen Geschehensablauf beruhen, der höchst unwahrscheinlich ist und vom gewöhnlichen Lauf der Dinge erheblich abweicht (Adäquanz des Schadens).[30]

> **Fallbeispiel**
>
> A verursacht einen Verkehrsunfall. Hierbei wird B leicht verletzt und vorsorglich mit dem Krankenwagen ins Krankenhaus gebracht. Der Krankenwagen wird sodann durch einen anderen, betrunkenen Verkehrsteilnehmer in einen weiteren, ungleich schwereren Unfall verwickelt. Hierbei erleidet der B eine tödliche Kopfverletzung. Da der Tod des B auf einem unwahrscheinlichen, vom gewöhnlichen Lauf der Dinge erheblich abweichenden Geschehensverlauf beruht, ist die Handlung des A für den Tod nicht adäquat kausal. A haftet insoweit also nicht. ◄

4.3.2 Verletzung von Schutzgesetzen

Schadensersatzpflichtig ist auch derjenige, der nach § 823 II BGB ein Schutzgesetz verletzt. Schutzgesetze sind solche Rechtsnormen, die eine gesetzliche Verhaltensregel festlegen und daher einen Schutzcharakter für andere beinhalten.[31] Es muss also eine Norm vorliegen, die nicht nur den Schutz der Allgemeinheit, sondern auch den Schutz Einzelner zum Zweck hat (insbesondere Straftatbestände).[32]

Eine Schadensersatzhaftung nach § 823 II BGB tritt ein, wenn der Schädiger den Tatbestand des Schutzgesetzes durch eine rechtswidrige und schuldhafte Handlung erfüllt. Auch hier muss wie bei § 823 I BGB ein kausaler Schaden entstanden sein.

---

[29] Grundlegend BGH, Urt. v. 29.02.1956 – VI ZR 352/54 = BGHZ 20, 137, 139.
[30] BGH, Urt. v. 25.09.1952 – III ZR 322/51 = BGHZ 7, 198.
[31] Vgl. dazu BGH, Urt. v. 10.10.1967 – VI ZR 50/66 = NJW 1968, 641.
[32] BGH, Urt. v. 08.06.1976 – VI ZR 50/75 = BGHZ 66, 388, 390.

> **Fallbeispiel**
>
> A hat bei der B-GmbH Gelder veruntreut. Durch die dadurch begangene rechtswidrige und schuldhafte Verletzung der strafrechtlichen Normen (§§ 246, 266 StGB) schuldet er der B-GmbH den Ersatz des entstandenen Schadens. ◄

4.3.3 Vorsätzliche sittenwidrige Schädigung

Wer einem anderen in einer gegen die guten Sitten verstoßenden Weise vorsätzlich Schaden zufügt, ist nach § 826 BGB schadensersatzpflichtig. Anders als nach § 823 I BGB wird ein umfassender Schutz gewährt, da keine Beschränkung auf bestimmte Rechtsgüter vorgenommen wird.

Die Schädigungshandlung muss vorsätzlich, also mit Wissen und Wollen des Handelnden erfolgen.[33] Zudem ist eine sittenwidrige Handlung Tatbestandsvoraussetzung. Der Begriff der Sittenwidrigkeit bestimmt sich nach dem Anstandsgefühl aller billig und gerecht Denkenden und ist nach Beurteilung des Handlungszwecks, des Handlungsmittels oder der Zweck-Mittel-Relation zu ermitteln.[34]

Um aus diesen generalklauselartigen Umschreibungen praxistaugliche Anwendungsmaßstäbe zu erhalten, sind durch die Rechtsprechung bestimmte Typisierungen vorgenommen worden, die die wesentlichsten Fälle zu Fallgruppen zusammenfassen. Die wichtigsten Fallgruppen sind Täuschungshandlungen durch aktives Tun oder Nichtnennung offenbarungspflichtiger Tatsachen bei Vertragsschluss, wobei dies auch durch Dritte erfolgen kann,[35] sowie der Missbrauch von Machtpositionen.[36]

> **Fallbeispiel 1**
>
> A erwirbt von B diverse Elektrogeräte. A ist jedoch nicht zahlungsfähig und hat bereits die eidesstattliche Versicherung abgegeben. Er will zunächst die Waren nutzen und nicht bezahlen. A macht sich schadensersatzpflichtig nach § 826 BGB, da A eine offenbarungspflichtige Tatsache verschwiegen und damit den B bewusst getäuscht hat.[37] ◄

---

[33] Ausführlich zum Vorsatzbegriff unter Abschn. 2.1.13.1.
[34] RG, Urt. v. 11.04.1901 – VI 443/00 = RGZ 48, 114, 124; BGH, Urt. v. 20.03.1995 – II ZR 205/94 = BGHZ 129, 136, 172.
[35] Etwa Sachverständige oder Gutachter, vgl. BGH, Urt. v. 24.09.1991 – VI ZR 293/90 = NJW 1991, 3282.
[36] Hierbei ist jedoch vorrangig nach den einschlägigen Normen des GWB und des UWG zu prüfen, vgl. dazu etwa BGH, Urt. v. 07.02.1984 – VI ZR 193/82 = BGHZ 90, 113.
[37] BGH, Urt. v. 25.01.1984 – VIII ZR 227/82 = NJW 1984, 2284, 2285.

> **Fallbeispiel 2**
>
> A ist Vorstand der B-AG. Um seinen Aktienkurs zu manipulieren, gibt er falsche Ad-hoc-Mitteilungen heraus. Durch eine solche Täuschungshandlung macht er sich neben der AG auch persönlich schadensersatzpflichtig, da er selbst deliktisch handelt.[38] ◄

4.3.4 Haftung für Verrichtungsgehilfen

Nicht immer soll ein Schadensersatzanspruch gegen den tatsächlichen Schädiger gerichtet werden (etwa weil dessen finanzielle Leistungsfähigkeit fraglich ist). Gemäß § 831 BGB kann der Anspruch auch gegen den Geschäftsherrn (Auftraggeber) gerichtet werden, wenn der von ihm beauftragte tatsächlich handelnde Verrichtungsgehilfe widerrechtlich einen Schaden verursacht. Anders als für § 278 BGB ist kein Vertragsverhältnis zwischen Schädiger und Geschädigtem erforderlich. Existiert gleichwohl ein Vertragsverhältnis, kann sich der Anwendungsbereich der Vorschriften überschneiden, also ein Anspruch nach den §§ 280, 278 BGB neben dem aus § 831 BGB entstehen.

Nach § 831 I S. 1 BGB haftet der Geschäftsherr für widerrechtliche Schädigungen seines Verrichtungsgehilfen, die in Ausübung der Verrichtung geschehen. Bezüglich der Widerrechtlichkeit wird auf die Ausführungen zu § 823 BGB[39] verwiesen. Verrichtungsgehilfe ist, wer dem Geschäftsherrn gegenüber weisungsgebunden ist.[40] Dies sind insbesondere Arbeitnehmer nach § 106 GewO, aber bei entsprechender Einbindung auch freie Mitarbeiter.[41] Die Schädigungshandlung muss zudem in Ausübung der Verrichtung, also nicht nur bloß bei deren Gelegenheit vorgenommen werden.[42] Damit scheiden Handlungen aus, die nicht in unmittelbarem Zusammenhang mit der angewiesenen Tätigkeit stehen (etwa Diebstähle anlässlich bestimmter Arbeitsleistungen bei Dritten).

> **Fallbeispiel**
>
> A ist der Arbeitnehmer des B. A wird für eine Softwarewartung zum Kunden C geschickt. Bei C beschädigt der A einige Computerteile durch unsachgemäßen Gebrauch. Diese Teile stehen im Eigentum des D, welcher der Leasinggeber des C ist. D kann nun sowohl nach § 823 I BGB Schadensersatz von A verlangen als auch sich nach § 831 I S. 1 BGB an B halten, da A als Verrichtungsgehilfe gehandelt hat. ◄

---

[38] BGH, Urt. v. 19.07.2004 – II ZR 218/03 = BGHZ 160, 134.
[39] Siehe unter Abschn. 4.3.2.
[40] BGH, Urt. v. 30.06.1966 – VII ZR 23/65 = BGHZ 45, 311, 313.
[41] BGH, Urt. v. 12.06.1997 – I ZR 36/95 = NJW-RR 1998, 250, 252.
[42] BGH, Urt. v. 04.11.1953 – VI ZR 64/52 = BGHZ 11, 151.

4.3 Deliktsrecht

Die Haftung ist jedoch ausgeschlossen, wenn der Geschäftsherr sich nach § 831 I S. 2 BGB entlasten kann. Das Verschulden wird vermutet, sodass den Geschäftsherrn die Beweislast für das Gegenteil trifft. Will er diesen Beweis führen, muss er sowohl nachweisen, dass er den Verrichtungsgehilfen sorgfältig ausgewählt hat (Auswahlverschulden) als auch sorgfältig angewiesen und überwacht (Überwachungsverschulden) hat. Die Anforderungen an diesen Beweis dürfen jedoch nicht überspannt werden und liegen bereits vor, wenn der Geschäftsherr sich durch Zeugnisse und Befähigungsnachweise von der fachlichen und charakterlichen Eignung überzeugt hat und je nach den Umständen des Einzelfalls auch angemessene Anweisungen und Kontrollen sowie die Gestellung von Gerätschaften nachweisen kann.[43] Entlasten kann sich der Geschäftsherr nach § 831 I S. 3 BGB ferner, wenn die Handlung des Verrichtungsgehilfen der Handlung einer anderen sorgfältig ausgewählten Person entspricht.

Fallbeispiel

Im vorangegangenen Fall kann B sich nach § 831 I S. 2 BGB entlasten, wenn er nachweisen kann, den A sorgfältig ausgewählt, angeleitet und überwacht zu haben. ◄

4.3.5 Gefährdungshaftung

Unter Gefährdungshaftung wird die Haftung verstanden, welche verschuldensunabhängig eintritt. Die Gefährdungshaftung tritt nur aufgrund ausdrücklicher gesetzlicher Anordnung ein. Sie ist notwendig, um gesellschaftlich gewollte Handlungen abzusichern, die mit erheblichen Risiken verbunden sind. So ordnet etwa § 7 I StVG an, dass der Halter eines KFZ für alle durch den Betrieb des KFZ verursachten Personen- und Sachschäden verschuldensunabhängig haftet. Diese Regelung ist notwendig, da das individuelle Risiko einer Verletzung durch ein KFZ gravierend, gleichwohl aber der KFZ-Betrieb gesellschaftlich und wirtschaftlich wünschenswert ist.

Weitere wichtige Gefährdungstatbestände finden sich etwa in den §§ 34, 44 ff. LuftVG für Luftfahrzeughalter, in den §§ 1 f. HaftpflG u. a. für Schienenbetreiber, in § 84 ArzneiMG für Arzneimittelhersteller oder in § 833 S. 1 BGB für Tierhalter.

Fallbeispiel

A hält einen Hund. Der Hund hat ein friedliches Wesen und wurde unter Mitwirkung einer Hundeschule gut erzogen. Bei einem Spaziergang an der Leine des A springt der Hund unvermittelt den Passanten P an und beißt diesem in den Arm. Obwohl A keinerlei Verschulden an dem Unfall trifft, haftet er dem P nach § 833 S. 1 BGB, da sich die spezifische Tiergefahr realisiert hat, welche bei Tieren nie vollständig ausgeschlossen werden kann. ◄

---

[43] Ausführlich PWW/Schaub (2023), BGB, § 831, Rn. 17 f. m. w. N.

4.4 Produkthaftung

Werden Schäden durch fehlerhafte Produkte verursacht, muss die Möglichkeit zur Geltendmachung von Schadensersatz gegenüber dem Produzenten bestehen. Eine Haftung auf vertragsrechtlicher Grundlage scheidet jedoch oftmals aus, da der Produzent nicht immer direkt als Verkäufer auftritt. Daher hat zunächst die Rechtsprechung aus § 823 I BGB eine Produzentenhaftung entwickelt.[44] Weil § 823 I BGB aber ein Verschulden voraussetzt, hat der Gesetzgeber ergänzend das verschuldensunabhängige ProdHaftG geschaffen.[45]

4.5 Produzentenhaftung

Obwohl es sich um eine Fallgruppe des § 823 I BGB handelt, wird die Produzentenhaftung wegen der inhaltlichen Nähe zur Produkthaftung hier gesondert dargestellt. Die Ausführungen zu den Tatbestandsvoraussetzungen des § 823 I BGB sind daher auch hier zu beachten.[46]

Liegt eine Verletzung eines geschützten Rechtsgutes durch ein fehlerhaftes Produkt vor, beinhaltet bereits das Inverkehrbringen des Produktes die erforderliche Verletzungshandlung. Den Produzenten treffen dann besondere Verkehrssicherungspflichten nach § 823 I BGB, deren Verletzung zur Rechtswidrigkeit des Inverkehrbringens führt. Diese Verkehrssicherungspflichten stellen verschiedene Anforderungen an den Produzenten. Diesen trifft insbesondere eine Konstruktions-, Fabrikations-, Instruktions- und Produktbeobachtungspflicht.

Nach der Konstruktionspflicht sind Produkte so zu konstruieren, dass sie für durchschnittliche Verbraucher in der üblichen Verwendung keine Gefahr darstellen. Mindestens öffentlich-rechtliche Standards müssen eingehalten werden (etwa DIN-Normen).[47] Aus der Fabrikationspflicht folgt das Erfordernis, den gesamten Fabrikationsprozess so zu organisieren, dass das Inverkehrbringen fehlerhafter Produkte so weit wie möglich ausgeschlossen wird.[48] Hierfür sind insbesondere Qualitätskontrollen aller Rohstoffe sowie der Zwischen- und Endprodukte erforderlich. Die Instruktionspflicht fordert vom Hersteller die Aufklärung über alle vom Produkt ausgehenden Gefahren, die bei ordnungsgemäßem, aber auch bei naheliegendem Fehlgebrauch entstehen können.[49] Es müssen also verständliche Nutzungs- und Warnhinweise erfolgen. Schließlich haben Hersteller die Produkt-

---
[44] Siehe nur BGH, Urt. v. 26.11.1968 – VI ZR 212/66 = BGHZ 51, 91.
[45] Grundlage ist die EG-Richtlinie Nr. 85/374 vom 25.07.1985 zur Angleichung der Rechts- und Verwaltungsvorschriften der Mitgliedstaaten über die Haftung für fehlerhafte Produkte.
[46] Siehe dazu bereits unter Abschn. 4.3.1.
[47] Zur Legitimation von DIN-Normen s. BGH, Urt. v. 23.04.1963 – VI ZR 155/62 = VersR 1963, 858, 860.
[48] BGH, Urt. v. 25.10.1988 – VI ZR 344/87 = BGHZ 105, 346, 352.
[49] BGH, Urt. v. 09.12.1986 – VI ZR 65/86 = BGHZ 99, 167, 180.

4.6 Haftung nach dem ProdHaftG

beobachtungspflicht zu befolgen, nach welcher sie auch nach dem Inverkehrbringen ihre Produkte beobachten müssen. Hiernach müssen sowohl Produktbeanstandungen überprüft als auch die Entwicklung technischer und fachlicher Standards beachtet werden.[50] Wird danach ein Produktfehler erkennbar, muss der Hersteller Warnungen aussprechen und ggf. die Produkte zurückrufen.[51]

Im Streitfall muss der Hersteller nachweisen, die genannten Pflichten nicht schuldhaft verletzt zu haben (Beweislastumkehr).[52]

> **Fallbeispiel**
>
> Die A-AG ist Automobilherstellerin. In ihren KFZ werden Bremsteile des Zulieferers B-GmbH verbaut. Nach den ersten KFZ-Verkäufen erreichen den Hersteller Beanstandungen von Kunden, die in bestimmten Fahrsituationen ein verzögertes Bremsverhalten monieren. Die A-AG hat die Teile zwar im Rahmen des Wareneingangs kontrolliert (Organisationspflicht) und die endgefertigten KFZ ausreichenden Fahrtests unterzogen. Jedoch ist sie nun kraft ihrer Produktbeobachtungspflicht verpflichtet, die KFZ zurückzurufen, falls die Bremsausfälle eine Gefahr für den Straßenverkehr darstellen. ◄

> **Fallbeispiel**
>
> Die A-AG vertreibt Kindermöbel aus eigener Herstellung. Bei der Herstellung werden verschiedene Plastikstoffe verwendet, die ihrerseits alle den entsprechenden öffentlich-rechtlichen Schutzvorschriften entsprechen. Bei einem Plastiktisch werden jedoch verschiedene Stoffe kombiniert, die in der Summe eine Grenzwertüberschreitung für bestimmte Schadstoffe beinhalten. Da die A-AG das fertige Produkt nicht hinsichtlich dieser Belastung nochmals geprüft hat, liegt ein Verstoß gegen die Fabrikations- und Konstruktionspflicht vor. ◄

4.6 Haftung nach dem ProdHaftG

Die Produkthaftung wird vervollständigt durch die Haftung nach dem ProdHaftG.[53] Die Haftung nach dem ProdHaftG ist verschuldensunabhängig (Gefährdungshaftung). Der Hersteller eines fehlerhaften Produktes muss für daraus resultierende Schäden an Körper,

---

[50] Vgl. BGH, Urt. v. 17.03.1981 – VI ZR 286/78 = BGHZ 80, 199.
[51] Ausführlich PWW/Schaub (2023), BGB, § 823, Rn. 179.
[52] BGH, Urt. v. 03.06.1975 – VI ZR 192/73 = NJW 1975, 1827, 1828. Dies gilt jedoch für die Produktbeobachtungspflicht nur eingeschränkt, vgl. dazu PWW/Schaub (2023), BGB, § 823, Rn. 180.
[53] Gesetz über die Haftung für fehlerhafte Produkte v. 15.12.1989, BGBl. I, S. 2198; fußend auf der Richtlinie des Rates vom 25.07.1985 zur Angleichung der Rechts- und Verwaltungsvorschriften der Mitgliedstaaten über die Haftung für fehlerhafte Produkte, ABl. L 210/29.

Leben, Gesundheit und anderen gewöhnlich privat genutzten Sachen haften. Nur ausnahmsweise scheidet eine Haftung nach § 1 II, III ProdHaftG aus, etwa wenn der Fehler nach dem Stand von Wissenschaft und Technik nicht erkennbar war.

Die Verpflichtung zum Schadensersatz folgt aus § 1 I ProdHaftG. Hersteller sind nach § 4 ProdHaftG nicht nur alle Produzenten des fertigen Produktes oder Teilen hiervon, sondern auch der sog. Quasi-Hersteller. Dies ist derjenige, der sich durch entsprechende Kennzeichnung des Produktes (Markenname, Unternehmensname) als Hersteller ausgibt. Das Tatbestandsmerkmal des Herstellers wird zudem auf Importeure (oder auf den Lieferanten bei fehlender Kenntnis des Importeurs) erstreckt, sodass der Begriff des Herstellers umfassend zu verstehen ist.

Die Herstellung kann sich nach § 2 ProdHaftG auf jede bewegliche Sache oder einen Teil hiervon (umfassender Produktbegriff) beziehen. Um die Verpflichtung zum Schadensersatz zu begründen, bedarf es jedoch der Fehlerhaftigkeit des Produktes nach § 3 ProdHaftG. Nach dessen Legaldefinition liegt ein Produktfehler vor, wenn die Sache nicht diejenige Sicherheit bietet, die unter Berücksichtigung aller Umstände berechtigterweise erwartet werden kann. Die Fehlerhaftigkeit kann auch durch eine fehlerhafte Beschreibung oder Werbung (Darbietung) begründet werden.[54]

Die Berechnung des ersatzfähigen Schadens wird ergänzend zu den §§ 249 ff. BGB nach den §§ 7 ff. ProdHaftG bestimmt.

> **Fallbeispiel**
>
> A stellt Kinderspielzeuge her. Das Spielzeug ist so konzipiert, dass die Kinder es aus mehreren Einzelteilen zusammensetzen müssen. Alle Teile sind an den Kanten abgerundet und daher völlig ungefährlich. Beim Zusammensetzen zeigt sich jedoch, dass ein bestimmtes Teil aus einer bestimmten Tagesproduktion dazu neigt zu zerbrechen. Dies war bei der unternehmensinternen Qualitätskontrolle nicht erkennbar. ◄
>
> Durch die gebrochenen Teile kommt es zu Verletzungen bei Kindern. Die Personenschäden sind nach den §§ 1 I, 3, 8 ProdHaftG zu ersetzen, da ein Verschulden des Herstellers nicht erforderlich ist.

---

[54] Dazu etwa BGH, Urt. v. 18.05.1999 – VI ZR 192/98 = NJW 1999, 2815.

Sachenrecht 5

Wie bereits einleitend ausgeführt, wird im deutschen Zivilrecht nach dem Abstraktions- und Trennungsprinzip streng zwischen schuldrechtlicher Verpflichtung (z. B. Vertrag) und tatsächlicher Verfügung unterschieden.[1] Die Begründung von Eigentum und Besitz sowie sonstiger dinglicher Rechte (etwa Sicherungsrechte) bedarf daher einer gesonderten Regelung. Dies erfolgt im Rahmen des Sachenrechts der §§ 854 ff. BGB.[2] Unter Sachenrecht wird das Recht verstanden, das die Rechtsbeziehungen zwischen Rechtssubjekten und Rechtsobjekten nach den §§ 90, 90a BGB beinhaltet.

Grundprinzip des Sachenrechts ist die Absolutheit der dinglichen Rechte. Dingliche Rechte gelten gegenüber jedermann, begründen also einen absoluten Herrschaftsanspruch des Berechtigten. Ein Eigentümer kann gem. § 903 BGB nach Belieben mit seiner Sache verfahren und nach den §§ 985, 1004 BGB von jedermann die Sache heraus- oder die Einstellung der Beeinträchtigung verlangen.

Wegen dieser das Schuldrecht überragenden Rechtswirkung hat der Gesetzgeber nur eine begrenzte Anzahl dinglicher Rechte eingeführt („Numerus clausus" und Typenzwang). Die Vertragsfreiheit kann sich daher nur innerhalb der vorgegebenen Typen bewegen, sodass die Weiterentwicklung dinglicher Rechte nur im Wege richterlicher Rechtsfortbildung erfolgen kann (z. B. Sicherungsübereignung oder Anwartschaftsrecht).

Aus der Absolutheit der dinglichen Rechte folgt, dass sie auch für jedermann erkennbar sein müssen. Es gilt daher das sachenrechtliche Publizitätsprinzip. Dieses beinhaltet, dass jede Begründung und Veränderung eines dinglichen Rechts kenntlich gemacht werden muss. Dies erfolgt bei beweglichen Sachen durch den für jedermann sichtbaren Besitz nach § 854 BGB, bei Grundstücken und Rechten an Grundstücken durch eine Eintragung im Grundbuch.

---

[1] Siehe bereits unter Abschn. 1.4.
[2] Zur Vertiefung: Wörlen, Kokemoor, Lohrer (2023); Wolf und Wellenhofer (2024); Baur, Stürner und Stadler (2025); Vieweg und Lorz (2022); Schapp und Schur (2010); Westermann und Staudinger (2024); Wieling und Finkenauer (2020).

Ferner unterliegen die dinglichen Rechte dem sachenrechtlichen Bestimmtheitsgrundsatz (Spezialität). Zur Begründung eines dinglichen Rechtes an einer Sache muss die Sache selbst daher konkretisiert (individualisiert) sein. Eine Art dingliche Gattungsschuld ist daher nicht möglich.

Schließlich sind viele dingliche Rechte akzessorisch nach § 407 BGB. Akzessorietät bedeutet die Abhängigkeit des dinglichen Rechts von einem anderen Recht. Mit dem Untergang des anderen Rechts geht auch das dingliche Recht unter. Bei einer Übertragung wird auch das dingliche Recht mit übertragen.

5.1 Eigentum und Besitz

Eigentum und Besitz sind streng zu trennen. Die Garantie des Eigentums als Institution nach Art. 14 GG ist zusammen mit der Vertragsfreiheit die Grundlage der Privatautonomie und damit der gesamten Wirtschaftsordnung. Eigentum ist das umfassendste dingliche Recht zu tatsächlichen und rechtlichen Herrschaftshandlungen.[3] Die Begründung und Übertragung des Eigentums sowie die aus dem Eigentum folgenden Rechte bedürfen daher der ausführlichen Darlegung.

Der Besitz muss mit dem Eigentum nicht zusammenfallen. Ist der Besitzer nicht Eigentümer, spiegelt der Besitz nur ein vorläufiges und temporäres Recht wider, das die Nutzung der Sache ermöglicht. Da auch aus dem Besitz bestimmte Rechte erwachsen, ist dieser ebenfalls ausführlich darzustellen. Abschließend wird das Rechtsverhältnis zwischen Eigentümer und Besitzer zu erläutern sein, wenn diese unterschiedliche Personen sind.

5.1.1 Eigentum

Das Eigentum verschafft dem Eigentümer nach § 903 BGB die absolute Verfügungsgewalt. Der Eigentümer kann mit der Sache nach Belieben verfahren und andere von der Einwirkung ausschließen. Nur in sehr engen Grenzen auf der Grundlage eines Gesetzes zum Wohle der Allgemeinheit und gegen Zahlung einer angemessenen Entschädigung kann das Eigentum nach Art. 14 III GG staatlich entzogen oder beeinträchtigt werden (Enteignung und enteignungsgleicher Eingriff).[4]

Eigentum kann in unterschiedlichen Ausprägungen vorhanden sein. Die einfachste Form ist das Alleineigentum eines Rechtssubjektes. Anders verhält es sich beim Miteigentum nach § 1008 BGB. Beim Miteigentum haben mehrere Rechtssubjekte einen ideellen Anteil an der ganzen Sache, über den sie jeweils frei verfügen können. Davon ist wiederum das Gesamthandseigentum zu unterscheiden. Gesamthandseigentum bedeutet, dass mehrere Rechtssubjekte gemeinsam Eigentümer sind und auch nur gemeinsam über das

---

[3] Grüneberg und Herrler (2024), BGB, vor § 903, Rn. 1.
[4] BVerfG, Urt. v. 24.03.1987 – 1 BvR 1046/85 = NJW 1987, 1251.

5.1 Eigentum und Besitz

Eigentum verfügen können. Jedem steht ein Anteil am Ganzen zu. Gesamthandseigentum wird nur gesetzlich begründet (z. B. Erbengemeinschaft, Gesellschaftsvermögen bei der OHG oder KG).

> **Fallbeispiel**
>
> A ist mit drei weiteren Partnern gleichberechtigter Gesellschafter der B-OHG. Das Gesellschaftsvermögen beträgt 1.000.000 €. A braucht privat kurzfristig liquide Mittel und will seinen Gesellschaftsanteil an einen Fremden für 250.000 € veräußern. Dies ist jedoch nicht möglich, da das Gesellschaftsvermögen nach § 105 HGB Gesamthandsvermögen aller Gesellschafter ist und diese nur gemeinsam veräußern können. ◄

Die grundsätzliche Freiheit zum beliebigen Verfügen über das Eigentum findet jedoch eine Vielzahl gesetzlicher Grenzen. So regeln die §§ 904, 905 BGB Ausnahmen für einen berechtigten Eingriff Privater in das Eigentum aufgrund einer bestimmten Notlage. Für Grundeigentum schränken die §§ 906 ff. BGB im Rahmen des Nachbarrechts das Eigentumsrecht ein. Ferner können Rechte Dritter am Eigentum begründet werden, die der Eigentümer gegen sich gelten lassen muss. Schließlich ergeben sich aus dem öffentlichen Recht zahlreiche Beschränkungen (z. B. Baurecht).

> **Fallbeispiel**
>
> A ist Eigentümer eines Hausgrundstückes in der Nähe der Ortschaft O. Dort möchte er gerne ein Wohnhaus für seine Familie errichten. Das zuständige Bauordnungsamt untersagt dies zu Recht nach § 35 BauGB, da Wohnhäuser im Außenbereich nicht errichtet werden dürfen. ◄

Auf der anderen Seite ist das Eigentum umfassend gegen Beeinträchtigungen Dritter geschützt. Der Eigentümer kann von jedermann die Herausgabe seines Eigentums nach § 985 BGB verlangen.[5] Der Eigentümer kann zudem die Beseitigung jeder anderen Störung seines Eigentums nach § 1004 I BGB verlangen. Der Begriff der Störung ist umfassend und beinhaltet jede Beeinträchtigung der Herrschaftsmacht des Eigentümers.[6]

> **Fallbeispiel**
>
> A ist Eigentümer einer Lagerfläche, die an das Grundstück der B-GmbH angrenzt. Die B-GmbH hat die Grundstücksgrenzen nicht beachtet und Schrott auf dem Gelände des A abgelegt. A kann nach § 1004 BGB die Beseitigung auf Kosten der B-GmbH verlangen.[7] ◄

---

[5] Zur Ausnahme des Eigentümer-Besitzer-Verhältnisses s. sogleich.
[6] BGH, Urt. v. 24.01.2003 – V ZR 175/02 = NJW-RR 2003, 953.
[7] Zur tatsächlichen widerrechtlichen Benutzung s. etwa BGH, Urt. v. 08.03.1990 – III ZR 81/88 = BGHZ 110, 313.

Der Wechsel von Eigentum an beweglichen Sachen und Grundstücken ist eine wesentliche Grundlage wirtschaftlichen Handels. Der rechtlichen Begründung und dem Wechsel des Eigentums muss daher besondere Aufmerksamkeit geschenkt werden. Eigentum kann gesetzlich nach den §§ 946 ff. BGB oder durch Rechtsgeschäft begründet werden. Vorliegend ist die rechtsgeschäftliche Übertragung des Eigentums von besonderem Interesse. Hierfür muss zwischen beweglichen Sachen und Grundstücken unterschieden werden.

5.1.1.1 Übertragung von Eigentum an beweglichen Sachen

Das Eigentum an beweglichen Sachen wird rechtsgeschäftlich nach den §§ 929 ff. BGB übertragen. Eine Eigentumsübertragung kann durch den Berechtigten (wirklichen Eigentümer) oder durch einen Nichtberechtigten erfolgen.

5.1.1.2 Übertragung durch den Berechtigten

Der Regelfall der rechtsgeschäftlichen Eigentumsübertragung vom Berechtigten erfolgt durch Einigung und Übergabe nach § 929 S. 1 BGB. Der Eigentümer und der Erwerber einigen sich über den Eigentumsübergang. Sodann erfolgt die tatsächliche Übergabe der Sache. Die Einigung ist nicht formbedürftig und kann auch konkludent mit der tatsächlichen Übergabe erfolgen. Die Übergabe muss vollständig erfolgen, der Besitz also vollständig übertragen werden.[8]

> **Fallbeispiel**
>
> A erwirbt beim Bäcker B ein Brot. B nennt den Preis und übergibt das Brot. A übergibt den Zahlbetrag. Durch die durchgeführten Übergaben des Brotes und der Münzen hat das Eigentum an dem Brot und an den Münzen gewechselt. ◄

Die Übergabe der Sache kann nach den §§ 930, 931 BGB ersetzt werden. Nach § 930 BGB können die Parteien ein Besitzkonstitut (Besitzmittlungsverhältnis) vereinbaren, wenn der Erwerber bereits im Besitz der Sache ist. Das Besitzmittlungsverhältnis ist die Einigung darüber, dass zwar das Eigentum übertragen wird, der Besitz jedoch beim Alteigentümer verbleiben soll. Dies erfolgt regelmäßig durch einen Vertrag. Der wichtigste Anwendungsfall ist die Sicherungsübereignung.[9]

> **Fallbeispiel**
>
> Die A-AG nimmt einen Kredit bei der B-Bank auf. Die B-Bank verlangt als Sicherheit für den Kredit die Übereignung einiger Maschinen der A-AG. Da die A-AG die Maschinen weiter nutzen muss, vereinbaren die Parteien ein Besitzkonstitut im Darlehensvertrag. Die Übergabe der Maschinen wird dadurch ersetzt, dass die A-AG die Maschinen fortan als Besitzmittlerin für die neue Eigentümerin B-Bank besitzt. ◄

---

[8] RG, Urt. v. 11.02.1911 – V 268/10 = RGZ 75, 221.
[9] Siehe dazu sogleich unter Abschn. 5.2.3.

5.1 Eigentum und Besitz

§ 931 BGB trifft eine weitere Ausnahmeregelung für den Fall, dass ein Dritter im Besitz der Sache ist. In dieser Konstellation kann die Übergabe durch eine Abtretung des Herausgabeanspruchs ersetzt werden. Eigentümer und Erwerber einigen sich über die Eigentumsübertragung und vollziehen diese durch eine Abtretung des Herausgabeanspruchs nach den §§ 398 ff. BGB.

Fallbeispiel

Die A-AG betreibt einen Maschinenhandel. Eine bestimmte Maschine wurde gerade von einem Dritten geleast. Diese Maschine soll nun an die B-KG veräußert werden. Die Veräußerung erfolgt durch die Einigung über den Eigentumsübergang und die Abtretung aller Ansprüche aus dem Leasingvertrag nach den §§ 931, 398 ff. BGB, damit der Leasingvertrag weiter durchgeführt werden kann. ◂

5.1.1.3 Übertragung durch den Nichtberechtigten

Das Eigentum an beweglichen Sachen kann nach den §§ 932 ff. BGB auch vom Nichtberechtigten erworben werden. Diese Tatsache mag zunächst verwundern, soll jedoch den Erwerber schützen, der den Veräußerer fälschlich für den wahren Eigentümer gehalten hat. Für solche Konstellationen sieht das Gesetz die Möglichkeit eines gutgläubigen Erwerbs vor.

Voraussetzung für einen solchen gutgläubigen Erwerb ist, dass dem Erwerber die Sache auch tatsächlich übergeben wird (Ausnahme § 934 BGB) und er in gutem Glauben hinsichtlich der Berechtigung des Veräußerers war. Guter Glauben liegt nach § 932 II BGB nicht vor, wenn er die fehlende Berechtigung des Veräußerers kennt oder diese in Folge grober Fahrlässigkeit verkennt. Für das Vorliegen grober Fahrlässigkeit muss der Erwerber die im Verkehr erforderliche Sorgfalt in ungewöhnlich hohem Maße verletzt haben und dasjenige außer Acht gelassen haben, was sich jedem im konkreten Fall geradezu aufgedrängt hätte.[10]

Fallbeispiel

Die A-OHG erwirbt einen LKW vom Händler H. Der LKW wird nebst Schlüsseln ordnungsgemäß übergeben, der Fahrzeugbrief jedoch nicht. Einige Wochen später meldet sich ein Herr B und legt den Fahrzeugbrief vor, in welchem er als Eigentümer eingetragen ist. B verlangt die Herausgabe des LKW. Die A-OHG behauptet, den LKW gutgläubig erworben zu haben. Diese Behauptung ist jedoch unzutreffend, da sich jedem die Vorlage des Fahrzeugbriefs geradezu aufgedrängt hätte und die A-OHG darauf verzichtet hat. Das Eigentum am LKW wurde daher nicht gutgläubig erworben. ◂

---

[10] BGH, Urt. v. 13.04.1994 – II ZR 196/93 = NJW 1994, 2022, 2023.

Ein gutgläubiger Erwerb ist grundsätzlich ausgeschlossen, wenn die Sache nach § 935 BGB dem Eigentümer gestohlen, verloren gegangen oder sonst abhandengekommen ist. Abhandenkommen ist jede Form des Verlorengehens gegen den Willen des Eigentümers.[11]

5.1.1.4 Übertragung von Eigentum an Grundstücken

Nach den §§ 873, 925 BGB erfolgt die Übertragung von Eigentum an einem Grundstück durch Einigung und Eintragung ins Grundbuch. Erst wenn die Einigung auch im Grundbuch eingetragen ist, geht das Eigentum am Grundstück über.[12] Die Übergabe des Grundstückes ist dagegen nicht erforderlich. Sie wird durch die Auflassung ersetzt.

5.1.1.5 Erwerb vom Berechtigten

Wegen der Begrenztheit des Grund und Bodens und der daraus resultierenden überragenden Bedeutung für das Wirtschaftsleben werden für Rechte an Grundstücken erhöhte Anforderungen an die Publizität gestellt. Hierzu dient das Grundbuch. Das Grundbuch ist ein Verzeichnis, welches die rechtlichen Verhältnisse an einem Grundstück wiedergibt und grundsätzlich nach § 1 I GBO beim zuständigen Amtsgericht geführt wird.

Die Einigung erfolgt durch die Auflassung nach § 925 BGB. Diese ist ein dinglicher Vertrag, welcher nach § 311b I BGB der notariellen Beurkundung bedarf. Die Eintragung ins Grundbuch erfolgt nach einem förmlichen Grundbuchverfahren, welches die GBO gesondert regelt.[13]

5.1.1.6 Vormerkung

Wegen des aufwendigen Verfahrens einer Grundstücksübertragung kann ein erheblicher Zeitraum zwischen der Einigung und der Eintragung ins Grundbuch vergehen. Während dieses Zeitraums können die aufgrund der Auflassung vereinbarten Rechte des Erwerbers beeinträchtigt oder vereitelt werden. Hiergegen schützt eine Vormerkung nach § 883 BGB. Diese wird nach § 885 BGB in das Grundbuch eingetragen. Die Vormerkung ist ein grundbuchrechtliches Sicherungsmittel, das jede Beeinträchtigung oder Vereitelung des schuldrechtlichen Anspruchs verhindert. Inhaltlich ist die Vormerkung die Ankündigung einer Rechtsänderung, welche noch das grundbuchrechtliche Verfahren durchlaufen muss. Die Wirkung der Vormerkung besteht nach § 883 II BGB nach der Unwirksamkeit jeder Verfügung gegenüber dem Vormerkungsberechtigten.

---

[11] Für Geld wird jedoch eine Ausnahme gemacht, insoweit gilt das Abhandenkommen nicht, RG, Urt. v. 21.01.1921 – VII 360/20 = RGZ 101, 224.
[12] BGH, Urt. v. 26.11.1999 – V ZR 432/98 = NJW 2000, 805, 806.
[13] Einzelheiten zur Grundbuchordnung können hier aus Platzgründen nicht dargestellt werden.

5.1 Eigentum und Besitz

Fallbeispiel

A schließt mit B am 15.07.2024 einen notariellen Vertrag über die Übereignung eines Grundstücks zum 01.01.2025. Der Übereignungsanspruch wird durch eine Vormerkung gesichert. Anschließend verkauft der B dasselbe Grundstück durch notariellen Vertrag an C zum 01.11.2024. Die Eintragung des C als neuem Eigentümer scheitert jedoch an der vor dem zweiten Umschreibungsantrag bereits eingetragenen Vormerkung des B, sodass dieser seinen vertraglichen Anspruch durchsetzen kann. ◄

5.1.1.7 Erwerb vom Nichtberechtigten

Auch bei Grundstücken kann ein Erwerb vom Nichtberechtigten stattfinden. Gutgläubigkeit kann sich hier jedoch nur aus der Unrichtigkeit des Grundbuchs ergeben. Nach § 891 BGB wird gesetzlich vermutet, dass der Inhalt des Grundbuches richtig ist. Hieraus folgt gemäß § 892 I BGB der Gutglaubensschutz des Erwerbes, der auf die Richtigkeit des Grundbuchs vertraut hat.

Fallbeispiel

A erwirbt von B ein Grundstück durch notariellen Vertrag und Eintragung ins Grundbuch. B war als Eigentümer im Grundbuch eingetragen. Tatsächlich war jedoch der C Eigentümer, sodass das Grundbuch unrichtig war. Aufgrund des Gutglaubensschutzes nach den §§ 891, 892 BGB hat A das Eigentum am Grundstück erworben. C muss sich mit dem ihm entstandenen Schaden durch den Grundstücksverlust an B halten. ◄

Um dieses gewichtige Risiko des Eigentumsverlustes durch gutgläubigen Erwerb zu minimieren, steht dem tatsächlichen Eigentümer der Weg der Grundbuchberichtigung nach § 894 BGB offen. Da dies einige Zeit in Anspruch nehmen kann, sollte bei der Einleitung eines solchen Verfahrens ein Widerspruch nach § 899 BGB eingetragen werden, der jedem gutgläubigen Erwerb entgegensteht.

5.1.2 Besitz

Der Besitz ist streng vom Eigentum zu unterscheiden. Bei der Beantwortung rechtlicher Fragestellungen ist daher größte Sorgfalt auf diese Unterscheidung zu legen. Die regelmäßig anzutreffende umgangssprachliche Vermengung dieser Fachbegriffe führt im Rechtsleben bestenfalls zu erheblichen Missverständnissen.

Besitz ist nach § 854 BGB die tatsächliche Sachherrschaft einer Person (oder nach den §§ 865 f. BGB mehrerer Personen) über eine Sache. Die rechtlichen Verhältnisse zu dieser Sache (dingliche Rechte wie etwa Eigentum) sind unabhängig davon zu betrachten. Dem Besitz kommt jedoch nach § 1006 BGB eine Indizwirkung für das Eigentum zu (Publikationsfunktion).

Besitz wird sowohl an beweglichen als auch an unbeweglichen Sachen durch Erlangung der Herrschaftsgewalt oder Einigung hierüber nach § 854 II BGB begründet. Der Erwerb der tatsächlichen Sachherrschaft wird nach der Verkehrsanschauung der Bewertung aller Umstände bewertet.[14] Nicht erforderlich ist eine tatsächliche Einwirkung auf die Sache, es reicht die äußerlich sichtbare Möglichkeit hierzu.

Fallbeispiel

A betreibt ein Holzunternehmen. Er erwirbt einen Stapel Holzstämme, der sich an einem öffentlichen Weg im Wald befindet. Der Stapel wird mit einem Hinweis „verkauft an A" gekennzeichnet. Damit hat A Besitz erworben. ◀

Besitz kann auch durch einen Besitzdiener nach § 855 BGB ausgeübt werden. Der Besitzdiener besitzt nicht selbst, sondern übt die tatsächliche Gewalt für den tatsächlichen Besitzer aus. Besitzdienerschaft liegt bei sozialer Abhängigkeit und Weisungsgebundenheit des Besitzdieners vor.

Fallbeispiel

A ist Mieter eines Hauses. Jede Woche mittwochs wird das Haus durch Frau F gereinigt. Hierfür hat sie einen eigenen Hausschlüssel. Da sie abhängig und weisungsgebunden ist, übt sie jedoch keinen Besitz aus, sondern ist Besitzdienerin für den A. ◀

Der Besitz wird nach den §§ 854 ff. BGB in unterschiedliche Besitzabstufungen unterschieden. Der Regelfall ist der unmittelbare Besitz nach den §§ 854 ff. BGB. Der Besitzer besitzt die Sache mit Besitzwillen selbst unmittelbar. An den Besitzwillen werden keine hohen Anforderungen gestellt, sodass jeder natürliche Wille ausreicht. Die für einen Rechtsgeschäftswillen einschlägigen §§ 104 ff. BGB werden hierfür nicht angewandt. Der Besitz wird durch die Aufgabe der tatsächlichen Herrschaft durch die Übergabe an einen anderen, ein Abhandenkommen oder Wegwerfen der Sache nach § 856 BGB beendet.

Wird die Sache aufgrund eines Rechtsverhältnisses auf Zeit an den unmittelbaren Besitzer gegeben, verbleibt beim ursprünglichen unmittelbaren Besitzer ein sog. mittelbarer Besitz nach den §§ 868 ff. BGB. Der unmittelbare Besitzer leitet seinen Besitz vom mittelbaren Besitzer kraft Rechtsverhältnis (Besitzmittlungsverhältnis) ab. Der mittelbare Besitz bezweckt, dem mittelbaren Besitzer Besitzschutzrechte zukommen zu lassen.[15]

---

[14] BGH, Urt. v. 24.06.1987 – VIII ZR 379/86 = BGHZ 101, 186.
[15] Grüneberg und Herrler (2024), BGB, § 868, Rn. 1.

5.1 Eigentum und Besitz

Fallbeispiel

A ist Eigentümer eines Hauses, das an B vermietet ist. B ist unmittelbarer Besitzer des Hauses, da er die Schlüsselgewalt und damit die tatsächliche Sachherrschaft hat. B leitet seinen Besitz kraft des Mietvertrages (Besitzmittlungsverhältnis) von A ab, sodass A mittelbarer Besitzer ist. ◀

Schließlich ist zwischen Eigen- und Fremdbesitz nach § 872 BGB zu unterscheiden. Diese Differenzierung folgt aus der Richtung des Besitzwillens. Der Eigenbesitzer besitzt die Sache als ihm gehörend. Der Fremdbesitzer besitzt die Sache dagegen als einem anderen gehörend wie im vorangegangenen Fallbeispiel des Mieters.

Der Besitzer kann Einwirkungen auf seinen Besitz nach den §§ 858, 859, 861 BGB abwehren (Besitzschutz). Grundlage aller Abwehransprüche ist die verbotene Eigenmacht gegenüber dem Besitzer nach § 858 I BGB.[16] Verbotene Eigenmacht ist jede Beeinträchtigung des Besitzes gegen den Willen des Besitzers. Dieser Begriff ist weit zu fassen und beinhaltet jede Störung des Besitzes (Wegnahme, Absperrung etc.).

Liegt eine verbotene Eigenmacht vor, darf der Besitzer sich dieser nach § 859 I BGB mit Gewalt erwehren (Recht zur Besitzwehr). Er darf insbesondere die ihm weggenommene Sache sofort nach der Wegnahme dem Täter wieder gewaltsam nach den §§ 858 II, III BGB abnehmen (Recht zur Besitzkehr). Die Ermächtigung zum Einsatz von Gewalt beinhaltet jedes geeignete und erforderliche Mittel. Entscheidend ist jedoch, dass die Gewaltanwendung alsbald nach der verbotenen Eigenmacht erfolgt (auf frischer Tat; sofort nach der Entziehung).[17]

Fallbeispiel

A betreibt ein Gewerbe. Ein Konkurrent stellt einen LKW in die Einfahrt des Betriebsgeländes des A und blockiert damit die Nutzung des Geländes. A kann den LKW abschleppen (lassen), um die Besitzbeeinträchtigung abzustellen. ◀

Wird dem Besitzer die Sache durch verbotene Eigenmacht weggenommen, kann er zudem nach § 861 BGB die Herausgabe verlangen. Dieses Recht kommt zum Tragen, wenn der Besitzer seine Rechte nach § 858 BGB wegen einer zeitlichen Verzögerung nicht geltend machen kann.

5.1.3 Eigentümer-Besitzer-Verhältnis

Eigentum und Besitz können unterschiedlichen Rechtssubjekten zugeordnet sein. Da sowohl Eigentum als auch Besitz eine eigene Rechtsstellung mit verschiedenen Abwehr-

---

[16] BGH, Urt. v. 06.07.1977 – VIII ZR 277/75 = NJW 1977, 1818.
[17] Grüneberg und Herrler (2024), BGB, § 859, Rn. 3.

ansprüchen vermitteln, bedarf das Rechtsverhältnis zwischen Eigentümer und Besitzer besonderer Aufmerksamkeit. Das Gesetz regelt das sog. Eigentümer-Besitzer-Verhältnis (EBV) in den §§ 985 ff. BGB. Grundlage des Eigentümer-Besitzer-Verhältnisses ist der Herausgabeanspruch des § 985 BGB, aufgrund dessen der Eigentümer vom Besitzer die Herausgabe der Sache verlangen kann. Der Besitzer ist zur Herausgabe, also zur Besitzverschaffung an den Eigentümer verpflichtet.

Der Besitzer kann dem Herausgabeanspruch jedoch ein ihm zustehendes Recht zum Besitz nach § 986 BGB entgegenhalten. Ein solches Recht zum Besitz kann vertraglicher oder gesetzlicher Natur, zeitlich begrenzt oder unbegrenzt sein. Kann der Besitzer ein solches Recht nachweisen, steht dieses dem Herausgabeanspruch entgegen.

Fallbeispiel

A ist Eigentümer eines KFZ. Dieses wird von B für zwei Jahre geleast. Solange der Leasingvertrag besteht, vermittelt dieser ein Recht zum Besitz, das dem Herausgabeanspruch des Eigentümers entgegensteht. A muss zunächst dieses Recht beseitigen (etwa durch Kündigung), um anschließend seinen Herausgabeanspruch durchsetzen zu können. ◄

Liegt kein Recht zum Besitz vor, ergibt sich eine sog. Vindikationslage. Liegt eine Vindikationslage vor, kann der Eigentümer neben seinem Herausgabeanspruch weitere Nebenansprüche nach den §§ 987 ff. BGB geltend machen. Diese Nebenansprüche sind auf Herausgabe der Nutzungen und Schadensersatz gerichtet. Dem können wiederum Verwendungsersatzansprüche des Besitzers gegenüberstehen. Die Ausgestaltung der Ansprüche differiert nach der Art des Besitzes. Es ist zwischen dem redlichen und dem unredlichen (oder verklagten) Besitzer zu unterscheiden. Unredlich ist der Besitzer, der bei der Erlangung des Besitzes gemäß § 990 I S. 1 BGB bösgläubig war. Fällt der zunächst vorhandene gute Glaube später weg, tritt mit dem Moment des Wegfalls die Haftung nach § 990 I S. 2 BGB ein. Bösgläubig ist derjenige, der Kenntnis oder grobfahrlässige Unkenntnis von seinem Besitzrechtsmangel gegenüber dem Eigentümer hat.[18]

Der Eigentümer kann nach §§ 990, 987 BGB nur vom unredlichen Besitzer die Nutzungen der Sache herausverlangen. Nutzungen sind nach den §§ 99, 100 BGB alle Früchte und Gebrauchsvorteile einer Sache. Der Anspruch umfasst auch die Ersatzleistung für alle Nutzungen, deren Ziehung der unredliche Besitzer wegen eines objektiv schuldhaften Verstoßes gegen die ordnungsgemäße Nutzung zu unterlassen hat.[19]

---

[18] BGH, Urt. v. 28.05.1976 – III ZR 186/72 = NJW 1977, 31, 34.
[19] BGH, Urt. v. 25.03.1963 – VII ZR 270/61 = BGHZ 39, 186.

5.1 Eigentum und Besitz

Fallbeispiel

A hat von B ein Mehrparteienhaus erworben. Die Übergabe des Gebäudes hat stattgefunden, B behauptet jedoch einen Formmangel des Kaufvertrages und klagt auf Herausgabe durch den A. Während des Klagverfahrens kümmert A sich nicht mehr um das Objekt und unterlässt die Vermietung einzelner Wohnungen. Da dies objektiv einer ordnungsgemäßen Wirtschaft widerspricht, schuldet er Ersatz für die nicht erzielten Mietzinseinnahmen, wenn B den Rechtsstreit gewinnt. ◄

Der redliche Besitzer haftet dagegen nicht. Nach § 988 BGB muss aber der Besitzer, der den Besitz unentgeltlich erlangt hat, nach den §§ 812 ff. BGB gezogene Nutzungen herausgeben.[20]

Über den Nutzungsersatz hinaus kann der Eigentümer bei Vorliegen einer Vindikationslage auch Schadensersatz nach den §§ 989, 990 BGB verlangen. Dies gilt jedoch nach § 993 I S. 2 BGB wiederum nur, wenn der Besitzer unredlich oder verklagt ist (Ausnahme § 991 BGB).

Der unredliche Besitzer schuldet Schadensersatz für jede Form der schuldhaften Verschlechterung der Sache (etwa Abnutzung oder Beschädigung). Das Verschulden bemisst sich nach den §§ 276, 278 BGB, sodass jede Fahrlässigkeit ausreichend ist. Im Falle der Besitzverschaffung durch verbotene Eigenmacht gelten darüber hinaus die §§ 993, 823 ff. BGB.

Fallbeispiel

Im gerade genannten Fall unterlässt der A nicht nur die Vermietung, sondern auch die Notreparatur eines Sturmschadens am Dach, wodurch ein erheblicher Schaden an der Gebäudesubstanz entsteht. Da das Unterlassen einer solchen sich jedermann aufdrängenden Reparatur zumindest fahrlässig ist, haftet A dem B für den Schaden an der Gebäudesubstanz. ◄

Der Besitzer kann dem Eigentümer jedoch seinen Anspruch auf Verwendungsersatz nach den §§ 994 ff. BGB entgegenhalten. Voraussetzung ist neben dem Vorliegen einer Vindikationslage zunächst, dass der Besitzer tatsächlich Verwendungen auf die Sache gemacht hat. Verwendungen sind alle freiwilligen Vermögensopfer des Besitzers, die zumindest auch der Verbesserung oder Erhaltung der Sache dienen.[21] Dies beinhaltet nach § 995 BGB auch alle Arten von Lasten (Sach-, Geld- und Arbeitsleistungen), die der Erhaltung oder Verbesserung der Sache dienen. Bei der Frage der Ersatzmöglichkeit ist zwischen notwendigen und nützlichen Verwendungen zu unterscheiden.

---

[20] Zu den §§ 812 ff. BGB unter Abschn. 4.2.
[21] BGH, Urt. v. 24.11.1995 – V ZR 88/95 = BGHZ 131, 220.

Nach § 994 I BGB kann der Besitzer den Ersatz notwendiger Verwendungen verlangen, wenn diese vor Rechtshängigkeit oder Bösgläubigkeit gemacht wurden. Nach Rechtshängigkeit oder Bösgläubigkeit verweist § 994 II BGB auf die Geschäftsführung ohne Auftrag.[22] Notwendige Verwendungen sind solche, die zur Erhaltung der Sache oder für ihren normalen Betrieb erforderlich sind und die der Eigentümer erspart.[23] Um den Eigentümer nicht mit der Ersatzleistung kurzfristig zu überfordern, wird das Verfahren hierzu nach den §§ 1001 ff. BGB gesondert geregelt.

Fallbeispiel

Im bereits genannten Fall hat der A die Immobilie nunmehr ordnungsgemäß bewirtschaftet. Er hat das Dach reparieren lassen und einen Wasserrohrbruch selbst beseitigt, da er vom Fach ist. Die Kosten für die Reparatur sowie der Marktwert seiner Arbeitsleistung können nach den §§ 994, 1001 ff. BGB ersetzt verlangt werden. ◄

Der Ersatz nützlicher Verwendungen erfolgt dagegen restriktiver, da der Eigentümer diese möglicherweise selber nicht hätte tätigen wollen. Insoweit sollen ihm keine Lasten aufgedrängt werden. Nützliche Verwendungen sind solche, die nicht notwendig sind, den Wert der Sache. Diese werden nur ersetzt, wenn sie nach § 996 BGB vor Rechtshängigkeit oder Bösgläubigkeit getätigt wurden. Die Höhe des Verwendungsersatzes ist begrenzt auf die Wertsteigerung, die bei der Rückgabe der Sache noch vorhanden ist.

5.2 Sicherungsrechte

Der Gläubiger einer Forderung trägt das Risiko des Forderungsausfalls. Leistet der Schuldner nicht und wird insolvent, kann der Gläubiger seine Forderung nicht oder nur noch zu kleinen Teilen realisieren. Um dieses Risiko zu minimieren, kann der Gläubiger sich Sicherheiten ausbedingen. Diese Sicherheiten können in dem Eintrittsversprechen eines Dritten für die Schuld (Personalsicherheit) oder der Gestellung eines Vermögenswertes (Realsicherheit) bis hin zur Übertragung des Eigentums an einem solchen Vermögenswert (Vollrecht) liegen. Um eine Forderung abzusichern, können auch verschiedene Sicherungsrechte nebeneinander begründet werden. Leistet der Schuldner auf die fällige Forderung nicht, kann der Gläubiger sich aus den Sicherungsrechten befriedigen.

5.2.1 Bürgschaft

Der wichtigste Fall der Personalsicherheit ist die Bürgschaft. Durch den Bürgschaftsvertrag verpflichtet sich der Bürge einseitig nach § 765 I BGB, für die Forderung gemäß

---

[22] Siehe dazu unter Abschn. 4.1.
[23] BGH, Urt. v. 20.06.1975 – V ZR 206/74 = BGHZ 64, 333, 339.

§ 767 BGB gegenüber dem Schuldner einzustehen. Hierfür muss die Forderung hinreichend bestimmt sein, auch wenn sie erst nach § 765 II BGB in der Zukunft entstehen wird. Da der Bürgschaftsvertrag eine sehr weitreichende Verpflichtung für den Bürgen begründet, ist er gemäß § 766 BGB schriftlich zu schließen.[24] Nur Kaufleute sind zur Beschleunigung des Handelsverkehrs nach § 350 HGB vom Schriftformerfordernis ausgenommen.

Die Bürgschaft ist stets an den Bestand der Hauptforderung gekoppelt und folgt dieser etwa im Falle eines Gläubigerwechsels nach § 401 BGB (Akzessorietät).[25] Fällt die Forderung weg, geht auch die Bürgschaft unter (dies gilt allerdings nicht, wenn dem Hauptschuldner Restschuldbefreiung im Insolvenzverfahren erteilt worden ist: Dann haftet der Bürge weiterhin). Aufgrund der Akzessorietät der Bürgschaft kann der Bürge sich auf alle Rechte des Hauptschuldners gegenüber dem Gläubiger berufen.

Der Bürge braucht nur zu leisten, wenn der Schuldner seiner Verpflichtung nicht nachkommt (Subsidiarität). Er kann nach den §§ 770 ff. BGB durch die sog. Einreden der Aufrechenbarkeit und der Vorausklage erheben und dadurch verlangen, dass zunächst gegen den Schuldner erfolglos vollstreckt worden sein muss. Dieses Recht ist jedoch abdingbar, sodass sich der Bürge auch selbstschuldnerisch verpflichten kann. Kaufleute haben gemäß § 349 HGB die Einrede der Vorausklage nicht. Besonders praxisrelevant ist die Verjährungseinrede nach § 768 BGB, die im Falle einer Verjährung der Hauptschuld vom Bürgen erhoben werden kann.[26]

Noch weitergehend als die selbstschuldnerische Bürgschaft ist die Bürgschaft auf erstes Anfordern, die den Bürgen zur sofortigen Leistung verpflichtet. In diesem Fall muss der Bürge seine Rechte in einem Rückzahlungsprozess geltend machen.[27]

Hat der Bürge geleistet, geht die Forderung nach § 774 I S. 1 BGB auf ihn über, sodass er beim Schuldner Regress nehmen kann.

Fallbeispiel

Die A-GmbH hat sich gegenüber der B-KG für eine Schuld der C-AG mündlich verbürgt. Als die C-AG nicht zahlt, wird die Bürgin in Anspruch genommen. Die A-GmbH verweigert die Zahlung, weil die Bürgschaft nicht schriftlich geschlossen wurde und die Hauptschuld inzwischen verjährt sei. Wegen der §§ 6, 350 HGB war die Schriftform jedoch nicht erforderlich. Die Verjährungseinrede kann jedoch nach § 768 BGB erhoben werden. ◄

Besondere Beachtung bei der Frage der Wirksamkeit eines Bürgschaftsvertrages spielt die Grenze der Sittenwidrigkeit nach § 138 BGB. Insbesondere bei einer Angehörigenbürgschaft

---

[24] Zur Warnfunktion für den Bürgen s. BGH, Urt. v. 29.02.1996 – IX ZR 153/95 = BGHZ 132, 119.
[25] Eine isolierte Abtretung bedarf der ausdrücklichen Vereinbarung, vgl. BGH, Urt. v. 04.07.2002 – IX ZR 97/99 = BGHZ 151, 236, 239.
[26] Dies gilt auch noch bei Wegfall des Schuldners, etwa einer insolventen oder sogar schon gelöschten GmbH, s. BGH, Urt. v. 28.01.2003 – XI ZR 243/02 = BGHZ 153, 337.
[27] Grundlegend BGH, Urt. v. 02.05.1979 – VIII ZR 157/78 = BGHZ 74, 244.

ist zu prüfen, ob der Bürgschaftsvertrag wegen Sittenwidrigkeit unwirksam ist. Eine solche Sittenwidrigkeit liegt vor, wenn die Bürgschaft von einer geschäftlich unerfahrenen Person aufgrund enger emotionaler Verbundenheit und uneigennützig gegeben wurde, der Bürge finanziell krass überfordert ist und der Gläubiger Kenntnis vom Vorgenannten hat.[28]

> **Fallbeispiel**
>
> A ist alleiniger Gesellschafter der A-GmbH. Um einen Betriebsmittelkredit über 200.000 € für die A-GmbH abzusichern, fordert die B-Bank (Hausbank der Familie) eine Bürgschaft von der Ehefrau des A. Diese verfügt über 500 € mtl. Nettoeinkommen und hat mütterlicherseits eine Erbschaft über eine kleine Immobilie von ca. 100.000 € in Aussicht. Auf Bitten des A unterschreibt die Ehefrau den Vertrag. Der Bürgschaftsvertrag ist jedoch wegen § 138 BGB unwirksam, weil die Ehefrau finanziell krass überfordert ist und die Bürgschaft uneigennützig aus emotionaler Verbundenheit heraus abgegeben wurde. Auch die erwartete Erbschaft ändert daran nichts, da diese nicht hinreichend ist, die Überforderung auszugleichen. ◄

Bürgschaftsverträge werden in der Praxis sehr unterschiedlich ausgestaltet und im Rahmen der §§ 305 ff. BGB den jeweiligen Erfordernissen der Vertragsparteien angepasst. So werden etwa Bürgschaften als Höchstbetragsbürgschaften oder Ausfallbürgschaft zur Risikobegrenzung des Bürgen formuliert. Bei einer Höchstbetragsbürgschaft ist die maximale Eintrittssumme festgelegt, bei einer Ausfallbürgschaft wird nur der Differenzbetrag zwischen Leistungspflicht des Schuldners und dessen tatsächlichen Leistungen nach ordnungsgemäßer Rechtsverfolgung geschuldet.[29]

Von der Bürgschaft zu unterscheiden sind sog. Patronatserklärungen. Patronatserklärungen sind gesetzlich nicht geregelt und beinhalten die Erklärung einer Konzernmutter bezüglich der Kreditwürdigkeit einer Tochtergesellschaft.[30] Der Inhalt und damit der Umfang der Patronatserklärung bestimmt sich nach dem jeweiligen Einzelfall. In der Praxis wird zwischen einer „weichen" und einer „harten" Patronatserklärung unterschieden. Bei einer weichen Erklärung gibt die Muttergesellschaft lediglich bestimmte Informationen wie etwa Beteiligungsverhältnisse und finanzielle Verhältnisse der Tochtergesellschaft. Eine harte Patronatserklärung geht darüber hinaus und beinhaltet die Selbstverpflichtung der Muttergesellschaft, ihre Tochter dahingehend zu leiten und auszustatten, dass die Tochter ihre Schuld erfüllen kann. Dies begründet einen eigenen Anspruch des Gläubigers gegen die Mutter nicht nur auf Ausstattung, sondern auch auf Schadensersatz, falls die Tochter doch nicht leistet.

---

[28] BGH, Urt. v. 02.11.1995 – IX ZR 222/94 = NJW 1996, 513.
[29] BGH, Urt. v. 10.11.1997 – II ZB 6/97 = WM 1998, 173, 177.
[30] BGH, Urt. v. 30.01.1992 – IX ZR 112/91 = BGHZ 117, 127, 132.

5.2 Sicherungsrechte

Als Personalsicherungsrechte dienen auch der Schuldbeitritt und die Schuldübernahme, die bereits an anderer Stelle dargestellt wurden.[31]

Der Vollständigkeit halber ist auch der Garantievertrag als Personalsicherheit zu erwähnen. Dieser ist gesetzlich nicht geregelt und wird daher in seinem Inhalt vollständig von den Vertragsparteien bestimmt. Durch den Garantievertrag wird eine eigene Schuld des Garantiegebers begründet, die beim Eintritt des Garantiefalls wie vereinbart zu leisten ist.

5.2.2 Pfandrecht an beweglichen Sachen

Pfandrechte an beweglichen Sachen können vertraglich vereinbart oder durch gesetzliche Regelung entstehen. Das vertragliche Pfandrecht ist in den §§ 1204 ff. BGB geregelt. Bei einem Pfandrecht erhält der Gläubiger das Recht, die Pfandsache zu verwerten und aus dem Erlös die Forderung im Umfang des § 1210 BGB zu begleichen. Die Verwertung darf erst mit Eintritt der Pfandreife nach § 1228 II BGB erfolgen.

Das Pfandrecht ist akzessorisch. Es ist an den Bestand der Hauptschuld gebunden und kann gemäß § 1250 BGB nicht ohne sie übertragen werden. Nach § 1204 BGB muss die Bestellung des Pfandrechts dem sachenrechtlichen Bestimmtheitsgrundsatz genügen.

Grundlage des Pfandrechts ist ein formloser Pfandvertrag zwischen Verpfänder und Gläubiger, in welchem sich der Verpfänder zur Übergabe der Pfandsache für eine bestimmte Forderung verpflichtet.[32] Neben dieser Einigung ist die Übergabe der Pfandsache erforderlich.

Das Pfandrecht wird nach § 1205 BGB erst durch tatsächliche Übergabe der Pfandsache an den Gläubiger begründet. Der Eigentümer der Pfandsache muss den unmittelbaren Besitz an der Pfandsache vollständig aufgeben (Publizitätsgrundsatz).[33] Wird eine Sache verpfändet, steht sie daher dem Eigentümer nicht mehr zur Nutzung zur Verfügung. Diese Folge ist jedoch nur selten gewollt, weil der Eigentümer der Pfandsache mit dieser weiter arbeiten möchte und auch muss, um Erlöse zu erzielen. Dieser Umstand führte dazu, dass das Pfandrecht im Wirtschaftsleben nur noch eine sehr untergeordnete Rolle spielt. Bedeutung hat das Pfandrecht nur noch in den Banken- und Sparkassen-AGB, in denen ein Pfandrecht an Wertpapieren und anderen Wertgegenständen begründet wird, die sich bereits im Besitz der Bank befinden (sog. Depotpfandrecht).

> **Fallbeispiel**
>
> Die A-AG benötigt Kreditmittel. Die B-Bank ist bereit, einen Betrag zur Verfügung zu stellen, verlangt jedoch, dass ihr der Maschinenpark der A-AG als Sicherheit gestellt wird. Ein Pfandrecht kann jedoch nur begründet werden, wenn die A-AG der B-Bank

---

[31] Siehe unter Abschn. 2.1.21.
[32] RG, Urt. v. 08.07.1910 – VII 499/09 = RGZ 74, 151.
[33] RG, Urt. v. 24.06.1911 – VI 525/10 = RGZ 77, 201, 208.

die Maschinen übergibt. Da dies nicht gewollt ist, weil die A-AG dann nicht mehr produzieren könnte, wurde aus der Praxis die sog. Sicherungsübereignung als weiteres Sicherungsinstrument entwickelt.[34] ◄

Werden Pfandrechte kraft Gesetzes begründet, sind die §§ 1204 ff. BGB gemäß § 1257 BGB entsprechend anzuwenden. Auch bei den gesetzlichen Pfandrechten nimmt der Pfandgläubiger entweder die Pfandsache in Besitz, oder die Sache wird eingebracht (etwa in die Mieträume). Die wichtigsten gesetzlichen Pfandrechte sind das Werkunternehmerpfandrecht nach § 657 BGB, das Verpächterpfandrecht nach § 583 BGB und das Vermieterpfandrecht nach § 562 BGB. Hinzu kommen noch Pfandrechte nach dem HGB für bestimmte Vertragsarten wie etwa für den Frachtführer (§ 441 HGB) oder den Lagerhalter (§ 475b HGB).

5.2.3 Sicherungsübereignung

Der Eigentumsvorbehalt[35] ist von der Sicherungsübereignung zu unterscheiden. Die Sicherungsübereignung wurde wegen der bereits beschriebenen Unzulänglichkeit des Pfandrechtes aus der Wirtschaftspraxis heraus entwickelt. Dem Sicherungsgeber soll der Sicherungsgegenstand zur weiteren Nutzung verbleiben. Der Sicherungsnehmer soll aber gleichwohl die Möglichkeit zur Verwertung des Sicherungsgutes erhalten. Zudem ist eine Sicherungsübereignung weder akzessorisch, noch muss sie dem Publizitätsgrundsatz genügen und kann daher vor anderen Geschäftspartnern verborgen bleiben. Da § 401 BGB für Sicherungsübereignungen nicht gilt, kann die gesicherte Forderung ohne Übertragung der Sicherheit abgetreten werden.

Eine Sicherungsübereignung besteht aus einer Eigentumsübertragung i. V. m. einer Sicherungsabrede (Vertrag). Zum einen überträgt der Sicherungsgeber sein Eigentum am Sicherungsgegenstand an den Sicherungsnehmer nach den §§ 929, 930 BGB. Zum zweiten wird ein Besitzmittlungsverhältnis nach § 868 BGB in Form einer schuldrechtlichen Vereinbarung einer Sicherungsabrede durchgeführt.[36] In der Sicherungsabrede werden alle Rechte und Pflichten der Parteien, etwa zum Sicherungsgegenstand und den Zahlungsmodalitäten, festgelegt.

Die Sicherungsabrede hat ferner zum Gegenstand, dass der Sicherungsgeber im Besitz der Sache bleibt und der Sicherungsnehmer erst dann von seinem Eigentumsrecht (insbesondere dem Herausgabeanspruch des § 985 BGB) Gebrauch macht, wenn der Sicherungsfall eintritt, also die besicherte Forderung nicht mehr vereinbarungsgemäß bedient wird. Darüber hinaus wird der Sicherungsnehmer verpflichtet, die Sache freizugeben und zurückzuübereignen, wenn die besicherte Forderung erfüllt wurde.

---

[34] Dazu sogleich unter Abschn. 5.2.3.
[35] Dazu bereits ausführlich unter Abschn. 3.1.8.
[36] BGH, Urt. v. 13.01.1994 – IX ZR 2/93 = BGHZ 124, 371, 375.

5.2 Sicherungsrechte

Fallbeispiel

Die S-Spedition erwirbt einen neuen LKW. Zur Finanzierung wird ein Darlehen der B-Bank aufgenommen. Die B-Bank lässt sich den LKW als Sicherheit übereignen, indem sie sich den KFZ-Brief übergeben lässt. Der LKW verbleibt bei der S, die ihn im Rahmen ihres Speditionsgewerbes nutzt. Die B-Bank ist zwar Eigentümerin, darf aufgrund der Sicherungsabrede aber nur dann den LKW herausverlangen, wenn die S die Kreditraten nicht vertragsgemäß bedient. ◂

Wie beim Pfandrecht oder einer Bürgschaft muss auch bei einer Sicherungsübereignung dem Bestimmtheitsgrundsatz entsprochen werden. Die übereigneten Sachen müssen daher insgesamt klar bestimmt sein. Werden Lagerbestände oder andere Gesamtheiten von Sachen übereignet, müssen diese jedenfalls durch eine räumliche Eingrenzung bestimmt werden (alle Gegenstände einer Lagerhalle, das Gesamtinventar eines Hauses etc., sog. Raumsicherungsvertrag).[37] Der Lagerbestand kann wechseln, um den ordnungsgemäßen Geschäftsverkehr zu gewährleisten. Auch später eingebrachte Waren werden zur Sicherheit. Sicherungsgegenstand ist stets der jeweilige Lagerbestand.

5.2.4 Pfandrecht an Rechten

Als Sicherheiten können nicht nur bewegliche Sachen, sondern auch Rechte nach den §§ 1273 ff. BGB verpfändet werden. Verpfändbar sind alle Arten von Forderungen und sonstige Rechte wie etwa Patente, bestimmte Gesellschaftsanteile[38] oder Erbanteile.

Das Pfandrecht wird nach § 1274 I BGB nach den für Rechte geltenden Übertragungsvorschriften bestellt. Hierfür ist stets ein Pfandvertrag notwendig, der je nach Art des verpfändeten Rechts einer bestimmten Form bedarf, wenn dies auch für die Übertragung des Rechts notwendig wäre.

Fallbeispiel

A verpfändet seine Anteile an der A-GmbH an die B-Bank. Der Vertrag hierüber bedarf nach § 15 III GmbHG der notariellen Beurkundung.

Für den Inhalt des Pfandvertrages sowie die Verwertung des Rechts sind ergänzend die §§ 1204 ff. BGB gemäß § 1273 II BGB heranzuziehen. ◂

---

[37] BGH, Urt. v. 21.11.1983 – VIII ZR 191/82 = NJW 1984, 803.
[38] Je nach Gesellschaftsart kann die Verpfändung gesellschaftsvertraglich ausgeschlossen werden, vgl. BGH, Urt. v. 28.04.1954 – II ZR 8/53 = BGHZ 13, 179, 182; oder sie kann gesetzlich bereits unzulässig sein, vgl. Arg. § 76 I GenG für die Unübertragbarkeit von Genossenschaftsanteilen.

Das Pfandrecht an einer Forderung muss im Rahmen des § 1280 BGB gegenüber dem Schuldner angezeigt werden (Publizität des Pfandrechts). Da diese Anzeige zwingend zur Wirksamkeit des Pfandrechts erforderlich ist, weicht die Wirtschaftspraxis zum Schutz der Bonität des Sicherungsgebers auf die Sicherungsabtretung aus.

5.2.5 Sicherungsabtretung

In Ergänzung zur Sicherungsübereignung hat die Wirtschaftspraxis das Institut der Sicherungsabtretung herausgebildet. Wiederum liegen die Motive hierfür in einer Unzulänglichkeit der gesetzlichen Regelung. Das gesetzlich bereitgestellte Pfandrecht an Rechten wird wegen der Anzeigepflicht nach § 1280 BGB und der damit verbundenen Gefährdung der Bonität des Schuldners kaum mehr gebraucht.

Eine Sicherungsabtretung muss nicht angezeigt werden (stille Zession).[39] Es genügt die Abtretung des Rechts i. V. m. der Vereinbarung einer Sicherungsabrede, genau wie bei einer Sicherungsübereignung.[40]

Die Abtretung erfolgt nach § 398 BGB. Durch die Sicherungsabrede wird der Zessionar verpflichtet, das Recht erst dann zu verwerten, wenn der Sicherungsfall eingetreten ist.

Fallbeispiel

A ist Inhaber eines Patentes. Um seine Kreditlinie zu verlängern, fordert die B-Bank das Patent als Sicherheit. A tritt daher das Patent an die B-Bank ab. Die B-Bank ist nun Inhaberin des Patentes, darf dieses aber erst verwerten, wenn A die Darlehensverbindlichkeiten nicht vertragsgemäß bedient. ◄

5.2.6 Hypothek

Als Sicherheit kann auch ein (bebautes) Grundstück gestellt werden. Hierfür sieht das Gesetz nach den §§ 1113 ff. BGB zunächst die Hypothek vor. Gemeinsam mit dem Institut der Grundschuld gehört die Hypothek zu den Grundpfandrechten, die eine Verwertung des Grundstücks zur Befriedigung der besicherten Forderung ermöglichen.

Die Bestellung der Hypothek erfolgt nach den §§ 873 I, 1115 BGB durch formlose Einigung des Sicherungsnehmers und des Grundstückseigentümers sowie der Eintragung der Hypothek ins Grundbuch. Zudem muss nach den §§ 1116 f. BGB ein Hypothekenbrief erteilt (Briefhypothek) oder dessen Erteilung ausdrücklich ausgeschlossen werden (Buchhypothek).[41]

---

[39] BGH, Beschl. v. 27.11.1997 – GSZ 1/97 = BGHZ 137, 212.
[40] Siehe ausführlich unter Abschn. 5.2.3.
[41] In der Praxis hat die Buchhypothek die Briefhypothek inzwischen entgegen der gesetzlichen Regel weitestgehend verdrängt, um den möglichen Verlust des Hypothekenbriefes als Kosten- und Zeitrisiko auszuschließen.

Die Hypothek ist genau wie die Bürgschaft und das Pfandrecht akzessorisch und folgt nach § 401 BGB dem Bestand der Hauptschuld. Liegt keine Hauptschuld vor, kann auch die Hypothek nicht wirksam begründet werden. Geht die Hauptschuld unter oder wird abgetreten, trifft die Hypothek nach § 1153 BGB das gleiche Schicksal. Ferner muss die Forderung nach § 1113 II BGB hinreichend bestimmt sein.

Die Verwertung der Hypothek erfolgt durch die Zwangsversteigerung, welche der Eigentümer nach § 1147 BGB zu dulden hat. Wurde die Forderung aus dem Erlös befriedigt, erlischt auch die Hypothek.

Die Hypothek sichert die Hauptforderung nebst Zinsen und Rechtsverfolgungskosten nach § 1118 BGB. Für die Verwertung steht der sog. Haftungsverband der Hypothek nach den §§ 1120 ff. BGB zur Verfügung. Danach werden neben dem Grundstück selbst auch alle Bestandteile, Erzeugnisse und Zubehör sowie alle mit dem Grundstück verbundenen Rechte (z. B. Erbbauzinsen) umfasst, soweit sie im Eigentum des Grundstückseigentümers stehen. Insbesondere die Erstreckung auf das Zubehör nach den §§ 97 f. BGB kann den Haftungsumfang beträchtlich erweitern, da dies alle dem wirtschaftlichen Zweck des Grundstücks dienenden Sachen umfasst. Nach den §§ 1121 f. BGB kann jedoch eine Enthaftung eintreten.

Fallbeispiel

Die B-Bank betreibt die Zwangsvollstreckung in das Betriebsgrundstück des A. Neben dem Grundstück und dem Betriebsgebäude können auch die dort vorhandenen Maschinen verwertet werden, da sie dem Wirtschaftsbetrieb des A und damit dem Betriebsgrundstück zu dienen bestimmt sind. Dies gilt auch für den Fuhrpark, da dieser ebenfalls dem Betriebszweck dient. ◄

5.2.7 Grundschuld

Das zweite Grundpfandrecht, das zur Verwertung berechtigt, ist die Grundschuld nach den §§ 1191 ff. BGB. Wie eine Hypothek berechtigt eine Grundschuld zur Befriedigung einer Forderung aus einem Grundstück im Rahmen des § 1191 II BGB. Die Verwertung erfolgt wiederum durch den Zwang zur Duldung der Zwangsvollstreckung in das Grundstück, also durch Zwangsverwaltung und Zwangsversteigerung.

Im Gegensatz zur Hypothek ist eine Grundschuld jedoch nicht akzessorisch. Die Grundschuld ist unabhängig vom Bestand der Forderung. Sie kann daher ohne Hauptschuld wirksam begründet werden und geht auch nicht unter, wenn eine zugrunde liegende Hauptschuld getilgt wurde. Eine Grundschuld kann daher gleichzeitig oder nacheinander mehrere Forderungen besichern (wiederholte Verwendung). Daraus folgt eine größere Flexibilität der Grundschuld gegenüber der Hypothek. In der Wirtschaftspraxis hat die Grundschuld die Hypothek daher an Bedeutung bei Weitem überholt. Sie ist aber für den Sicherungsgeber auch mit größeren Risiken verbunden.

Nach § 1192 BGB sind die Vorschriften über die Hypothek auf die Grundschuld entsprechend anwendbar, wenn sie nicht auf den Grundsatz der Akzessorietät bezogen sind. Eine Grundschuld wird daher wie eine Hypothek auch durch Einigung und Eintragung nach § 873 BGB bestellt und umfasst nach den §§ 1120 ff. BGB den Haftungsverband des Grundstückes.

Der häufigste Anwendungsfall der Grundschuld ist daher die Sicherungsgrundschuld. Eine Sicherungsgrundschuld ist eine Grundschuld, die der Sicherung einer Darlehensforderung dient.

Bei einer Sicherungsgrundschuld treffen der Grundstückseigentümer und der Gläubiger eine formlose Sicherungsabrede (auch: Sicherungsvertrag).[42] Grundstückseigentümer und Schuldner müssen – wie bei der Hypothek – nicht personenidentisch sein, sodass eine Grundschuld auch für eine fremde Schuld bestellt werden kann (bei Identität wird von einer Eigentümergrundschuld nach § 1196 BGB gesprochen). Die Sicherungsgrundschuld ist zwar forderungsbezogen, jedoch wie jede andere Grundschuld nicht akzessorisch und damit unabhängig vom tatsächlichen Forderungsbestand wirksam.[43] Der Sicherungszweck, also die konkrete Darlehensforderung, darf daher auch nicht ins Grundbuch eingetragen werden.[44]

Fallbeispiel

Die B-GmbH erweitert ihr Betriebsgelände durch den Erwerb des Nachbargrundstücks. Dort werden zusätzliche Lagerkapazitäten geschaffen. Der Erwerb wird durch die B-Bank finanziert. Die B-Bank fordert als Sicherheit für das Darlehen die Bestellung einer Grundschuld am neuen Grundstück. Hierüber wird ein entsprechender Sicherungsvertrag geschlossen. Nach zehn Jahren ist das Darlehen getilgt. Nun benötigt die B-GmbH ein weiteres Darlehen für ein Forschungsprojekt. Dieses Darlehen kann nun auch mit der noch bestehenden Grundschuld besichert werden. ◄

5.3 Nutzungsrechte

Neben den Sicherungsrechten können sachenrechtlich auch Nutzungsrechte an Sachen oder Grundstücken bestehen. Diese berechtigen zu einer Teilnutzung gegenüber dem Eigentümer. Als beschränkte dingliche Rechte entfalten sie ihre Wirkung zudem absolut, d. h. gegenüber jedermann. Als dingliche Rechte werden auch die Nutzungsrechte durch Einigung und – bei Grundstücken – Eintragung ins Grundbuch errichtet. Die wichtigsten beschränkten dinglichen Nutzungsrechte sind der Nießbrauch, die Dienstbarkeit und die Reallast.

---

[42] BGH, Urt. v. 28.10.2003 – XI ZR 263/02 = NJW 2004, 158.
[43] BGH, Urt. v. 27.02.1981 – V ZR 9/80 = NJW 1981, 1505.
[44] BGH, Urt. v. 30.04.1985 – X ZR 34/84 = NJW 1986, 53.

5.3.1 Nießbrauch

Nießbrauch ist nach den §§ 1030, 1059, 1061 BGB das grundsätzlich unveräußerliche Recht, die Nutzungen aus einer beweglichen Sache oder einem Grundstück zu ziehen. Der Nießbrauch ist nach § 1030 I BGB ein umfassendes Nutzungsrecht, das für eine Person an allen nutzbaren Mobilien, Immobilien oder auch Rechten bestellt werden kann. Wegen der Bindung an eine bestimmte Person ist der Nießbrauch unveräußerlich und unvererblich.

Der Nießbrauch kann jedoch nach § 1030 II BGB auch beschränkt werden. In der Praxis wird ein Nießbrauch insbesondere zu Versorgungs-[45] oder Sicherungszwecken[46] eingeräumt.

5.3.2 Dienstbarkeit

Anders als der Nießbrauch ist die Dienstbarkeit nach den §§ 1018, 1090 BGB nicht umfassend, sondern nur auf die Nutzung eines Grundstückes „in einzelnen Beziehungen" gerichtet. Gegenstand der Dienstbarkeit ist regelmäßig das Recht zur Benutzung eines Grundstücks (z. B. Wegerecht) oder das Recht auf Duldung durch das belastete Grundstück (z. B. Überbau auf Nachbargrundstück).[47]

Eine Dienstbarkeit kann entweder für ein Grundstück (Grunddienstbarkeit) nach den §§ 1018 ff. BGB (z. B. Wegerecht) oder für eine Person als beschränkte persönliche Dienstbarkeit nach den §§ 1090 ff. BGB bestellt werden.

5.3.3 Reallast

Die Reallast ist dagegen nicht auf die Nutzung eines Grundstückes, sondern auf den regelmäßigen Erhalt wiederkehrender Leistungen aus dem Grundstück gerichtet, § 1105 BGB. Die Leistungen können in Geld oder sonstigen Naturalien bestehen (z. B. Grundstückserträge). Die Reallast kann anders als Nießbrauch und Dienstbarkeit vererblich und übertragbar vereinbart und eingetragen werden. Ihr Anwendungsbereich ist daher heute insbesondere auf das Altenteilsrecht in der Landwirtschaft beschränkt.

---

[45] Siehe etwa BGH, Urt. v. 27.04.1994 – IV ZR 132/93 = BGHZ 125, 398.
[46] RG, Urt. v. 03.02.1908 – V 261/07 = RGZ 67, 378.
[47] BGH, Urt. v. 08.02.2002 – V ZR 252/00 = NJW 2002, 1797.

Handelsrecht 6

Für eine einführende Darstellung des Wirtschaftsrechts ist ein Überblick über die wichtigsten handelsrechtlichen Vorschriften unerlässlich.[1] Handelsrecht ist das Sonderprivatrecht der Kaufleute.[2] Die wesentlichste Rechtsgrundlage für das Handelsrecht ist das Handelsgesetzbuch (HGB). Das Handelsrecht wird zudem ergänzt durch eine Vielzahl weiterer Spezialgesetze (etwa das GmbHG oder AktG). Entscheidend für die Anwendung des Handelsrechts ist nicht das Vorliegen bestimmter Rechtsgeschäfte, sondern stets die Eigenschaft der Akteure als Kaufmann. Die Anwendung des Handelsrechts für die Gruppe der Kaufleute knüpft daher an den Begriff des Kaufmanns nach den §§ 1 ff. HGB an, sodass dessen Darstellung für das Grundverständnis des Handelsrechts bereits einleitend zu erfolgen hat.

Bei der Anwendung des Handelsrechts ist zu beachten, dass dieses nicht neben dem sonstigen Privatrecht steht, sondern eine Ergänzungsfunktion hat. Das Handelsrecht beinhaltet Sonderregeln, die das sonstige Privatrecht (etwa das BGB) in einzelnen Punkten verändern. Dies ändert jedoch nichts an der grundsätzlichen Weitergeltung des bürgerlichen Rechts auch für Kaufleute.

> **Fallbeispiel**
>
> A ist Kaufmann und schließt telefonisch einen Bürgschaftsvertrag. Nach § 766 BGB wäre der Vertrag wegen mangelnder Schriftform unwirksam. Gemäß § 350 HGB ist diese Norm jedoch für Kaufleute nicht anzuwenden, sodass die Bürgschaft wirksam vereinbart wurde. Unabhängig davon bleiben die sonstigen Regeln für den Bürgschaftsvertrag nach den §§ 765 ff. BGB auch für den Kaufmann A weiter anwendbar. ◄

---

[1] Zur Vertiefung: Brox und Henssler (2020); Oetker (2019); Jung (2023); Canaris (2006); Lettl (2021); Meyer (2011); Schmidt (2014); Kindler (2024); Weller und Prütting (2020).
[2] Siehe etwa Koller/Kindler/Roth/Morck – Roth (2023), HGB, Einleitung vor § 1, Rn. 1 ff.

Durch das Handelsrecht sollen zwei Ziele erreicht werden, die für Kaufleute von besonderer Bedeutung sind. Einerseits geht es um eine Beschleunigung von Vertragsabschlüssen und deren Durchführung im Handelsverkehr (Schnelligkeit und Einfachheit). Dies wird vor allem durch die Nichtgeltung bestimmter Vorschriften des BGB für Kaufleute erreicht (s. vorangegangenes Beispiel). Darüber hinaus folgt aus dieser Beschleunigung ein besonderer Vertrauensschutz (Verkehrsschutz) für Kaufleute in den Bestand geschlossener Verträge und deren Durchführung. So genießt etwa der Kaufmann nach § 366 BGB einen erhöhten Schutz bei einem gutgläubigen Erwerb, weil die Veräußerung fremder Waren (erweiterter Eigentumsvorbehalt) im Handelsverkehr ständig vorkommt.

Fallbeispiel

Die A-GmbH vertreibt Kühlschränke, die sie unter erweitertem Eigentumsvorbehalt von ihrem Lieferanten B-AG erworben hat. Der C erwirbt einen solchen Kühlschrank. Später verlangt die B-AG den Kühlschrank von C gemäß § 985 BGB heraus, weil C nie Eigentümer geworden sei. Hintergrund ist, dass die A-GmbH ihre Verpflichtungen nicht erfüllt hat und inzwischen insolvent ist. Der C ist jedoch nach den §§ 932 BGB, 366 HGB durch gutgläubigen Erwerb Eigentümer geworden. ◄

Insgesamt wird daher der Schutz des Kaufmanns zugunsten einer beschleunigten Abwicklung von Handelsgeschäften zurückgestellt, da dies den wirtschaftlichen Erfordernissen des Handelsverkehrs entspricht. Nachfolgend werden daher ausgehend vom Begriff des Kaufmanns die handelsrechtlichen Sonderregeln dargestellt, sowie sie für den Abschluss und die Durchführung von Handelsgeschäften von wesentlicher Bedeutung sind.

6.1 Begriff des Kaufmanns

Wie bereits ausgeführt, ist die Voraussetzung für die Anwendbarkeit des Handelsrechts die Kaufmannseigenschaft. Die Normen des Handelsrechts richten sich nahezu ausschließlich[3] an Kaufleute. Bei Rechtsgeschäften kann die Geltung des Handelsrechts sowohl eine (einseitiges Handelsgeschäft) als auch beide Parteien (beidseitiges Handelsgeschäft) betreffen. Die Kaufmannseigenschaft wird in den §§ 1 ff. HGB abschließend geregelt und ist daher als Grundlage für das Handelsrecht zunächst umfassend darzustellen.

Nach der Legaldefinition des § 1 I HGB ist Kaufmann derjenige, der ein Handelsgewerbe betreibt. Entscheidend ist folglich das Vorliegen eines Handelsgewerbes. Dieses wird wiederum in §§ 2, 3 II, 5 HGB definiert und für bestimmte Anwendungsfälle durch die §§ 2, § 3 II und 5 BGB ergänzt. Unter Hinzunahme des Kaufmanns kraft Rechtsform nach § 6 HGB ergibt sich dadurch der Anwendungsbereich des Handelsrechts.

---

[3] Ausnahmsweise werden auch Nichtkaufleute einbezogen, s. etwa die §§ 84 IV, 383 II HGB, dies ist für die einführende Darstellung des Handelsrechts nicht zu vertiefen.

6.1.1 Ist-Kaufmann

Gemäß § 1 I HGB wird der sog. Ist-Kaufmann definiert. Nach dem eindeutigen Wortlaut des Gesetzes ist eine Person Kaufmann, wenn sie ein Handelsgewerbe betreibt. Ein Abwägungsspielraum ergibt sich nur aus dem Begriff des Handelsgewerbes nach § 1 II HGB. Danach liegt ein Handelsgewerbe vor, wenn ein Gewerbe betrieben wird, es sei denn, dass das Unternehmen nach Art oder Umfang einen in kaufmännischer Art und Weise eingerichteten Geschäftsbetrieb nicht erfordert.

Zunächst muss daher überhaupt ein Gewerbe vorliegen. Dieser Begriff wird im Gesetz nicht weiter definiert und musste daher von der Rechtsprechung konkretisiert werden.[4] Danach ist ein Gewerbe jede selbstständige, nach außen gerichtete und planmäßige Tätigkeit mit Gewinnerzielungsabsicht.[5] Diese Definition leistet vor allem die Abgrenzung zu abhängig Beschäftigten (Arbeitnehmern) und freiberuflich selbstständig Tätigen (Rechtsanwälte, Steuerberater, Ärzte etc.).

Ein Gewerbe liegt danach vor, wenn die Tätigkeit selbstbestimmt und auf Dauer angelegt ist (Vielzahl von Geschäfte) sowie die Absicht besteht, mit der Tätigkeit Gewinne zu erzielen (ausgenommen sind freie Berufe und die Verwaltung eigenen Vermögens).[6]

> **Fallbeispiel**
>
> A ist Arzt und kauft Möbelstücke für seine Praxis. Der Verkäufer will den A wie einen Kaufmann behandeln, weil dieser ein Gewerbe betreibe. A widerspricht zu Recht, da ein Arzt nicht mit Gewinnerzielungsabsicht handelt, sondern primär seine Dienste höherer Art gemäß § 1 II BundesärzteO (Behandlung) erbringen will. Daher betreibt A kein Gewerbe und ist damit auch kein Kaufmann. ◄

Das Gewerbe muss zudem ein Handelsgewerbe sein. Ein solches wird nach § 1 II HGB vermutet. Die Vermutung kann nur entkräftet werden, wenn ein in kaufmännischer Weise eingerichteter Geschäftsbetrieb nicht erforderlich ist. Hierbei ist darauf abzustellen, ob der Gesamtbetrieb eine unternehmerische Organisation (Größe der Betriebsstätte(n), Mitarbeiterzahl, Finanzierungsgeschäfte, Überregionalität der Geschäfte) ist sowie eine bestimmte Betriebsgröße (Anzahl der Geschäftsabschlüsse, Umsatz, Werbung, Lagerhaltung, Kapitaleinsatz) erreicht.[7] Dies ist anhand einer Gesamtwürdigung zu beurteilen.[8]

---

[4] Ausführlich dazu BGH, Urt. v. 07.07.1960 – VIII ZR 215/59 = BGHZ 33, 321, 327.
[5] BGH aaO.
[6] BGH aaO; NGH, Urt. v. 02.07.1985 – X ZR 77/84 = BGHZ 95, 155, 158; BGH, Urt. v. 11.01.1962 – VII ZR 188/60 = BGHZ 36, 273, 276.
[7] OLG Dresden, Urt. v. 26.04.2001 – 7 U 301/01 = NJW-RR, 2002, 33.
[8] BGH, Urt. v. 16.11.1965 – V ZR 89/63 = WM 1966, 195.

> **Fallbeispiel**
>
> A betreibt eine Diskothek. Seine Lieferanten wollen ihn als Kaufmann behandeln. Da A mehrere 100.000 € umsetzt, 30 Mitarbeiter (überwiegend in Teilzeit) beschäftigt und erheblichen Kapitaleinsatz für die Einrichtung und Ausstattung aufgewendet hat, betreibt A ein Handelsgewerbe und ist daher Kaufmann nach § 1 I HGB.[9] ◄

Bei der Anwendung des § 1 I HGB ist zu beachten, dass die Kaufmannseigenschaft gesetzlich angeordnet wird. Eine Eintragung ins Handelsregister ist zwar nach § 29 HGB vorgeschrieben, jedoch nicht rechtsbegründend (konstitutiv). Auch ohne Eintragung liegt die Kaufmannseigenschaft vor, sodass die Eintragung nur noch erklärende (deklaratorische) Wirkung besitzt.

6.1.2 Kann-Kaufmann

Die Kaufmannseigenschaft kann auch durch die Eintragung ins Handelsregister nach den §§ 2, 3 HGB begründet werden. Dies gilt insbesondere für Kleingewerbetreibende. Hinzu kommt eine Sonderregelung für Land- und Forstwirte.

6.1.3 Kleingewerbetreibender

Erfüllt ein Gewerbe nicht die Erfordernisse des § 1 II HGB, kann die Kaufmannseigenschaft nur durch eine Eintragung ins Handelsregister nach § 29 HGB erreicht werden. Dies erfolgt nach § 2 S. 2 HGB freiwillig. Ist jedoch eine Eintragung erfolgt, muss sich der Gewerbetreibende auch vollumfänglich als Kaufmann behandeln lassen. Die Eintragung ist daher konstitutiv und kann nach § 2 S. 3 HGB nur so lange wieder gelöscht werden, wie die Voraussetzungen des § 1 II HGB nicht eingetreten sind.

6.1.4 Land- und Forstwirt

Land- und Forstwirte können nach § 3 HGB gleichfalls durch Eintragung die Kaufmannseigenschaft erlangen. Auch in diesen Fällen wirkt die Eintragung konstitutiv. Dies ist für Land- und Forstwirte die einzige Möglichkeit, zum Kaufmann zu werden, da nach § 3 I HGB der Ist-Kaufmann auf sie nicht anwendbar ist. Diese Möglichkeit besteht zudem nur, wenn der Betrieb des Land- oder Forstwirts die Größe des § 1 II HGB erreicht.

Ist eine Eintragung erfolgt, kann sie gemäß der §§ 2, 3 II HGB nur nach den allgemeinen Grundsätzen wieder gelöscht werden.

---

[9] Vgl. BGH, Urt. v. 16.09.1981 – VIII ZR 111/80 = NJW 1982, 577.

6.1.5 Fiktiv- und Scheinkaufmann

Nach § 5 HGB muss sich derjenige als Kaufmann behandeln lassen, dessen Firma als Kaufmann im Handelsregister eingetragen ist. Dies gilt unabhängig davon, ob das Unternehmen (noch immer) ein Handelsgewerbe betreibt. Um den Rechtsverkehr zu schützen,[10] wird nach § 5 HGB in diesen Fällen ein sog. Fiktivkaufmann angenommen.

In Ergänzung des § 5 HGB muss jedoch der Rechtsverkehr auch dann geschützt werden, wenn jemand als Kaufmann auftritt, ohne im Handelsregister eingetragen zu sein oder die Voraussetzungen eines Kaufmanns zu erfüllen. Für diese Fälle wird ein sog. Scheinkaufmann angenommen, der sich gleichfalls als Kaufmann behandeln lassen muss.

6.1.5.1 Fiktivkaufmann

Die Voraussetzungen des Vorliegens eines Fiktivkaufmanns folgen unmittelbar aus § 5 HGB. Danach muss sich als Kaufmann derjenige behandeln lassen, dessen Gewerbe im Handelsregister als Kaufmann eingetragen ist. Ob die Eintragung korrekt erfolgt ist oder die Voraussetzungen der Kaufmannseigenschaft (Handelsgewerbe) vorliegen, ist unerheblich. Es reicht daher das Vorhandensein eines Gewerbes und die Eintragung.[11]

Fallbeispiel

A hat einen Kioskbetrieb unter der Firma „As Trinkhalle Bahnhofsplatz" in das Handelsregister eintragen lassen, weil er gehofft hat, erhebliche Umsätze zu erzielen. Nach einiger Zeit stellt sich heraus, dass er den Kioskbetrieb schließen muss. Er kauft jedoch unter der Firma Waren für einen neu einzurichtenden Bauchladen ein. ◄

Die Verkäufer behandeln A bei der Vertragsdurchführung zu Recht als Kaufmann, da er mit seiner Firma im Register eingetragen ist und ein Gewerbe betreibt.

6.1.5.2 Scheinkaufmann

Wie bereits ausgeführt, ist der über § 5 HGB erreichte Schutz des Rechtsverkehrs nicht ausreichend. Unter dem Gesichtspunkt der Rechtsscheinhaftung wird ähnlich wie bei der Duldungs- oder Anscheinshaftung[12] derjenige als Kaufmann behandelt, der sich zurechenbar wie ein solcher im Rechtsverkehr bewegt hat. In diesen Fällen wird derjenige geschützt, der berechtigterweise auf den Rechtsschein vertrauen durfte (Gutgläubigkeit).

---

[10] Ausführlich BGH, Urt. v. 06.07.1981 – II ZR 38/81 = NJW 1982, 45.
[11] Vgl. BGH, Urt. v. 19.05.1960 – II ZR 72/59 = BGHZ 32, 307, 313.
[12] Dazu bereits ausführlich unter Abschn. 2.1.6.

> **Fallbeispiel**
>
> A betreibt als „A Elektrofix" einen kleinen Elektrowarenhandel. Weder erfüllt er die Voraussetzungen des § 1 II HGB, noch ist er mit seiner Firma im Handelsregister eingetragen. Beim Wareneinkauf tritt er jedoch stets als A Elektrofix eingetragener Kaufmann (kurz e. K.) auf. Da er den Rechtsschein der Kaufmannseigenschaft gesetzt hat, muss er das Handelsrecht auch gegen sich gelten lassen. ◄

6.1.6 Formkaufmann

Die Kaufmannseigenschaft wird schließlich kraft Rechtsform nach § 6 HGB begründet. Danach sind alle Handelsgesellschaften Kaufleute: Handelsgesellschaften sind alle Gesellschaften, die als solche in das Handelsregister eingetragen werden.[13] Sind sie nicht eingetragen, ist entscheidend, dass sie ein Handelsgewerbe betreiben. Dies gilt gemäß § 1 II HGB vor allem für die OHG nach § 105 I HGB und die KG (auch GmbH & Co. KG) nach § 161 II HGB. Keine Kaufmannseigenschaft erlangt die BGB-Gesellschaft (GbR) nach § 705 BGB, da diese nicht Handelsgesellschaft ist.[14]

> **Fallbeispiel**
>
> Die A-OHG betreibt ein Kleingewerbe, das nicht die erforderliche Größe des § 1 II HGB erfüllt. Folglich liegt kein Handelsgewerbe und damit auch keine Handelsgesellschaft vor. Die A-OHG ist kein Formkaufmann nach § 6 HGB. Da die A-OHG sich auch nicht als Kann-Kaufmann ins Handelsregister eintragen lassen hat, ist sie kein Kaufmann. ◄

Ferner sind nach § 6 II HGB alle (Kapital-)Gesellschaften[15] Kaufleute, denen kraft Gesetzes Kaufmannseigenschaft beigemessen wird. Diese Gesellschaften werden erst mit Eintragung in das Handelsregister wirksam gegründet, sodass daraus automatisch die Kaufmannseigenschaft begründet wird. Das gilt insbesondere für die GmbH nach § 13 III GmbHG, die AG nach § 3 AktG, die KGaA nach den §§ 278 III, 3 AktG und auch für ausländische Kapitalgesellschaften.[16]

> **Fallbeispiel**
>
> Die A e. G. betreibt als eingetragene Genossenschaft ein nicht handelsrechtliches Geschäft, da sie die Förderung von Bildungszielen über die Grenzen von Bundesländern

---

[13] Koller/Kindler/Roth/Morck – Roth (2023), HGB, § 6, Rn. 2.
[14] BGH, Urteil v 13.07.2006, Az. VII ZR 51/05 = NJW 2006, 3486.
[15] Der Gesetzeswortlaut „Vereins" ist insoweit missverständlich und nur historisch zu erklären.
[16] Z. B. die Ltd., vgl. OLG Düsseldorf, Urt. v. 04.05.1995 – 6 U 93/94 = NJW-RR 1995, 1184.

hinaus zum Gegenstand hat und sich weitestgehend aus Spenden und Beiträgen finanziert. Trotzdem ist sie dem Handelsrecht unterworfen, da sie nach den §§ 6 II HGB i. V. m. § 17 II GenG Kaufmann kraft gesetzlicher Anordnung ist. ◄

6.2 Handelsregister

Das Handelsregister ist ein nach den §§ 8 ff. HGB von den zuständigen Amtsgerichten elektronisch geführtes öffentliches Register, das über solche Tatsachen Auskunft gibt, die für den Rechts- und Geschäftsverkehr von erheblicher Bedeutung sind. Durch einen Einblick in das Register haben Interessierte (etwa potenzielle Geschäftspartner) die Möglichkeit, sich die wesentlichen Informationen über das eingetragene Unternehmen zu beschaffen. Das Handelsregister dient daher der Offenlegung bestimmter Tatsachen, um sowohl den Rechtsverkehr als auch den eingetragenen Kaufmann selbst zu schützen.

Dieser Schutz wird erreicht durch die Wirkung des Handelsregisters, welche nach § 15 HGB je nach Art der einzelnen eingetragenen oder nicht eingetragenen Tatsache für den Rechtsverkehr Bindung entfalten kann.

6.2.1 Form und Inhalt des Handelsregisters

Das Handelsregister gliedert sich in zwei Abteilungen. Die beiden Abteilungen beinhalten unterschiedliche Kaufmannsarten. In Abteilung A finden sich die Eintragungen für die Handelspersonengesellschaften und die Einzelkaufleute. In Abteilung B werden die Eintragungen für die Kapitalgesellschaften festgehalten. Die Einsichtnahme in das Register kann sodann durch jedermann erfolgen. Ein berechtigtes Interesse muss nicht dargelegt werden.

Die Registereintragungen werden nach einem formalisierten Verfahren vorgenommen. Zunächst erfolgt ein Antrag auf Eintragung (bei der Eintragung der Eröffnung eines Insolvenzverfahren ist dieser nach § 32 HGB entbehrlich). Sodann schließt sich ein formelles Prüfungs- und Eintragungsverfahren nach den §§ 374 ff. FamFG an. Hieraus ergibt sich, ob eine Tatsache gemäß § 8 HGB eintragungspflichtig ist, freiwillig eingetragen werden kann oder eine Eintragung ausgeschlossen ist. Kann eine Eintragung erfolgen, wird diese abschließend nach § 10 HGB bekanntgemacht.

6.2.2 Publizitätswirkung

Je nach der Art der eingetragenen oder auch nicht eingetragenen Tatsache ergibt sich für den Rechtsverkehr eine bestimmte Publizitätswirkung. Publizitätswirkung bedeutet nach § 15 HGB, dass der Rechtsverkehr auf die Richtigkeit der Eintragung oder auch die fehlende Eintragung bei Pflichteintragungen vertrauen darf. Hieraus ergibt sich die Offenbarungswirkung des Registers. Der Rechtsverkehr darf sich auf die Richtigkeit des Handelsregisters verlassen. Je nach Art der Tatsache statuiert § 15 HGB eine bestimmte Form der Registerpublizität.

6.2.2.1 Negative Publizität

Nach § 15 I HGB kann ein gutgläubiger Teilnehmer am Rechtsverkehr darauf vertrauen, dass eine nicht eingetragene eintragungspflichtige Tatsache auch tatsächlich nicht gegeben ist. Die Nichteintragung muss der Unternehmensträger dann gegen sich gelten lassen, da er derjenige ist, in dessen Angelegenheit die Eintragung vorzunehmen gewesen wäre.[17]

Es muss also eine eintragungspflichtige Tatsache vorliegen. Eintragungspflichtig sind alle Tatsachen, für die sich eine gesetzliche Anordnung zur Eintragung findet (z. B. Kaufmannseigenschaft, Zweigniederlassung, Firma, Organstellung und ihr Erlöschen etwa bei der GmbH oder AG).

Der Dritte genießt den Vertrauensschutz nach § 15 I HGB in jeder Hinsicht, in der auch nur die Möglichkeit bestand, dass er seine Entscheidungen aufgrund der fehlenden Registereintragung getroffen haben könnte. Er muss nicht tatsächlich Registereinsicht genommen haben. Der Schutz des Dritten geht so weit, dass er sich nach seiner Wahl entweder auf die Unrichtigkeit des Handelsregisters beruft oder aber das Handelsregister so zur Anwendung bringt, wie er es vorfindet (sog. Rosinentheorie).[18]

Schließlich muss derjenige, der sich auf die fehlende Eintragung beruft, gutgläubig nach § 15 I HGB sein. Nach dem eindeutigen Wortlaut der Norm entfällt die Gutgläubigkeit nur, wenn der Dritte positive Kenntnis von der Unrichtigkeit des Registers hat. Grob fahrlässige Unkenntnis[19] und auch ein Kennenmüssen reichen hierfür nicht aus.[20]

Fallbeispiel

Nach dem Handelsregister ist P der Prokurist der A-GmbH. Die Prokura wurde jedoch inzwischen widerrufen. Nun schließt die B-KG mit dem P einen Vertrag, von dem sie weiß, dass nur ein Prokurist bei der A-GmbH dazu befugt ist. Als der Geschäftsführer der A-GmbH den geschlossenen Vertrag zur Kenntnis bekommt, verweigert er mit Hinweis auf die nicht vorhandene Prokura des P die Durchführung. Die B-KG kann sich jedoch nach § 15 I HGB auf das Handelsregister berufen, dessen Unrichtigkeit er nicht kannte. Der Vertrag ist daher wirksam zustande gekommen. ◄

6.2.2.2 Schutzwirkung richtig bekanntgemachter Tatsachen

Nach § 15 II HGB wird zudem das Vertrauen in die Richtigkeit einer eingetragenen und bekanntgemachten Tatsache geschützt. Der Rechtsverkehr soll darauf vertrauen können,

---

[17] BGH, Urt. v. 21.12.1970 – II ZR 258/67 = BGHZ 55, 267, 272.
[18] Koller/Kindler/Roth/Morck – Roth (2023), HGB, § 15, Rn. 15 f. m. w. N.
[19] Koller/Kindler/Roth/Morck – Roth (2023), HGB, § 15, Rn. 12.
[20] BGH, Urteil vom 09.01.2024 – II ZR 220/22.

dass im Handelsregister korrekt bekanntgemachte Tatsachen auch tatsächlich zutreffend sind. § 15 II HGB beinhaltet also einen weiteren Rechtsscheinstatbestand. Anwendung findet § 15 II HGB aber nur auf eintragungspflichtige Tatsachen, die auch richtig bekanntgemacht worden sind.[21] Nur in diesen Fällen muss der Dritte die Tatsachen gegen sich gelten lassen.

Die Schutzwirkung greift jedoch nach § 15 II S. 2 HGB nicht, wenn der Dritte innerhalb von 15 Tagen nach der Bekanntmachung die Rechtshandlung vorgenommen hat (Schonfrist) und er beweisen kann, dass er die tatsächliche Rechtslage weder kannte noch kennen musste (Fahrlässigkeit schadet hier bereits). Der Maßstab hierfür ist indes streng: Wer sich als Kaufmann nicht über Eintragungen im Handelsregister informiert, handelt im Regelfall bereits fahrlässig.[22]

Ähnlich wie bei der negativen Publizität greift auch bei § 15 II HGB ein Wahlrecht: In diesem Fall kann sich der Unternehmensträger wahlweise entweder auf die wahre Rechtslage oder die sich aus der unrichtigen Registereintragung folgenden Tatsachen berufen.

Fallbeispiel

Die A-AG schließt mit der B-AG einen Vertrag, der auf Seiten der B-AG die Mitwirkung eines Prokuristen erfordert. Für die B-AG zeichnet der P als Prokurist. Die Prokura von P wurde jedoch bereits zuvor zurückgenommen, eine entsprechende Bekanntmachung ist drei Wochen vorher erfolgt. Die A-AG kann nun nicht die Durchführung des Vertrages verlangen, da dieser mangels Vertretungsbefugnis nicht ordnungsgemäß zustande gekommen ist. Ausweislich des Handelsregisters muss die A-AG die Zurücknahme der Prokura gegen sich gelten lassen. ◄

6.2.2.3 Positive Publizität

Da der Schutz des Dritten über § 15 I HGB nur nicht erfolgte Eintragungen umfasst, ergänzt § 15 III HGB den Schutzbereich insoweit, als der Dritte auch auf unrichtig bekanntgemachte Tatsachen vertrauen darf, soweit er gutgläubig ist.

Voraussetzung ist, dass eine eintragungspflichtige Tatsache vorliegt, die jedoch unrichtig eingetragen und bekanntgemacht wurde. Die Bekanntmachung muss folglich aufgrund einer entsprechenden (richtigen oder falschen) Beantragung durch den Unternehmensträger der wahren Rechtslage widersprechen.[23]

Die Schutzwirkung tritt nur bei positiver Kenntnis des Dritten von der wahren Rechtslage nicht ein, grob fahrlässige Unkenntnis schadet nicht. Der Dritte hat wiederum ein Wahlrecht und kann sich entweder auf die falsche Bekanntmachung oder auf die wahre Rechtslage berufen.[24]

---

[21] H. M.; s. BAG, Urt. v. 17.02.1987 – 3 AZR 197/85 = NJW 1988, 222, 223.
[22] BGH, Urt. v. 20.04.1972 – II ZR 17/70 = NJW 1972, 1419.
[23] Zur Vertiefung Koller/Kindler/Roth/Morck – Roth (2023), HGB, § 15, Rn. 29 f. m. w. N.
[24] BGH, Urt. v. 05.02.1990 – II ZR 309/88 = WM 1990, 638, 639.

> **Fallbeispiel**
>
> A und B sind Geschäftsführer der A-GmbH. Beide sind ordnungsgemäß im Handelsregister als Geschäftsführer eingetragen. Zusätzlich ist aber auch C eingetragen, der jedoch kein Geschäftsführer ist. Dessen Abberufung wurde zwar beantragt, aber unrichtig bekanntgegeben. Daher können gutgläubige Dritte sich weiterhin auf die Vertretungsmacht des C berufen. ◄

6.3 Firma

Die Firma eines Kaufmanns ist nach § 17 I HGB der Name, unter dem der Kaufmann seine Geschäfte betreibt und die Unterschrift abgibt. Die Firma ist also nur der Name, nicht die natürliche oder juristische Person (Rechtspersönlichkeit). Der oftmals übliche Sprachgebrauch, in welchem das Unternehmen als Firma bezeichnet wird, ist folglich falsch. Aus der eindeutigen Formulierung des § 17 HGB folgt zudem, dass nur Kaufleute nach den §§ 1 ff. HGB firmenfähig sind. Durch das Firmenrecht der §§ 17 ff. HGB soll der Rechtsverkehr daher bezüglich namensrechtlicher Probleme einer Ordnung zugeführt werden.

Die Firma des Kaufmanns entsteht, sobald der Kaufmann sein Geschäft aufnimmt und von der Firma tatsächlichen Gebrauch macht oder die Firma in das Handelsregister eingetragen wird. Die Firma erlischt bei endgültiger Einstellung des Geschäftsbetriebs und Aufgabe der Firma selbst.[25]

Die Firma besteht aus zwei Elementen. Das erste Element ist der kennzeichnende Teil, der den Namen des Unternehmensinhabers, eine Bezeichnung des Geschäftsgegenstandes oder auch reine Fantasiebegriffe enthalten kann. Hiernach kann eine Personenfirma (Name des Unternehmensträgers), eine Sachfirma (Gegenstand des Geschäftsbetriebs), eine Fantasiebezeichnung oder eine Kombination dieser Bestandteile erfolgen. Das zweite Element beinhaltet den Rechtsformzusatz, also die Bezeichnung der Rechtsform (etwa e. K., AG oder GmbH & Co. KG, vgl. § 19 I HGB).

Grundsätzlich gehen die §§ 17 ff. HGB von einer großen Freiheit des Kaufmanns aus, unter welcher Firma er seine Geschäfte führt. Jedoch werden zum Schutz des Rechtsverkehrs einige ordnungsrechtliche Grundsätze der Firma statuiert.

Zunächst besteht nach § 18 II HGB der Grundsatz der Firmenwahrheit. Danach sind Firmen unzulässig, wenn sie die Eignung haben, den Rechtsverkehr in die Irre zu führen. Irreführung ist wiederum jede (auch unbeabsichtigte) Täuschung, die potenziell bei den beteiligten Verkehrskreisen eine unrichtige Vorstellung hervorrufen kann.[26] Aus der

---

[25] BayObLG, Beschl. v. 06.02.1992 – BReg. 3 Z 201/91 = BB 1992, 943.
[26] BayObLG, Beschl. v. 17.05.1999 – 3Z BR 90/99 = NJW-RR 2000, 111; ausführlich auch OLG Düsseldorf, Beschluss vom 12.08.2019 – I-3 Wx 26/19.

6.3 Firma

Firmenwahrheit wird auch die Firmeneinheit abgeleitet, wonach für ein Unternehmen immer nur eine Firma bestehen kann.[27] Aus dem Grundsatz der Firmenwahrheit folgt jedoch nicht, dass sich aus der Firma selbst der Inhaber oder das Geschäftsfeld ergeben muss. Hinzu kommt, dass das Registergericht bei einem Antrag auf Eintragung einer Firma nur prüft, ob der Grundsatz der Firmenwahrheit offensichtlich verletzt ist (Evidenzkontrolle).

Die Firmenwahrheit findet zudem im Grundsatz der Firmenbeständigkeit eine Einschränkung, da die Firma trotz eines Wechsels des Unternehmensträgers oder einzelner Gesellschafter nach den §§ 21, 22, 24 HGB fortgeführt werden kann. In Betracht für eine solche Fortführung kommen alle Arten eines Erwerbs des Unternehmens (oder zumindest des wesentlichen Unternehmenskerns), solange nur der Übernehmende selber firmenfähig ist und der alte Inhaber einwilligt.[28]

Fallbeispiel

Anton Müller ist Gesellschafter der Müller und Meyer Sanitär OHG. Er veräußert seinen Gesellschaftsanteil an Schulze. Kann die Firmierung bestehen bleiben? Ja, die Firma kann mit entsprechender Einwilligung des Müller fortgeführt werden, da der Grundsatz der Firmenbeständigkeit nach § 22 HGB vorliegend den Grundsatz der Firmenwahrheit durchbricht. ◄

Nach den §§ 18 I, 30 HGB besteht der Grundsatz der Firmenunterscheidbarkeit. Die Firma soll den Unternehmensträger individualisieren. Nach § 18 I HGB folgt die Unterscheidungskraft durch jede Form von Sprachzeichen (auch Fantasiebezeichnungen), die vom Verkehr wie ein Name aufgefasst werden kann.[29] Bloße Artikulierbarkeit ist ausreichend, weshalb auch Namenskürzel oder Buchstabenfolgen regelmäßig ausreichend sind. Es muss sich jedoch eine Unterscheidungskraft gegenüber anderen Unternehmen ergeben, weshalb bloße Familiennamen oder Branchenbezeichnungen alleine nicht ausreichen (Wirtschaftsprüfung e. K., Müller KG reicht daher nur, wenn noch ein Element hinzukommt: Wirtschaftsprüfung Müller e. K., Müller Wirtschaftsprüfung KG). Diese Unterscheidbarkeit muss sich nach § 30 HGB auch gegenüber anderen Firmen am Unternehmensort widerspiegeln. Dies gilt bei jeder neuen Firmierung hinsichtlich aller bereits bestehenden Firmen (Prioritätsgrundsatz zugunsten bestehender Unternehmen).

Fallbeispiel

Die Schulze Fliesen GmbH ist seit 2010 in Siegen tätig. Nun wollen die Gebrüder Schulz (Konkurrenten der Schulze Fliesen GmbH) am gleichen Ort die Schulze Fliesen

---

[27] BGH, Urt. v. 08.04.1991 – II ZR 259/90 = NJW 1991, 2024.
[28] Koller/Kindler/Roth/Morck – Roth (2023), HGB, § 22, Rn. 5.
[29] BGH, Urt. v. 26.06.1997 – I ZR 14/95 = BB 1997, 2611.

OHG eintragen lassen. Dies wird das Registergericht ablehnen, weil alleine durch einen anderen Rechtsformzusatz für die beteiligten Verkehrskreise keine Unterscheidbarkeit gegeben ist.[30] ◄

Schließlich gilt der Grundsatz der Firmenpublizität nach § 29 HGB. Der Kaufmann muss seine Firma nach § 29 HGB im Handelsregister publik machen.

6.4 Firmenfortführung und Haftung

Wie bereits in den Ausführungen zur Firmenbeständigkeit angedeutet, kann eine Firma von anderen Unternehmensträgern oder Gesellschaften mit Einwilligung des alten Unternehmensträgers oder Gesellschafters fortgeführt werden. Diese Möglichkeit sowie die Einbringung eines Handelsgeschäfts in eine neue Gesellschaft verlangen jedoch nach einem Schutz des Rechtsverkehrs, für den der tatsächliche Unternehmensträger nicht mehr vollständig erkennbar ist. Daher ordnen die §§ 25 ff. HGB bestimmte Haftungsregeln an, falls eine Firmenfortführung oder die Einbringung eines Handelsgeschäfts eines Einzelkaufmanns in eine neue Handelsgesellschaft erfolgt.

6.4.1 Firmenfortführung

Nach den §§ 22, 24 HGB kann sich eine Firmenfortführung ergeben. Gemäß § 22 HGB kann eine Firmenfortführung erfolgen, wenn jemand unter Lebenden (durch Kaufvertrag) oder von Todes wegen (als Erbe) ein bestehendes Handelsgeschäft erwirbt. Tritt jemand als neuer Gesellschafter in ein bestehendes Handelsgeschäft ein, ist ebenfalls eine Fortführung der bisherigen Firma möglich.

Erforderlich für die Firmenfortführung nach § 22 HGB ist lediglich, dass das Handelsgeschäft tatsächlich besteht, auf den neuen Unternehmensträger übertragen wird, der alte Unternehmensträger eindeutig in die Firmenfortführung einwilligt und die Firma dann im Regelfall tatsächlich im Wesentlichen so fortführt, wie sie bereits bestanden hat.[31] Sind diese Voraussetzungen erfüllt, kann der neue Unternehmensträger die Firma beibehalten und nach seiner Wahl einen Nachfolgezusatz beifügen oder nicht.

Fallbeispiel

A ist Einzelkaufmann und firmiert als A Teppichhandel e. K. Nach seinem Tode beerbt die einzige Tochter den A. Diese kann nun weiterhin als A Teppichhandel e. K. firmieren oder auch wahlweise den Zusatz „Nachfolgerin B" einfügen. Sie muss jedoch den Teppichhandel im Wesentlichen fortführen. ◄

---

[30] Vgl. dazu BGH, Beschl. v. 14.07.1966 – II ZB 4/66 = BGHZ 46, 7, 13.
[31] Zum Ganzen BGH, Beschl. v. 12.07.1965 – II ZB 12/64 = BGHZ 44, 116, 120.

6.4 Firmenfortführung und Haftung

Das Gleiche gilt, wenn nach § 24 I HGB ein neuer Gesellschafter in das Unternehmen ein oder ein bisheriger Gesellschafter austritt. Eine Einwilligung des ausscheidenden Gesellschafters in die Fortführung der Firma ist nach § 24 II HGB nur erforderlich, wenn dessen Name in der Firma geführt wird.

6.4.2 Haftung

Liegt eine Fortführung der Firma oder des Handelsgeschäfts vor, bedarf der Rechtsverkehr eines gesonderten Schutzes. Da nach außen nicht ohne Weiteres erkennbar ist, dass ein Wechsel des Unternehmensträgers oder jedenfalls eines Gesellschafters stattfindet, trifft den Erwerber des Handelsgeschäfts die Pflicht, für alle Altverbindlichkeit im Rahmen der §§ 25 ff. HGB zu haften. Dies gilt insbesondere bei einem Erwerb unter Lebenden oder von Todes wegen sowie bei einem Eintritt in ein bestehendes Handelsgeschäft.

6.4.2.1 Haftung des Erwerbers

Nach § 25 I HGB haftet derjenige, der ein Handelsgeschäft unter Lebenden erwirbt und unter der bisherigen Firma fortführt, für alle im Betriebe des Geschäfts begründeten Verbindlichkeiten (Altverbindlichkeiten). Diese Haftung umfasst kraft gesetzlichen Schuldbeitritts alle bestehenden Verbindlichkeiten. Für den Veräußerer bedeutet dies, dass er nach § 26 HGB nur noch für die Zeit von fünf Jahren ab Handelsregistereintragung des Erwerbers für die Verbindlichkeiten haftet und danach lediglich der Erwerber als Schuldner zur Verfügung steht.

Erforderlich ist, dass bereits im Zeitpunkt der Übernahme ein von einem Kaufmann betriebenes Handelsgeschäft vorliegt, das bereits unter der gegenständlichen Firma geführt wurde. Der Erwerb kann in jeder rechtsgeschäftlichen Form durchgeführt werden (etwa Kauf, Schenkung, Pacht). Zudem muss eine tatsächliche Fortführung der Firma erfolgen, woraus sich nach außen die Kontinuität sowohl des Unternehmens als auch der Firma darstellt (Unternehmens- und Firmenkontinuität).[32] Das Hinzufügen oder Weglassen eines Rechtsformzusatzes hindert die Haftung dabei nicht.[33] Entscheidend ist, dass aus Sicht der beteiligten Verkehrskreise die Firma durch das Auftreten am Markt weiterverwendet wird.[34]

Die Haftungsfolge kann nur dadurch ausgeschlossen werden, dass der Erwerber einen Haftungsausschluss im Handelsregister eintragen lässt oder den Gläubigern den Haftungsausschluss vor der Firmenfortführung mitteilt.

---

[32] BGH, Urt. v. 12.02.2001 – II ZR 148/99 = NJW 2001, 1352.
[33] BGH, Urt. v. 06.11.1991 – VIII ZR 294/90 = NJW 1992, 912.
[34] BGH, Urt. v. 16.09.2009 – VIII ZR 321/08 = NJW 2010, 236, 237.

> **Fallbeispiel**
>
> A ist Inhaber des Unternehmens Anton Buchhandel e. K. Er veräußert den Buchhandel im Jahre 2021 an den B. Dieser führt den Buchhandel unter der Firma Anton Buchhandel fort. C erhebt in 2022 noch Altforderungen gegen den Buchhandel. Diese kann er nun sowohl gegenüber A (§ 26 HGB) als auch gegenüber B (§ 25 I HGB) geltend machen. B hätte seine Haftung durch Handelsregistereintrag ausschließen müssen. ◄

Diese Regelungen gelten nach § 27 I HGB auch für einen Erwerb eines Handelsgeschäfts kraft Erbes. Gemäß § 27 II HGB ist die Haftung des Erwerbers jedoch ausgeschlossen, wenn er innerhalb von drei Monaten nach Kenntnisnahme des Erbes den Geschäftsbetrieb einstellt.

6.4.2.2 Haftung des Eintretenden

Auch derjenige, der nach § 28 I HGB in das Geschäft eines Einzelkaufmanns eintritt, begründet eine Haftung des Erwerbers (gesetzlicher Schuldbeitritt). Diese richtet sich dann gegen die neu gegründete Gesellschaft, da aus dem Einzelkaufmann nunmehr eine Handelsgesellschaft geworden ist. Anders als nach § 25 I HGB wird also nicht das Handelsgeschäft eines Einzelkaufmanns übernommen, sondern aus dem Handelsgeschäft des Einzelkaufmanns eine Handelsgesellschaft gemacht. Die Haftung begründet sich folglich auch nicht durch eine Fortführung der Firma, sondern durch die Einbringung des bestehenden Handelsgeschäfts des Einzelkaufmanns in die neue Gesellschaft. Entscheidend ist daher die Unternehmensfortführung, die sich wiederum danach bestimmt, ob das Handelsgeschäft im Wesentlichen fortgeführt wird.[35]

> **Fallbeispiel**
>
> Berthold Meyer betreibt ein Handelsgeschäft unter der Firma Brennstoff Meyer e. K. Zur Erweiterung seines Geschäfts nimmt er den C als Gesellschafter auf und gründet mit ihm die B & C Brennstoff OHG. Diese führt das bestehende Handelsgeschäft fort. Daher haftet auch die neue Gesellschaft für alle Altverbindlichkeiten des vorigen einzelkaufmännischen Handelsgeschäfts. ◄

Soll die Haftung der Gesellschaft für die Altverbindlichkeiten ausgeschlossen werden, muss nach § 28 II HGB ein dahingehender Handelsregistereintrag oder eine Bekanntmachung gegenüber dem Gläubiger erfolgen. Die Nachhaftung des bisherigen Inhabers erlischt nicht nach § 26 HGB, sondern nur im Rahmen des § 28 III HGB.

---

[35] Koller/Kindler/Roth/Morck – Roth (2023), HGB, § 28, Rn. 7.

6.5 Hilfspersonen des Kaufmanns

Im Handelsrecht besteht noch stärker als im sonstigen Bürgerlichen Recht das Bedürfnis, Rechtsgeschäfte durch Stellvertreter oder selbstständige Hilfspersonen abschließen zu können, da das Wirtschaftsleben ohne Arbeitsteilung nicht darstellbar wäre. Der Kaufmann kann sowohl seine Arbeitnehmer mit spezifischen handelsrechtlichen Vertretungsbefugnissen ausstatten als auch selbstständige Hilfspersonen mit bestimmten Aufgaben betrauen. Daher sieht das HGB einige modifizierende und ergänzende Regelungen zu den Grundsätzen der Stellvertretung nach den §§ 164 ff. BGB vor und komplettiert diese durch die Bereitstellung bestimmter selbstständiger handelsrechtlicher Hilfspersonen des Kaufmanns.

Nachfolgend werden daher zunächst die Regeln zur kaufmännischen Stellvertretung (Prokura, Handlungsvollmacht etc.) und sodann die einzelnen selbstständigen Hilfspersonen des Kaufmanns dargestellt.

6.5.1 Prokura

Die Prokura ist eine weitgehende rechtsgeschäftliche Vollmacht, die nur der Kaufmann nach § 48 HGB mittels ausdrücklicher Erklärung erteilen kann. Die Erteilung kann zwar formfrei erfolgen, es empfiehlt sich aber die schriftliche Form, um sodann auch die nach § 53 I S. 1 HGB vorgeschriebene Eintragung der Prokura in das Handelsregister vornehmen zu lassen (eintragungspflichtige Tatsache).

Prokura kann nur an natürliche Personen erteilt werden. Sie kann als Einzelprokura oder nach § 48 II HGB als Gesamtprokura gegeben werden. Bei einer Gesamtprokura wird die Prokura mehreren Personen gemeinschaftlich erteilt, sodass diese auch nur gemeinschaftlich die Rechte der Prokura erhalten. Eine Sonderform der Gesamtprokura ist die sog. gemischte Prokura, wonach der Prokurist seine Rechte aus der Prokura nur zusammen mit einem vertretungsberechtigten Gesellschafter ausüben darf.

> **Fallbeispiel**
>
> Kaufmann A will seinem Mitarbeiter P Prokura erteilen. Weil er dem P jedoch noch nicht die Gesamtverantwortung übertragen möchte, kann er ihm eine gemischte Prokura entweder mit sich selbst (vertretungsberechtigter Gesellschafter) oder mit dem langjährigen Prokuristen J erteilen. ◀

Der Prokurist hat nach § 51 HGB mit ppa. (per Prokura) zu zeichnen. Wird dies unterlassen, führt das jedoch nicht zur Unwirksamkeit der Erklärung. Der Umfang der Prokura umfasst nach § 49 I HGB alle Arten von gerichtlichen und außergerichtlichen Rechtshandlungen, die der Betrieb eines Handelsgewerbes mit sich bringt. Dieser Umfang kann nach außen nur in den engen Grenzen des § 50 HGB beschränkt werden und ist daher zwingend.[36] Zum Betrieb eines Handelsgewerbes gehören alle nicht privaten Handlungen, die auch außergewöhnlich und branchenfremd sein können und nicht zum konkreten Unternehmensgegenstand gehören müssen. Nur Rechtshandlungen, die die Grundlagenentscheidungen des Unternehmens betreffen, sind nicht von der Prokura umfasst (z. B. Firmenänderung oder Sitzverlegung).[37] Nach § 49 II HGB sind zudem Grundstücksgeschäfte von der Prokura ausgenommen.

Fallbeispiel

Prokurist P tätigt zwei Geschäfte. Er erwirbt einen neuen Dienstwagen für einen Mitarbeiter, obwohl diesem ein solcher nicht zusteht. Zudem nimmt er eine Grundschuld auf. Der Durchführung beider Verträge widerspricht der Kaufmann gegenüber dem jeweiligen Vertragspartner. Hinsichtlich der Grundschuld ist er im Recht, da der Vertrag nach § 49 II HGB unwirksam ist. Bezüglich des KFZ-Kaufvertrages besteht jedoch keine Handhabe, da der Prokurist zum Abschluss dieses Vertrages nach § 48 I HGB berechtigt war, weil ein KFZ-Kaufvertrag zum Betrieb eines Handelsgewerbes gehören kann. ◄

6.5.2 Handlungsvollmacht

Der Kaufmann benötigt zur Durchführung seiner Handelsgeschäfte eine Vielzahl von Hilfspersonen. Diese sollen jedoch wegen der damit weitreichenden Befugnisse einerseits nicht alle mit Prokura ausgestattet werden. Andererseits kann aus Praktikabilitätsgründen nicht für jedes einzelne Geschäft eine Vollmacht nach den §§ 164 ff. BGB erteilt werden. Der Kaufmann benötigt daher eine weniger umfassende Art der Bevollmächtigung, die regelmäßig wiederkehrende Geschäfte zum Gegenstand hat. Das HGB sieht hierfür die Handlungsvollmacht nach § 54 HGB vor. Diese muss nicht vom Kaufmann selbst, sondern kann auch vom Prokuristen oder ausdrücklich dazu Bevollmächtigten erteilt werden.

Nach § 54 I HGB ist der Handlungsbevollmächtigte befugt, alle Rechtsgeschäfte zu tätigen, die der gegenständliche Handelsbetrieb gewöhnlich mit sich bringt. Gemäß § 54 II HGB sind Grundstücksgeschäfte, Wechselverbindlichkeiten, Darlehen und Prozesshandlungen jedoch ausgenommen. Weitere Einschränkungen wirken gegenüber Dritten nur nach Maßgabe einer Bekanntgabe gemäß § 54 III HGB.

Die Handlungsvollmacht wird nach § 54 I HGB in unterschiedliche Arten unterteilt und kann sich auf eine bestimmte Art von Geschäften erstrecken, also etwa alle Einkaufshand-

---

[36] BGH, Beschl. v. 02.12.1991 – II ZB 13/91 = NJW 1992, 975.
[37] Koller/Kindler/Roth/Morck – Roth (2023), HGB, § 50 Rn. 2; str., anders Baumbach/Hopt – Hopt, § 49 Rn. 1.

lungen beinhalten (sog. Art- oder Gattungsvollmacht). Solche Art- oder Gattungsvollmachten werden oftmals bereits mit dem Abschluss eines Arbeitsvertrages erteilt. Die Handlungsvollmacht kann jedoch auch nur für ein Geschäft erteilt werden (Spezialvollmacht) oder umfassend erteilt werden (Generalvollmacht). Die Handlungsvollmacht kann genau wie die Prokura auch als Gesamtvollmacht erteilt werden, also an eine Prokura oder eine weitere Handlungsvollmacht gekoppelt sein.[38]

> **Fallbeispiel**
>
> A ist Vertriebsmitarbeiter bei der B-GmbH. Kraft arbeitsrechtlicher Weisung darf er nur Verkaufsgeschäfte tätigen, die ein Volumen von bis zu 50.000 € umfassen. Insoweit hat er Gattungsvollmacht. A kann daher jede Art von Handelsverkäufen tätigen, die zum Betrieb der B-GmbH gehören und sein Vollmachtsvolumen nicht überschreiten. Um einen Missbrauch durch Überschreitung des Volumens zu verhindern, müsste die B-GmbH die Begrenzung nach außen kenntlich machen. ◄

Anders als die Prokura ist die Handlungsvollmacht nicht eintragungspflichtig ins Handelsregister. Die Publizitätswirkungen des § 15 HGB greifen folglich nicht. Deshalb sieht § 57 HGB ausdrücklich vor, dass der Bevollmächtigte seine Handlungsvollmacht durch einen Zusatz wie i. A. oder i. V. kenntlich machen muss.

6.5.3 Ladenangestellter

Eine Sonderrolle unter den kaufmännischen Hilfspersonen nimmt der Ladenangestellte nach § 56 HGB wahr. Für diesen gilt die gesetzliche Vermutung,[39] dass er für das jeweilige Ladengeschäft oder Warenlager üblichen Geschäften als ermächtigt gilt. Hiernach sind alle Ladenangestellten, denen eine auf Kundenverkehr bezogene Funktion zugewiesen ist, zum Abschluss der genannten Geschäfte kraft Rechtsscheins bevollmächtigt. Der Rechtsschein gilt daher insbesondere für Verkaufspersonal, nicht jedoch etwa für Reinigungskräfte, Packer oder vergleichbare Laden- oder Lagertätigkeiten. Will der Kaufmann die Rechtsscheinswirkung ausschließen, muss er entsprechend § 54 III HGB den Ausschluss gegenüber Dritten kenntlich machen.

> **Fallbeispiel**
>
> A ist Auszubildende bei der B-GmbH und macht gerade ihre Ausbildungsstation im Warenlager, in welchem auch Verkaufsgeschäfte erfolgen. Durch ihre Arbeitskleidung und den Aufdruck „Auszubildende" auf dem Namensschild ist dies auch für jedermann

---

[38] Siehe dazu Koller/Kindler/Roth/Morck – Roth (2023), HGB, § 54, Rn. 10.
[39] BGH, Urt. v. 04.05.1988 – VIII ZR 196/87 = NJW 1988, 2109, 2110.

erkennbar. Entgegen einer ausdrücklichen Weisung veräußert sie alleine eine Anzahl Rohre an einen Kunden. Der Vorgesetzte ist erbost, weil die A sich im Preis versehen hat. Er kann das Geschäft widerrufen, weil die Auszubildende nicht bevollmächtigt und dies für den Käufer auch entsprechend § 54 III HGB erkennbar war. § 56 HGB greift also nicht, weil Auszubildende in Warenlagern als nicht bevollmächtigt für den Handelsverkehr erkennbar sind.[40] ◄

6.5.4 Selbstständige Hilfspersonen des Kaufmanns

Der Kaufmann kann sich für den Betrieb seines Handelsgewerbes auch selbstständiger Hilfspersonen bedienen. Insbesondere für den Vertrieb eigener Produkte kann dies eine wirtschaftlich sinnvolle Alternative zu abhängig beschäftigtem Personal sein. Um die Rechtsverhältnisse zwischen dem Kaufmann und seinem selbstständigen Hilfspersonal zu regeln, stellt das HGB Regeln für die wichtigsten Anwendungsfälle auf: Diese sind der Handelsvertreter, der Handelsmakler und der Kommissionär.[41] Soweit diese selbstständigen Hilfspersonen unter die §§ 1 ff. HGB fallen, sind sie ihrerseits gleichfalls Kaufleute.

6.5.4.1 Handelsvertreter
Der Handelsvertreter ist nach § 84 I HGB selbstständiger Gewerbetreibender und ständig damit betraut, für einen anderen Unternehmer Geschäfte zu vermitteln oder in dessen Namen abzuschließen. Für Handelsvertreter gelten die §§ 84 ff. HGB als Rechtsgrundlage, wonach sich Verträge zwischen Unternehmer und Handelsvertreter messen lassen müssen.

6.5.4.1.1 Begriffsbestimmung
Handelsvertreter sind selbstständig. Danach sind sie nach § 84 I S. 2, II HGB insbesondere vom Angestellten (Arbeitnehmer) zu unterscheiden. Im Unterschied zum Arbeitnehmer sind Handelsvertreter selbstständig, da sie im Wesentlichen frei ihre Tätigkeit gestalten und ihre Arbeitszeit bestimmen können. Wann dies der Fall ist, muss in jedem Einzelfall bestimmt werden. Maßgebend ist die persönliche Selbstständigkeit, die sich nach dem Gesamtbild der vertraglichen Regelung richtet.[42] Besteht die Möglichkeit zur eigenen Ge-

---

[40] Die §§ 59 ff. HGB regeln für den Handlungsgehilfen nur das Innenverhältnis und entfalten daher keine Rechtsscheinswirkung. Eine ausführliche Darstellung muss hier aus Platzgründen unterbleiben.

[41] Nicht geregelt sind der Franchisenehmer und der Vertragshändler, welche beide als selbstständige Kaufleute tätig sind, wenn sie die Erfordernisse der §§ 1 ff. HGB erfüllen. Ihre weitere Rechtsstellung richtet sich nach der vertraglichen Haftungsausschlussvereinbarung, welche wiederum richterrechtlicher Ausprägung folgt. Eine ausführliche Darstellung muss hier aus Platzgründen unterbleiben.

[42] BAG, Urt. v. 20.08.2003 – 5 AZR 610/02 = NJW 2004, 461, 462.

staltung und Einteilung der Tätigkeit und ihrer Dauer, liegt Selbstständigkeit vor. Hierfür sind alle erkennbaren Indizien wie etwa keine Arbeitszeitregelung, Weisungsfreiheit, erfolgsabhängige Vergütung, Tragung von Kosten und Risiken der Tätigkeit (für Selbstständigkeit) sowie feste Vergütung, Urlaubsregelung, Einbindung in Organisation des Unternehmers (für Arbeitnehmer).

Im Rahmen seiner selbstständigen Tätigkeit muss der Handelsvertreter Verträge in fremdem Namen vermitteln oder abschließen (für einen anderen Unternehmer). Werbetätigkeit oder der bloße Nachweis von Vertragsabschlussgelegenheiten reichen nicht aus.[43] Dies muss schließlich aufgrund ständiger Betrauung, also einer vertraglichen Pflicht zum Tätigwerden erfolgen.[44]

Fallbeispiel

B ist Vertreter für die A-Versicherungsgesellschaft. Er unterhält ein eigenes Büro, hat eine Angestellte und bestimmt den Inhalt seiner Tätigkeit frei. Mit der A ist vereinbart, dass B einen abgegrenzten Kundenstamm betreut und neue Kunden für die A akquiriert, mit denen er für die A Verträge schließt. Als Vergütung erhält er Zuschüsse für Büro und Personal und eine Bestandprämie. Hinzu kommen Provisionen für neue Verträge, die etwa 50 % der Gesamteinnahmen ausmachen. As Krankenkasse fragt nun, ob er selbstständig oder Arbeitnehmer ist. Nach einer Gesamtschau der Umstände ist A selbstständig, da er seine Tätigkeit frei gestaltet, das Risiko seiner Tätigkeit trägt sowie eigenes Personal und Büro unterhält. Die Zuschüsse ändern an dieser Bewertung nichts, weil sie das Risiko nur mildern, nicht jedoch verlagern. ◄

6.5.4.1.2 Rechte und Pflichten des Handelsvertreters

Die Rechte und Pflichten des Handelsvertreters richten sich grundsätzlich nach den §§ 84 ff. HGB, werden jedoch im Einzelnen durch die jeweiligen vertraglichen Abreden konkretisiert. Das Gesetz bietet hierfür nur den groben Rahmen.

Danach hat der Handelsvertreter einen Anspruch auf Provisionszahlungen gegen den Unternehmer nach den §§ 87, 86b HGB. Zudem kann er unter den Voraussetzungen des § 87d HGB (Üblichkeit) auch den Ersatz seiner Aufwendungen verlangen. Zur Durchsetzung seiner finanziellen Ansprüche kann er Rechnungslegung vom Unternehmer nach § 87c HGB verlangen und Zurückbehaltungsrechte nach § 88a HGB ausüben. Nach Beendigung des Handelsvertretervertrages kann er zudem einen Ausgleichsanspruch gemäß § 89b I HGB für neu gewonnene und beim Unternehmer verbleibende Geschäftsverbindungen geltend machen.

---

[43] BGH, Urt. v. 19.05.1982 – I ZR 68/80 = NJW 1983, 42; BGH, Urt. v. 01.12.1983 – I ZR 181/81 = NJW 1984, 2695.
[44] BGH, Entscheidung v. 22.06.1972 – VII ZR 36/71 = BGHZ 59, 87, 93.

> **Fallbeispiel**
>
> Versicherungsvertreter A macht seinen Provisionsanspruch gegen die Versicherung geltend. Die Versicherung verweigert jede Zahlung. A kann die Hergabe eines Buchauszuges nach § 87c HGB verlangen, aus dem die von ihm getätigten Vertragsabschlüsse und alle provisionsrelevanten Daten hervorgehen,[45] sowie hilfsweise nach § 87c IV HGB Einsicht in die Geschäftsbücher des Unternehmers verlangen. ◄

Im Gegenzug treffen den Handelsvertreter die Pflicht zur Rechnungslegung nach § 666 BGB sowie die Verschwiegenheitspflicht nach § 90 HGB und das Wettbewerbsverbot nach § 90a HGB, soweit ein solches wirksam vereinbart wurde. Beim Wettbewerbsverbot ist zu unterscheiden zwischen dem Verbot während und dem Verbot nach der Vertretertätigkeit. Während der Tätigkeit ergibt sich bereits aus den allgemeinen Pflichten des Handelsvertreters, dass er einem Wettbewerbsverbot unterliegt. Ein nachvertragliches Wettbewerbsverbot darf dagegen nur im Rahmen des § 90a HGB vereinbart werden.[46] Hierfür ist im Gegenzug die Zahlung einer Karenzentschädigung vorgesehen.

> **Fallbeispiel**
>
> A war bis Februar 2022 als Handelsvertreter für den Pharmahändler P tätig. Im Handelsvertretervertrag wurde vereinbart, dass A für zwei Jahre nach Ende der Tätigkeit für P keine Vertriebstätigkeit im Pharmahandel aufnehmen darf. Als er dem zuwiderhandelt, verklagt P den A auf Unterlassung. Das Gericht wird zugunsten von A entscheiden, weil das Wettbewerbsverbot wegen Verstoßes gegen § 89b HGB (keine Entschädigung) unwirksam ist. ◄

6.5.4.2 Handelsmakler

Anders als der Handelsvertreter ist der Handelsmakler nicht ständig mit der Vermittlung von Verträgen für andere betraut. Zwar wird der Handelsmakler für den Unternehmer als Vertragsmittler tätig, er steht jedoch nicht in einem Vertragsverhältnis zum Unternehmer, wie dies beim Handelsvertreter der Fall ist. Handelsmakler nach § 93 I HGB ist daher derjenige, der gewerbsmäßig für andere die Vermittlung von Verträgen im Handelsverkehr übernimmt, ohne ständig damit betraut zu sein.[47] Ein Handelsmakler ist auf die Maklergegenstände des § 93 I HGB beschränkt, welche nach § 93 II HGB Immobilien ausdrücklich ausnehmen. In der Praxis ist die Unterscheidung von Makler und Vertreter jedoch oft schwierig, weil die ständige Betrauung oder deren Fehlen sich nur nach den konkreten

---

[45] BGH, Urt. v. 21.03.2001 – VIII ZR 149/99 = NJW 2001, 2333.
[46] Dies muss noch während des laufenden Vertragsverhältnisses erfolgen, vgl. BGH, Urt. v. 05.12.1968 – VII ZR 102/66 = BGHZ 51, 184, 187.
[47] Koller/Kindler/Roth/Morck – Roth (2023), HGB, § 93, Rn. 1 und 7.

Umständen des Einzelfalls bestimmen lässt.[48] Die Rechte und Pflichten des Handelsmaklers nach § 93 I HGB entsprechen jedoch im Wesentlichen denen des Handelsvertreters. Erfüllt er die Voraussetzungen der §§ 1 ff. HGB, ist der Handelsmakler auch Kaufmann.

6.5.4.3 Kommissionär

Das HGB sieht zudem den Kommissionär als selbstständige Hilfsperson des Kaufmanns vor. Der Kommissionär ist nach § 383 I HGB derjenige, der Waren oder Wertpapiere für Rechnung eines anderen (Kommittenten) in eigenem Namen kauft oder verkauft. Auch der Kommissionär ist nur Kaufmann, wenn er die Voraussetzungen der §§ 1 ff. HGB erfüllt.

Der entscheidende Unterschied zum Handelsmakler und zum Handelsvertreter ist, dass der Kommissionär in eigenem Namen handelt. Die Handelsgeschäfte werden also nicht nur vermittelt oder für den Unternehmer abgeschlossen, sondern vom Kommissionär selbst getätigt. Dies erfolgt jedoch für Rechnung des Kommittenten.

Die Rechte und Pflichten des Kommissionärs richten sich nach den §§ 383 ff. HGB. Gegenüber dem Dritten tritt der Kommissionär als Vertragspartner auf, sodass insoweit die allgemeinen Regeln gelten. Oft ist für den Dritten auch gar nicht erkennbar, dass der Kommissionär für fremde Rechnung handelt. Hiervon ist das Vertragsverhältnis zwischen Kommissionär und Kommittent zu unterscheiden. Gegenüber dem Kommittenten ist der Kommissionär nach den §§ 384 ff. HGB zur Sorgfalt verpflichtet und weisungsgebunden. Zudem muss er Rechenschaft ablegen und ggf. für Schäden haften. Der Kommittent hat im Gegenzug Provision zu zahlen und in den Grenzen des § 396 HGB auch Aufwendungen zu erstatten.

Fallbeispiel

A ist Kommissionär für Waren des Kommittenten B. Er veräußert einige Materialien an den C. Der C stellt fest, dass die Waren mangelhaft sind, und macht daher Ansprüche nach § 437 BGB geltend. Diese Ansprüche will er gegen B richten, weil A inzwischen insolvent ist. B weist zu Recht jede Verpflichtung zurück, weil der Kaufvertrag zwischen A und C zustande gekommen ist und B daher keine vertraglichen Pflichten gegenüber C treffen. ◄

6.6 Handelsgeschäfte

Wie bereits dargestellt, betreibt der Kaufmann ein Handelsgewerbe. Die zum Betrieb des Handelsgewerbes des Kaufmanns gehörenden Geschäfte sind daher nach der Definition des § 343 HGB Handelsgeschäfte. Da der kaufmännische Rechtsverkehr anders als der

---

[48] Vgl. BGH, Urt. v. 06.11.1985 – IVa ZR 266/83 = WM 1986, 209, 211.

sonstige zivile Rechtsverkehr in besonderem Maße auf Beschleunigung ausgelegt ist, finden sich in den §§ 343 ff. HGB zahlreiche Regeln, die das allgemeine Zivilrecht ergänzen oder verändern.

6.6.1 Allgemeines Handelsrecht

Das allgemeine Handelsrecht findet sich in den §§ 343–372 HGB. Danach werden zunächst Regelungen aufgestellt, die den Abschluss und die Durchführung von Verträgen beinhalten. Erst anschließend wird insbesondere für den Handelskauf noch das besondere Vertragsrecht des Handelsrechts normiert.[49]

Anwendungsvoraussetzung ist dabei stets das Vorliegen eines Handelsgeschäfts. Ein Handelsgeschäft ist nach § 343 HGB jedes Geschäft des Kaufmanns, das zum Betrieb seines Handelsgewerbes gehört. Dies wird bei den Geschäften des Kaufmanns nach § 344 HGB vermutet, sodass der Kaufmann im Streitfall das Gegenteil beweisen muss.

Fallbeispiel

Kaufmann K betreibt einen Stahlhandel. Er erwirbt ein KFZ als Dienstwagen für seinen Prokuristen. Einige Monate nach Übergabe streiten die Kaufvertragsparteien über Gewährleistungsrechte nach § 437 BGB. Der Verkäufer weist darauf hin, dass keine unverzügliche Rüge nach § 377 HGB erfolgt sei. K entgegnet, dass dies irrelevant sei, weil kein Handelskauf vorgelegen habe, da er schließlich einen Stahl- und keinen PKW-Handel betreibe. Diese Entgegnung ist jedoch unzutreffend, da der KFZ-Kauf als Betriebsmittelkauf zum Betrieb des Handelsgewerbes des K gehört. ◀

6.6.2 Kaufmännisches Bestätigungsschreiben

Durch das Institut des kaufmännischen Bestätigungsschreibens hat die Rechtsprechung eine Form normierten Schweigens als Bestandteil des Gewohnheitsrechts entwickelt, wonach dem Schweigen eines Kaufmanns in Änderung der allgemeinen Regeln Erklärungswert zukommt.[50]

Das Schweigen des Kaufmanns oder eines Teilnehmers am Handelsverkehr, der kraft Rechtsscheines einem Kaufmann gleichgestellt wird,[51] gilt jedoch nur dann als Zustimmung, wenn ihm zuvor ein kaufmännisches Bestätigungsschreiben als Ausprägung eines Handelsbrauchs nach § 346 HGB zugeht. Ein solches kaufmännisches Bestätigungs-

---

[49] Eine über den Handelskauf hinausgehende Darstellung muss hier aus Platzgründen unterbleiben, s. dazu etwa Canaris (2006), §§ 22 ff. m. w. N.
[50] Vgl. BGH, Urt. v. 30.11.1961 – II ZR 277/59 = WM 1962, 301, 302.
[51] Siehe ausführlich Koller/Kindler/Roth/Morck – Roth (2023), HGB, § 346, Rn. 24.

schreiben liegt wiederum nur dann vor, wenn zwischen den Kaufleuten zuvor Verhandlungen stattgefunden haben, in denen jedenfalls für die wesentlichen Punkte eine Einigung herbeigeführt wurde. Wird diese Einigung unmittelbar anschließend bestätigt, liegt darin ein kaufmännisches Bestätigungsschreiben. Der Adressat des Bestätigungsschreibens muss nun widersprechen, um nicht durch sein Schweigen dem Inhalt zuzustimmen.

Fallbeispiel

Die Kaufleute A und B verhandeln über die Veräußerung von Computerchips. Die Verhandlungen sind weit fortgeschritten, und die Parteien haben telefonisch Warenanzahl und Preis festgelegt. Der Verkäufer fertigt nun ein Schreiben an den Käufer, in welchem nicht nur Warenanzahl und Preis, sondern auch Lieferdatum und Lieferort sowie alle weiteren Leistungsmodalitäten beschrieben sind. Der Käufer ist damit nicht einverstanden, reagiert aber nicht, da er in dem Schreiben lediglich ein Angebot sieht. Einige Wochen später liefert der Verkäufer wie bestätigt und verlangt Zahlung. Zu Recht, denn der Käufer hätte widersprechen müssen, da er ein kaufmännisches Bestätigungsschreiben erhalten hat. ◄

6.6.3 Schweigen des Kaufmanns

Ausnahmsweise kann dem Schweigen des Kaufmanns auch in einem weiteren Fall Erklärungswert zukommen. Nach § 362 HGB wird das Schweigen eines Kaufmanns auch dann als Zustimmung gewertet, wenn er in dauerhafter Geschäftsbeziehung mit einem anderen Kaufmann steht und ihm von diesem ein Vertragsangebot zugeht, dass eine Geschäftsbesorgung[52] für einen anderen zum Gegenstand hat. § 362 HGB findet daher insbesondere Anwendung bei Handelsvertretern, Handelsmaklern, Kommissionären oder anderen Kaufleuten, die Geschäftsbesorgungen für einen anderen betreiben. In diesem Fall muss ein unverzüglicher Widerspruch erfolgen, um nicht die Wirkung einer Angebotsannahme durch Schweigen herbeizuführen. Hintergrund dieser Regelung ist, dass der Handelsverkehr bei bestehenden Geschäftsverbindungen davon ausgeht, dass eine grundsätzliche Geschäftsbereitschaft besteht, auf die der Geschäftspartner vertrauen dürfen muss.[53]

Fallbeispiel

A ist Kommissionär und steht in dauerhafter Geschäftsbeziehung mit dem Kaufmann B. B erwirbt regelmäßig Waren bei A, die dieser für C als Kommissionär vertreibt. B

---

[52] Zum Begriffsumfang s. Koller/Kindler/Roth/Morck – Roth (2023), HGB, § 362, Rn. 6 m. w. N.
[53] Dazu BGH, Urt. v. 17.10.1983 – II ZR 146/82 = NJW 1984, 866, 867.

sendet dem A ein neues Vertragsangebot zum Erwerb von Waren, die dann jedoch zum festgelegten Termin nicht geliefert werden. B ist erbost und verlangt Schadensersatz. A widerspricht, da er schließlich zu keinem Zeitpunkt zugestimmt habe. Er widerspricht jedoch zu Unrecht, da die Zustimmung des A nach § 362 HGB als fingiert gilt und der Vertrag daher wirksam zustande gekommen ist. ◄

6.6.4 Handelsklauseln

In der Praxis spielen bei der Durchführung von Handelsgeschäften sog. Handelsklauseln eine erhebliche Rolle. Handelsklauseln sind kaufmännische Kürzel, deren Inhalt aufgrund Handelsbrauchs nach § 346 HGB eine feststehende Bedeutung haben (Incoterms oder Trade Terms). Durch die Verwendung dieser Klauseln werden daher Vertragsmodalitäten bestimmt, ohne dass es ausführlicher Erörterungen zwischen den Parteien bedarf. So bedeutet etwa die Vereinbarung einer Lieferung „fob" (free on board) im Handelsverkehr, dass der Verkäufer die Ware zur Ausfuhr freimachen muss und den Käufer die Gefahrtragung sowie alle Kosten erst ab dem Zeitpunkt des Überschreitens der Schiffsreling im Verschiffungshafen treffen.[54]

6.6.5 Form- und Vertragsdurchführungsvorschriften

Im kaufmännischen Rechtsverkehr gibt es eine Vielzahl von Formerleichterungen für den Abschluss von Verträgen. Dies folgt insbesondere aus § 350 HGB. Danach gelten die §§ 766 S. 1 und 2, 780, 781 S. 1 BGB für Kaufleute nicht. Hieraus folgt, dass Kaufleute Bürgschaften und Schuldbeitritte auch formfrei abschließen können.

Hinzu kommen verschiedene Regeln, die die Durchführung von Verträgen im Handelsverkehr betreffen. Nach den §§ 352 ff. HGB gelten für Kaufleute besondere Zins- und Fälligkeitsregeln, kaufmännische Zurückbehaltungsrechte, Bestimmungen für den Annahmeverzug sowie weitere Verschärfungen im Bürgschaftsrecht.[55]

6.6.6 Handelskauf

In den §§ 373 ff. HGB finden sich zudem besondere Regelungen für den Handelskauf. Wegen der Häufigkeit seines Vorkommens ist der Handelskauf von erheblicher Praxisrelevanz und daher eingehend darzustellen.

---

[54] Eine ausführliche Darstellung muss hier aus Platzgründen unterbleiben, s. dazu etwa Koller/Kindler/Roth/Morck – Roth (2023), HGB, § 346, Rn. 20 m. w. N.

[55] Eine ausführliche Darstellung würde hier zu weit führen, s. dazu etwa Canaris (2006), §§ 22 ff. m. w. N.

6.6.6.1 Begriff

Der Handelskauf ist ein Handelsgeschäft nach § 343 HGB. Ist der Kauf zumindest für eine Seite ein solches Handelsgeschäft, finden die §§ 373 ff. HGB als Sondervorschriften für den Handelskauf Anwendung, welche die Grundregeln der §§ 433 ff. BGB teilweise verdrängen und ergänzen.

Zunächst erhält der Verkäufer nach den §§ 373 f. HGB im Falle des Annahmeverzugs des Käufers ergänzend zu den §§ 293 ff. BGB das Recht, die Ware zu hinterlegen und nach Androhung für Rechnung des Käufers zu versteigern. Bei verderblicher Ware ist die Drohung entbehrlich, um dem Verkäufer die Realisierung des Warenwertes zu erhalten.

Zudem erhält der Käufer bei Fixhandelskäufen ein § 323 BGB verschärfendes Rücktritts- und Schadensersatzrecht.

Die wichtigste Veränderung des BGB-Kaufrechts findet sich jedoch in der Untersuchungs- und Rügepflicht des § 377 HGB.

6.6.6.2 Untersuchungs- und Rügepflicht

Die Untersuchungs- und Rügepflicht des § 377 HGB stellt eine Verschärfung des Sachmangelgewährleistungsrechts des § 437 BGB dar. Sie soll eine schnelle und abschließende Durchführung des Handelskaufs erreichen und dient daher der allgemeinen Beschleunigung des Handelsverkehrs. Anwendungsvoraussetzung ist das Vorliegen eines beiderseitigen Handelsgeschäfts. Für diesen Fall ist der Käufer nach § 377 I HGB verpflichtet, die Ware unverzüglich nach Erhalt auf Mängel zu untersuchen und dem Verkäufer diese auch unverzüglich anzuzeigen. Unverzüglich heißt ohne schuldhaftes Zögern und beinhaltet einen Zeitraum von nur etwa ein bis zwei Tagen.[56]

Unterlässt der Käufer die unverzügliche Anzeige, gilt die Ware nach § 377 II HGB als genehmigt. Der Käufer verliert dann seine Ansprüche aus § 437 BGB. Etwas anderes gilt nur, wenn der Mangel nicht erkennbar war. Für diesen Fall greift die Anzeigepflicht erst, wenn der Käufer den Mangel nach § 377 HGB entdeckt hat. § 377 HGB greift jedoch nach § 377 V HGB nicht bei Arglist des Verkäufers.

Der konkrete Inhalt der Untersuchungs- und Rügeobliegenheit richtet sich folglich nach der Erkennbarkeit des Mangels. Diese wiederum wird wesentlich dadurch bestimmt, wie intensiv der Käufer untersuchen muss. Die Untersuchungsobliegenheit betrifft den Zeitpunkt der Ablieferung der Ware durch den Verkäufer, also den Moment des Übergangs der tatsächlichen Verfügungsgewalt über die Ware.[57] Die Untersuchung muss zunächst die korrekte Menge der korrekten Ware beinhalten. Zudem muss zumindest stichprobenartig auch die Beschaffenheit der Ware untersucht werden. Die Menge der Stichproben und die Intensität der Prüfung richten sich wiederum nach der Art der Ware sowie der Üblichkeit

---

[56] OLG Koblenz, Urt. V. 24.06.2004 – 2 U 39/04 = NJW-RR 2004, 1553.
[57] BGH, Urt. v. 30.01.1985 – VIII ZR 238/83 = BGHZ 93, 338, 346.

in der jeweiligen Branche.[58] Eine Rundumuntersuchung ist jedoch nicht erforderlich.[59] Unterlässt der Käufer eine solche Prüfung und zeigen sich später erkennbare Mängel, kann der Käufer diese nun nicht mehr rügen.

Anders verhält es sich nur mit bei ordnungsgemäßer Untersuchung nicht erkennbaren Mängeln. Nicht erkennbar ist ein Mangel nur dann, wenn er nach den Maßstäben der genannten Untersuchungspflicht nicht zu entdecken war.

> **Fallbeispiel**
>
> A und B sind Kaufleute. Sie schließen einen Kaufvertrag über 1000 DVD-Player. Diese werden am 10.03.2022 zum Lager des A geliefert. A führt eine Wareneingangskontrolle durch und untersucht die Ware nach Verpackungsbeschädigungen. Da solche nicht erkennbar sind, geht A von der Mangelfreiheit der Ware aus. Einige Wochen später zeigen sich bei über der Hälfte der Geräte Verarbeitungsmängel. Sofort rügt A diese Mängel. B verweist auf § 377 HGB und verweigert jede Gewährleistung. B hat Recht, denn A hätte die Geräte stichprobenartig untersuchen müssen. Da dies nicht erfolgt ist, hat er die Verarbeitungsmängel nicht gesehen, obwohl diese aufgrund ihrer Häufigkeit erkennbar waren. ◄

---

[58] BGH, Urt. v. 14.10.1970 – VIII ZR 156/68 = WM 1970, 1400, 1402; BGH, Urt. v. 16.03.1977 – VIII ZR 194/75 = WM 1977, 555, 556.
[59] BGH, Urteil vom 06.12.2017 – VIII ZR 246/16.

Gesellschaftsrecht 7

Für ein umfassendes Grundverständnis des Wirtschaftsrechts ist es unerlässlich, sich die Bedeutung des Gesellschaftsrechts vor Augen zu führen. Ohne die Möglichkeit, dass mehrere Einzelpersonen zusammen ihre wirtschaftliche Tätigkeit vornehmen und am Rechtsleben teilnehmen, ist eine arbeitsteilige Gesellschaft schlechthin undenkbar. Der Zweck des Gesellschaftsrechts ist jedoch nicht nur auf die rechtliche Gestaltung von Zusammenschlüssen mehrerer Personen gerichtet, sondern geht inzwischen weit darüber hinaus.[1]

Gesetzlich wird eine Vielzahl unterschiedlicher Gesellschaftstypen bereitgestellt, die wiederum ganz unterschiedliche Gestaltungen ermöglichen. So können sich nicht nur Personen zusammenschließen, sondern auch kapitalbasierende Körperschaften neu gegründet werden. Das Gesellschaftsrecht trennt zwar scharf zwischen einzelnen Gesellschaftsarten, ermöglicht jedoch auch eine Kombination unterschiedlicher Gesellschaftstypen und stellt so für den Teilnehmer am Wirtschaftsleben eine große Gestaltungsfreiheit bereit.

Die wesentliche Unterscheidung verschiedener Gesellschaftstypen erfolgt in der Trennung von Personen- und Kapitalgesellschaften. Innerhalb der Personengesellschaften wird wiederum die Gruppe der Personenhandelsgesellschaften besonders hervorzuheben sein.

7.1 Personengesellschaften

Personengesellschaften sind alle Gesellschaften, die von ihrer Struktur her so aufgebaut sind, dass sie die Gesellschafter als Träger von Rechten und Pflichten der Gesellschaft erkennen. Das Grundmodell der Personengesellschaft ist die Gesellschaft bürgerlichen Rechts nach den §§ 705 ff. BGB (GbR oder BGB-Gesellschaft). Auf Grundlage dieses

---

[1] Zur Vertiefung: Bitter und Heim (2022); Grunewald (2023); Windbichler und Bachmann (2024); Klunzinger (2012); Saenger (2023); Schäfer (2023); Schmidt (2022).

Gesellschaftstyps werden Personenhandelsgesellschaften wie die Offene Handelsgesellschaft (OHG) und Kommanditgesellschaft (KG) aufgebaut. Ferner stellt das Gesetz hierauf fußend die Partnerschaftsgesellschaft zur Verfügung, die zwar keine Handelsgesellschaft ist, aber Elemente wirtschaftlicher Betätigung (etwa Haftungsfragen) stärker berücksichtigt als die GbR.

7.1.1 Gesellschaft bürgerlichen Rechts

Die Gesellschaft bürgerlichen Rechts (GbR) oder auch BGB-Gesellschaft ist die Grundform der Personengesellschaften. Sie wird durch Vertrag begründet. Der Gesellschaftsvertrag kann formfrei geschlossen werden und muss inhaltlich nur die Gesellschafter und den Gesellschaftszweck umfassen. Die Gesellschaft kann entweder selbst Rechte erwerben und Verbindlichkeiten eingehen, wenn sie nach dem gemeinsamen Willen der Gesellschafter am Rechtsverkehr teilnehmen soll (rechtsfähige Gesellschaft), oder sie kann den Gesellschaftern zur Ausgestaltung ihres Rechtsverhältnisses untereinander dienen (nicht rechtsfähige Gesellschaft). Rechtsfähige Gesellschaften müssen einen Namen und einen Sitz haben. Nach dem eindeutigen Wortlaut des § 705 BGB müssen sich mindestens zwei Gesellschafter zu einer GbR zusammenschließen. Zur Gesellschaftsgründung sind ferner die Vereinbarung eines Gesellschaftszwecks sowie die Erbringung der Beiträge der Gesellschafter erforderlich. Obwohl die GbR keine juristische Person ist, wird ihr die volle Rechtsfähigkeit nach § 705 III BGB beigemessen.[2] Sie ist daher auch Trägerin ihres eigenen Vermögens. Die rechtsfähige GbR ist in den §§ 706–739 BGB geregelt. Im Rahmen einer Registerwahlfreiheit wird auch ein Gesellschaftsregister bei den Amtsgerichten geführt. Im Fall einer Eintragung sind dann auch das Firmenrecht und der erforderliche Rechtsformzusatz zu beachten. Das Gesetz eröffnet auch die Möglichkeit, eine nicht rechtsfähige GbR zu gründen. Hierfür gelten gesondert die §§ 740–740c BGB. Die nicht rechtsfähige Gesellschaft wird im Folgenden nicht gesondert dargestellt werden, da sie zwar in der Praxis vorkommt, jedoch regelmäßig nur Spezialbereiche wie Ehegatteninnengesellschaften oder Zusammenschlüsse in der Wirtschaft – also Gelegenheitsgesellschaften – betrifft.

In Abgrenzung zur OHG und KG darf der Gesellschaftszweck nicht auf den Betrieb eines Handelsgewerbes gerichtet sein, ist ansonsten jedoch frei bestimmbar.[3] Die GbR ist daher bei den nicht gewerblichen freien Berufen (Rechtsanwälte, Steuerberater, Ärzte etc.) stark verbreitet. Auch bei der Erbringung der Beiträge haben die Gesellschafter einen großen Spielraum, da die Beiträge nicht auf Geld oder Sachen gerichtet sein müssen, sondern etwa auch die eigene Arbeitskraft, ein bestimmtes Know-how o. Ä. beinhalten können. Da

---

[2] Grundlegend schon BGH, Urt. v. 29.01.2001 – II ZR 331/00 = BGHZ 146, 341.
[3] Grüneberg (2024), BGB, § 705, Rn. 6 m. w. N.

der Gesellschaftsvertrag formfrei geschlossen werden kann, ist die Errichtung einer GbR sehr einfach und schnell möglich. Durch einen späteren Gesellschaftszweckwechsel kann die GbR auch einem Rechtsformwechsel unterzogen werden.

> **Fallbeispiel**
>
> Die Ärzte A und B lassen sich zur gemeinsamen Berufsausübung nieder und schließen einen GbR-Vertrag. Einige Jahre später stellen die beiden fest, dass sie mit dem Vertrieb von Pharmaprodukten ein besseres Geschäft machen können. Sie ändern daher den Gesellschaftszweck auf Pharmahandel und nehmen die neue Tätigkeit auf. Kraft Gesetzes entsteht nunmehr eine OHG nach § 105 HGB. ◄

Die Gesellschafter sind in der Ausgestaltung ihrer Rechte und Pflichten zueinander grundsätzlich frei. Das sog. Innenverhältnis der Gesellschafter folgt jedoch einigen grundsätzlichen gesetzlichen Vorgaben, die in Ermangelung vertraglicher Regelungen Anwendung finden. So geht das Gesetz von einer gemeinschaftlichen Geschäftsführung, einer Förderungspflicht der Gesellschafter (Förderung des Gesellschaftszwecks, Erbringung der Beiträge) sowie einer Sorgfalts- und Treuepflicht aus. Entscheidungen innerhalb der Gesellschaft werden durch Beschlüsse der Gesellschafter gefasst. Dies betrifft jedoch nur das Innenverhältnis und entfaltet keine Wirkung nach außen, also gegenüber Dritten wie etwa Vertragspartnern.

Für den Rechtsverkehr bedeutsamer sind indes die Regelungen des Außenverhältnisses zur GbR, aus welchen sich insbesondere die Vertretungsbefugnis ergibt. Diese ist in § 720 BGB geregelt und sieht eine gemeinsame Vertretungsbefugnis der Gesellschaft vor. Da diese Lösung insbesondere bei Gesellschaften mit einer Vielzahl von Gesellschaftern unpraktikabel ist, kann gesellschaftsvertraglich auch anderes vereinbart werden. Dies geschieht häufig in der Form, dass etwa ein Gesellschafter alleinvertretungsberechtigt ist, jedoch für wesentliche Verträge (z. B. Mietverträge oder Verträge ab einem bestimmten Geschäftswert) ein Beschluss der Gesellschafterversammlung erforderlich ist. Aufgrund der Rechtsfähigkeit der GbR wird durch die ordnungsgemäße Vertretung der GbR nach § 720 BGB die Gesellschaft unmittelbar berechtigt oder verpflichtet.

> **Fallbeispiel**
>
> Acht Gesellschafter haben eine GbR begründet. Gesellschafter 1 hat Einzelvertretungsbefugnis, für Mietverträge benötigt er jedoch die Zustimmung der anderen Gesellschafter. Nun erwirbt er ein KFZ und mietet Büroräume an, ohne jeweils ermächtigt zu sein. Als die Gesellschafter davon erfahren, informieren sie die Vertragspartner und verweigern die Vertragserfüllung. Im Falle des KFZ-Kaufvertrages sind sie im Unrecht, der Mietvertrag ist jedoch unwirksam. Da kein Anschein für die Einzelvertretungsbefugnis des Gesellschafters 1 ersichtlich ist, kann der Vermieter sich nicht auf die Grundsätze der Anscheinsvollmacht berufen. ◄

Für Verbindlichkeiten der Gesellschaft haftet das Gesellschaftsvermögen als Gesamthandsvermögen. Darüber hinaus haften aber auch alle Gesellschafter persönlich und unmittelbar mit ihrem gesamten persönlichen Vermögen entsprechend § 721 BGB.[4] Diese Haftung ist der Höhe nach nicht begrenzt und kann auch grundsätzlich nicht beschränkt werden. Die Haftung ist akzessorisch, folgt also vollständig der Schuld der Gesellschaft. Hieraus folgt eine gesamtschuldnerische Haftung nach den §§ 421 ff. BGB der Gesellschaft und aller Gesellschafter miteinander. Der Gläubiger der GbR kann also jederzeit sowohl die Gesellschaft als auch einen oder mehrere Gesellschafter in Anspruch nehmen. Befriedigt in einem solchen Fall ein Gesellschafter die Verbindlichkeit der Gesellschaft, kann er entsprechend der Verteilung der Gesellschaftsanteile bei den anderen Gesellschaftern nach § 426 BGB Rückgriff nehmen. Zu beachten ist auch § 721a BGB, wonach neu eintretende Gesellschafter auch für bereits bestehende Altschulden haften. Genauso haften ausgeschiedene Gesellschafter weiterhin für diejenigen Verbindlichkeiten, die bereits vor ihrem Ausscheiden bestanden haben. Insgesamt ist das Haftungsrisiko von GbR-Gesellschaftern daher nahezu umfassend und entsprechend risikobehaftet.

> **Fallbeispiel**
>
> Die A-GbR wurde von fünf Gesellschaftern mit gleichen Anteilen gegründet. Sie schuldet dem B 100.000 €. B nimmt den Gesellschafter A in Anspruch, weil die GbR nicht leistungsfähig ist. A muss entsprechend § 128 HGB die volle Summe zahlen. Er kann jedoch nach § 426 BGB von seinen Mitgesellschaftern jeweils 20.000 € Regress fordern. ◄

Ein Ausscheiden aus der GbR wird nach den §§ 723 ff. BGB im Wesentlichen entweder durch Kündigung oder durch das Ausscheiden eines Gesellschafters aus einem anderen Grund (etwa Tod) aufgelöst. Ein ausscheidender Gesellschafter hat einen Abfindungsanspruch. Nach § 724 BGB findet im Falle des Todes eines Gesellschafters eine Fortsetzung mit den Erben statt. Die Auflösung der Gesellschaft findet nach § 729 BGB statt. Die wichtigsten Gründe sind die Kündigung und der Gesellschafterbeschluss und auch die Eröffnung eines Insolvenzverfahrens. Vertraglich kann jedoch auch hier Abweichendes vereinbart werden. Dies geschieht in der Praxis häufig, da die Gesellschaft oftmals auch über den Tod eines Gesellschafters hinaus in einer bestimmten Gesellschafterkonstellation Bestand haben soll (etwa durch Abfindung der Erben).

7.1.2 Personenhandelsgesellschaften

Personenhandelsgesellschaften sind die Gesellschaften, die in Abwandlung des Grundmodells der GbR Personengesellschaften sind, deren Gesellschaftszweck auf den Betrieb

---

[4] Zum Haftungsmodell ausdrücklich BGH, Urt. v. 29.01.2001 – II ZR 331/00 = BGHZ 146, 341.

eines Handelsgewerbes gerichtet ist. Das HGB unterscheidet bei den Personenhandelsgesellschaften zwischen der offenen Handelsgesellschaft (OHG) und der Kommanditgesellschaft (KG).

7.1.2.1 Offene Handelsgesellschaft

Die OHG ist die Grundform der Personenhandelsgesellschaft nach den §§ 105 ff. HGB. Soweit sich aus diesen Normen nichts anderes ergibt, wird nach § 105 III HGB auf die Regelungen zur GbR nach den §§ 705 ff. BGB zurückgegriffen (Subsidiarität der §§ 705 ff. BGB). Aus dieser Subsidiarität folgt eine enge gesetzliche Nähe der beiden Gesellschaftstypen, die einen Rechtsformwechsel kraft Wechsels des Gesellschaftszwecks nach sich ziehen kann.[5]

Der Gesellschaftszweck der OHG ist regelmäßig auf den Betrieb eines Handelsgewerbes gerichtet.[6] Es können jedoch auch freie Berufe eine OHG und damit eine Personenhandelsgesellschaft nach § 107 I HGB betreiben. Als Handelsgesellschaft hat die OHG für ihren Betrieb eine Firma nach den §§ 17 ff. HGB zu führen. Wie bei der GbR müssen sich mindestens zwei Gesellschafter zur OHG gemäß § 109 HGB vertraglich zusammenschließen. Zudem ist die Eintragung in das Handelsregister im Rahmen der §§ 105 II, 106, 123 HGB vorgeschrieben. Nimmt die Gesellschaft ihre Tätigkeit jedoch bereits vor der Eintragung auf, kommt der Eintragung nur noch deklaratorische Bedeutung zu.[7]

Ein wesentlicher Unterschied zur GbR findet sich vor allem durch die Regelungen zur Geschäftsführung, Vertretung und zur Beendigung der OHG. Dies folgt aus den Erfordernissen des Handelsverkehrs, die für Handelsgesellschaften eine Vereinfachung und Beschleunigung der Handelsbefugnisse beinhalten. So ist die Geschäftsführungsbefugnis nach § 115 HGB für jeden Gesellschafter einzeln gegeben. Eine Ausnahme gilt nur für außergewöhnliche Geschäfte nach § 116 HGB. Im Innenverhältnis können die Gesellschafter jedoch abweichende Regelungen treffen. Die geschäftsführenden Gesellschafter sind nach den §§ 120 ff. HGB verpflichtet, den Jahresabschluss aufzustellen.

Auch die Vertretungsbefugnis ist nach § 125 HGB als Einzelvertretungsbefugnis ausgestaltet. Jeder Gesellschafter ist berechtigt, die Gesellschaft alleine zu vertreten. Durch den Gesellschaftsvertrag können diese Regelungen zwar verändert werden, im Außenverhältnis muss insoweit jedoch deren Bekanntheit bei etwaigen Vertragspartnern durch ordnungsgemäße Handelsregistereintragung gewährleistet werden.

---

[5] Ausführlich BGH a. a. O.
[6] Koller/Kindler/Roth/Morck – Kindler (2023), HGB, § 105, Rn. 10.
[7] Koller/Kindler/Roth/Morck – Kindler (2023), HGB, § 106, Rn. 2 m. w. N.

> **Fallbeispiel**
>
> A schließt einen Mietvertrag mit der B-OHG. Die B-OHG wird nur von Gesellschafter B vertreten. Laut Gesellschaftsvertrag und entsprechendem Handelsregistereintrag darf B jedoch nur gemeinsam mit Mitgesellschafter C die OHG vertreten. A besteht indes auf die Vertragsdurchführung und beruft sich auf § 125 HGB. Zu Unrecht, weil er die Handelsregistereintragung gegen sich gelten lassen muss. ◄

Die Haftung der Gesellschaft richtet sich nach § 128 HGB. Neben der Gesellschaft haftet jeder Gesellschafter persönlich und unmittelbar für alle Verbindlichkeiten der Gesellschaft. Die Haftung der Gesellschafter ist akzessorisch zur Schuld der Gesellschaft, also genau auf das bezogen, was die Gesellschaft zu leisten hat.[8] Zwischen Gesellschaft und Gesellschaftern untereinander besteht daher eine gesamtschuldnerische Haftung nach den §§ 421 ff. BGB.

Der Gesellschafterwechsel und die Beendigung der Gesellschafterstellung gehen vom Grundsatz des Fortbestandes der Gesellschaft aus. Anders als bei der GbR wird nach den §§ 131 ff. HGB die Gesellschaft weder durch den Tod eines Gesellschafters noch durch die Kündigung eines Gesellschafters zur Auflösung gebracht. Die Gesellschaft wird in diesen Fällen mit den verbleibenden Gesellschaftern fortgesetzt. Den Gesellschaftern steht es jedoch frei, insoweit vertraglich etwas anders zu vereinbaren. So kann etwa nach § 139 HGB die Gesellschaft mit den Erben fortgesetzt werden oder aber ein Ausgleichsanspruch zugunsten der Erbmasse vereinbart werden.

7.1.2.2 Kommanditgesellschaft

Die zweite Personenhandelsgesellschaft ist die Kommanditgesellschaft (KG) nach den §§ 161 ff. HGB. Für die KG gelten gemäß § 161 III HGB subsidiär die Vorschriften zur OHG, also über § 105 III HGB wiederum subsidiär auch die Vorschriften über die GbR. Dies zeigt die enge gesetzliche Verwandtschaft der drei Personengesellschaften.

Als Personenhandelsgesellschaft ist der Gesellschaftszweck der KG regelmäßig auf den Betrieb eines Handelsgewerbes bei Führung einer handelsrechtlichen Firma gerichtet. Durch das subsidiär anwendbare Recht der OHG gilt jedoch auch hier die Öffnung für freie Berufe nach § 107 I HGB.

Anders als bei der OHG geht das Gesetz bei der KG von unterschiedlichen Arten von Gesellschaftern aus. So wird nach § 161 I HGB zwischen dem Komplementär und dem Kommanditisten unterschieden. Der Komplementär ist dabei einem OHG-Gesellschafter nachempfunden, d. h., ihm obliegen die Geschäftsführung und Vertretung, weswegen ihn auch eine unbeschränkte Haftung trifft. Der Kommanditist hingegen ist mit weniger Rechten ausgestattet und daher in seiner Haftung auf die Erbringung seiner Einlage beschränkt.

---

[8] BGH, Urt. v. 09.12.1987 – VIII ZR 374/86 = NJW-RR 1988, 477, 479.

7.1 Personengesellschaften

Zur Gründung einer KG ist es folglich erforderlich, dass die Gesellschafter eine solche Haftungsbeschränkung für zumindest einen Gesellschafter vereinbaren (andernfalls wird eine OHG gegründet). Zudem ist eine Eintragung ins Handelsregister nach § 162 HGB vorzunehmen.

Im Innenverhältnis sind nur die Komplementäre nach § 164 HGB geschäftsführungsbefugt. Die Kommanditisten sind nur zur Kapitaleinlage verpflichtet, dürfen jedoch bei der Führung der Geschäfte nicht mitbestimmen. Gesellschaftsvertraglich kann jedoch Abweichendes vereinbart werden.[9] Von der Vertretung ist der Kommanditist aber nach den §§ 170, 161 III, 125 HGB ausgeschlossen.[10]

Da der Komplementär im Außenverhältnis somit die alleinige Verantwortung trägt, wird ihm entgegen den Kommanditisten auch die volle Haftung für die Gesellschaftsverbindlichkeiten auferlegt. Nach den §§ 161 I, 161 III, 128 HGB haftet der Komplementär wie ein OHG-Gesellschafter unbeschränkt und unmittelbar für alle Verbindlichkeiten der Gesellschaft.

7.1.2.3 GmbH & Co. KG

Von großer Bedeutung für das Wirtschaftsleben ist die GmbH & Co. KG. Darin liegt eine besondere Erscheinungsform der KG. Es gelten daher die dargestellten Regeln zur KG. Die Besonderheit liegt darin, dass der Komplementär der KG eine Gesellschaft mit beschränkter Haftung (GmbH) ist. Da bei der GmbH wiederum überhaupt kein Gesellschafter persönlich haftet,[11] existiert bei der GmbH & Co. KG keine natürliche Person als Vollhafter. Die Mischform der GmbH & Co. KG hat folglich den Vorteil, dass sie eine Personenhandelsgesellschaft ist, jedoch das Risiko eines voll haftenden Komplementärs durch die Beteiligung der GmbH auf deren Vermögen beschränkt und daher erheblich abmildert.

Fallbeispiel

A ist Gläubiger der B GmbH & Co. KG. Die Gesellschaft ist zahlungsunfähig. Der B ist Alleineigentümer der GmbH und vertritt als deren Geschäftsführer die GmbH und daher auch die GmbH & Co. KG. Deshalb tritt A nun an den B persönlich heran und verlangt die Erfüllung seiner Forderung. B verweigert jedoch zu Recht die Zahlung, da nur die GmbH nach den §§ 161 I, III, 128 HGB für die KG haftet. ◄

7.1.3 Partnerschaftsgesellschaft

Um insbesondere Freiberuflern die Möglichkeit zu eröffnen, abweichend von der GbR eine praxisorientiertere Gesellschaftsform zu wählen, hat der Gesetzgeber die Partner-

---

[9] BGH, Urt. v. 27.06.1955 – II ZR 232/54 = BGHZ 17, 392, 395.
[10] Ausführlich Koller/Kindler/Roth/Morck – Kindler (2023), HGB, § 170, Rn. 1a m. w. N.
[11] Siehe dazu ausführlich unter Abschn. 7.2.1.

schaftsgesellschaft nach dem Partnerschaftsgesellschaftsgesetz (PartGG) bereitgestellt. Eine Partnerschaftsgesellschaft muss ausdrücklich so bezeichnet sein und den Zusatz „und Partner" oder „Partnerschaft" enthalten. Die Aufnahme des Namens mindestens eines Partners ist nicht erforderlich.[12]

Diese Zielrichtung des Gesetzgebers wird in § 1 PartGG auch ausdrücklich vorgesehen. Die Ausgestaltung der Partnerschaftsgesellschaft folgt nach den §§ 6 f. PartGG weitestgehend dem Recht der OHG. Ein wesentlicher Unterschied besteht jedoch in der Haftung. Zwar haften auch die Partner für Verbindlichkeiten der Gesellschaft, jedoch ist die Haftung für berufliche Fehler auf den konkret beteiligten Partner nach § 8 II PartGG beschränkt.

Eine Variante der PartG ist die PartGmbB, die Partnerschaftsgesellschaft mit beschränkter Berufsträgerhaftung. Diese schränkt die Haftung weiter ein. Die Beraterhaftung ist nach § 8 IV PartGG für aus fehlerhafter Berufsausübung entstehende Schäden auf das Gesellschaftsvermögen beschränkt. Eine persönliche Haftung des einzelnen Partners ist folglich ausgeschlossen.

Nicht umfasst von dieser Haftungsbeschränkung ist dagegen die persönliche Haftung der Partner für sonstige Verbindlichkeiten.

7.1.4 Europäische wirtschaftliche Interessenvereinigung (EWIV)

Der Vollständigkeit halber wird auch die Europäische wirtschaftliche Interessenvereinigung genannt, die als auf europäischem Recht beruhende Gesellschaftsform als Personengesellschaft ausgestaltet ist.[13] Da die Rechtspraxis die EWIV nur zögerlich aufnimmt, wird die Darstellung auf ein Mindestmaß beschränkt.

Bei der EWIV sind die Geschäfte von natürlichen Personen zu führen, die Geschäftsführer vertreten die Gesellschaft auch nach außen. Die Gesellschafter haben die Möglichkeit, die Geschäftspolitik über Gesellschafterversammlungen zu bestimmen oder einen Aufsichtsrat zur Überwachung einzusetzen. Die Gesellschafter haften persönlich und unbeschränkt als Gesamtschuldner, jedoch muss zuvor die Gesellschaft erfolglos in Anspruch genommen worden sein. Subsidiär zu den europarechtlichen Regelungen und den deutschen Ausführungsbestimmungen gilt das deutsche OHG-Recht.[14]

---

[12] BGH, Beschluss vom 06.02.2024 – II ZB 23/22.
[13] Verordnung (EWG) Nr. 2137/85 des Rates vom 25. Juli 1985 über die Schaffung einer Europäischen wirtschaftlichen Interessenvereinigung (EWIV).
[14] EWIVAG – EWIV Ausführungsgesetz vom 14. April 1988 (BGBl. I S. 514).

7.2 Kapitalgesellschaften

In Abgrenzung zu den auf die beteiligten Gesellschafter als Personen ausgerichteten Gesellschaften sind nachfolgend die Kapitalgesellschaften zu behandeln. Kapitalgesellschaften sind aufgrund ausdrücklicher gesetzlicher Anordnung juristische Personen. Der Name Kapitalgesellschaft resultiert aus der Tatsache, dass für die Gründung einer Kapitalgesellschaft das Aufbringen eines bestimmten Gesellschaftskapitals erforderlich ist.

7.2.1 Eingetragener Verein

Als Ausgangspunkt aller Kapitalgesellschaften kann der eingetragene Verein (e. V.) angesehen werden. Die dem e. V. nach den §§ 21 ff. BGB zugrunde liegende Ordnung wurde in wesentlichen Punkten für die sogleich darzustellenden Kapitalgesellschaften übernommen. Im Unterschied zum eingetragenen Verein ist für den nicht eingetragenen Verein nach § 54 BGB auf die Regeln zur BGB-Gesellschaft (§§ 705 ff. BGB) abzustellen.[15]

Die wesentlichen Grundzüge des e. V. sind daher einführend darzustellen, um die Grundsystematik der Kapitalgesellschaften erkennen zu können. Der eingetragene Verein ist juristische Person und nach dem gesetzlichen Vorbild auf einen nicht wirtschaftlichen Zweck ausgerichtet (Idealverein).[16] Die Rechtsfähigkeit erlangt der e. V. durch Eintragung in das Vereinsregister nach den §§ 55 ff. BGB, welche nach Erfüllung der Mindestvoraussetzungen erfolgt. Hierzu gehören insbesondere die wirksame Bestellung eines Vorstandes und die ordnungsgemäße Beschlussfassung über eine Vereinssatzung, welche Zweck und Sitz des Vereins enthalten muss.

Der Vereinsvorstand führt die Geschäfte des Vereins und vertritt den Verein gerichtlich und außergerichtlich nach den §§ 26 ff. BGB. Er wird gewählt von der Mitgliederversammlung, die über dieses Wahlrecht hinaus die Entscheidungsbefugnis über alle Angelegenheiten hat, die nicht nach § 32 BGB dem Vorstand zugewiesen sind. Über die Vereinssatzung können jedoch abweichende, detaillierte Kompetenzverteilungen vorgenommen werden.

Ganz wesentliches Grundelement des e. V. ist die Haftungsbegrenzung auf das Vereinsvermögen, die sich aus seiner Eigenschaft als eigene Körperschaft ergibt. Für Verbindlichkeiten des Vereins können weder die Mitglieder noch der Vorstand in Anspruch genommen werden. Zwar haftet der Verein für den Vorstand im Rahmen des § 31 BGB, nicht jedoch der Vorstand selbst. Eine persönliche Haftung von Vorstandsmitgliedern kommt nur in Betracht, wenn diese persönlich etwa deliktisch tätig werden oder eine Insolvenz des Vereins verschleppen.

---

[15] Dazu unter Abschn. 7.1.1.
[16] Zur Abgrenzung von wirtschaftlichem und nichtwirtschaftlichem Verein BGH, Urt. v. 19.02.2013, MDR 2013, 607 f.

Damit ist das Grundmodell einer Kapitalgesellschaft gelegt: Der Verein erhält eine eigene Rechtspersönlichkeit, die über das Organ Vorstand vertreten wird und dessen Haftung auf das Vereinsvermögen beschränkt ist.

7.2.2 Gesellschaft mit beschränkter Haftung

Von größter praktischer Bedeutung im deutschen Wirtschaftsleben ist noch immer die Gesellschaft mit beschränkter Haftung (GmbH).[17] Die GmbH ist Handelsgesellschaft und juristische Person[18] und wird mit Eintragung in das Handelsregister nach § 5 GmbHG wirksam zum Vollkaufmann nach § 6 HGB. Der Gesellschaftszweck muss jedoch nicht auf den Betrieb eines Handelsgewerbes gerichtet sein, sondern kann frei bestimmt werden.[19]

Aufgrund der Beschränkung ihrer Haftung auf das Gesellschaftsvermögen nach § 13 II GmbHG und der relativ geringen Mindesterfordernis von 25.000 € Stammkapital zur Gesellschaftsgründung ist die GmbH eine beliebte Gesellschaftsform für die Aufnahme einer Handelstätigkeit, für welche die Gesellschafter nur eine begrenzte Haftung riskieren wollen. Hinzu kommt, dass gemäß § 1 GmbHG eine GmbH auch nur mit einem Gesellschafter gegründet und betrieben werden kann.

Zur Gründung der GmbH ist zunächst der notarielle Abschluss eines Gesellschaftsvertrages erforderlich, der mindestens den Inhalt nach § 3 GmbHG aufweisen muss. So sind neben dem Gesellschaftszweck insbesondere das Stammkapital und mindestens ein Geschäftsführer zu benennen.[20] Zudem müssen die Stammeinlagen erbracht werden. Erst anschließend erfolgt die Eintragung in das Handelsregister, nach welcher die GmbH nach § 11 I GmbHG entsteht und somit auch die Formkaufmannschaft nach § 6 HGB erwächst.

Die Einlage ist nach § 5 GmbHG mit mindestens 25.000 € aufzubringen, wobei die Anteile in volle Euro zu stückeln sind. Die Einlagenerbringung kann nach § 5 IV GmbHG auch in Sacheinlagen erfolgen. Hierbei ist jedoch besonderer Wert auf die Werthaltigkeit der Sacheinlagen zu legen, welche nach § 5 IV GmbHG gesondert festzustellen ist.[21] Sacheinlagen müssen zur Eintragung in das Handelsregister in voller Höhe erbracht worden sein. Bei Bareinlagen ist hingegen nur die Aufbringung eines Viertels der Stammeinlagen gemäß § 7 GmbHG erforderlich. Zu beachten ist allerdings, dass für die Eintragung

---

[17] Eine Darstellung der nach anglo-amerikanischem (völlig unterschiedliche Regelungen in England und Bundesstaaten der EU) Recht zu gründenden Limited (Ltd.) muss hier auch Platzgründen unterbleiben. Die Ltd. konnte aufgrund ihres geringen Gründungsstammkapitals die GmbH in Deutschland bisher auch nicht nachhaltig gefährden, zumal es in Deutschland inzwischen auch die nahezu kapitallose UG (haftungsbeschränkt) gibt.

[18] Vgl. § 13 I, III GmbHG.

[19] Noack/Servatius/Haas, GmbHG, § 1, Rn. 6 ff.

[20] Für einfache Gründungen steht zudem ein Musterprotokoll in der Anlage zu § 2 GmbHG zur Verfügung.

[21] Noack/Servatius/Haas, GmbHG, § 5, Rn. 15 ff. m. w. N.

in das Handelsregister in Summe mindestens die Hälfte (12.500 €) des Stammkapitals erbracht worden sein muss. Das Stammkapital kann im Übrigen auch gemischt aus Sach- und Bareinlagen bestehen. Werden indes ausschließlich Bareinlagen und keine Sacheinlagen erbracht, genügt ein Viertel des Mindeststammkapitals (6250 €) logischerweise nicht.

Oftmals beginnt die Teilnahme am Rechtsverkehr bereits, bevor die GmbH ordnungsgemäß gegründet wurde. Wurde bereits ein Gesellschaftsvertrag geschlossen, wird von einer Vor-GmbH gesprochen. Diese wird bereits wie die GmbH behandelt. Von ihr begründete Verbindlichkeiten gehen nach erfolgreicher GmbH-Gründung automatisch auf die GmbH über. Insoweit ist jedoch Vorsicht geboten, da die Gesellschafter für Verbindlichkeiten der Vor-GmbH eine persönliche Verlustdeckungshaftung trifft.[22]

> **Fallbeispiel**
>
> A und B wollen eine GmbH gründen. Nach Abschluss des notariellen Vertrages schließen sie bereits einen Mietvertrag für die GmbH und verschiedene Kaufverträge ab. Nach einiger Zeit stellen sie fest, dass ihr Geschäftsmodell ein Reinfall ist. Der Verlust der Vor-GmbH beträgt bereits 17.000 €. Da sie vor wirksamer GmbH-Gründung die Verbindlichkeiten begründet haben, haften die Gesellschafter persönlich für die Verluste. ◄

Die Stammeinlagen der GmbH müssen auch nach der Aufbringung im Rahmen der §§ 30 ff. GmbHG erhalten werden. Diese Regelungen dienen insbesondere dazu, Gesellschafter daran zu hindern, der Gesellschaft das Stammkapital durch Auszahlungen zu entziehen.[23] Solche Beschränkungen sind erforderlich, um vor dem Hintergrund der beschränkten Haftung die Haftungsmasse der Gesellschaft nicht missbräuchlich zu schmälern. Liegt kein Verstoß gegen diese Regelungen vor, haftet den Gläubigern der GmbH nur das Gesellschaftsvermögen. Andernfalls sind die ausgezahlten Beträge zu erstatten.

> **Fallbeispiel**
>
> A ist Alleingesellschafter und Geschäftsführer der A-GmbH, welche ordnungsgemäß errichtet wurde und seit einiger Zeit einem Gewerbe nachgeht. B ist Warenlieferant der A-GmbH und fordert die Zahlung von 10.000 € Kaufpreis aus der letzten Lieferung. A teilt mit, dass eine Zahlung nicht erfolgen kann, da die Gesellschaft zahlungsunfähig sei und nunmehr Insolvenz angemeldet werde. B wendet ein, seine 10.000 € erhalte er auf jeden Fall, da ja 25.000 € Stammkapital vorhanden sein müssten. Notfalls müsse A persönlich zahlen. B irrt, denn das Stammkapital wurde im vorliegenden Fall aufgebraucht und es haftet nach § 13 II GmbHG nur das Gesellschaftsvermögen. Da kein Verstoß gegen die §§ 30 ff. GmbHG erkennbar ist, geht B leer aus. ◄

---

[22] BGHZ, Urt. v. 27.01.1997 – II ZR 123/94 = BGHZ 134, 333, 336.
[23] Auch die Auszahlung an Dritte wie etwa nahe Angehörige ist untersagt, vgl. dazu BGH, Urt. v. 28.09.1981 – II ZR 223/80 = BGHZ 81, 365.

Die GmbH wird nach § 35 I S. 1 GmbHG durch die Geschäftsführer vertreten. Gemäß § 35 II S. 1 GmbHG besteht gemeinschaftliche Vertretungsmacht. Im Gesellschaftsvertrag kann jedoch auch etwas anderes vereinbart werden. Die Gesellschafter sind aber von der Vertretung ausgeschlossen. Wenn diese Vertretungsmacht erhalten sollen, müssen sie ihrerseits zum Geschäftsführer bestellt werden.

Da die GmbH als Kapitalgesellschaft von der Stammeinlage her aufgebaut ist, kann ein Gesellschafterwechsel nach § 15 GmbHG durch die in notarieller Form durchzuführende Übertragung eines Gesellschaftsanteils erfolgen. Der Bestand der Gesellschaft wird durch einen Gesellschafterwechsel oder das Ausscheiden eines Gesellschafters nicht berührt. Die Beendigung der Gesellschaft erfolgt nur bei Vorliegen eines Auflösungsgrundes nach § 60 GmbHG, welcher insbesondere durch entsprechenden Beschluss der Gesellschafterversammlung oder die Eröffnung des Insolvenzverfahrens oder die Abweisung eines Insolvenzantrages mangels Masse eintritt.

Als Sonderform der GmbH ist die Unternehmergesellschaft (UG) nach § 5a GmbHG gesondert zu erwähnen. Sie kann bereits mit einem Euro Stammkapital gegründet werden, muss jedoch erzielte Gewinne im Rahmen des § 5a III GmbHG teilweise dem Stammkapital zuführen. Sacheinlagen sind ausgeschlossen. Im Übrigen wird die UG im Wesentlichen dem Recht der GmbH unterstellt. Dadurch soll es insbesondere Existenzgründern mit geringem Kapitaleinsatz ermöglicht werden, unternehmerische Initiative zu entfalten, ohne sich auf ein unbegrenztes Haftungsrisiko einzulassen.[24]

7.2.3 Aktiengesellschaft

Die Aktiengesellschaft (AG) ist von ihrer Struktur auf größere Unternehmen, eine Vielzahl von Gesellschaftern und ein vergleichsweise hohes Stammkapital ausgelegt. Durch die Möglichkeit des Einbezugs einer Vielzahl von Gesellschaftern besteht zudem ein Weg zur Kapitalakquise. Die AG kann daher als die große Schwester der GmbH bezeichnet werden. Nach § 1 AktG werden die Grundsätze der AG bereits festgelegt: Die Gesellschaft hat eine eigene Rechtspersönlichkeit, die Haftung ist auf das Gesellschaftsvermögen beschränkt, und das Gesellschaftsvermögen wird in Aktien zerlegt.

Die AG ist nach § 3 AktG Handelsgesellschaft, führt daher eine Firma nach § 4 AktG und ist Formkaufmann nach § 6 HGB. Die Gründung einer AG ist im AktG genau geregelt. Nach § 2 AktG ist ein notarieller Gesellschaftsvertrag (Satzung) zu vereinbaren. Dieser muss mindestens die Angaben nach § 23 AktG beinhalten (Firma, Sitz, Stammkapital etc.). Sodann sind die Organe zu bestellen, ein zu prüfender Gründungsbericht zu erstellen, die Einlagen zu leisten und schließlich die Registereintragung vorzunehmen. Sollen nach den §§ 26 f. AktG Sondervorteile für einzelne Aktionäre oder Sacheinlagen erbracht werden, ist das Gründungsverfahren noch strenger, da die hierdurch entstehenden Gefahren für Gläubiger und Aktionäre der AG möglichst beschränkt werden müssen.

---

[24] So ausdrücklich RegBegr BR Drucksache 354/07, 70.

7.2 Kapitalgesellschaften

Nach den §§ 7 ff. AktG müssen zur Gründung mindestens 50.000 € Stammkapital in Aktien zu mindestens 1 € festgelegt werden. Das Stammkapital muss zur Handelsregistereintragung nach den §§ 36, 36a AktG zumindest zu einem Viertel eingebracht werden. Nur unter den engen Voraussetzungen des § 27 AktG können Sacheinlagen eingebracht werden, welche vollständig geleistet werden müssen.[25]

Die AG hat drei gesetzliche Organe, namentlich den Vorstand, den Aufsichtsrat und die Hauptversammlung. Diese Organe haben unterschiedliche Aufgaben und Befugnisse und sind daher streng voneinander zu trennen.

Der Vorstand führt die Geschäfte der AG und ist deren gesetzlicher Vertreter gemäß den §§ 76, 78 AktG. Im Außenverhältnis vertritt nur der Vorstand die AG. Nach § 78 II AktG besteht Gesamtvertretungsbefugnis, wobei der Gesellschaftsvertrag hiervon abweichen kann. Nach innen ist der Vorstand gegenüber dem Aufsichtsrat nach § 90 AktG berichtspflichtig und hat die Weisungen der Hauptversammlung gemäß § 83 AktG auszuführen.

Der Aufsichtsrat hat keine Vertretungsbefugnis, sondern überwacht im Innenverhältnis die Geschäftsführung des Vorstandes. Diese Überwachung ist umfassend gemäß § 111 AktG und beinhaltet alle Fragen der Geschäftspolitik.[26] Der Aufsichtsrat hat zudem die Aufgabe der Berufung und Abbestellung des Vorstandes gemäß § 84 AktG und bestimmte Zustimmungskompetenzen nach § 111 AktG. Dadurch ist seine Stellung unternehmensintern nicht zu unterschätzen, in der Außenvertretung belanglos.

Fallbeispiel

A ist Vorstand der B-AG. C ist deren Aufsichtsrat. C schließt mehrere Verträge mit D ab, die sich für die AG als ausgesprochen nachteilig erweisen. Der Vorstand verweigert nun die Vertragsdurchführung, da er die Nachteiligkeit der Verträge für die AG erkennt. D besteht auf die Durchführung. Zu Unrecht, da der Aufsichtsrat die AG nicht gemäß § 78 AktG wirksam vertreten konnte und die Verträge daher nicht wirksam zustande gekommen sind. ◄

Die Hauptversammlung der Aktionäre trifft nach § 119 AktG bestimmte grundsätzliche Entscheidungen für die Gesellschaft. So bestellt sie die Aktionärsvertreter[27] für den Aufsichtsrat, beschließt über die Verwendung des Bilanzgewinns sowie Änderungen der Satzung. Zudem kann nur die Hauptversammlung den Vorstand und den Aufsichtsrat entlasten, also die Ordnungsgemäßheit der Geschäftsführung für die Vergangenheit feststellen.

---

[25] Vgl. dazu BGH, Urt. v. 16.02.1959 – II ZR 170/57 = BGHZ 29, 300, 304.
[26] BGH, Urt. v. 25.03.1991 – II ZR 188/89 = BGHZ 114, 127, 129.
[27] In Aufsichtsräte werden zudem Arbeitnehmervertreter nach dem Mitbestimmungsgesetz (MitbestG), dem Montanmitbestimmungsgesetz (Montan-MBG), dem Drittelbeteiligungsgesetz (DrittBG) und dem Betriebsverfassungsgesetz (BetrVG) entsandt; eine vertiefte Darstellung muss hier aus Platzgründen unterbleiben.

Die Haftung der AG ist auf das Gesellschaftsvermögen beschränkt. Den Vorstand als Vertretungsorgan trifft eine persönliche Haftung nur dann, wenn er nach § 93 AktG die Sorgfalt eines gewissenhaften Geschäftsleiters verletzt hat. Handelt die Gesellschaft vor der Eintragung, haften die Gesellschafter und die Handelnden für die Vor-AG genau wie bei der GmbH.[28]

Die Stellung eines Gesellschafters wird bei einer AG durch den Erwerb von Aktien erlangt. Hierfür ist anders als beim Inhaberwechsel eines GmbH-Anteils keine notarielle Form vorgeschrieben. Die AG ist daher auch darauf ausgerichtet, einen häufigen Gesellschafterwechsel zu ermöglichen.

7.2.4 Europäische Aktiengesellschaft

Als echte Alternative zur Aktiengesellschaft nach deutschem Recht hat sich inzwischen die Europäische Aktiengesellschaft (Societa Europaea, kurz SE) erwiesen. Insbesondere große deutsche Aktiengesellschaften haben in den letzten Jahren von der Rechtsform der SE Gebrauch gemacht. Die Gesamtzahl der bestehenden SE wächst stetig.[29] Die SE ist geregelt im europäischen Recht und hat dort ihre rechtliche Grundlage in einer Verordnung der EU.[30] Als europäische Gesellschaft kann die SE nur grenzüberschreitend gegründet werden. Bei der Ausgestaltung der Vertretung der Gesellschaft und ihrer Organe sowie der Mitbestimmung besteht für die Gesellschafter ein großer vertraglicher Gestaltungsspielraum. So ist es etwa möglich, anders als bei einer deutschen AG auf einen Aufsichtsrat zu verzichten und über die konkrete Mitbestimmung Vereinbarungen zu treffen, die den deutschen Regelungen der betrieblichen Mitbestimmung vorgehen.[31]

7.2.5 Kommanditgesellschaft auf Aktien

Die Kommanditgesellschaft auf Aktien (KGaA) ist eine Mischform zwischen Aktien- und Kommanditgesellschaft. In der Praxis ist ihre Bedeutung eher gering, da sie nach den §§ 278 ff. AktG im Wesentlichen wie eine Aktiengesellschaft ausgestaltet ist und von dieser daher bei der Rechtsformwahl deutlich dominiert wird. Hinzu kommt, dass die KGaA mindestens einen persönlich haftenden Gesellschafter hat und daher gegenüber der in der Haftung auf das Gesellschaftsvermögen beschränkten AG einen wesentlichen Haftungsnachteil aufweist.

---

[28] Siehe dazu bereits unter Abschn. 7.2.1.

[29] Aktuelle europaweite Zahlen veröffentlicht etwa das European Trade Union Institute (ETUI).

[30] EG 2157/2001 vom 08.10.2001 sowie zu Fragen des Mitbestimmungsrechts die Richtlinie EG 2001/86/EG vom 08.10.2001.

[31] Auf Details muss hier aus Platzgründen verzichtet werden, siehe dazu im deutschen SE-Ausführungsgesetz SEAG – Gesetz zur Ausführung der Verordnung EG 2157/2001 vom 08.10.2001 über das Statut der europäischen Gesellschaft (SE).

7.2.6 Eingetragene Genossenschaft

Die eingetragene Genossenschaft (e. G.) ist heute ebenfalls durch GmbH und AG ganz erheblich verdrängt worden. Sie spielt jedoch insbesondere im Banken-, Wohnungswirtschafts- und Landwirtschaftswesen noch immer eine große Rolle.

Die e. G. ist nach dem GenG geregelt und als juristische Person Formkaufmann nach § 6 HGB. Sie wird durch den Vorstand vertreten, wobei dieser im Innenverhältnis durch Aufsichtsrat und Generalversammlung überwacht wird.

Insolvenzrecht 8

In der juristischen Praxis sowie für sämtliche Beteiligte im Wirtschaftsleben sind Grundkenntnisse im Insolvenzrecht unverzichtbar. Entsprechend ist es das Ziel dieses Kapitels, dem Leser einen Überblick über das deutsche Insolvenzverfahren zu vermitteln. Grundsätzlich umfasst das deutsche Recht zwei unterschiedliche Vollstreckungssysteme, namentlich die Einzelzwangsvollstreckung und die Gesamtvollstreckung. Erstere ergibt sich aus der ZPO, dient dabei der Befriedigung eines einzelnen Gläubigers und ist gem. § 804 Abs. 3 ZPO geprägt vom sogenannten Prioritätsprinzip (auch bekannt als Windhundprinzip). Es gilt aus Sicht der Gläubiger also: „Wer zuerst kommt, mahlt zuerst." Das Prioritätsprinzip wird allerdings durch die Eröffnung eines Insolvenzverfahrens vom Grundsatz der par conditio creditorum (= Gleichbehandlung aller Gläubiger) verdrängt. Verfügt der Schuldner demnach nicht (mehr) über ausreichend Vermögen, um all seine Verbindlichkeiten zu decken, sollen alle Gläubiger gleichmäßig befriedigt werden. Ebendieser Grundgedanke zieht sich durch das gesamte Insolvenzrecht und ist damit die tragende Säule, auf die sich sämtliche Normen des Insolvenzrechts stützen. Als Rechtsgrundlage für das deutsche Insolvenzrecht dient im Übrigen die Insolvenzordnung (InsO). Diese wird sodann durch Regelungen aus der ZPO (vgl. § 4 InsO) sowie durch Spezialgesetze (z. B. KWG, GmbHG und AktG) ergänzt.

8.1 Die Beteiligten des Insolvenzverfahrens

8.1.1 Der Schuldner

Aus §§ 11 InsO ergibt sich, dass jede natürliche und juristische Person Schuldner im Insolvenzverfahren sein kann. Darüber hinaus können auch nicht rechtsfähige Vereine sowie Gesellschaften ohne Rechtspersönlichkeit (OHG, KG, Partnergesellschaft, GbR, Partenreederei und die Europäische wirtschaftliche Interessenvereinigung) insolvenzfähig und damit Schuldner sein. Demgegenüber stehen nach § 12 InsO die juristischen Personen des öffentlichen Rechts. Da der Staat für diese unterhaltspflichtig ist, sind sie nicht insolvenzfähig.

8.1.2 Der Insolvenzgläubiger

Nach der Legaldefinition des § 38 InsO ist derjenige Insolvenzgläubiger, der zur Zeit der Eröffnung des Insolvenzverfahrens einen begründeten Vermögensanspruch gegen den Schuldner hat. Der Anspruch muss sich entweder auf eine Geldforderung beziehen oder aber auf eine Forderung, die in eine Geldforderung umgerechnet werden kann. Darüber hinaus muss der Anspruch bei der Eröffnung des Insolvenzverfahrens zwar begründet, jedoch nicht fällig sein.

8.1.3 Das Insolvenzgericht

Die Aufgabe des Insolvenzgerichts ist die Beaufsichtigung des Insolvenzverfahrens. Es trifft diesbezüglich alle grundlegenden Entscheidungen. Nach § 2 InsO sind die Amtsgerichte sachlich zuständig für das Insolvenzverfahren. Die örtliche Zuständigkeit ergibt sich hingegen aus § 3 InsO. Demnach ist dasjenige Amtsgericht zuständig, in dessen Bezirk der Schuldner seinen Wohnsitz hat, wenn dieser eine natürliche Person ist. Handelt es sich bei dem Schuldner um eine juristische Person, richtet sich die örtliche Zuständigkeit nach dem jeweiligen Unternehmenssitz. Sofern jedoch der Schuldner (jur. oder nat. Person) den Mittelpunkt einer selbstständigen wirtschaftlichen Tätigkeit an einem anderen Ort hat, ist dieser Ort maßgeblich für die Zuständigkeit des Insolvenzgerichts.

Nach § 5 Abs. 1 S. 1 InsO muss das Amtsgericht von Amts wegen alle Umstände ermitteln, die für das Insolvenzverfahren von Bedeutung sind. Um dieser Aufgabe nachzukommen, hat das Insolvenzgericht eine Vielzahl an Möglichkeiten und Pflichten. Unter anderem kann es dazu, wie in § 5 Abs. 1 S. 2 InsO festgehalten, Zeugen und Sachverständige vernehmen. Zur Anhörung des Schuldners ist es hingegen nach § 14 Abs. 2 InsO verpflichtet, wenn der Gläubiger durch einen Eröffnungsantrag das Insolvenzverfahren eröffnet hat. Handelt es sich bei dem Schuldner um eine juristische Person oder eine Gesellschaft ohne Rechtspersönlichkeit, so ist das Insolvenzgericht gem. § 15 Abs. 2 S. 3 InsO (unabhängig davon, ob der Eröffnungsantrag vom Gläubiger oder Schuldner gestellt wurde) dazu angehalten, sämtliche Verantwortliche aus der Sphäre des Schuldners anzuhören.

8.1.4 Der Insolvenzverwalter

Mit der Eröffnung des Insolvenzverfahrens durch einen Eröffnungsbeschluss ernennt das Gericht nach § 27 Abs. 1 S. 1 InsO auch einen Insolvenzverwalter. Mit dem Wirksamwerden des Beschlusses gehen gem. § 80 Abs. 1 InsO das Recht des Schuldners, das zur

Insolvenzmasse gehörende Vermögen zu verwalten und darüber zu verfügen, auf den Insolvenzverwalter über. Dazu hat er das Vermögen nach der Eröffnung sofort in seinen Besitz zu nehmen (§ 148 Abs. 1 InsO). Er erstellt daraufhin sowohl ein Gläubigerverzeichnis nach Maßgabe des § 152 InsO als auch eine Vermögensübersicht nach § 153 InsO. Zentrale Aufgaben des Insolvenzverwalters sind sodann die Verwertung (§ § 156 ff. InsO) und die Verteilung (§§ 187 ff. InsO) der Insolvenzmasse. Zu den bedeutsamsten Instrumenten des Insolvenzverwalters zählen das Wahlrecht gem. § 103 InsO und die Anfechtung von Rechtshandlungen, die vor der Eröffnung des Verfahrens vorgenommen worden sind und die Gläubiger benachteiligen (§§ 126 ff. InsO).[1]

8.2 Der Gang des Insolvenzverfahrens

Im Regelfall unterteilt sich das Insolvenzverfahren in drei unterschiedliche Abschnitte: Das Eröffnungsverfahren, das eröffnete Verfahren und die Nachhaftungsphase. Nachfolgend sind diese jeweils genauer zu beleuchten.

8.2.1 Das Insolvenzeröffnungsverfahren

Das Insolvenzeröffnungsverfahren wird gem. §§ 13 ff. InsO durch einen Antrag des Schuldners oder eines Gläubigers eingeleitet. Reicht der Schuldner den Antrag ein, so muss er diesen auf einen der in §§ 17, 18 oder 19 InsO normierten Eröffnungsgründe stützen. Wird er hingegen vom Gläubiger eingereicht, muss der Antrag den Anforderungen des § 14 InsO entsprechen. Folglich ist der Antrag des Gläubigers zulässig, wenn er seine konkrete Forderung gegen den Schuldner sowie einen der Eröffnungsgründe mittels der Vorlegung einschlägiger Tatsachen glaubhaft macht. Er muss zudem ein rechtliches Interesse an der Eröffnung des Insolvenzverfahrens haben. Dieses wird jedoch indiziert, sofern die anderen Zulässigkeitsvoraussetzungen vorliegen. Der Antrag ist außerdem schriftlich oder zur Niederschrift bei der Geschäftsstelle des zuständigen Insolvenzgerichts zu stellen.

8.2.1.1 Eröffnungsgründe des Insolvenzverfahrens

Sodann prüft das Insolvenzgericht, ob der Antrag den soeben dargestellten Zulässigkeitsvoraussetzungen genüge tut und ob er außerdem auch begründet ist. Begründet ist er indes, wenn tatsächlich einer der in §§ 17, 18 oder 19 InsO festgelegten Eröffnungsgründe vorliegt.

8.2.1.1.1 Zahlungsunfähigkeit des Schuldners gem. § 17 InsO

Der Schuldner ist per Definition gem. § 17 Abs. 2 S. 1 InsO zahlungsunfähig, wenn er nicht in der Lage ist, die fälligen Zahlungspflichten zu erfüllen. Die Zahlungsunfähigkeit ist dabei abzugrenzen von einer insolvenzrechtlich unerheblichen Zahlungsstockung.

---

[1] Hierzu weiterführende Ausführungen unter Abschn. 8.3 „Die Instrumente des Insolvenzverwalters nach Eröffnung des Insolvenzverfahrens".

Nach höchstrichterlicher Rechtsprechung bezeichnet eine Zahlungsstockung einen Zeitraum, welchen der kreditwürdige Schuldner benötigt, um sich die Mittel zur Tilgung seiner Verbindlichkeiten zu leihen.[2] Der BGH geht dabei grundsätzlich von drei Wochen aus.[3] Allerdings muss den Gläubigern nach den besonderen Umständen des Einzelfalls ein Zuwarten auch zumutbar sein.[4] Im Mittelpunkt steht mithin das zeitliche Element. Für die Annahme einer Zahlungsunfähigkeit i. S. v. § 17 Abs. 2 S. 1 InsO hat der BGH jedoch auch quantitative Anforderungen gestellt: Bei einer Unterdeckung von 10 % oder mehr ist grundsätzlich Zahlungsunfähigkeit gegeben.[5] Diese Vermutung ist jedoch widerlegbar, sodass der Schuldner Tatsachen darlegen kann, die mit an Sicherheit grenzender Wahrscheinlichkeit erwarten lassen, dass die Liquiditätslücke in überschaubarer Zeit und nach den Umständen des Einzelfalls in einem den Gläubigern zumutbaren Zeitraum vollständig geschlossen werden kann.[6] Liegt hingegen eine Unterdeckung unterhalb der 10 %-Schwelle vor, so handelt es sich um eine schlicht geringfügige Liquiditätslücke, die noch keinen Eröffnungsgrund für das Insolvenzverfahren darstellt. Diese Vermutung ist allerdings ebenso widerlegbar. Demnach kann auch unterhalb der 10 %-Schwelle eine Zahlungsunfähigkeit vorliegen, wenn besondere Umstände hinzutreten, die darauf schließen lassen, dass sich die wirtschaftliche Situation des Schuldners weiter verschlechtern wird und die Liquiditätslücke in Kürze den Schwellenwert erreichen wird.

Darüber hinaus konstatiert auch der Gesetzgeber mit § 17 Abs. 2 S. 2 InsO eine widerlegbare Vermutungsregelung: Von einer Zahlungsunfähigkeit des Schuldners ist damit ebenfalls auszugehen, wenn dieser seine Zahlungen einstellt. Von einer Zahlungseinstellung ist nach ständiger Rechtsprechung dann auszugehen, wenn der Schuldner nicht in der Lage ist, seine fälligen Zahlungspflichten zu erfüllen, und wenn dieser Zustand nach außen hin in Erscheinung tritt, sodass er für die beteiligten Verkehrskreise erkennbar wird.[7] Voraussetzung ist mithin nicht, dass der Schuldner überhaupt keine Zahlungen mehr leistet.

8.2.1.1.2 Drohende Zahlungsunfähigkeit des Schuldners gem. § 18 InsO

Dem Wortlaut des § 18 Abs. 1 InsO ist bereits zu entnehmen, dass sich nur ein Antrag des Schuldners auf den Eröffnungsgrund der drohenden Zahlungsunfähigkeit stützen kann. Aus § 18 Abs. 2 InsO ergibt sich wiederum, dass dieser Eröffnungsgrund zu bejahen ist, wenn der Schuldner voraussichtlich nicht in der Lage sein wird, die bestehenden Zahlungspflichten im Zeitpunkt der Fälligkeit zu erfüllen. Es handelt sich hierbei folglich um eine Prognoseentscheidung, bei welcher sich die voraussichtlichen Einnahmen des Schuldners und seine zu erwartenden Zahlungspflichten gegenüberstehen. Ergibt diese Gegenüberstellung sodann, dass der Eintritt der Zahlungsunfähigkeit wahrscheinlicher ist, ist der Eröffnungsgrund der drohenden Zahlungsunfähigkeit gegeben.

---

[2] Grundsatzentscheidung des BGH, Urt. vom 24.05.2005 – IX ZR 123/04 = NZI 2005, 547.
[3] BGH, a. a. O.
[4] BGH, Beschluss vom 27.07.2006 – IX ZB 204/04 = NZI 2006, 693.
[5] BGH, Urt. vom 24.05.2005 – IX ZR 123/04 = NZI 2005, 547.
[6] BGH, a. a. O.
[7] BGH, Urt. vom 14.09.2017 – IX ZR 3/16 = NZI 2018, 114 m. w. N.

8.2.1.1.3 Überschuldung des Schuldners gem. § 19 InsO

Aus § 19 Abs. 1 InsO ergibt sich, dass eine Überschuldung des Schuldners nur als Eröffnungsgrund infrage kommt, wenn dieser eine juristische Person ist. Nach § 19 Abs. 2 InsO liegt eine Überschuldung vor, wenn das Vermögen des Schuldners die Verbindlichkeiten nicht mehr deckt, es sei denn, die Fortführung des Unternehmens ist nach den Umständen überwiegend wahrscheinlich. Es muss also festgestellt werden, ob im konkreten Fall eine rechnerische Überschuldung vorliegt (= exekutorisches Element). Des Weiteren ist eine Fortführungsprognose zu erstellen (= prognostisches Element). Dabei stehen beide Prüfungspunkte gleichwertig nebeneinander, sodass sie in beliebiger Reihenfolge geprüft werden können. Für die Praxis bedeutet dies unter anderem, dass eine rechnerische Überschuldung nicht festgestellt werden muss, wenn schon eine positive Fortführungsprognose evident ist. Ist eine positive Fortführungsprognose jedoch nicht offensichtlich, sondern eher zweifelhaft oder gar evident negativ, so muss im Rahmen der Prüfung der rechnerischen Überschuldung entschieden werden, ob der Eröffnungsgrund gegeben ist oder nicht. Die Ermittlung der rechnerischen Überschuldung erfolgt indes in zwei Schritten: Zunächst ist festzustellen, welche Aktiva und Passiva tatsächlich zu berücksichtigen sind. Anschließend ist zu ermitteln, mit welchem Wert ebendiese Aktiva und Passiva anzusetzen sind. Ergibt diese Prüfung, dass die Passivseite zum Zeitpunkt der Verfahrenseröffnung überwiegt (= sog. Stichtagsprinzip), so ist auch der Eröffnungsgrund der Überschuldung nach § 19 InsO zu bejahen.

Fallbeispiel

Die Schnellschuss-GmbH verfügt über ein Betriebsvermögen von rund 10.000 €, das im Wesentlichen aus Büroeinrichtungsgegenständen und Restbeständen im Lager besteht. Die Geschäfte laufen schleppend, die monatlichen Umsätze liegen nur bei wenigen Tausend Euro. Nunmehr werden gleichzeitig Versicherungsbeiträge und Lieferantenkosten von über 50.000 € fällig, nachdem in den letzten Wochen bereits Forderungen von knapp 10.000 € aufgelaufen waren, die noch offenstehen. Kredite sind nicht zu bekommen. Da die Schulden das Vermögen erheblich übersteigen und absehbar keine Besserung eintreten wird, liegt eine Überschuldung vor. ◄

8.2.1.2 Einstweilige Maßnahmen zur Sicherung und Erhaltung des Schuldnervermögens

Bevor das Insolvenzgericht mit einem Beschluss die Begründetheit des Eröffnungsantrages feststellt, hat es nach der Generalklausel des § 21 Abs. 1 InsO alle Maßnahmen zu treffen, die bis zur Entscheidung über den Antrag erforderlich erscheinen, um die Gläubiger vor einer nachteiligen Veränderung des Schuldnervermögens zu schützen. In § 21 Abs. 2 Nr. 1–5 InsO normiert der Gesetzgeber sodann beispielhaft und nicht abschließend besonders wichtige Maßnahmen. Entscheidet sich das Insolvenzgericht für die Vornahme einer Sicherungsmaßnahme, kann der Schuldner hiergegen eine sofortige Beschwerde einlegen (§ 21 Abs. 1 S. 2 InsO). Die praktisch wichtigste Maßnahme der Insolvenzgerichte ist indes die vorläufige Bestellung eines Insolvenzverwalters gem. § 21 Abs. 2 Nr. 1 InsO. Ordnet das Gericht zudem ein allgemeines Verfügungsgebot gem. § 21 Abs. 2 Nr. 2 InsO gegen den Schuldner an, handelt es sich um einen sog. starken vorläufigen Insolvenzverwalter. Denn nach § 22 Abs. 1 S. 1 InsO geht somit die Verwaltungs- und Verfügungsbefugnis über das Schuldnervermögen bereits vor Eröffnung des eigentlichen Insolvenzverfahrens auf den vorläufigen Insolvenzverwalter über. Verstößt der Schuldner gegen das ihm auferlegte Verbot, indem er gleichwohl über sein Vermögen verfügt, so führt dies gem. §§ 24 Abs. 1, 81 Abs. 1 InsO zur absoluten Unwirksamkeit gegenüber jedermann (und nicht nur zu einer relativen Unwirksamkeit gem. §§ 135, 136 BGB).[8] Wird hingegen ein Insolvenzverwalter bestellt, ohne dass dem Schuldner vom Insolvenzgericht zugleich ein Verfügungsverbot auferlegt wird, handelt es sich um einen sog. schwachen vorläufigen Insolvenzverwalter. Nach § 22 Abs. 2 bestimmt dann das Insolvenzgericht die Pflichten des vorläufigen Insolvenzverwalters. Denkbar wäre beispielsweise die Anordnung eines Zustimmungsvorbehalts des Insolvenzverwalters für Schuldnerverfügungen gem. § 21 Abs. 2 Nr. 2 InsO. In dem Fall wären Verfügungen des Schuldners ohne die Zustimmung des Insolvenzverwalters schwebend unwirksam gegenüber jedermann (§§ 24 Abs. 1, 81 Abs. 1 InsO).

8.2.2 Das eröffnete Verfahren

Hat das Gericht die Zulässigkeit und Begründetheit des Eröffnungsantrages festgestellt sowie eine positive Prognose erstellt, dass das Vermögen des Schuldners ausreichen wird, um die Kosten des Verfahrens zu decken (vgl. § 26 Abs. 1 S. 1 InsO), so eröffnet es das Insolvenzverfahren durch Beschluss (§ 27 InsO). Im Laufe des Verfahrens ist es dann die Aufgabe des Insolvenzverwalters, die Insolvenzmasse[9] zu verwerten (§ 159 InsO) und die Gläubiger quotal zu befriedigen (§§ 187 ff. InsO). Nachfolgend soll jedoch nochmal ein besonderes Augenmerk gelegt werden auf die konkrete Wirkung der Verfahrenseröffnung durch den gerichtlichen Beschluss.

8.2.2.1 Verwaltungs- und Verfügungsbefugnis
Wie bereits erläutert, geht mit der Eröffnung des Insolvenzverfahrens die Verwaltungs- und Verfügungsbefugnis gem. § 27 Abs. 1 InsO vom Schuldner auf den vom Insolvenzgericht bestimmten Insolvenzverwalter über.[10] In der Regel handelt es sich hierbei um diejenige Person, die bereits im Eröffnungsverfahren als vorläufiger Insolvenzverwalter eingesetzt wurde, da dieser sich bereits mit den wirtschaftlichen und sonstigen Verhältnissen des Schuldners auseinandergesetzt hat und entsprechend mit jenen vertraut ist. Die Vorschriften der §§ 81, 82 InsO[11] gelten sodann unmittelbar.

---

[8] Vgl. BGH, Urt. vom 19.01.2006 – IX ZR 232/04 = NZI 2006, 224.
[9] Ab den Zeitpunkt der Verfahrenseröffnung bezeichnet man das Vermögen des Schuldners als die Insolvenzmasse.
[10] Vgl. unter Abschn. 8.1.4 „Der Insolvenzverwalter".
[11] Vgl. unter Abschn. 8.2.1.2 „Einstweilige Maßnahmen zur Sicherung und Erhaltung des Schuldnervermögens".

8.2.2.2 Vollstreckungsverbot aus § 89 InsO

Das in § 89 InsO normierte Vollstreckungsverbot führt dazu, dass jede Art von Zwangsvollstreckung in die Insolvenzmasse und in das sonstige Vermögen des Schuldners unzulässig ist. Hierbei handelt es sich um eine konkrete Ausprägung des Grundsatzes par conditio creditorum. Es soll nämlich verhindert werden, dass sich einzelne Gläubiger durch Sonderzugriffe auf das Vermögen des Schuldners zum Nachteil der anderen Gläubiger befriedigen. Nicht an das Vollstreckungsverbot gebunden sind allerdings die Massegläubiger. Diese sind nämlich vorweg und außerhalb des eigentlichen Insolvenzverfahrens aus der Insolvenzmasse zu befriedigen (vgl. § 53 InsO).

8.2.2.3 Ausschluss sonstigen Rechtserwerbs gem. § 91 Abs. 1 InsO

Als Auffangtatbestand schützt § 91 Abs. 1 InsO die Insolvenzmasse weiterführend vor dem Verlust von Vermögensgegenständen, indem sie jeden Rechtserwerb eines Dritten für unwirksam erklärt. Sie ergänzt damit die Vorschriften bezüglich der Unwirksamkeit von Verfügungen seitens des Schuldners (§ 81 InsO) sowie das Verbot der Zwangsvollstreckung durch einzelne Insolvenzgläubiger (§ 89 InsO). Zu beachten ist allerdings, dass es eine Vielzahl von Sondervorschriften gibt (sowohl innerhalb als auch außerhalb der InsO), die einen Rechtserwerb an Massegegenständen selbst nach der Eröffnung des Insolvenzverfahrens ermöglichen (z. B. §§ 50 ff., 80, 91 Abs. 2 InsO; §§ 161 Abs. 1 S. 2, 1098 Abs. 2 BGB; §§ 77, 78 VVG etc.). In dem Fall tritt die Regelung des § 91 Abs. 1 InsO als lex generalis zurück.[12]

8.2.3 Die Nachhaftungsphase

Nachdem der Insolvenzverwalter die Masse unter den Gläubigern nach Maßgabe der §§ 187 ff. InsO verteilt hat, beschließt das Insolvenzgericht gem. § 200 InsO die Aufhebung des Insolvenzverfahrens. Dem § 201 InsO sind sodann die Rechte der Insolvenzgläubiger nach der gerichtlichen Aufhebung des Insolvenzverfahrens zu entnehmen. Die Norm fußt auf dem Grundsatz, dass der Schuldner mit seinem ganzen Vermögen für die Erfüllung etwaiger Verbindlichkeiten haftet – auch während und nach dem Insolvenzverfahren. Entsprechend sollen nach § 201 Abs. 1 InsO auch die Gläubiger befriedigt werden, die noch offene Insolvenzforderungen gegen den Schuldner haben, sodass dieser noch bis zur vollständigen Tilgung mit seinem gesamten Vermögen einstehen muss. Dies gilt jedoch nicht, wenn das Insolvenzgericht nach einschlägigem Antrag des Schuldners eine Restschuldbefreiung gem. §§ 201 Abs. 3, 286 ff. InsO angeordnet hat oder in einem Insolvenzplan gem. § 257 InsO eine andere Regelung festgelegt wurde. Zu beachten ist ferner, dass nach Beendigung des Insolvenzverfahrens auch nicht mehr der Grundsatz par conditio creditorum gilt. Mithin findet das in § 89 InsO statuierte Vollstreckungsverbot[13] ebenfalls keine Anwendung mehr; Einzelvollstreckungen durch die Gläubiger sind dann wieder möglich.

---

[12] Siehe bspw. BGH, Beschl. vom 27.04.2010 – IX ZR 245/09 = ZEV 2010, 589.
[13] Vgl. unter Abschn. 8.2.2.2 „Vollstreckungsverbot aus § 89 InsO".

In der Praxis hat die unbeschränkte Nachhaftung des Schuldners regelmäßig nur Bedeutung, wenn der Schuldner eine natürliche Person ist. War der Schuldner nämlich eine juristische Person, so führt der Abschluss des Insolvenzverfahrens in den meisten Fällen auch zur Vollabwicklung der Gesellschaft.

8.3 Die Instrumente des Insolvenzverwalters nach Eröffnung des Insolvenzverfahrens

Nach Eröffnung des Insolvenzverfahrens durch einen insolvenzgerichtlichen Beschluss wird der Insolvenzverwalter zum Hauptdarsteller des Geschehens. Dementsprechend widmet sich der folgende Abschnitt dem Insolvenzverwalterwahlrecht und der Insolvenzanfechtung. In der Praxis sind dies nämlich die bedeutsamsten Instrumente des Insolvenzverwalters.

8.3.1 Das Insolvenzverwalterwahlrecht

Das Insolvenzverwalterwahlrecht findet seine Rechtsgrundlage in § 103 InsO. Die Regelung basiert ebenfalls auf dem Grundgedanken des Schutzes der Insolvenzmasse und damit der Gleichbehandlung aller Gläubiger:[14] Der Insolvenzverwalter soll sich und damit der Insolvenzmasse durch die Erfüllung eines gegenseitigen Vertrages einen Anspruch auf die ihm vorteilhaft erscheinende Gegenleistung verschaffen, auf welche er ohne die Wahl zur Vertragserfüllung keinen durchsetzbaren Anspruch hätte. Mit dem Wirksamwerden des Eröffnungsbeschlusses verlieren nämlich zuvor entstandene Ansprüche aus gegenseitigen Verträgen ihre Durchsetzbarkeit aufgrund der wechselseitigen Nichterfüllungseinreden aus § 320 BGB.[15]

Entscheidet sich der Insolvenzverwalter nach § 103 Abs. 1 InsO für die Erfüllung des Vertrages, so hat die andere Vertragspartei direkt an die Insolvenzmasse zu leisten. Sein Gegenanspruch wird sodann Teil der Masseverbindlichkeiten i. S. v. § 55 Abs. 1 Nr. 2 InsO und ist damit in voller Höhe zu befriedigen. Sollte sich der Insolvenzverwalter jedoch gegen die Erfüllung entscheiden, greift die Regelung des § 103 Abs. 2 InsO. Zunächst erlischt das Recht aus § 103 Abs. 1 InsO des Insolvenzverwalters, die Erfüllung des Vertrages verlangen zu können. Somit werden die gegenseitigen Leistungsansprüche für die Dauer des Insolvenzverfahrens dauerhaft undurchsetzbar.[16] Der anderen Vertragspartei wird dann jedoch gem. § 103 Abs. 2 S. 1 InsO die Berechtigung eingeräumt, Schadensersatz statt der Leistung nach den Vorschriften des BGB geltend zu machen. Diese Forderung wird sodann nach §§ 38, 174 ff. InsO in die vom Insolvenzverwalter zu führende Tabelle mit sämtlichen anderen Insolvenzforderungen aufgenommen. Der Vertragspartner

---

[14] BGH, Urt. v. 15.11.2012 – IX ZR 169/11 = NJW 2013, 1159.
[15] Vgl. BGH, Urt. vom 25.04.2002 – IX ZR 313/99 = NZI 2002, 375.
[16] BGH, Urt. vom 27.05.2003 – IX ZR 51/02 = NJW 2003, 2744.

wird in dem Fall wie ein weiterer Insolvenzgläubiger behandelt, der gleichermaßen zu befriedigen ist. Entscheidet sich der Vertragspartner jedoch gegen die Geltendmachung eines Schadensersatzanspruches statt der Leistung, so bleibt der gegenseitige Vertrag für die Dauer des eröffneten Insolvenzverfahrens zwar undurchsetzbar, lebt mit dem Aufhebungsbeschluss aber wieder voll auf und ist dann auch wieder durchsetzbar.[17]

Im Übrigen kann der Vertragspartner den Insolvenzverwalter gem. § 103 Abs. 2 S. 2 InsO dazu zwingen, sein Wahlrecht aus § 103 Abs. 1 InsO auszuüben. Unterlässt der Insolvenzverwalter daraufhin eine Ausübung des Wahlrechts oder äußert er sich nicht, so gilt dies gem. § 103 Abs. 2 S. 3 InsO als Ablehnung.

Fallbeispiel

Großhändler K verkauft der L-GmbH einen Dienstwagen. Dieser wird noch vor der Eröffnung des Insolvenzverfahrens über das Vermögen der L-GmbH nebst Rechnung ausgeliefert und übereignet, da beide langjährig in guter Geschäftsbeziehung stehen. Die Zahlung erfolgt nicht, sodann fällt die L-GmbH in die Insolvenz. Zwar liegt ein gegenseitiger und von der L-GmbH bei Insolvenzeröffnung noch nicht erfüllter Kaufvertrag vor. Der Großhändler hat dagegen seine vertraglichen Pflichten erfüllt. Der § 103 InsO greift daher nicht ein. K kann seinen Kaufpreisanspruch nur zur Insolvenztabelle anmelden, das KFZ fällt in die Masse gem. § 105 S. 2 InsO. ◄

Je nach zugrunde liegendem Vertragstyp lassen sich außerdem in den §§ 104 ff. InsO noch etliche Spezialregelungen finden, wie das vorgenannte Fallbeispiel verdeutlicht.

8.3.2 Die Insolvenzanfechtung

Auch das Instrument der Insolvenzanfechtung ist eine Ausprägung des Grundsatzes „par conditio creditorum": Es soll verhindert werden, dass sich Insolvenzgläubiger noch vor der Eröffnung des Insolvenzverfahrens einen Vorteil gegenüber anderen Gläubigern verschaffen. Die §§ 129 ff. InsO ermöglichen es dem Insolvenzverwalter deshalb, Rechtshandlungen, durch welche sich ein Insolvenzgläubiger einen Vorsprung gegenüber den anderen verschaffen wollte, rückgängig zu machen (vgl. §§ 129 Abs. 1, 143 Abs. 1 S. 1 InsO), sofern einer der in §§ 130–137 InsO normierten Anfechtungsgründe gegeben ist.

8.3.2.1 Der Tatbestand des § 129 InsO

Eine Anfechtung durch den Insolvenzverwalter setzt zunächst voraus, dass gem. § 129 InsO vor der Eröffnung des Insolvenzverfahrens eine Rechtshandlung vorgelegen haben muss, welche die anderen Insolvenzgläubiger benachteiligt.

---

[17] BGH, Urt. vom 07.02.2013 – IX ZR 218/11 = NJW 2013, 1245.

8.3.2.1.1 Rechtshandlung

Nach der Auffassung der Rechtsprechung ist eine Rechtshandlung i. S. v. § 129 InsO jedes von einem Willen getragene Handeln, das eine rechtliche Wirkung auslöst und das Vermögen des Schuldners zum Nachteil der Insolvenzgläubiger verändern kann.[18] Dabei sei es unerheblich, ob die benachteiligende Wirkung gewollt war oder nicht.[19] Der Begriff der Rechtshandlung ist mithin weit auszulegen.

8.3.2.1.2 Vor Verfahrenseröffnung

Die Rechtshandlung muss zudem vor der Eröffnung des Insolvenzverfahrens vorgenommen worden sein. Demzufolge sind auch Handlungen anfechtbar, welche nach der Antragsstellung (§§ 13 ff. InsO), aber noch vor dem Erlass des insolvenzgerichtlichen Eröffnungsbeschlusses (§ 27 InsO) erfolgt sind.[20] Grund für diese Beschränkung ist die Annahme, dass die Insolvenzmasse im Rahmen des eigentlichen Insolvenzverfahrens bereits ausreichend geschützt ist durch die §§ 80 ff. InsO. Eine gesetzliche Ausnahme stellt diesbezüglich die Regelung des § 147 InsO dar.

8.3.2.1.3 Gläubigerbenachteiligung

Wie soeben konstatiert, ist es für die Gläubigerbenachteiligung nicht relevant, ob ein entsprechender Vorsatz vorliegt.[21] Vielmehr genügt es, wenn objektiv eine Benachteiligung der anderen Insolvenzgläubiger in ihrer Gesamtheit gegeben ist. Nach der Ansicht des BGH handelt es sich bereits um eine Benachteiligung i. S. d. § 129 InsO, wenn festgestellt werden kann, dass sich die Befriedigung der anderen Insolvenzgläubiger im Falle des Unterbleibens der betroffenen Rechtshandlung günstiger gestaltet hätte.[22] Ob dann im Einzelfall eine Benachteiligung vorliegt, ist anhand von wirtschaftlichen Aspekten zu bestimmen.[23]

8.3.2.2 Die einzelnen Anfechtungstatbestände

Eine Insolvenzanfechtung durch den Insolvenzverwalter setzt außerdem voraus, dass einer der in §§ 130–137 InsO normierten Anfechtungstatbestände vorliegt. Im Folgenden sollen jedoch lediglich die Tatbestände der §§ 130–134 InsO näher dargelegt werden, da die restlichen Tatbestände eher Spezialfälle decken und nicht weiter relevant sind für ein allgemeines Verständnis.

8.3.2.2.1 Kongruente Deckung gem. § 130 InsO

Die Regelung des § 130 InsO erlaubt eine Insolvenzanfechtung von Rechtshandlungen, welche einem Insolvenzgläubiger Sicherung oder Befriedigung gewährt oder ermöglicht haben.

---

[18] BGH, Urt. vom 12.02.2004 – IX ZR 98/03 = NZI 2004, 314; BGH, Urt. vom 14.12.2006 – IX ZR 102/03 = NJW 2007, 1588.
[19] BGH, Urt. vom 12. 2. 2004 – IX ZR 98/03 = NZI 2004, 314.
[20] BGH, Urt. vom 04.02.2016 – IX ZR 77/15 = NZI 2016, 359.
[21] Vgl. unter Abschn. 8.3.2.1.1 „Rechtshandlung" m. w. N.
[22] BGH, Urt. vom 16.11.2007 – IX ZR 194/04 = NJW 2008, 655.
[23] So z. B. BGH, Urt. vom 19.12.2013 – IX ZR 127/11 = NJW 2014, 1239 m. w. N.

Grundsätzlich handelt es sich bei den soeben beschriebenen kongruenten Deckungshandlungen objektiv betrachtet um ungefährliche bzw. unverdächtige Rechtsgeschäfte. Sie führen nur deshalb zu einer Anfechtbarkeit, weil sie zu einem Zeitpunkt abgeschlossen wurden, in welchem der Schuldner sich in einer wirtschaftlich misslichen Lage bzw. Krise befand und dies dem Gläubiger offenbart wurde. Im Hinblick auf das subjektive Element fordert die Vorschrift des § 130 Abs. 1 InsO, dass der Gläubiger Kenntnis von der Zahlungsunfähigkeit hat. Er muss also im Allgemeinen ein für sicher gehaltenes Wissen[24] in Bezug auf die bereits eingetretene Zahlungsunfähigkeit (i. S. v. § 17 InsO)[25] des Schuldners haben; die bloße Vermutung oder dolus eventualis genügen demgegenüber nicht.[26] Nach § 130 Abs. 3 InsO wird die Kenntnis der Zahlungsunfähigkeit widerleglich vermutet, wenn es eine dem Schuldner nahestehende Person i. S. v. § 138 InsO ist.

Eine Anfechtung einer kongruenten Deckung ist gem. § 142 InsO allerdings ausgeschlossen, wenn es sich dabei um ein Bargeschäft handelt.

Fallbeispiel

Die Anfechtungsgegnerin ist Alleinbuchhalterin der insolventen X-AG. Die Anfechtungsgegnerin hatte aufgrund ihrer Tätigkeit umfassenden Einblick in die wirtschaftlichen Verhältnisse der X-AG und konnte deren Zahlungsunfähigkeit auch erkennen. Die Löhne und Gehälter wurden aber weiterhin termingerecht an die Mitarbeiter gezahlt. Der klagende Insolvenzverwalter begehrt nun von der Buchhalterin die Rückzahlung des von der X-AG gezahlten Nettoentgelts für die Monate Januar bis Juli zur Masse. Da hier der Lohn und die Gegenleistung gleichwertig waren und unmittelbar erbracht wurden, liegt jedoch ein Bargeschäft vor.[27] ◄

8.3.2.2.2 Inkongruente Deckung gem. § 131 InsO

§ 131 InsO stellt eine Rechtsgrundlage zur Anfechtung für Sicherungen oder Befriedigungen dar, die einem Insolvenzgläubiger gar nicht oder so nicht zustehen. Denn in dem Fall ist bereits das Rechtsgeschäft an sich auffällig bzw. verdächtig und der Gläubiger erscheint allein deshalb bereits weniger schutzwürdig. Beispiele für eine inkongruente Deckung wären eine Bestellung einer Sicherheit, obwohl keine zuvor vereinbart wurde, oder die Befriedigung per Überweisung, obwohl eine Barzahlung vereinbart wurde.

8.3.2.2.3 Unmittelbar nachteilige Rechtshandlungen gem. § 132 InsO

Der § 132 InsO dient im Wesentlichen als Auffangtatbestand für die spezielleren §§ 130, 131 InsO und ist entsprechend subsidiär anzuwenden. Er umfasst indes zwei unterschiedliche Anfechtungstatbestände: Nach § 132 Abs. 1 InsO sind diejenigen Rechtsgeschäfte des

---

[24] BGH, Urt. vom 19.02.2009 – IX ZR 62/08 = NJW 2009, 1202.
[25] Vgl. Abschn. 8.2.1.1 „Zahlungsunfähigkeit des Schuldners gem. § 17 InsO".
[26] BGH, Urt. vom 19.05.2011 – IX ZR 9/10 = NZI 2011, 536.
[27] Siehe dazu BAG, Urt. v. 29.01.2014 – 6 AZR 345/12.

Schuldners anfechtbar, die jener in seiner wirtschaftlichen Krise zu Gunsten anderer vornahm und für welche er keinen angemessenen Gegenwert erhielt. Gemeint sind also typischerweise die Fälle, bei denen der Schuldner seine Vermögengüter weit unter Wert veräußert, um seine fehlende Liquidität auszubessern (= Verschleuderungsgeschäfte). Darüber hinaus bietet der § 132 Abs. 1 InsO eine Grundlage für die Anfechtung von Rechtsgeschäften aller Art, die den Gläubiger unmittelbar benachteiligen und nicht bereits von §§ 130, 131 InsO erfasst werden.

Der § 132 Abs. 2 InsO dient sodann als Auffangbecken für alle gläubigerbenachteiligenden Rechtshandlungen, die nicht bereits von §§ 130, 131, 132 Abs. 1 InsO erfasst werden. Nach der Vorstellung des Gesetzgebers sollen hiermit insbesondere Unterlassungen erfasst werden,[28] die gem. § 129 Abs. 2 InsO den Rechtshandlungen gleichstehen. Realakte sowie rechtsgeschäftsähnliche Handlungen sind gleichermaßen hierunter zu subsumieren.

8.3.2.2.4 Vorsätzliche Benachteiligung gem. § 133 Abs. 1 InsO

Der Tatbestand des § 133 Abs. 1 S. 1 InsO ermöglicht die Anfechtung von Rechtshandlungen, die der Schuldner mit dem Vorsatz vorgenommen hat, seine Gläubiger zu benachteiligen. Voraussetzung ist jedoch, dass der Vertragspartner des Schuldners Kenntnis von dessen Vorsatz der Gläubigerbenachteiligung hatte. Nach § 133 Abs. 1 S. 2 InsO wird die Kenntnis vom Benachteiligungsvorsatz allerdings widerleglich vermutet, sofern der Vertragspartner Kenntnis von der Zahlungsunfähigkeit des Schuldners hatte.

Hinsichtlich des Benachteiligungsvorsatzes genügt im Übrigen dolus eventualis. Es ist folglich nicht notwendig, dass der Schuldner zum Zwecke der Benachteiligung der Gläubiger handelte. Vielmehr ist der Vorsatz bereits dann zu bejahen, wenn der Schuldner in dem Bewusstsein handelt, seine Handlung könne benachteiligende Wirkung entfalten, und er dies gleichwohl in Kauf nimmt.

> **Fallbeispiel**
>
> Der Schuldner ist bereits zahlungsunfähig, da offenen Forderungen von rund 100.000 € nur noch 5000 € liquide Mittel gegenüberstehen. Vermögen ist auch nicht mehr vorhanden. Der Schuldner bespricht dies mit seinem Lieblingslieferanten und beide vereinbaren, dass die 5000 € noch schnell an diesen bezahlt werden, sodann wird die Insolvenz beantragt. Da der Schuldner vorsätzlich alle anderen Gläubiger benachteiligt hat und der Lieferant das auch genau wusste, liegt ein Fall der vorsätzlichen Benachteiligung vor. ◄

8.3.2.2.5 Unentgeltliche Leistung gem. § 134 InsO

Der § 134 InsO ermöglicht dem Insolvenzverwalter die Anfechtung unentgeltlicher Zuwendungen zu Gunsten der Gläubiger. Dies fußt auf dem Gedanken, dass der Empfänger einer unentgeltlichen Leistung weniger schutzwürdig ist als derjenige, der eine Gegenleistung erbringen muss.[29] Aufgrund dessen ist für die Anwendbarkeit des § 134 InsO auch kein

---

[28] Vgl. BT-Drs. 12/2443, 159.
[29] BGH, Urt. v. 26. 4. 2012 – IX ZR 146/11 = NZI 2012, 562.

subjektives Element erforderlich. Hierdurch können beispielsweise Schenkungen, der Verzicht auf eine bestehende Forderung oder aber auch die Sicherung einer fremden Verbindlichkeit ohne eine diesbezügliche Verpflichtung wieder rückgängig gemacht werden.

8.3.2.3 Die Wirkung der Insolvenzanfechtung

Ist die Insolvenzanfechtung nach Maßgabe der beschriebenen Voraussetzungen wirksam, richten sich die Rechtsfolgen nach § 143 InsO: Gem. § 143 Abs. 1 S. 1 InsO muss das, was durch die anfechtbare Handlung aus dem Schuldnervermögen veräußert, weggegeben oder aufgegeben worden ist, zur Insolvenzmasse zurückgewährt werden. Der Anfechtungsgegenstand ist also in natura zurückzugeben. Wenn dies nicht möglich ist, schuldet der Anfechtungsgegner entsprechend Wertersatz.

Literatur

Baumbach A, Hopt KJ (2022) Handelsgesetzbuch Kommentar, 41. Aufl. C.H. Beck, München
Baur JF, Stürner R, Stadler A (2025) Sachenrecht, 19. Aufl. C.H. Beck, München
Bitter G, Heim S (2022) Gesellschaftsrecht, 6. Aufl. Franz Vahlen, München
Brox H, Henssler M (2020) Handelsrecht: Mit Grundzügen des Wertpapierrechts (mit Fällen und Aufbauschemata), 23. Aufl. C.H. Beck, München
Brox H, Walker W-D (2024a) Schuldrecht Besonderer Teil, 48. Aufl. C.H. Beck, München
Brox H, Walker W-D (2024b) Schuldrecht Allgemeiner Teil, 48. Aufl. C.H. Beck, München
Brox H, Rüthers B, Henssler M (2020) Arbeitsrecht, 20. Aufl. W. Kohlhammer, Stuttgart
Canaris C-W (2006) Handelsrecht, 24. Aufl. C.H. Beck, München
Däubler W (2022) Arbeitsrecht: Ratgeber für Beruf, Praxis, Studium, 14. Aufl. Bund, Frankfurt am Main
Däubler W (2023) Arbeitsrecht: Ratgeber für Beruf, Praxis, Studium, 15. Aufl. Bund, Frankfurt am Main
Dütz W, Thüsing G (2023) Arbeitsrecht, 28. Aufl. C.H. Beck, München
Fikentscher W, Heinemann A (2006) Schuldrecht, 10. Aufl. De Gruyter, Berlin
Fikentscher W, Heinemann A (2022) Schuldrecht, 12. Aufl. De Gruyter, Berlin
Grüneberg C (vormals Palandt) (2022) Bürgerliches Gesetzbuch mit Nebengesetzen Kommentar, 81. Aufl. C.H. Beck, München
Grüneberg C (vormals Palandt) (2024) Bürgerliches Gesetzbuch mit Nebengesetzen Kommentar, 83. Aufl. C.H. Beck, München
Grüneberg C (vormals Palandt) (2025) Bürgerliches Gesetzbuch mit Nebengesetzen Kommentar, 84. Aufl. C.H. Beck, München
Grunewald B (2023) Gesellschaftsrecht, 12. Aufl. Mohr Siebeck, Tübingen
Hanau P, Adomeit K (2007) Arbeitsrecht, 14. Aufl. C.H. Beck, Neuwied
Hopt KJ (2024) Handelsgesetzbuch Kommentar, 43. Aufl. C.H. Beck, Hamburg
Jesgarzewski T (2025) Arbeitsrecht: Grundlagen und Praxis, 3. Aufl. Springer, Wiesbaden
Joussen J (2023) Schuldrecht I-Allgemeiner Teil, 7. Aufl. W. Kohlhammer, Stuttgart
Jung P (2023) Handelsrecht: Mit Reform des Personengesellschaftsrechts (MoPeG), 13. Aufl. C.H. Beck, München
Junker A (2024) Grundkurs Arbeitsrecht, 23. Aufl. C.H. Beck, München
Kindler P (2024) Grundkurs Handels- und Gesellschaftsrecht, 10. Aufl. C.H. Beck, München
Klunzinger E (2012) Grundzüge des Gesellschaftsrechts, 16. Aufl. Franz Vahlen, München
Kokemoor A, Kreissl S (2015) Arbeitsrecht, 5. Aufl. Richard Boorberg, Stuttgart

Koller I, Kindler P, Roth W-H, Morck W (2023) Handelsgesetzbuch Kommentar, 10. Aufl. C.H. Beck, München
Kramer R, Peter FK (2014) Arbeitsrecht – Grundkurs für Wirtschaftswissenschaftler, 3. Aufl. Gabler, Wiesbaden
Krause R (2024) Arbeitsrecht, 5. Aufl. Nomos, Baden-Baden
Lettl T (2021) Handelsrecht, 5. Aufl. C.H. Beck, München
Löhnig M (2009) Schuldrecht II Besonderer Teil 1: Vertragliche Schuldverhältnisse. W. Kohlhammer, Stuttgart
Löhnig M, Gietl A (2018) Schuldrecht II Besonderer Teil1: Vertragliche Schuldverhältnisse, 2. Aufl. W. Kohlhammer, Stuttgart
Looschelders D (2023) Schuldrecht Allgemeiner Teil, 21. Aufl. Franz Vahlen, München
Looschelders D (2024) Schuldrecht Besonderer Teil, 19. Aufl. Franz Vahlen, München
Lorenz S, Riehm T (2002) Lehrbuch zum neuen Schuldrecht. C.H. Beck, München
Maschmann F, Hromadka W (2020) Arbeitsrecht Bd 2, 8. Aufl. Springer, Berlin
Maschmann F, Hromadka W (2023) Arbeitsrecht Bd 1, 8. Aufl. Springer, Berlin
Medicus D, Lorenz S (2018) Schuldrecht: Ein Studienbuch 2. Besonderer Teil, 18. C.H. Beck, München
Medicus D, Lorenz S (2021) Schuldrecht: Ein Studienbuch 1. Allgemeiner Teil, 22. C.H. Beck, München
Medicus D, Petersen J (2023) Bürgerliches Recht, 29. Aufl. Franz Vahlen, München
Metzler-Müller K, Wörlen R (2022) Schuldrecht Besonderer Teil, 14. Aufl. C.H. Beck, München
Metzler-Müller K, & Mörlen R (2023) Schuldrecht Allgemeiner Teil, 15. Aufl. C.H. Beck, München
Metzler-Müller K, Wörlen R, Balleis K (2023) Schuldrecht Allgemeiner Teil, 15. Aufl. C.H. Beck, München
Meyer J (2011) Handelsrecht, 2. Aufl. Springer, Heidelberg
Musielak H-J, Hau W (2023) Grundkurs BGB, 18. Aufl. C.H. Beck, München
Noack/Servatius/Haas (2022) GmbHG Kommentar, 23. Aufl. C.H. Beck, München
Oechsler J (2007) Vertragliche Schuldverhältnisse. Franz Vahlen, Köln
Oechsler J (2017) Vertragliche Schuldverhältnisse, 2. Aufl. Franz Vahlen, München
Oetker H (2019) Handelsrecht, 8. Aufl. Springer, Berlin
Otto H, Bieder MA (2020) Arbeitsrecht, 5. Aufl. De Gruyter, Berlin
Preis U, Greiner S (2023) Arbeitsrecht: Kollektivarbeitsrecht. Lehrbuch für Studium und Praxis, 6. Aufl. Dr. Otto Schmidt, Köln
Preis U, Temming F (2024) Arbeitsrecht: Individualarbeitsrecht. Lehrbuch für Studium und Praxis, 7. Aufl. Dr. Otto Schmidt, Köln
Prütting H, Wegen G, Weinreich G (PWW) (2024) BGB Kommentar, 19. Aufl. Luchterhand, Köln
Pütting H, Wegen G, Weinreich G (PWW) (2021) BGB Kommentar, 16. Aufl. Luchterhand, München
Reichold H (2022) Arbeitsrecht, 7. Aufl. C.H. Beck, München
Saenger I (2023) Gesellschaftsrecht, 6. Aufl. Franz Vahlen, München
Schade F, Feldmann E (2022) Arbeitsrecht: Grundlagen des Individualarbeitsrecht, des kollektiven Arbeitsrechts sowie der Arbeitsgerichtsbarkeit, 2. Aufl. Kohlhammer, Stuttgart
Schäfer C (2023) Gesellschaftsrecht: Auf Basis des MoPeG, 6. Aufl. C.H. Beck, München
Schapp J, Schur W (2010) Sachenrecht, 4. Aufl. Franz Vahlen, München
Schlechtriem P, Schmidt-Kessel M (2005) Schuldrecht Allgemeiner Teil, 6. Aufl. Mohr Siebeck, Tübingen
Schlechtriem P, Schmidt-Kessel M (2015) Schuldrecht Besonderer Teil, 7. Aufl. Mohr Siebeck, Tübingen
Schmidt K (2014) Handelsrecht, 6. Aufl. Carl Heymanns, Köln
Schmidt K (2022) Gesellschaftsrecht, 5. Aufl. Carl Heymanns, Köln
Streinz R (2023) Europarecht, 12. Aufl. C.F. Müller, Heidelberg

Tonner K (2016) Schuldrecht: Vertragliche Schuldverhältnisse, 4. Aufl. Nomos, Baden-Baden
Tonner K (2021) Schuldrecht: Vertragliche Schuldverhältnisse, 5. Aufl. Nomos, Baden-Baden
Vieweg K, Lorz S (2022) Sachenrecht, 9. Aufl. Franz Vahlen, Köln
Waltermann R, Söllner A (2021) Arbeitsrecht, 20. Aufl. Franz Vahlen, Köln
Weller M-P, Prütting J (2020) Handels- und Gesellschaftsrecht, 10. Aufl. Franz Vahlen, München
Westermann HP, Staudinger A (2024) BGB – Sachenrecht, 14. Aufl. C.F. Müller, Heidelberg
Wieling HJ, Finkenauer T (2020) Sachenrecht, 6. Aufl. Springer, Heidelberg
Wien A (2009) Arbeitsrecht – eine praxisorientierte Einführung. Gabler, Wiesbaden
Windbichler C, Bachmann G (2024) Gesellschaftsrecht, 25. Aufl. C.H. Beck, München
Wolf M, Wellenhofer M (2024) Sachenrecht: Mit Fällen und Aufbauschemata, 39. Aufl. C.H. Beck, München
Wolf M, Wellenhofer M (2024) Sachenrecht, 39. Aufl. C.H. Beck, München
Wollenschläger M, Krogull J, Löcher J (2010) Arbeitsrecht, 3. Aufl. Franz Vahlen, Köln
Wörlen R, Metzler-Müller K, Kokemoor A (2022) Schuldrecht Besonderer Teil, 14. Aufl. Franz Vahlen, Köln
Wörlen R, Kokemoor A, Lohrer S (2023) Sachenrecht mit Kreditsicherungsrecht: Lernbuch, Strukturen, Übersichten, 12. Aufl. Franz Vahlen, Köln
Wörlen R, Kokemoor A, Lohrer S (2023) Sachenrecht, 12. Aufl. Franz Vahlen, München

Stichwortverzeichnis

A
Ablieferung 209
Abmahnung 52, 66, 138
Abschlussfreiheit 52
Abschlussmangel des Dienstvertrags 23, 27
Abschlussprovision 206
Abstraktions- oder Trennungsprinzip 5, 149
Abtretung 74, 167, 180
Abtretungsverbot 74
AGBs (Allgemeine Geschäftsbedingungen) 83
    Definition 84
    Einbeziehungsvoraussetzung 85
AGG (Allgemeines Gleichstellungsgesetz) 24, 26, 27
Aktiengesellschaft 222
Akzessorietät 164, 175
Alleineigentum 164
Alleineigentümer 217
Amtsgericht 43, 168
Anerkenntnis 44, 77
Anfechtbarkeit 18, 20, 21
Anfechtung 18–20
    Anfechtungserklärung 19
    Anfechtungsgrund 19–22
    arglistige Täuschung 19, 21
Angebot 12–15, 58
Annahme 12, 14
Annahmeverzug 57, 58
Anscheinsvollmacht 28
Anspruchsgrundlage 63
Antrag 30, 191
Anweisung 159
Anzeigepflicht bei Überschreitung eines Kostenanschlags 108

Arbeitgeber 119–121
Arbeitnehmer 29, 119–121, 123
Arbeitsrecht 85
Arbeitsverhältnis 120–123
Arbeitsvertrag 116, 119, 120, 122
Aufhebungsvertrag 43
Aufklärungspflicht 64, 65
Auflassung 168
Auflösungsgrund 222
Aufrechnung 38, 40, 138
Aufrechnungsverbot 39
Aufsichtsrat 223
Auftrag 146–148
Auftraggeber 119, 124, 125
Aufwendung 22, 40, 62, 67, 110, 124, 147, 153, 203
Aufwendungsersatz 67, 110, 145
Ausgleichsfunktion des Schmerzensgeldes 68
Auskunfts- und Rechenschaftslegung 205
Auskunftspflicht 21
Ausschlussfrist 27

B
Bauvertrag 111, 113
Beauftragter 126, 147
Bedingung 15, 84
    auflösende 15
    aufschiebende 101
Beendigung
    von Dauerschuldverhältnissen 66
    von Schuldverhältnissen 42
Befreiung 175
Befristung 38, 40, 120
    Verbrauchsgüterkauf 100

Beglaubigung, öffentliche 44
Berechtigung 139, 146, 167
Bereicherung 149, 151
    ungerechtfertigte 148, 149
Bereicherungsanspruch 153
Bereicherungsrecht 149–151
    das Erlangte 153
    entgeltliche Verfügung 152
Bereicherungsschuldner 150, 151, 153
Beruf, freier 187
Beschäftigungspflicht des Arbeitgebers 121
Beseitigungs- und Unterlassungsanspruch 26
Besitz 164
    mittelbarer 170
    unmittelbarer 171
Besitzdienerschaft 170
Besitzer 164, 170, 172, 173
Besitzkehr 171
Besitzkonstitut 166
Besitzübertragung 149, 164, 178
Besitzwehr 171
Bestätigungsschreiben, kaufmännisches 206
Besteller 107–110, 113
Bestell-Hotline 81
Bestimmtheitsprinzip 164, 177
Betriebsinhaberwechsel 123
Betriebsvereinbarung 85, 119, 120
Beurkundung, notarielle 30
Beweisfunktion 30
Beweislast 27, 50, 103
Bewirken der Leistung 37
BGB-Gesellschaft 12, 211
Bringschuld 35
Bruchteilsgemeinschaft 70
Buchauszug 204
Bürge 174, 175
Bürgschaft 174
    auf erstes Anfordern 175
    Form 175
    selbstschuldnerische 175

C
culpa in contrahendo 51

D
Darlehen
    Darlehensvertrag 126
    Sachdarlehen 126
    Verbraucherdarlehensvertrag 129
Darlehensgeber 126, 128, 130

Darlehensnehmer 126–128, 130
Darlehensvertrag 126
    Abschluss 80
    Beendigung 93
    Finanzierungshilfen 179
Dauerschuldverhältnis 10, 42, 117, 123, 133
Deliktsrecht 10, 153
Dienst- bzw. Arbeitsleistung 121, 173
Dienstbarkeit 182
Dienstverhältnis 117
Dienstverpflichteter 117, 118
Dienstvertrag 116
    Abgrenzung 116
    Beendigung des 117
    Pflichten 117
Direktionsrecht 121
Dissens 13

E
E-Commerce-Richtlinie 82
Eigengeschäftsführung
    angemaßte 149
    irrtümliche 148
Eigenmacht, verbotene 171
Eigentum 164
Eigentümer 164, 174
Eigentümer-Besitzer-Verhältnis 171, 172
Eigentumsübertragung 166
Eigentumsvorbehalt, erweiterter 186
Eingriffskondiktion 151
Einigung 11, 83, 166, 168, 170
Einrede 32, 175
Einrede der Vorausklage 175
Eintritt in das Handelsgeschäft eines Einzelkaufmanns 196
Einwendung 32
Einwilligung 195
Einzelprokura 199
Enthaftung 181
Erbbaurecht 100
Erbrecht 102
Erbschaftskauf 101, 102
Erfüllung 28, 36, 37
Erfüllungsort 35
Erfüllungsschaden 64
Erfüllungsübernahme 71
Erklärungsirrtum 19
Erlass 44
Ersatzanspruch 45, 153
    Dritter 72

F

Fabrikationspflicht 160
Fahrlässigkeit 48
   grobe 48, 59
Fälligkeit 53
Fantasiefirma 194
Fehler 119, 162
Fernabsatzvertrag 81, 82
Fernkommunikationsmittel 81, 82
Firmenbeständigkeit 195
Firmenkontinuität 197
Firmenwahrheit 194
Fixgeschäft 35
fob (free on board) 208
Forderung 12, 19, 38, 56, 74, 113, 131, 174, 181, 217
Förderung 26
Forderungsübergang, gesetzlicher 74
Form, elektronische 30
Formerfordernis 29, 129, 175
Formfreiheit 117
Franchisenehmer 143
Franchisevertrag 143
Fremdgeschäft 146, 148
Fremdgeschäftsführungswille 146, 148
Fristsetzung 65
Führung eines fremden Geschäfts 148

G

Garantie 99, 164
Garantievertrag 177
Gattungsschuld 33, 34
Gebrauchsüberlassung 132
Gebrauchsüberlassungsvertrag 131
Gefährdungshaftung 159
Gefahrtragung 36
Gefahrübergang 103
Gefälligkeitsverhältnis 11
Gegenleistungsgefahr 11
Gegenleistungspflicht 62
Gegenseitigkeitsverhältnis 93, 105
Gehilfe 50, 158
Geldforderung 39, 56
Geldschuld 36, 38
Genehmigung 149, 152
Generalklausel 153
Generalvollmacht 201
Genossenschaft, eingetragene 225

Genugtuungsfunktion des Schmerzensgeldes 68
Gesamthand 164
Gesamthandsgemeinschaft 70
Gesamtprokura 199
Gesamtschuld 70, 74, 76
Gesamtschuldner 70
Gesamtschuldnerausgleich 71
Gesamtvertretungsbefugnis 223
Geschäfte des täglichen Lebens 124
Geschäftsbesorgung 124, 125
Geschäftsbezeichnung 194
Geschäftsfähigkeit
   aufschiebende 124
   beschränkte 17
Geschäftsführer 27–29
Geschäftsführung 146, 147
Geschäftsgrundlage 46
Geschäftsherr 158, 159
Geschäftsunfähigkeit 16, 17
Geschäftsverkehr, elektronischer 82
Geschäftswille 170
Gesellschaft 190
Gesellschafter 44, 165, 176
Gesellschafterversammlung 222
Gesellschafterwechsel 222
Gesellschaftsrecht 11
Gesellschaftsvermögen 165, 220, 222
Gesellschaftsvertrag 220–222
Gewährleistung 102
Gewerbe 187
Gewerbebetrieb, eingerichteter und ausgeübter 154
Gewinn 68
   entgangener 68
Gläubigerbenachteiligung 70
Gläubigergemeinschaft 70
Gläubigermehrheit 70
Gläubigerverzug 57, 59
Gläubigerwechsel 175
Globalzession 74
GmbH 220
   & Co. KG 217
   Stammkapital 220
Grundbuch 168
Grundgesetz 7, 24
Grundsatz des Typenzwangs 163
Grundschuld 181
Grundstücksgeschäft 200

H

Haftung 158, 160, 161
   für fehlerhafte Produkte 160
Haftungsausschluss 197
Handeln, konkludentes 13
Handelsbrauch 206
Handelsgeschäft 186
Handelsgesellschaft 190
Handelsgewerbe 186, 189
Handelskauf 208
Handelsklausel 208
Handelsmakler 202, 204
Handelsregister 189
Handelsvertreter 202
Handlung, unerlaubte 10
Handlungsvollmacht 199, 200
Handlungswille 13
Hauptversammlung 223
Herausgabeanspruch 172
Hersteller 141, 142, 160, 161
Hilfsperson des Kaufmanns 205
Hinterlegung 43
Holschuld 35
Hypothek 180, 181

I

Incoterms 208
Informationspflicht 81, 82
Innenverhältnis 70, 71
Instruktionspflicht 160
Interesse, negatives 22
Irrtum
   Eigenschaftsirrtum 20
   Inhaltsirrtum 20
Ist-Kaufmann 187

J

Jugendlicher 17, 155

K

Kann-Kaufmann 188
Kauf unter Eigentumsvorbehalt 105
Käuferpflicht 31
Kaufmann 186, 188
Kaufpreiszahlung 105
Kaufvertrag 93, 100
   Minderung 99
   Nacherfüllung 99
   Rücktritt 99
   Schadensersatz 99
   verlängerter Eigentumsvorbehalt 75
Kausalität 155
Kommanditgesellschaft 216
   KGaA 224
Kommissionär 202
Kondiktion
   Leistungskondiktion 150
   Nichtleistungskondiktion 151
Konstruktionspflicht 160, 161
Kontrolle von Vertragsinhalten 87
Kontrollfunktion 29
Körper- und Gesundheitsverletzung 77
Körperschaft 211
Kostenvoranschlag 108
Kündigung
   aus wichtigem Grund 123, 137
   außerordentliche 42, 118, 122–124, 127
   der Gesellschafter 212
   des Dienstvertrags 118
   ordentliche 122
   ordentliche des Darlehensvertrags 127
   ordentliche des Dienstvertrags 118
Kündigungsfrist 42, 127, 137

L

Leasing
   Finanzierungsleasing 142
   Operatingleasing 141, 142
   Verbraucherfinanzierungsleasing 142
Leasinggeber 141, 142
Leasingnehmer 140, 141
Leasingrate 141, 142
Leasingvertrag 140
Leihe 140
Leistung
   durch Dritte 72
   entgeltliche 80
Leistungsgefahr 34
Leistungsgegenstand
   Bereicherungsrecht 59–61, 149
Leistungskondiktion 150
Leistungsort 35
Leistungspflicht 31, 57, 65, 70, 117, 176
Leistungsstörung 63
Leistungsverweigerungsrecht 55
Leistungszeit 34
Lieferung mangelhafter Sachen 34
Luftfahrzeug 159

M

Mahnkosten 56, 60
Mahnung 53–55
Maklertätigkeit
   Gegenstand der 207
Maklervertrag 185
Mangelhaftigkeit 109
Mieter 132, 139
Mietsache
   vertragsgemäßer Gebrauch 134, 136–139
Mietvertrag
   Beendigung 137
   Kaution 133
   Pflichten des Mieters 133
   Pflichten des Vermieters 134, 135
   Vermieterpfandrecht 134
   Wohnraummiete 134
Minderung 136
Miteigentum 164
Mitgläubigerschaft 70
Mitverschulden 69

N

Nacherfüllung 97
Nachfristsetzung 109
Nachleistungspflicht 128
Naturalrestitution 68
Nebenkosten 133, 142
Nichtleistungskondiktion 150, 151
Notgeschäftsführung 44
Nutzung 140–143

O

Obhuts- und Sorgfaltspflicht des Mieters 134
Offene Handelsgesellschaft (OHG) 212, 215
Öffentliches Recht 2
Organ
   Aufsichtsrat 223
   Hauptversammlung 223
   Vorstand 223

P

Pächter 147, 178
Pachtvertrag 140
Partnerschaftsgesellschaft 217
Patronatserklärung 176

Person
   juristische 219, 220
   natürliche 11, 199
Personalsicherheit 174, 177
Personengesellschaft 211
Persönlichkeitsrecht 154
   allgemeines 154
Pfandrecht, gesetzliches 177, 179, 181
Pflichtverletzung 48–50, 64
Privatautonomie 7
Privatrecht 2, 185
ProdHaftG (Produkthaftungsgesetz) 161
Produktbeobachtungspflicht 160
Produktfehler 161, 162
Produkthaftung 160, 161
Produkthaftungsgesetz (ProdHaftG) 161
Produzentenhaftung 160
Prokura 192
Provision 205
Publizität
   negative 192
   positive 193
Publizitätsprinzip 163

R

Recht
   absolutes 149, 154, 163, 164
   am eingerichteten und ausgeübten
      Gewerbebetrieb 154
   Dritter 165
   zwingendes 180
Rechtfertigungsgrund 26
Rechtfertigungsgründe 155
Rechtsbehelf 47
Rechtsbindungswille 13
Rechtsfähigkeit 11, 212
Rechtsgeschäft 10, 22, 23, 25
Rechtsgrund 150
Rechtsgut 8
Rechtsmangel 94
Rechtsmissbrauch 46
Rechtsnachfolge 7
Rechtsobjekt 11, 12
Rechtssubjekt 11, 164
Rechtswidrigkeit 155
Register 189
Regressanspruch 71

Rückabwicklung bereits erfüllter Verträge 150
Rücktritt 37, 39
Rücktrittsrecht 39

S
Sachdarlehen 126
Sachschaden 159
Schaden 63, 99, 155
Schadensberechnung 67
Schadensersatz
   in Geld 68
   statt der Leistung 65, 66
Schadensersatzanspruch 63, 136
Schädigung, sittenwidrige 157
Schenker 106
Schenkung 106
Schmerzensgeld 73
Schönheitsreparaturen 89
Schriftform 29
Schuld 33, 44, 70, 139, 174, 181, 216
   gemeinschaftliche 33
Schuldbeitritt 76
Schuldnerverzug 53
Schuldübernahme 76
Schutzgesetz 156
Schutzrecht, gewerbliches 170
Schweigen des Kaufmanns 207
Selbstvornahme 109
Sicherheit 113, 174
Sicherungsabrede 178, 180
Sicherungsabtretung 74, 75, 180
Sicherungshypothek 113
Sicherungsübereignung 178, 180
Sittenwidrigkeit 24, 157
Sonderprivatrecht der Kaufleute 185
Sorge, elterliche 16, 17
Sorgfalt
   Außerachtlassen der im Verkehr
      erforderlichen 167
Sparbuch 72
Speditionsgeschäft 179
Spezialvollmacht 201
Stammkapital 222
Stellvertretung 27, 28, 199
Störung der Geschäftsgrundlage 46
Stückschuld 34, 61
Surrogate
   Herausgabe der 153

T
Tarifvertrag 85, 119, 120
Taschengeldparagraph 18
Tatsache, anmeldepflichtige 191
Tatsache, eintragungspflichtige 192
Täuschung, arglistige 21
Textform 30
Tier 12, 103, 159
Tiergefahr 159
Tierhalter 159
Tilgung 127, 153
Todesfall 72
Treu und Glauben 45
Treuepflicht des Dienstverpflichteten 121

U
Übertragung von Rechten 164
Überweisung 36, 38
Überziehungskredit 130
Unentgeltlichkeit 124
Unmittelbarkeit der Bereicherung 151
Unmöglichkeit 54, 60
Untergang 34, 36
Unterlassen 154
Unterlassungsklage 199
Unternehmen 101, 123, 162, 187, 191, 193
Unternehmer 78
Untersuchungs- und Rügepflicht 209

V
Verarbeitung 106
Verbindung 24, 39, 203
Verbotsgesetz 23
Verbraucher 82
Verbraucherdarlehensvertrag 129
Verfügung
   eines Nichtberechtigten 151
   zugunsten Dritter 69, 71
Verfügungsgeschäft 6
Vergütung 107, 108, 110, 113, 117, 118,
   120, 121
Vergütungsanspruch 110
Vergütungspflicht 117
Verjährung 76
Verkehrssicherungspflicht 154, 160
Verletzung von Pflichten aus gegenseitigen
   Verträgen 89

Vermieter 134
Vermieterpfandrecht 134, 178
Vermischung 106
Vermögen 149
Verpflichtung 5
Verpflichtungsgeschäft 5
Verrichtungsgehilfe 158
Verschlechterung 128
Verschulden 48, 54, 159
    bei Vertragsschluss 51
Verschuldenshaftung 159
Versprechender 174
Verstoß
    gegen die guten Sitten 32, 157
    gegen ein gesetzliches Verbot 23
Vertrag 12, 37, 51
    mit Schutzwirkung zugusten Dritter 69, 73
Vertragsanbahnung 51
Vertragsbedingung, vorformulierte 8, 84
Vertragsfreiheit 7, 163, 164
Vertragsschluss 12
Vertragsverhandlung 51
Vertrauensschaden 22
Vertretenmüssen 48
Vertreter 27–29
    gesetzlicher 50, 223
    ohne Vertretungsmacht 28
Vertretungsmacht 27, 29
Vertriebsform, besondere 78
Verwendung 173, 174
Verzögerungsschaden 55
Verzug
    Schuldnerverzug 53
Verzugsschaden 118, 135
Verzugszins 56
Vindikationslage 172, 173
Vollamortisation 142
Vollmacht
    Duldungsvollmacht 29
    Handlungsvollmacht 200

Vorfälligkeitsentschädigung 127, 128
Vorkauf 101
Vorleistungspflicht 33, 55
Vormerkung 168
Vorsatz 123, 157
Vorstand 223

W
Wahrnehmung berechtigter Interessen 125
Warnfunktion des Formerfordernisses 29
Wegfall der Geschäftsgrundlage 60
Wegnahmerecht 171
Werkunternehmer 107, 113
Werkunternehmerpfandrecht 113, 178
Werkvertrag 107, 110
Wertersatz 40, 153
Widerrufsfrist 41, 80
Widerrufsrecht 41
Wiederkauf 101
Wille 147
Willenserklärung 13
Wohnraummiete 134
Wucher 24, 150

Z
Zahlungsverzug des Mieters 138
Zedent 74
Zessionar 74, 180
Zins 56, 126, 150
Zivilrecht 24
Zubehör 181
Zufall
    Haftung für 125
Zug-um-Zug 33, 41
Zulieferer 161
Zurückbehaltungsrecht 32
Zustandekommen von Verträgen 120
Zustimmung 17, 18
Zuwendung 106, 153

Forschungsstark und praxisnah

FOM.
Die Hochschule
besonderen
Formats

FOM Hochschulzentrum Düsseldorf

Mehr als 50.000 Studierende, 25 Forschungseinrichtungen und 500 Veröffentlichungen im Jahr – damit zählt die FOM zu den größten und forschungsstärksten Hochschulen Europas. Initiiert durch die gemeinnützige Stiftung BildungsCentrum der Wirtschaft folgt sie einem klaren Bildungsauftrag: Die FOM ermöglicht Berufstätigen, Auszubildenden, Abiturienten und international Studierenden ein qualitativ hochwertiges und finanziell tragbares Hochschulstudium. Als gemeinnützige Hochschule ist die FOM nicht gewinnorientiert, sondern reinvestiert sämtliche Gewinne – unter anderem in die Lehre und Forschung.

Die FOM ist staatlich anerkannt und bietet mehr als 50 akkreditierte Bachelor- und Master-Studiengänge an – im Campus-Studium an 35 Hochschulzentren oder im einzigartigen Digitalen Live-Studium gesendet aus den Hightech-Studios der FOM.

Lehrende und Studierende forschen an der FOM in einem großen Forschungsbereich aus hochschuleigenen Instituten und KompetenzCentren. Dort werden anwendungsorientierte Lösungen für betriebliche und gesellschaftliche Problemstellungen generiert. Aktuelle Forschungsergebnisse fließen unmittelbar in die Lehre ein und kommen so den Unternehmen und der Wirtschaft insgesamt zugute.

Zudem fördert die FOM grenzüberschreitende Projekte und Partnerschaften im europäischen und internationalen Forschungsraum. Durch Publikationen, über Fachtagungen, wissenschaftliche Konferenzen und Vortragsaktivitäten wird der Transfer der Forschungs- und Entwicklungsergebnisse in Wissenschaft und Wirtschaft sichergestellt.

Alle Institute und KompetenzCentren unter
fom.de/forschung

MIX
Papier aus verantwortungsvollen Quellen
Paper from responsible sources
FSC® C105338

If you have any concerns about our products,
you can contact us on
ProductSafety@springernature.com

In case Publisher is established outside the EU,
the EU authorized representative is:
**Springer Nature Customer Service Center GmbH
Europaplatz 3, 69115 Heidelberg, Germany**

Printed by Libri Plureos GmbH
in Hamburg, Germany